サント＝シャペルのステンドグラス（パリ）

「コンスタンティノープルのラテン皇帝……は聖王ルイに対して、はかりしれない宝、救世主の額に載せられた本物の茨の冠を、安く譲ると申し出た。……彼は裸足でヴァンセンヌまで聖遺物を受け取りに行き、後にそれのためにサント＝シャペルを創設した」「この敬虔な涙、神秘的な恍惚、神の愛の秘蹟、これらすべてが聖王ルイの見事な小さな教会、サント＝シャペルに存在する」（本書9「聖王ルイ」より）

聖遺物は1239年に購入され、礼拝堂は1248年4月に奉献された（同年6月、ルイは十字軍へと旅立つ）。ステンドグラスの図像は、「茨の冠」を讃えるためのもので、「キリストの受難」にあてられた中央の窓を中心に、創世記から終末に至るまでの世界の歴史を描き出している。

上：　聖遺物を受納する国王（ルイ9世）
下：　ヴェネツィアに送られる聖遺物

フランスの県区分と県名

(手塚章・作成)

フランスの国土

3°W
0°
3°E
6°E
51°N
45°N
ロンドン
テムズ川
ライン川
ケルン
フランドル
リール
エスコー川
リエージュ
イギリス海峡
ピカルディー
アミアン
アルデンヌ高原
ルクセンブルク
ル・アーヴル
ルーアン
シャンパーニュ
ランス
ムーズ川
カーン
セーヌ川
メッス
サン=マロ
ノルマンディー
イル=ド=フランス
パリ
ロレーヌ
ストラスブール
モーゼル川
ブレスト
ヴォージュ山脈
アルザス
ブルターニュ
レンヌ
トロワ
オルレアン
アンジュー
ブルゴーニュ
フランシュ=コンテ
アンジェ
ディジョン
ナント
トゥール
ロワール川
ブザンソン
ベリー
オータン
ジュラ山脈
ヴァンデ
ソーヌ川
レマン湖
ポワティエ
アリエ川
ポワトゥー
オーヴェルニュ
リヨネー
ジュネーヴ
ラ・ロシェル
大西洋
リモージュ
クレルモン=フェラン
リヨン
サヴォワ
リムーザン
グルノーブル
ボルドー
セヴェンヌ山脈
アルプス山脈
ガロンヌ川
ドーフィネ
カオール
ギュイエンヌ
ローヌ川
ルエルグ
アヴィニョン
タルン川
ニーム
ニース
アドゥール川
トゥールーズ
アルル
エクス
モンペリエ
ガスコーニュ
ラングドック
マルセイユ
プロヴァンス
バスク
タルブ
ナルボンヌ
ベアルン
リヨン湾
トゥーロン
ピレネー山脈
地中海
ルシヨン
0
100km

日本語版総序
——いまなぜ、ミシュレの『フランス史』か——

二十一世紀の今日、わが日本でミシュレの『フランス史』を読む意味はあるのだろうか。あると信じるからこそ本書を刊行することにしたのだが、それはどうしてなのかを述べておかなくてはならない。

ミシュレは本書全体の序文（一八六九年）の中で「復活としての歴史」を語っている。さらにはフランス大聖堂の内陣ま上にある小さな鐘楼に彫られていた処刑者たちの姿を見て、中世の民衆の涙を、その過酷な現実をふいに思い出したという体験を述べている。本書には各所に、ある物に触れ（見たり、聞いたり、読んだりして）、とたんに過去の現実が、まるで水の中に落とした紙切れがあっという間に開いて草や花となるように、ミシュレの意識の中で生き生きと蘇ってくる様子が描かれている。この水中花の比喩はプルーストの『失われた時を求めて』で使われている比喩だが、ミシュレにあってもプルーストと同様の、まるで無意志的記憶としかいいようのないような体験が随所に見られるだろう。過ぎ去って永遠に消えたと思われているものが、その日常の息吹とともにミシュレの筆先からふいに「復活」してくるページを、われわれはいくつも読むことができるだろう。プルーストにはミシュレの文体を模倣した習作もあり、プルーストへのミシュレの影響がなかったわけではないだろうが、こうした過去の時間の無意志的復活という面でもそれがあったかどうかは分からない。一つ言えることは、プルーストにあっては「私」という主人公の、個人としての「失われた時を求めて」だったのにたいし、ミシュレの『フランス史』は、「フランス」という主人公の、集団としての「失われた時を求めて」の記録ではないかということである。

それにしても、こうした過去への探究をいま読む意味はどこにあるのか。ここでミシュレの生きた時代に目を向けておこう。一七九八年、フランス革命のさ中に生まれた彼は、ナポレオン体制の終焉を一七歳で見る等、あまりにも目まぐるしく変動する社会の中を生きていた。とりわけ若い時期に体験した大事件は、全く新しい社会政治体制が到来し、旧来の価値観が音を立てて崩れ行くようなものだったにちがいない。若いミシュレは哲学、文学、歴史等の中でなにを専攻するかを迷いつつ、かなりの期間彷徨していたはずである。はっきりしたもの、定かなものが見えないとき、未来のほうに向って暗中模索するのではなく、自分たちの来し方を振り返り、自らの足許を固め、立ち位置を確かめ、そしてはじめて生きる自信も湧いてくるだろうと信じたとしてもなんの不思議もない。あれらの混沌の時代、確かなものは過去しかミシュレにはなかったのだ。過去は間違いなくあったものなのであり、歴史は間違いなく手ごたえを感じさせてくれるものだったろう。こうして彼は歴史を専攻する。そしてまず何よりも自己の属するフランスという共同体の過去の探索を始める。それが四〇年にわたって続けられ、この『フランス史』となる。ここには彼自身言っているように、ミシュレのすべてが籠められているのだ。

ただし、ミシュレの『フランス史』は一人の人間の自己探求の結果として生まれたのであって、フランスの過去の栄光を懐古するものではないし、若者たちに愛国心を吹き込もうとするものでもないことを確認しよう。彼には生涯を通して変ることない信念があった。それは、人間の歴史が宿命に対する自由の闘争であるという考えである。彼はそれをヴィーコから学んだと言っているが、もちろん、教わったのではなく自らの思索によって学びとったのである。「自由」こそミシュレのキーワードであり、フランスという言葉がもつ本来の意味なのだ。ここから、「決定論」に対する強い反発が生まれる。

ミシュレが将来の方向を模索していた一八二〇年代、ヘーゲルの「歴史哲学」が哲学者クーザンによってフランスにもたらされ、ティエリの『ノルマン人によるイングランド征服史』(一八二五年)が書かれ、ギゾーの講義『ヨーロッパ文明史』がソルボンヌの聴衆を惹きつけていた。「歴史」がフランス人の心を捉えはじめたのである。ユゴーもまた『パリのノートル＝ダム』によって中世に異様な彩りを与えた。ミシュレやユゴーの親たちの世代がその青春を捧げたフランス革命は、理性の光によって未来を創出しようとしたが、その壮大な冒険がナポレオンの敗北によって終わりを告げたとき、古い価値観がブルボン家とともにフランスに帰ってくる。「歴史」とは、個人の意志を越えた巨大な力——運命?——によって動いているのだろうか。

だが歴史の中の人間に最大限の自由を与えたミシュレは、歴史家である自分自身にも同様の自由を与えた。その意味で、彼はむしろ十八世紀哲学とフランス革命の子であった。さらに人間に対する共感あるいは嫌悪、主観的な解釈、そして想像力――職業的もしくは学者的な歴史にとっては望ましからざる資質を、彼はありあまるほど備えていた。それゆえに、十九世紀から二十世紀にかけて大学を支配した「実証主義」――科学崇拝――の下でミシュレには否定的な評価しか与えられなかった（「ミシュレはもう古い」、「あれは文学だ」）。だが、一人の個性的な歴史家が異議を申し立てた。『アナール』の創設者であるL・フェーヴルである。「ミシュレをご存じか？」という諧謔で始まる小冊子（一九四六年）には「ジュール・ミシュレあるいは精神の自由」という標題が付けられている。ドイツ軍による四年の占領から解放されたばかりのフランス人に向けて、フェーヴルが訴えたのは、この「自由」を取りもどせということであったが、その彼に勇気を与えてくれたのがミシュレであった。ヴォルテールやルソーではなく、ミシュレが選ばれたのは、彼が歴史家であったからではない。ミシュレが一九四〇年のフランス人と同じように「どん底」に転落しながらも、そこから再び立ち上がった人間であったからだ。

フェーヴルは単なる考証としての歴史（「歴史のための歴史」）を嫌った。史料があったとしても、人間の側からの問いかけがなければ何も生まれない。逆に、ひとたび問いが発せられるなら、あらゆるものが「史料」になる、と。かくして彼の後継者たちは、それまで大学の教師たちが見向きもしなかった未知の領域に踏みこんでいった。マンドルーが魔女裁判を調査して心性史を開拓する一方、ブローデルは歴史と地理を一体のものとして捉え、さらには物質文明についての大著を書く。アリエスが「死」の歴史を、ル・ゴフが「記憶」の歴史を書く。しかし、今あらためてミシュレを読みかえしてみるならば、『アナール』の歴史はすでに『フランス史』の中で予告されていたとも言える。一八六九年の「序文」の中で、ミシュレは——彼の時代の歴史学を批判しているのだが——そこには二つのものが欠けていたと書いている。すなわち「物質的」要素（「土壌や気候や食べ物、物理的・生理的な多くの状況」）と「精神的」要素（「思想や習俗、そして国民の魂の内部で進行する大きなうねり」）である。それらは今日、ブローデル（物質文明）やル・ゴフ（心性）に継承されてはいるが、ミシュレはそれらを分離することなく一体のものとして描き出した（全体史）。だが、ますます専門化・細分化しつつある現代の研究者にとって、それは過大な要求であるのかもしれない。しかし、それゆえにまた、歴史と想像力が一体でありえたミシュレの時代が、現代のわれわれには輝いて見えるのだ。

こうしてミシュレの仕事は、いまや歴史学からも、現代歴史学の父ないし母としてきわめて高く評価されることとなった。しかしその一方、彼の筆力のあまりの高さから、これが物語として、まこと読み応えのある作品となっていることも確かである。ミシュレの類まれな想像力が、資料の欠落部分を補って過去を再構成してしまっているような箇所も、ままあるだろう。が、これが歴史小説ではなく、あくまでも歴史であるということは疑いようもない。ミシュレは、都合のよい、ないしは気に入った資料のみにたよって、ひとつの想像的世界を作るという小説家のやり方は完全に排除していいるからだ。彼は可能な限りの資料に食らいつくだろう。ロラン・バルトの言うように、ミシュレは食欲旺盛である。さらにミシュレの想像力が働くのは、なんらかの資料あるいは素材に触れた場合のみであり、そうした素材や資料を離れ、純粋の創造世界に遊ぶことは厳に禁じられる。ミシュレは歴史小説ではなく、あくまでも真正の歴史を、あまりにも文学の香りゆたかな歴史を書いたのである。

こうした方法論を身につけ、それを武器に、祖国の来し方（といっても、本書で取り上げているのは、フランスと関係するヨーロッパ全域である）を探究し、祖国が一人の人間のように自らを確立し、人類に向って折々に力強いメッセージを発するまでになる様を描いたのが本書『フランス史』である。原著は『中世史』と『近代史』の計十七巻からなるが、日本語版ではこれに『十九世紀史』三巻を加え、全体の三分の一を訳出した。ただし抄訳のある『フランス革命史』は加えていない。

われわれもまた、いまこの日本で、改めて自らがいかなるものであるか、いかなる未来に向って歩むべきかを問わなくてはならないだろう。先の見えないときこそ過去を見据えよう。そうした心構え、あるいは覚悟といったものをミシュレから、この『フランス史』から学べるのではないか。いや学ばなければならないのではないか。単なる歴史をこえて、こうして、人間としてのあり方を、あたかも上質の文学に接する時と同様に考えさせてくれるとしたら、本書を読む意味は今日なお大いにあると言える。

監修者　大野一道・立川孝一

『フランス史Ⅰ』序文

立川孝一

大学教授資格試験（文学）に合格し、パリのコレージュ・サント＝バルブの教員（歴史を担当）となったとき、ミシュレはその将来についてまだ明確な方針をもってはいなかった。哲学・文学・歴史のあいだで模索し続けながら、歴史へと大きく踏み出したのは、ヴィーコの『新しい学』との出会いに負う所が大きい（一八二四年）。ちなみにこの年、ミシュレは哲学界の若きリーダー、V・クーザンを訪れ、そこで生涯の盟友キネを知る。私生活面では、ポーリーヌ・ルソーと結婚。ほどなくして長女アデールが誕生する（ミシュレ二六歳）。公私におけるこれらの出来事は、フランス革命末期（一七九八年）に貧しい印刷業者の家に生まれ、満足に学校へも行かれなかった孤独な青年時代の終わりを意味するものだった（彼の学生時代はコレージュの第三学年に編入し、そこを一八歳で卒業するまでの四年間にすぎない）。

ミシュレは王政復古の時代（一八一四―三〇年）に青年期を迎えたが、パリのコレージュを首席で卒業した俊才をブルボン家は粗略にはあつかわなかった。一八二七年にはエコール・ノルマルの教員となり、翌年には国王シャルル十世の孫娘の家庭教師に任ぜられている。師とあおいだギゾーやクーザンは自由主義者であったが、リシュリュー公やフレシヌ猊下といった筋金入りの反動政治家もミシュレを庇護していたのである。だが、七月革命（一八三〇年）が彼を王党派から解放する。新政府でギゾーたちが重要な地位を占めたことで、ミシュレは多大な恩恵をこうむる。そのひとつは、国立公文書館歴史部の主任に選ばれたことである。著述への意欲は一気に高まり、一八三一年には『世界史序説』が発表され、一八三三年には『フランス史』の刊行が開始される。

歴史家としては一八二〇年代からギゾーやティエリが執筆活動を開始していたが、一八三一年にはユゴーが『パリのノートル゠ダム』を出版するなど、「歴史」はロマン主義の色彩に包まれていた。『フランス史』はそうした時代の雰囲気とも合致し、学界のみならずジャーナリズムの世界でも好評を博した。ミシュレはまだ三五歳の若さであったが、歴史家としての地位を確固たるものにしたのである。

『中世』上巻としてここに訳出されたのは、原著『フランス史』第一巻と第二巻からピックアップされた九つの章であるが、カエサルによるガリア征服(紀元前一世紀)からルイ九世の時代(十三世紀)までをあつかっている。テキストの抜粋にあたっては細分化を避け、「タブロー・ド・ラ・フランス」のように長大な章でも全文を訳している。全体としては三分の二をカットしたことになるが、その部分については要約を付け、全体の流れが把握できるように配慮した。また巻頭には、『フランス史』の完結後にミシュレが自ら書いた一八六九年の序文を掲載した。これによって読者は『フランス史』の生い立ちを著者自身から聞くことができるであろう。

フランス史Ⅰ　中世㊤

目次

Ⅱ 中世㊦ 目次――――――――責任編集・立川孝一・真野倫平

装丁・作間順子

フランス史

I

中世 ㊤

凡例

一 本書は『フランス史』第一巻・第二巻（一八三三）の抄訳である。ミシュレは生前に幾度か改訂を試みているが、改訂箇所に関しては現在最も信頼できる最新のフラマリオン版（一九七四）を参照した。

一 各章のタイトル・小見出しは編者が付したものである。

一 各章の冒頭に編者による解説を付した。

一 原著より翻訳を省略した箇所は、編者による要約解説を補い、前後がつながるようつとめた。このような要約解説は小活字とし、上部に線を引いて示してある。

一 訳註は〔 〕に入れて本文中に付したが、長いものは段落末においた。原註は原則として省略したが、日本の読者にとって重要なものは訳出し段落末におき、原註と明記した。

一 原文のイタリック表記は原則として「 」に入れたが、一部傍点としたものもある。

一 原文のラテン語はカタカナ表記とした。

一 固有名詞についてはフランス語の読み方に従ったカタカナ表記としたが、慣用化されているものについてはそれに従った。

一 翻訳担当者名を各章末に記した。

一 地図・図版は主として編者が作成したが、挿絵はマルポン・フラマリオン版（一八七九年）のものを使用した。

1

一八六九年の序文

『フランス史』は第一七巻（一八六七）をもって完結した。第一巻（一八三三）の出版から実に三〇年以上の時が経過している。その間、十五世紀をあつかった第六巻（一八四四）で中断し、フランス革命史に没頭した時期（一八四五―五三）もあった。二月革命とルイ・ナポレオンのクーデタに翻弄されたこともあった。だが公職から追放され、各地を転々としながらも、一八五五年、『ルネサンス』を出版する（『フランス史』の第七巻にあたる）。かくして、十六世紀、十七世紀、十八世紀へと『フランス史』は書き継がれることになる。

一八六九年には『フランス史』（ラクロワ書店から新版）のために長い序文が書かれる。それは、四〇年にわたる歴史家としての生涯をふりかえる決算書であるとともに、世紀末を迎えようとしていたヨーロッパに対するミシュレのメッセージでもあった。

七〇歳に達した歴史家は、執筆開始の頃を想い起こし、それが「七月の閃光」（一八三〇年の七月革命による自由への期待）の下で書かれたと言う。そこには過ぎ去りし青春へのノスタルジーも混じっていたかもしれない。とはいえ、宿命に対する自由の闘争という『世界史序説』（一八三一）の歴史観がミシュレから消えることは決してなかったし、「人間は自分自身のプロメテウスである」というヴィーコの教えにも最後まで忠実だった。この序文の中でミシュレは「人種」の決定論を批判しているが、そうした姿勢は「カエサルのガリア征服」以下の諸章でも貫かれている。

勿論、四〇年に及ぶ歴史家としての歩みの中で、変化が全くなかったわけではない。私生活上の出来事については触れないとしても、十九世紀の、あの激動のフランスを生きて変わらずにいることは難しい。王政復古期（一八一四―三〇）に青年期を過ごし、禁欲的な精神主義に育まれた若き歴史家は、キリスト教会と中世をロマンチックな文体で華麗に描きあげた。だが、やがて「変化」が訪れる（いつ頃からか？　本人は第三巻を書いた一八三七年頃と言っている）。中世の、粗野だけれど純朴な農民への共感。「民衆」の発見は、やがては「自然」や「女性」の肯定へとつながっていく。かくして「中世」の歴史家は、「フランス革命」の歴史家へ、そして「魔女」の歴史家へと変貌していくのである。

だが、ミシュレにおける変化は単線的な進歩・発展ではない。新しい要素を取り込みながらも古いものを捨てずに、すべてを呑みこみ咀嚼し、新たな生命に作り変える。「歴史」はひとつであり、「全体としての生命の復活」なのである。

『フランス史』を書き上げたミシュレは、今や読者に向かって――かつて教壇から学生たちに語りかけたように――歴史とは今を生きることなのだと語りかける。ミシュレの歴史が今日もなお輝いて見えるのは、現代の歴史学が専門化・細分化してしまって全体性を見失い、生きた世界との接点をもてなくなっているからではないだろうか。

「序文」は、最後まで若くあり続けた一人の歴史家が未来の読者に向けて発した、歴史への誘いなのである。

＊邦訳はすでに大野一道編訳『世界史入門』（藤原書店、一九九三年）に「全体としての生命の復活」として出版されているが、今回、立川がその一部を修正し、註を付加した。

およそ四〇年にわたり粉骨砕身書き上げたこの作品は、一瞬の内に、あの七月〔革命〕の閃光のもとに思いつかれた。あの記憶すべき日々、大いなる光が生じ、私はフランスを見出した。

フランスにはそれまで年代記はあったが、一つの歴史もなかった。すぐれた人々がフランスを、とりわけ政治的観点から研究していた。だが誰一人、フランスの活動（宗教、経済、芸術、等）の種々様々な面での発展を微細に洞察してはいなかった。また誰一人フランスを、それが形成された自然的地理的諸要素の生きた統一体《ユニテ》として、一望のもとに収めようとは、まだしていなかった。私が最初にフランスを一つの魂として、一人の人間として眺めたのだ。

かの高名なシスモンディ〔スイスの歴史家、一七七三―一八四二〕、誠実で分別あふれたねばり強いあの働き手が、その政治的年代記〔『フランス人の歴史』三一巻〕の中で全体を見通す高みにまで到るのはまれである。しかしだからといって、考証学的な研究に入っていくのでもない。彼自身正直に認めているが、ジュネーヴで本を書きながら彼の手もとには証書類も写本類もなかったのだ。

その上、一八三〇年まで（それどころか一八三六年まで）、当時の注目すべき歴史家たちのいずれもが、印刷された書物の外に、つまり当時大部分が未刊行だった一次資料、すなわちわが国の図書館の写本類や、古文書館の記録類に、事実を探し求めにゆく必要をいまだ感じていなかった。

一八二〇年から一八三〇年にかけて、あんなにも偉大な輝きを見せた高貴な歴史家集団、ド・バラント、ギゾー、ミニェ、ティエール、オーギュスタン・ティエリの諸氏が、独特な各種の観点から歴史を考察した。ある者は人種という要素に、ある者は諸々の制度の方に専心したけれども、それらの

フランスのアレゴリイ（寓意）

物事が個々別々に成り立つのはどんなに困難か、またそれぞれが他の要素に対しどんな作用を及ぼすのかといったことは、たぶん十分には思案しなかった。たとえば人種は、有為転変する習俗の影響を受けないで、ずっと同じままでいるのだろうか？　また制度は、思想の歴史や、思想が出現してくる数限りない社会的状況を考慮しないで、十分学びうるであろうか？　これらの専門領域はいささか人為的なものを常にもっているゆえ、明らかにすると称しながら、物事の間違った側面を示してしまうこともあるし、全体に関してわれわれをあざむき、全体のもっている高度の調和を隠蔽してしまうこともありうる。

生命というものは要求度のきわめて強い至高の一条件を有している。つまり生命は、それが完全無欠であるかぎりでしか、真の生命ではないということだ。その諸器官は、すべてが緊密に結びついていて、全体がそろってはじめて働く。われわれの機能は互いに結びあっており、それぞれがそれぞれを前提として成り立っている。ただ一つでも欠ければ、どれももはや生きてはいけない。かつてはメスによって一つだけを取り出しうるし、われわれの組織のそれぞれを他と引き離して観察しうると信じられていた。だがそんなことはありえない。なぜなら、すべてがすべてに作用しているからだ。

したがって、すべてか無かなのである。歴史の生命を再発見するには、歴史をそのすべての道筋で、そのすべての形体で、そのすべての要素で辛抱強く追いかけてゆかねばならないだろう。だがさらに大きな情熱でもって、その全体の働きを、そしてその様々な力の相互的な活動を、一つの力強い運動の中に作り直し復元することも必要だろう。この運動が再び生命そのものになってゆくだろう。

ジェリコー〔ロマン主義絵画の先駆者、一七九一—一八二四〕は、その天分に匹敵するものはたぶん私にはないが、その激しい意欲に相当するものは私にもあったといえる巨匠で、その彼がルーヴル（ヨーロッパの全芸術が一堂に会していた当時のルーヴル〔ナポレオン美術館〕）に入っていったとき、困惑した様子も見せず言ったものだ。「よし、これから私が芸術を作りかえてやろう」と。そして自分の名前をまったく書き入れないでさっと仕上げた素描で、すべてを把握しわがものにしながら進んでいった。そして一八一五年〔ナポレオンの没落〕がなかったとしても、言った通りにやってしまったことだろう。これが若い盛りの情熱であり熱狂である。

ところで「全体としての生命の復活」として私に提起された歴史の問題は、さらにいっそう複雑でいっそう恐るべきものであった。しかも復活は生命の表層においてではなく、深層における有機体的なものとして考えられたのだ。いかなる賢明な人間にも、思い浮かばなかったことだった。だが、さいわいにして私は賢明な人間ではなかった。

あの七月〔革命〕の輝かしい朝、果てしもない希望と、力強い電磁気の中で、人間わざを超えたようなこの企てで、一つの若い心がおじけづくことはなかった。時によってはいかなる障害もなくなるものだ。すべては炎のような情熱によって容易にされる。そうした情熱のあるところ、錯綜した無数のことどもは解決され、自分の真の関係を見出し（調和しながら）輝き出てゆく。ばらばらに横たわっているときには、無気力で重くなっている多くのぜんまいも、全体の中に置き直されると自ら丸まってゆくものなのだ。

少なくとも私の信念はこうしたものであり、わたしの弱さがいかなるものであったにせよ、この信念は実際に効果があったのである。あの巨大な運動が私の目の前で動き出した。自然と人間の多種多様な力が、はじめのうちはとまどいながらお互いを探し求め折り合いをつけていった。巨人の手足である民族や人種あるいは各地方が、海からライン川、ローヌ川、アルプスの方へと配置されていった。そしていくつもの世紀がガリアからフランスの方へと歩んでいった。

すべての者が、味方も敵も言った、「生きているようだ」と。だが生命の本当に確かな真のしるしとは何であろう？　ある種の巧みさで活気を、一種の熱をつくりだすことはできる。時には〔ガルヴァーニが発見した〕化学的電気現象が、その跳躍、労力、きつい対照、思いがけない出来事、そして小さな奇蹟のようなことどもにより、生命そのものを凌駕しているように見えることもある。しかしながら真の生命は、そうしたものとはまったく異なったしるしを、つまりそれ自身の継続性をもっている。生命は一気に生まれ、持続し平穏にゆっくりと「切断サレルコトナク」成長してゆく。生命の一体性《ユニテ》とは五幕の小芝居のようなものではなく、（しばしば巨大な発展を見せる）魂の調和にみちた自己同一性なのである。

最高に厳しい批評も、私の本全体を判断してくれるなら、生命のこういった高度の諸条件をそこに認めないわけにはいかないだろう。この本は少しもせいたり急いだりしなかった。少なくともゆっくりやってきたという長所はある。第一巻から最終巻まで、方法は同一である。私の「地理」〔本書所収「タブロー・ド・ラ・フランス」〕においても、「ルイ十五世」においても、「大革命」においても、要するにそうなのだ。

こんなにも長い年月をかけた仕事として、同じく珍しいのは、形式と色彩がそこではしっかりと維持されていることだ。〔どの巻にも〕同じ長所と短所がある。もしも短所がなくなっていたら、この作品は不均質で、色彩の一定しないものとなり、個性を失ってしまっただろう。だからこのようなものとして、調和のとれた生きた一なる全体としてあり続ける方がよいのだ。

私が『フランス史』の執筆を〕始めたころ、すばらしい天分にあふれた一冊の本、ティエリの作品〔『ノルマン人によるイングランド征服史』一八二五〕があった。彼は明敏で洞察力にすぐれ、繊細な解釈をし、文章を見事に彫琢するすばらしい名匠であったが、あまりにも一人の主人に隷属しすぎていた。この主人、この暴君というのは諸々の人種の永続性という排他的かつ型にはまった視点である。この偉大な書物の美を作り上げているのは、つまるところ、この運命論的とも思われるような定型があるにせよ、侵略という運命的な力に対抗して、国民的魂と自由への権利にみちあふれて感動した心が、下の方で息づいているのが、いたるところで感じとれる点にある。

私はこの本を大いに愛し、称賛した。だが、はっきり言って彼の書物においては、物質的なものも精神的なものも私には不十分と思われた。

物質的なもの、人種やその後継者となる民族は、しっかりとした強固な基盤、彼らを支え養ってくれる大地を下に置いてもらわねばならないと私には思えた。地理的基盤を欠くと、歴史の当事者である民族は、地面のない中国の絵のように空中を歩んでゆくように見える。この地面は、単に行動の舞台であるだけではないという点に留意してほしい。食糧、気候等によって、数知れぬやり方でそれは民族に影響を及ぼす。この巣があってこの鳥があり、この祖国があってこの人間がある。

人種は、野蛮な時代、つまり諸国民の大いなる運動が始まる以前には有力かつ主要な要素であったが、それぞれの国民がしっかりと作り上げられ、人格にも似たものを備えてゆくにしたがい、あまり目立たない、弱く、ほとんど消え去ったもののようになる。かの高名なミル氏〔イギリスの哲学者、経済学者。一八〇六—七三〕は大変上手に、つぎのように言っている。「もろもろの精神的、社会的影響を研究しないですませるために、性格や行動の相違を、生まれつきの壊れることのない相違のせいにしてしまうのは、あまりにも安易なやり方であろう」。

人種という要素を追求し、近代においてそれを過大視する人々に反対して、私は歴史そのものから、並はずれて大きいのにあまりに注目されていない一つの精神的事実を引き出してきた。その事実とは、「自らが自らにおこなう」力強い「働きかけ」である。この働きかけの中で、フランスは、自ら進歩することによって、自分のもっていた土着的な要素をすべて変形してゆく。ローマの自治都市的要素、ゲルマンの部族、ケルトの氏族はもうなくなり消滅してしまったが、そうしたものからわれわれは長い年月をへて、まったく別の、しかも大部分は先行していたすべてと逆でさえもある諸結果を引き出してきた。

生命は自分自身に対し個性的な創出作用を及ぼす。この作用はあらかじめあった材料から、われわれのために完全に新しい物を作ってくる。私の食べるパンや果物から私は赤くてしょっぱい血液を作り出す。私がそれをとり出したもとの食物などまったく思いつかせない血液である。歴史の生命も同様である。各民族も同様に自らを形成し、自らを生み出してゆく。いくつもの要素がかみくだかれ、混ぜ合わせられる。それらの要素はよく分からない雑然とした状態にたぶん留まってはいるが、偉大な魂の長期にわたる働きかけが作りなしたものと比べたなら、まことにものの数にも入らない。

フランスがフランスを作ったのであり、人種という運命的要素は私には副次的に思える。フランスは自らの自由が生み出した娘である。人間の進歩において本質的な部分は、人間と呼ばれる生きた力に属している。「人間は自分自身のプロメテウスである」。

要するに歴史は、それを代表していたあれら卓越せる人々（何人かは称賛すべき人々）において眺められたものとしては、二つの方法の点でまだまだ弱いように私には思えた。

「あまりにも物質的でなかったのだ」。人種を考慮しながら、土壌や気候や食べ物、物理的なまた生理的な多くの状況を考えに入れなかったからだ。

「あまりにも精神的でなかったのだ」。法令や、政治的文書を語りながら、思想や習俗、そして国民の魂の内部で進行する大きなうねりについては語らなかったからだ。

とりわけ、学識を示すことになる微細な細部について、ほとんど知ろうとしていなかった。そうした細部にこそ、おそらく最良のものが未刊行の資料の中に埋もれていたはずであったのに。

私の人生は本書の中にあった。本書の中で私の人生は過ぎていった。この本は私の唯一の事件だった。だが書物と著者のこうした一致は危険なことではないのか？　作品は感情や時代に、つまりそれを作った者によって彩られるのではないか？

だがこうしたことはいつの時代にも見られる。すこぶる正確で、モデルにまったくそっくりの肖像画でも、画家がそこに自分自身をいくらか書き入れなかったようなものはない。歴史におけるわが師たちもこの法則を免れてはいない。タキトゥス〔ローマの歴史家、五五頃―一二〇頃〕は、ティベリウス〔ローマ皇帝、在位一四―三七〕について書いたとき、自分の時代の重苦しさ、あの沈黙の「長い一五年」〔皇帝ドミティアヌスの暴政、八一―九六〕とともに自らをも描いている。またティエリも、クローヴィス一世やウィリアム一世とその征服を語りながら、内面の息づかいを、つまり少し前〔一八一四―一五〕に侵略されたフランスへの感情を、そして外国の支配とも思われた〔ブルボン家の〕治世への反撥を示している。

そこに欠点があるとしても、その欠点がわれわれには大いに役立つということを認めねばならない。そうした欠点をもたずに、書きながら自らを消そう、存在しないようにしよう、（バラント〔ティエリと並ぶ物語派の歴史家〕がフロワサール〔十四世紀の年代記作者〕に対してしたように）背後から同時代の年代記をたどってゆこうと試みるような歴史家は、まったく歴史家ではないのだ。往時の年代記作者はとても魅力的ではあったが、自分のすぐうしろをくっついて来るあわれな従者に対し、偉大で、陰鬱で、恐るべき十四世紀がどういうものかを言うことなど絶対にできなかった。そうした時代だったことを知るには、われわれのもっている分析と学識の力すべてが必要である。あの語り手には理解しえなかった神秘を、見通してしまう大いなる武器が必要である。いかなる武器、いかなる方法であろうか？　こんなにも力強く、こんなにも大きくなった近代的個性である。

対象の中に入り込んでゆけばゆくほど、それが好きになるし、したがっていよいよ興味をもって眺めるようになる。感動した心は透視力をもつようになり、無関心な人々には見えなかった多くのことが見えてくる。歴史と歴史家はこのまなざしの中に混ざりあってしまう。それは良いことだろうか、悪いことだろうか？　これまで少しも語られなかった事態、そしてわれわれが明らかにしなければならない事態が生じるのは、まさにそこだ。

つまり、時の進展の中で、歴史家によって歴史が作られる以上に、歴史が歴史家を作るということなのである。私の本が私を作った。私こそ歴史が作り上げたものだった。この息子が父親を作った。この本は最初は私から、私の青春時代の嵐（さらには不安）から出てきたものであるにせよ、私に対し、力や光において、また豊かな熱において、そして過去を復活させる実際的な力において、はるかに多くのものを返してくれた。私と本書とが似通っているとすれば、結構なことだ。本書がもっている私の顔だちは、大部分、私がこの本に負っている顔だちであり、私がこの本から受けついだ顔だちである。

私は大いに運命に恵まれた。私にはかなり稀な二つの点があって、その二つによってこの作品は作られたのである。

まず第一に自由であり、それがこの作品の魂となった。

次に、〔教育など〕いくつかの有用な務めがあって、そのため作品の実現が遅くなり先送りされたことで、かえってこの作品はいっそう思慮深く力強いものとなり、堅固さ、時間という揺るぎない基盤が付与されることになった。

私は孤独と、貧しさと、生活の簡素さによって自由だったし、私のしていた教育によって自由だった。マルティニャック内閣時代（自由な雰囲気の短い時期）、エコール・ノルマルの改革が試みられ、相談を受けたルトロンヌ氏が、私に哲学と歴史の授業を担当させてくれた。私の『概要』〔『近代史概要』〕と『ヴィーコ』〔ヴィーコ著『新しい学』のミシュレによるフランス語訳『歴史哲学の原理』〕が一八二七年に刊行されていたので、彼には私が十分資格ありと思えたのである。この哲学と歴史の二つの教育を私はのちにコレージュ・ド・フランスでもおこなったが、これは私に無限の自由を開示してくれた。私の専門分野は限界のないものだったから、どんな事実をも、どんな思想をも包含することになった。

私はヴィーコのみを師としていた。生きた力に関する彼の原理、「人類は自らを創造する」というその原理が、私の本と教育とを作った。

私は、威厳にあふれながらも空疎だった純理派《ドクトリネール》〔ギゾーに代表される穏健な自由主義者〕とも、「芸術のための芸術」というロマン派の激流とも十分に距離を保ち続けていた。そして私の中だけが私の世界だった。自分の中に、自らの生と変革と豊饒とをもっていたが、同時に危険をももっていた。どんな危険か？　私の心と若さと方法そのものと、そして歴史に課せられた新しい条件である。この条件とは、もはや単に語ったり判断したりするだけではなく、諸々の時代を「呼び覚まし」、「再構成し」、「復活させる」ことであった。こんなにも長い間、冷え切っていた燃えがらを再び燃え立たせるのに十分な炎をもつこと、これが第一点であり、危険がないわけではなかった。だが第二点は、おそらくもっとあぶないことで、復活した死者たちと親密に交流するというものであった。するとついに彼らの一人となってしまいかねないのではないか？

私の最初のページは七月〔革命〕後の、灼熱した舗石の上で書かれたが、それは世界への一つのまなざしであり、世界の歴史を、自由を求める戦いとして、運命的世界に対する自由の不断の勝利として、要するに永遠の七月〔革命〕として眺めるものだった。

あの小さな本〔『世界史序説』一八三一〕は、並はずれた心の高まりによって、素早く飛翔し、（つねに私がしてきたように）「自然」と「精神」という二つの翼、大きな全体的動きについての二つの解釈を同時に用いながら前進していった。私の方法はすでにそこにあった。私はサタンに関し（『魔女』の中で）言ったことを、一八三〇年にこの本の中で言っていた。サタンとは、いまだ年端もいかぬ自由の、初めは戦闘的で否定的なものだったのに、のちに創造的でますます実り多いものとなった自由の、奇妙な別名だったのだと。

ジュフロワ〔エコール・ノルマルの哲学教授〕が一八二九年に、王政復古に関する最も肝要な言葉「いかにして諸々のドグマは終わるか」をはっきりと述べたばかりのところであった。七月には、カトリック教会から人々の姿は消えてしまった。その時、いかなる自由思想家も疑わなかったろう。カトリシズムに関するモンテスキューの予言がほどなく実現されるにちがいないと。

私は次の点から見て、たぶん世界で最も自由な人間だった。つまりそれ相当の年齢になる前に精神を不意打ちし、最初に麻痺させる役割を果たす有害な教育を受けていないという、まれな強みをもっていたのである。教会は私にとって、月と同様純粋な興味の対象にしかならない未知の世界であった。

この色青ざめた天体について一番よく知っていたのは、その残りの日数が計算されていたということ、生きるべき日々がほとんどないということだった。だが誰がそのあとにやって来るのか？　それが問題だった。この問題は七月〔革命〕の直後にやって来た精神的コレラ、幻滅および大いなる希望の喪失によって、その答が見えなくなっていた。人々は低い方に殺到した。小説や芝居がそれまでになかったような醜悪さを突如むき出しにした。才能はあふれんばかりだったが、ひどくがさつだった。それなりの偉大さを感じさせた、古い自然崇拝における実り豊かなお祭り騒ぎではなく、不毛な物質主義の、ことさらの逆上といったものだった。多くの誇張があったがその下にはほとんど何もなかった。

七月以前にあった元々の主題は、世界の新しい女王である「産業を讃えよ」だった。産業は物質を飼いならし屈服させるものだった。だが七月以降、事態は逆転した。こんどは物質が人間のエネルギーを屈服させた。

こうした事実は歴史において珍しいことではない。物質にも権利があって、自らの出番をもちたがるというこうした考えほど古いものはない。だがサン＝シモン主義者にあってこの考えをショッキングなものにしていたのは、この物質崇拝の中に、カトリック制度のさもしい模倣をもちこむことで、〔二つの顔をもつ〕ヤヌスのような醜さを見せたことである。

私とキネ〔歴史家。コレージュ・ド・フランスにおけるミシュレの同僚〕がかつて招かれた厳かな会で〔一八三二年二月〕、われわれはこの銀行崇拝教の中に、廃棄したと言われていたものの奇妙な再来を見て、驚いてしまった。われわれが見たのは一人の聖職者と一人の教皇であった。そして説教師がこの教皇から按手によって恩寵を伝えてもらうのを見た。彼〔説教師〕は言った、「十字架を捨てよ！」と。だが十字架は中世のような祭司職を感じさせる権威主義的形態で現前していた。打ち倒すと言っていた古い宗教を、最悪の箇所でくり返していた。告白、霊的指導、何一つ欠けてはいなかった。カプチン会修道士たち〔戒律を厳格に守り、清貧を徹底しようとした〕が銀行家や産業家として戻ってきていた。新しいモリノス〔十七世紀スペインの神秘思想家で、静寂主義の創始者〕から出る色あせた法悦がイエズス会のにおいを発していた。

早い時期に中世が消し去られていればよかったのに。だがそれは剽窃されていたのだ。そのことが私には強烈に見てとれた。家に戻ると、やみくもにあふれ出てくる高揚感から、死の床で略奪されるばかりのこの瀕死の時代のために、熱烈な言葉を書いた。若者らしいそれらの何行かは軽率と言われても仕方ないようなものだが、心情の動きとしてたぶん赦してもらえるだろう。しかし「七月」と「自由」から、また聖職者たちに対する勝利から霊感を受けた私の小さな本〔『世界史序説』〕の中では、ほとんど機能しない言葉だ。それらの何行かは、この本が自由の神話として提示しているサタンのかたわらでは、ひどくそぐわないものになっていた。だがそんなことはどうでもよい。それらはそこにあって、いまでも私をにが笑いさせる。こうした表面上の矛盾に若い芸術家はまるで戸惑わなかった。揺るぎない無邪気な計算ずくでない信念があったからである。敵にやさしくすることの危険を、あまり感じていなかったのである。

当時私は、歴史家である以上に芸術家であり作家であった。そのことが（中世史の）最初の二巻に表れている。あれらの闇、あれらの長期にわたる悲惨の深淵を照らし出した資料のすべては、その頃は刊行されていなかった。それらの資料から出てきた全体としての主な印象は、私には陰鬱なハーモニーとか巨大なシンフォニーといったものであり、そこにある数知れぬ不協和音は、まだ私の耳をほとんどとらえていなかった。これはまことに重大な欠陥である。アベラールによる「理性」の叫びや、あんなにも乱暴に押し殺されてしまった一二〇〇年頃の巨大な動き〔アルビジョワ十字軍によって弾圧された南仏の異端〕は、そこではあまりにもわずかしか感じられないし、大いなる統一という芸術的効果のためにあまりにも切り捨てられていた。

だが今日、多くの年月と、様々な時代と世界とを通過してきたあと、この本を読み返し、それらの欠点にはっきりと気づきながらも、私は言う。

「これに触れることはできない」。

本書は孤独と、自由と、純粋さと、そして高度の精神的緊張の中で書かれた。そうした状態はたぐいまれな、まことに特異なものである。本書の純真さや情熱が、そして本書を活気づけている巨大な量の生命が、私のかたわらで本書を擁護してくれているし、私の見ているところで本書を支えてくれている。青春の生一本さが、誤謬の中でさえ感じとれる。そこでは全体としてみれば、広い範囲にわたって大きな成果が得られている。フランスの魂が、その生きた人格において現われ出たのも初めてだし、カトリック教会の無能ぶりが十全な光のもとでさらけだされたのも初めてだった。

二度にわたって確認された根源的な無能である。

第一巻では、ダゴベルト〔メロヴィング朝の王〕やカロリング朝の王たちの統治下で女王であった教会が、世界のためにも社会秩序のためにも何一つできないのを見る（紀元一〇〇〇年）。

第二巻では、司祭や修道院長のような王を作り、自らの長男であるフランス王を司教座聖堂参事会員にしたあと、どんなふうに教会が自らの敵を粉砕したか（一二〇〇年）、自由な「精神」を押し殺したか、また道徳的改革を何一つもたらさなかったかを見る。最後には聖王ルイによって影が薄れ凌駕されて、教会は（一三〇〇年以前に）国家に従属し支配されるようになる。

これが最初の二巻における現実世界の確かな部分である。だが幻影の、詩的幻想の部分において、すべては偽りであると言いうるだろうか？　そんなことはあるまい。

後者の部分は、ある時代が自分自身についてもっていた考えを表現し、時代が夢み欲したことを伝えるものだ。それは本当のところ、その憧れや、深い悲しみや、夢想において時代を表わすのである。そういった夢想ゆえに、この時代は石の壁龕《へきがん》の下で涙を流し、ため息をつきつつ、決してやって来ないものを待ちながら、教会の前から離れられないでいる。

中世を裁く前に、この時代が自らについて抱いていた考えを再発見し、その激情、願望、魂をまさしく取り戻してこなければならなかった。だがいったい誰が中世の魂を再発見せねばならなかったか？　たぶん、カトリック教育を全員が受けていたわが国の偉大な作家たちであろう。だがどうして、あれらの天才は、そうしようとあんなにも願っていたのに、教会のまわりばかり回って中に入れないでいたのか。つまり内部にあったものに浸透できずにいたのか？　ある者たちは自分たちのメロディーにあったモチーフを前庭や回廊の反響に探し求める。他の者たちは大変な努力を払い、力強い鑿《のみ》をふるって装飾を穿ち、塔や屋根に恐ろしげな仮面、地の精、しかめっ面した悪魔たちを備えつける。だが教会そのものは、全くそういったものではない。まず教会を取り戻そう。

奇妙な事実がそこにある。というのは教会のもつこの内的世界を、作り直し取り戻すほど十分な愛をもっていた唯一の者は、教会で教育されなかった者、「一度もそこで聖体拝領しなかった者」、人類そのものしか信仰しておらず、自由な精神以外いかなる強制されたクレド〔信仰宣言〕ももっていなかった者〔ミシュレ〕だという事実だ。

この者が、人間的感覚をもって死んだ物事に近づいた。彼は司祭や、中世を葬り去った重苦しい決まり文句を経由していなかったという、たいへん大きな強みをもっていた。もはや過去のものとなった祭式の呪文を唱えても、何一つできなかっただろう。すべては冷たい灰のままだっただろう。他方、もしも歴史が、その厳しい批判と、断固とした正義を身にまとってやってきたとしても、あれらの死者があえて生き返るかどうか私には分からない。彼らは自分たちの墓にむしろ身を隠してしまったことだろう。

かつて私には困った病いがあって私の青春を陰らせていた。とはいえ、歴史家にはまことに適した病いであった。つまり死を愛していたのだ。ペール＝ラシェーズ〔パリの墓地〕のすぐそばで九年間も暮らしたが、当時はそこが私の唯一の散歩場所だった。それからビエーヴルの方に移住したが、そこも、別種の墓といえる修道院の広い庭のどまん中であった。私は世間から埋もれたと言われかねない生活を送った。つきあう社会としては過去の社会だけ、友人としては埋葬された人々しかいなかった。彼らの伝説を再建しながら、私は消え失せた多くのことどもを彼らの中に蘇らせた。いくつかの子守歌のこつを知っていたが、それらの歌には確かな効果があった。歌の調子で彼らには、私が自分たちの仲間の一人だと信じられたのだ。聖王ルイが求めて得られなかった天賦の才を、私はもっていた。「涙の才」である。

力強く、たいへん実り豊かな才能だった。私が涙を流した対象のすべてが、民衆と神々が生き返った。この無邪気な魔法は、ほぼ間違いなく過去を呼び起こすという効果をもっていた。それまでは、たとえばエジプトを苦心惨憺解読し、その墓を発掘してもその魂は見出せなかったりしていた。ある者たちには風土が、他の者たちには巧妙だが空疎なある種の象徴がその説明になっていた。だが私はエジプトをイシス〔古代エジプトの女神。夫のオシリスの遺骸を蘇らせ、その子をあらゆる危難から守った〕の心の中で、民衆の苦悩の中でとらえた。貧農一家の永遠の悲嘆と傷において、その不安定な生活において、アフリカの占領と略奪において、ヌビアからシリアに至る大規模な人身売買においてとらえた。遠くに運び去られ、苛酷な作業に縛りつけられた人、「樹にされた人」、つまり樹につなぎとめられ、くぎ打ちされ、手足を切断され切り取られた人、これが多くの神々（オシリス、アドニス、イアッカス、アティス等）すべてに共通する受難である。何と多くのキリストが、何と多くのカルヴァリオの丘があることか！　また何と多くの葬送の哀歌があり、その道程には涙が満ちていることか！（小『バイブル』〔『人類の聖書』〕一八六四年参照）

一八三三年には他にいかなる技法も私にはなかった。一つの涙が、ただ一滴が、ゴシック教会の土台にそそがれただけで、あれらの想いを想起させるに十分だったのだ。何か人間的なものが、伝説の血が、そこから湧き出し、そしてこの力強い噴出によって、すべてが天の方へと昇っていった。中から外へと、すべてが花となって浮き出ていった——石の花か？　いいや、生命の花である。それらを切り刻むのか？　鉄と鑿を近づけるのか？　そんなことはもってのほかだと私には思える。そこから血が流れるのを見るような気がしただろう！

なぜあれらの神々に対し、私がひどく優しかったのかと、いぶかしく思われるだろうか？　それは彼らが死ぬからである。すべての者が順番に立ち去ってゆく。それぞれが、われわれとまったく同様、すこしばかりの浄めの水と涙を受けとってから、ピラミッド、地下埋葬室、カタコンベの方に降りてゆく。ああ、そこから何が戻ってくるか？　「三日後に」（一日が三千年もある日々の後に）、軽やかな息吹きがそこから再び立ち昇るのを私は否定しないだろう。インドの魂が地上からなくなることはない。それは、あらゆる生命に対して抱く優しさによって、地上に舞い戻ってくる。エジプトはこの世の中に、死への愛と不死への希望のなかに、つねに美しい反響をよびおこした。そして甘美で繊細なキリスト教の魂も、蒸発して永遠に消え去ることはおそらく絶対にないだろう。キリスト教の伝説は滅びてしまったが、しかしそれで十分ではない。恐るべき不正（恩寵、神の自由裁量）が、そこから剥ぎ取られねばならない。この不正こそ、キリスト教のドグマの要点であり中心であり真の根底である。つらいことだが、キリスト教はまさしくその点で死ななければならないのであり、悔悛と浄めと死の贖《あがな》いを素直に受け入れねばならない。

賢者たちは私に言ったものだ。「この世ならぬ世界とそれほどまで親密に暮らすことに、危険のないわけはないでしょう。すべての死者はまことに善良な者たちです！　あんなにもなごみ、優しくなったあれらの表情すべてに、信じがたい幻想の奇妙な力が認められます。あれらの中にあなたは奇妙な夢を捉えに行こうというのですか。それに、もしかしたら愛情をも。だが、あまりにもそこで、死者たちのところで生きる者は、そのために色青ざめてゆきます。ひどく色青ざめて魅力的な純白のフィアンセを、そこに見出しかねないでしょうに。彼女はあなたの心臓の血を飲みこんでしまうでしょう！　すくなくともアイネイアス〔古代トロイアの英雄〕のようにしなさい。彼はこうした影を追い払うために、そしてあまりにそばで捉えられてしまわないために、手に剣をもってしか、あえてそこに入ってはいかなかったのです。『彼ハ剣ニテ幻霊ヲ激シク打ツ』。

剣だって！　嘆かわしい忠告だ。何ということか、それらの愛しい影が生きようとして私の方に来たというのに、それを無情に追い払うとは！　何という不吉な知恵……。ああ、哲学者たちは芸術家の真の基盤については全く何も知らないのだ。真の基盤とは歴史の力を作り上げる秘密の護符であり、それが芸術家に対し、死者たちの間を何度となく通り抜けるのを可能にしてくれるのに！

知りたまえ、無知な人々よ。剣ももたず武器ももたず、復活を叫び求めて信頼しきったあれらの魂を、叱責することなく芸術は迎え入れるということを。そして彼らに息吹を回復させながら、しかし自らの中に明晰さを、徹頭徹尾保ちつづけるのだということを。多くの者が芸術の基盤をそこにおいた「アイロニー」のことを言っているのではない。そうではなく、それらの魂を愛しながらも、芸術はつまるところは「死者である」という事実を、やはり最終的にはっきりと見ているという強固な二元性のことを言っているのだ。

世の最大の芸術家たち、あんなにも優しく自然を眺める天才たちは、私が一つの大変つつましい比喩をするのを許してくれるだろう。あなた方は時おり、小さな無邪気な女の子の心打つような真剣さを見たことはないか。彼女は将来花開くみずからの母性に、もう心動かされており、自分の作った人形を両手でゆすってあやしたり、口づけして活気づけたり、心をこめて語りかけたりする。「わたしの娘よ!」と……。もしあなたがその人形に乱暴にさわったりしたなら、彼女は心乱れて泣き出すだろう。だからといって、生命を吹き込み、話をさせ、考えさせ、自分の魂で生命を通わせるこの存在がどんなものか、彼女が心の中で知らないわけはないのである。

たわいない比喩だが偉大なことだ。まさにそこに芸術の懐胎がある。こうしたものが芸術の豊かさの本質的条件である。愛であるが微笑でもある。まさにこの愛にみちた微笑こそ、創造するものなのだ。

もしも微笑がすたれたなら、そしてアイロニーが生じ、無情な批評や論理が出現したなら、生命は冷え切り、退却し、こわばり、まったく何ものも生み出されないようになろう。衰弱した不毛な者たちは、何かを生み出したいと願って、彼らの憐れな子供に、「とはいえ」とか、「もし……でなければ」という言葉を差しはさんでしまう。これら真面目な顔をした愚か者たちは、冷えた環境ではいかなる生命も出現しないということを知らないのだ。彼らの氷のように冷たい無からは……無しか出てこないだろう。

死が愛の瞬間に、創造的な心の高まりの中で、姿を現わすことはありうる。だがそのときそれが無限の優しさと涙と憐憫（これもまた愛に属している）の中にあってくれるように。私がキリスト教会の生命を温めながら作り直し、単刀直入その間近にせまった死を宣告したとき、私はそのためにすっかり心やさしくなっていた。芸術によって教会を作り直すことで、私はエゼキエル〔紀元前七―六世紀のイスラエルの預言者〕が神に対し求めたようなことを病人に対し言ったのであり、それ以上のものではない。そこで私がカトリックだと結論づけるだって！　それ以上ばかげたことがあろうか！　信じる者は、瀕死の状態にあるものでも永遠に生きるものだと信じるのだから、それに向かい死者のための祈りなど捧げはしない。

これら最初の二巻は成功を収め、読者に受け入れられた。私は初めてフランスを一人の人間のように呈示してみせた。またティエリほど偏狭にならず、人種を下位に置きながら、諸地方のもつ影響についての地理的原則を力強く指し示してみせた。他方、自らを創造し、自らを作り上げてゆく国民というものの広範な働きを示してみせた。さらにはゴシック美術に対する我を忘れた心の高まりの中で、石に血を通わせ、教会を花咲かせ、伝説の花のように空高く昇らせていった。これは人々に気に入られた。が、私にはそれほどでもなかった。大きな情熱があったにせよ、私はそこに過度の繊細さ、過度の精神、あまりにも型にはまった考え方を認めた。

第三巻（一三〇〇年頃から始まる）が出るまでには丸々四年が経ってしまった。その巻を準備しながら、私は自分を広げるように、深めるように、そしてもっと「人間的」で素朴になるよう努めた。

しばしの間ルターの家にすわり込み、あの英雄的な好人物の口から茶飲み話や、雄々しく力強い心打つ言葉の数々を拾い集めた（一八三四年〔『ルター回想録』〕）。だがグリムの浩瀚な書『ドイツ法古事誌』以上に私に役立ったものはない。たいそう難解な本で、あんなにも多様なドイツ民族が、人間生活の重大な行為（誕生、結婚、死、遺書、売買契約、臣従礼、等）の折に使った様々の象徴や様式が、あらゆる方言や、あらゆる時代のドイツ語で述べられているのである。私は、信じがたいほどの情熱をもってこの本を理解し翻訳しようと企てたことがあるが、その情熱についてはいつか話すつもりだ。だが私はそこに閉じこもらなかった。一つの国民からもう一つの国民へと、いたるところ採集しながら進んでいった。そしてインダスからアイルランドまで、ヴェーダやゾロアスターからわれわれのところまで、人類が内的な深い数多くのものごとをあんなにも無邪気に明かしている、あれら数々の原初的な法律用語を蓄積していった（一八三七年〔『フランス法の起源』〕）。

そのことによって私は別の人間になった。奇妙な変化が私の中で起きたのである。その時まで激しくかつ繊細な気性で、年寄りじみていた私が、少しずつ、若々しい人類に感化されて若がえっていったように思われる。泉から湧き出る清流によみがえらされ、私の心は朝露を浴びたような花園になった。ああ、暁よ！　甘美な幼年期よ！　善良な生来の自然よ！　それらは、〔キリスト教の〕神秘的な繊細さにこだわってひからびていた私に、何という健康をもたらしてくれたことか！　あのビザンツ風の空疎な詩は、病んで不毛で、骨と皮になり、何とやせ細っていると思えたことか！　私はそういった詩をまだ大切に扱っていた。だが人類を前にすると、何と貧しいものに思えたことか！　私は人類を所有し保持し抱きしめていた。それも限りないその多様性の、あれほどまでに豊かな一つ一つの枝葉において(インドの森のように緑濃いのだ。そこではそれぞれの木が一つの森のようになっている)。そして高みから眺めると、優しく穏やかな、何ものをも抑圧しない調和が見てとれた。人類のすばらしい統一の、神的性質が把握できた。

自然によってたいへん豊かに潤され養われ、自分の精神的糧をふやしたことで、私は自らの技法を堅固なものへと果てしなく発展させ、そして善良な面をも成長させた(信じられないかもしれないが、本当なのだ)。つまり細かいことを気にかけず、競争をまったく無視したのだが、その結果(これまでほとんど見ていなかった)人間に対し、また(決して頻繁に付き合ってはいなかった)社会や世界に対して、幅広い共感をもつようになった。

私はじょうぶで力強い体になったと安心していた。そこでは有益な食物が、最初は弱かったすべてのものを原子と分子によって変化させ、また取り替えてしまった。私は純理派的悪意に、かすかにせよ染まるということもなかった。カトリックたちの罠にも同様無関心なままでいた。私が集めていたすべてのもの(そうしようとも考えずまた望みもしないままになのだが)、それら数知れない確かな事実、真実の山、そういったものはねばり強く仕事を続けるうちに日々うず高くなっていって、ことごとく彼らと対立するものとなった。彼らのうちの誰一人として、私がそうしたものに見出していた堅固な奥深い基盤を見抜けなかったであろうから、私は論争しようとは思わなかったし、その必要も感じなかった。自分の力に平安を感じていた。彼らには弱さと思えたもの、優しい平和な「人間的感覚」、それが私の中でしだいに育っていったが、それこそがまさに私の力であり、彼らから私を遠ざけたものである。だがそのことを理解するのに、彼らには一万年が必要だっただろう。

半カトリック的な、色々な人のまじりあったサロンは、シャトーブリアンの友人たちの退屈な雰囲気の中で、私にとっておそらく、さらに危険な罠となったろう。善良で親切なバランシュが、ついでド・ラマルティーヌ氏が何度も私を〔レカミエ夫人のサロンがあった〕アベイ＝オ＝ボワに連れて行こうとした。だがすべてが細やかな心遣いと礼儀正しさにみちたそうした環境では、自分があまりに洗練されてしまうだろうと心底感じていた。私にはただ一つの力、野性味あふれる純真な意見しかなかったのだ。つまり私なりに新しい自由な方法で、腕をふるうことである。〔だがサロンでは〕何とか折り合いをつけ、そうした方がいいと思った以上に、節度をもった、おとなしい態度でいるしかなかったであろう。その時以来、サロンは私にとってたいへん敵対的なものになった。純理派やカトリックたちが、そこではたえまなく私に戦いをいどんでいた。私のことを細部ではほとんど攻撃せず、むしろ誉めたたえることで損ない、いかなる権威もないものにしてしまおうとしたのだ。「作家ですね、詩人ですね、想像力の人ですね」といった具合だ。それは私が初めて、彼らの満足していたあいまいな状態から歴史を引き出し、歴史を証書類や、写本類そして千差万別な資料の莫大な調査の上に基盤づけた、その時から始まったのである。

私の知っているどんな歴史家も、本書の第三巻以前に、未刊行の文書類を用いたことはなかった（確かめるのは簡単なことだ）。それは私が自分の歴史の中で「テンプル騎士団の尋問書」という謎めいた記録簿を使用したときから始まったのである。この尋問書は四〇〇年間、明るみに出せば最高の刑罰を受けるものとして、ノートル＝ダム大聖堂の宝物庫に閉じ込められ隠され秘せられてきた。それをアルレー一族が運び出し、サン＝ジェルマン＝デ＝プレ修道院に、ついで〔国立〕図書館に移したのだ。ところで当時は未刊行だったデュ・ゲクランの年代記も私には役立った。〔国立〕古文書館の巨大な保管所も、あれら写本類の裏付けとなったり、他のじつに多くのテーマにも役立ったりする膨大な証書類を提供してくれた。歴史がそんなにも確かな土台をもったのは、初めてのことだったのだ（一八三七年）。

もしも私が、最も著名な先人たちのやり方を踏襲して、時代の叙述の従順な通訳、創意の欠けた翻訳者になっていたとしたら、あの十四世紀を語る段で私はどうなっていただろう？　証書類においても真正な文書類においても豊かな諸世紀に入って、歴史は成人に達したものとなり、年代記の主人となる。そして年代記を支配し、純化し判定する。年代記が知らなかった確かな資料で武装し、歴史は、いうなれば年代記を小さな子供のように自らの膝にだきあげるのである。歴史はそのおしゃべりに喜んで耳を傾けるのだが、しかし時にはそれを修正したり否定したりすることも必要なのだ。

先に示しておいた一つの例で、私の言うことは十分理解してもらえるだろう。わが国の語り手たち、つまりフロワサール等にド・バラント氏が一歩一歩あんなにも忠実に付き従っている快い歴史において、彼はあの時代〔十四世紀〕の人々に結びついているのだから、そんなに誤るはずはないと思える。だがあの時代にはあれほど四散していて、今日では一つに集められている証書類や色々な資料類を見ると、年代記が、時代の大きな局面を見誤っていたり、知らないでいたことが分かるのである。いまだ封建的な形態をとってはいるものの金融業者や法律家の世紀がきているのだ。アーサー王の仮面の下にはしばしばパトラン〔十五世紀の笑劇に登場する三文弁護士〕がいる。君臨する金《きん》とユダヤ人、フランドル地方の織物、イングランドとフランドルにおける主要な羊毛取引、一部傭兵で給料をもらっていた正規軍を使用してイングランドに勝利を収めさせたのは、そうしたことどもである。経済革命のみが、軍事革命を可能にする。そしてこの軍事革命が、封建的騎士制度のこっぴどい挫折を通し、政治革命を準備し引き起こした。フロワサールやモンストルレの馬上試合や、また金羊毛〔騎士団〕はそうしたことども全体の中では瑣事であり、取るに足りない側面でしかなかった。

この時（一八三七年）から、各巻ごとに私はいくつかの写本をとりあげ、たびたび抜粋をおこなって、重要性を特記した。そうした写本はのちに刊行されている。

どんな年代記にもまさるこうした支えを得て、歴史は重々しく力強く権威にみちて歩んでゆく。だがこうした証書類や文書類といった固有の道具とは別に、際限ない援助があらゆる方面から歴史のもとにやってくる。文学、芸術、通商といった多くの間接的な新事実の発見がやってきて、歴史における中心的物語を側面から照らし出す。歴史は、われわれの活動のあらゆる多様な形態がもたらす多様な検証をへることで、実証的なものとなってゆく。

ここでもまた言っておかねばならないが、私は孤立していた。世に出されていたのはほとんど政治史だけ、政府の記録や、わずかばかりの制度だけだった。この政治史に付随し、その説明となり、部分的に基礎づけるもの、つまり社会、経済、産業の諸状況や、文学、思想の状況といったものはまったく考慮されていなかったのである。

この第三巻（一三〇〇―一四〇〇年）は一つの世紀をあらゆる角度からとらえている。だが、欠けている点がないわけではない。一三〇〇年がどうやって一二〇〇年の贖罪となっていたか、またボニファティウス八世がどうやってインノケンティウス三世〔ともにローマ教皇〕の償いをしたか、この巻は語っていない。この巻は〔十四世紀に対して〕厳しい調子でいくが、レジストたち〔ローマ法に依拠して王権強化をはかった法学者〕、あの大胆不敵な男たちには過度なくらいに厳しい。彼らはアルビ派の勇敢なノガレ〔フィリップ四世に仕えたレジストの一人〕の手を借りて、偶像〔ボニファティウス八世〕に平手打ちを食わせた。だがこの巻は、とくに「経済革命」、金とユダヤ人とサタン（秘められた宝の王）の到来から歴史を導き出した点では斬新で力強い。つまり、きわめて「金もうけ主義的」な時代の特徴を強烈に打ち出している。

どうやってイングランドとフランドルは羊毛と毛織物によって結びつけられたのか、イングランドはブルゴーニュ家の蛮行によって追放された職工たちを両手を広げて受け入れたのだが、どうやってイングランドはフランドルを呑みこみながら、それに感化されていったのか、これは重大な出来事である。豊かになったイングランドは、正規軍によってクレシー、ポワティエ、アザンクールでわれわれを打ち破った。それによって騎士制度は葬り去られた。たいへんな社会革命である。

黒死病が、またサン＝ギィのダンス〔舞踏病〕が、そして鞭打苦行者が、さらにはサバト、あの絶望から生まれたカーニヴァルが、見棄てられリーダーをもたない民衆を、自分自身のために行動するよう衝き動かした。当時のダントンとも言える〔パリの商人頭〕マルセルによって、またパリと三部会によって体現されたフランスの天才は、その憲法〔一三五七年の王令〕において予想もされなかった形で輝きでる。この憲法は素晴らしいものであったが、時期尚早であり、シャルル五世の非建設的な小賢しさによって先送りされ消し去られてしまった。何ものも癒されず、逆に深刻化して、病いはその頂点へと到る。つまりシャルル六世の荒れ狂う狂気である。

私は「復活」としての歴史を明示した。そうした歴史がかつてあったとすれば、それは第四巻（「シャルル六世」）においてである。もしかしたら、本当のところはやりすぎたかもしれない。それは苦悩の噴出によって、あの時代の魂の熱狂にさそわれてなされたのだ。野性的で官能的で激しくて、残酷で優しくて荒々しかった、あの時代の魂の熱狂とともに。『魔女』におけるのと同様、いくつかのくだりは悪魔的であった。そこでは死者たちが踊っていた。ホルバインのアイロニーにおけるような笑いのためではなく、痛ましい狂乱の中で踊っていたのだ。この狂乱は、それを眺めることで皆がそれを分かちもち、自分のものとなる。これは驚くべき速度で、また恐るべき逃げ足で、旋回していた。息もつげない。休止も逃げ道もまったくない。いたるところ、波立つ深い低音が続いている。下の方で、何だか分からないもの、心の鈍い雷鳴がとどろいている。

あまた暗いことどもを通して、人々は大いなる光のもとに倒れこむ。それは、人気《ひとけ》のないパリで、ルーヴルに鎮座している死、ランカスター家のイングランド王の姿をしたフランスの本当の死である。劫罰を受けた偽善者、司祭たちの王ヘンリ〔五世〕はわれわれに言う。

「われわれは、自らの罪ゆえにしか滅びなかった」と。

私はそれには答えない。彼に答えるのはイギリス人自身であってほしいのだ。

彼らは言っている。アザンクール〔一四一五年、フランスはヘンリ五世のイングランド軍に惨敗し、オルレアン公ほか多数の貴族が捕虜となる〕の前にはそれぞれのイギリス人は自らの救いに思いをめぐらし告解した、と。だがフランス人は互いに抱き合い赦し合い自らの憎しみを忘れた、と。

彼らはまた言っている。フランス人、イギリス人が戦っていたスペインでは、イギリス人は飢餓ゆえに死にかかったが、フランス人に食料をあたえてもらった、と。私は以上のことだけにしておく。それは神の決めることだ。

われわれの時代の最大の伝説がまもなく訪れるだろう。一三六〇年頃にはその恐るべき萌芽の出現が見られる。それは一四三〇年には崇高な、魅惑的な、心打つものとなって輝き出るだろう（第三巻、および第五巻）。

都市やコミューン〔自治都市〕はすでに姿を見せはじめていた。だが農村は？　十四世紀以前の農村を誰が知っていよう？　この闇に閉ざされた大いなる世界、無数の知られざる集団、それがある朝、姿を現わす。（とりわけ考証を心がけた）第三巻の中で、私は目をこらしていたわけでもなかったし、何も予期していたわけでもなかったのに、ジャック〔反乱農民〕の姿が突如畝溝のところに立ち上がってきて、私の行く手をさえぎったのである。怪物のようなものすごい姿であった。私の中で心臓が引きつり、痙攣した……。おやまあ！　これが私の父祖なのか、この中世の人間が？「そうなのだ……。

私はこのようにして作られたのだ。千年もの苦しみがあったわけだ！」これらの苦しみを私は即座に感じとった。それは私の中で時間のはるか深みから上昇してきた……。これは彼であり、私だった（同じ魂！　同じ人格）、こういったことすべてに苦しんできたのは……。この千年の熱い涙、一つの世界と同じように重い涙が私のもとにやってきて、ページを貫いた。何者も（味方も敵も）、涙なしにはそこを通り抜けなかった。

見た目には恐ろしかったが、声は優しかった。私の苦悩はそのためにいやました。あのぞっとするような顔つきの下に、人間的な魂があった。深遠かつ残酷な神秘である。少しは時代をさかのぼってみないことには理解できない問題だ。

聖フランチェスコは、自分でも理解できずに何かを言うようなところのある子供だったから、かえってよく物事を言いあてたのだが、『キリストにならいて』の作者は何者かと尋ねた人々に、「作者、それは聖霊です」と言った。

「イエスの支配のあとで支配しにやってくるもの、それが聖霊だ」とフロリスのヨアキム（十二世紀イタリアの神秘主義思想家）は言った。

それは結合と愛の息吹きであり、結局のところ伝説が抑圧されたことから出てくる。兄弟信心会や自治都市《コミューン》のような自由な結社は、大部分が聖霊の加護のもとにあった。一二〇〇年の、アルビ派時代における南仏の騎士たちや自治都市の信仰、つまり新しい聖霊の信仰とはそのようなものだった。それをカトリック教会が血の海の中におぼれさせてしまったのだ。

か弱い鳩である聖霊は、そのとき非業の死をとげ消え去ったように見えた。だがその時以来、それは空中にただよい、いたるところで呼吸されるようになるだろう。

『キリストにならいて』という修道院風の信仰にみちたあの小さな本の中にさえ、絶対的孤独を伝える数節があるが、そこでは明らかに聖霊がすべてに取って代わっており、他のものは司祭であれ教会であれ何一つ目につかなくなっている。僧院において内なる聖霊の声が聞こえるというなら、無限に広がる自由な教会である森の中では、何と多く聞こえたことか！　聖霊は楢*訳註の木々の奥からも語りかけていた。ジャンヌ・ダルクはそれを聞いておののきながらも、優しく「私の声よ！」と言った。

*訳註　正確にはヨーロッパナラ。イギリス・フランス・ドイツを中心に広く分布。樹高は三〇—四〇メートル。葉は日本の柏に似て深い切れ込みがある。力の象徴として古代から信仰の対象とされていた。

聖なる声、良心の声を、彼女は戦場へ、また牢獄へとたずさえてゆく。イギリス人やカトリック教会に逆らいながら。そしてその時、世界が変わる。（専制君主らにとってあんなにも役に立った）キリスト教徒の受動的な諦観に代わって、われわれの不幸を心にかける雄々しい愛がやってくる。それは神の正義を地上にもたらそうと、行動し、戦い、救い、癒すものである。

何が、福音書とは反対のこの奇蹟をなしたか？　高度の愛、「行動における愛」、死に至る愛、「フランス王国にありし憐れみの心」である。

皆に見捨てられ一人ぼっちになった少女が、君臨する司祭、人殺しの教会に対立し、自らの内なる教会を燃えあがらせつつ、火刑台上で「私の声よ！」と叫びながら昇天していった、あの光景こそ神々しいものだ。

この箇所は、「詩だ、情熱だ」といってあんなにも軽薄に非難された私の歴史が、反対にどんなに堅固であり明晰であったか、しかも、盲目的になっても仕方ないかもしれない感動的テーマにおいてさえそうであったかを、私自身認めなくてはならない箇所の一つである。ここではすべての人が逡巡しながら、涙ごしに火刑台の炎を見た。私もまたたぶん心を動かされてはいたのだろうが、しかし私は、はっきりと見てとった。そして次の二点を指摘した。
一、無実のヒロインは、そんなことに気づきもしないまま、フランスを解放する以上のことをなした。彼女はキリスト教的受動性に対立する、新しい典型を呈示することで未来を解放した。近代の英雄、「それは行動の英雄である」。自分自身の救済しか考えない受動的かつ内的な自由という不吉な教義は、わが友人ルナンがいまだ誉め讃えすぎているものだが、しかしそれは世界を悪に引き渡し、暴君にゆだねてしまうものだ。この教義はルーアンの火刑台で息絶えた。そして神秘な様相のもとに大革命がその姿を見せた。
二、この偉大な物語の中で私は一つの新しいことを実践しかつ示した。それを若い人々は利用できよう。それはつまり、「歴史の方法」は「純粋に文学的な芸術」とはしばしば正反対であるということだ。効果をまし、物事を浮き立たせるのに専念する作家は、ほとんどつねに人を驚かせ、読者の心をつかまえ、彼らに「ああ!」と叫ばせようとする。自然の事実が奇蹟のように見えてきたら彼は嬉しいのである。まったく逆に、歴史家のもつ特殊な使命とは、奇蹟と見える物事を説明し、それをもたらした先例や状況の中に位置づけ、自然の状態に戻してやることだ。ここで言っておかねばならないが、私にはこうしたことをなした功績が、いくらかはある。あのすばらしい人物を称賛し愛したことで、私は彼女がどれほどまで自然だったかを示した。

崇高なものは自然の外には絶えてない。それは逆に、自然がその高さや深さにおいて最も自分自身となった状態なのだ。十四世紀と十五世紀には、あまりにも多くの悲惨があったから、あの恐るべき極限状況の中で、心は大いに高まった。群衆が英雄だった。あの時代には少なくとも大胆不敵である点では多くのジャンヌ・ダルクがいた。私は歩んでゆく道筋で、そうしたあまたの英雄に出会った。たとえば十四世紀のあの農民、グラン・フェレ〔㊦3「百年戦争の開始」参照〕。さらには十五世紀、ボーヴェを守り救ったジャンヌ・アシェット。これらの純朴な英雄たちの姿は、わが国の自治都市を語る際、しばしば私にその横顔を見せた。

私は事態をごく簡単に述べた。イングランド軍は彼らの大きな支えであったブルゴーニュ公を失うや、ひどく弱体化した〔一四三五年、フィリップ善良公はフランス王シャルル七世とアラスの和議を結び、イングランド王との同盟を破棄した〕。逆にフランス軍は、歴戦の南仏軍を再び糾合し、ことのほか強力になった。だがそこには和合がなかった。優しく感動にみたされ、かつ陽気な心をしたあの農民の娘の魅力的な人柄（尋問に対しての彼女の返答には雄々しい快活さがあふれている）が、中心になったのであり全体をまとめていたのである。彼女は何一つ術といえるものをもっていなかった。何一つ魔術的なものはなかったし、妖術も、奇蹟もなかった。それゆえにこそ影響力をふるえたのだ。彼女の魅力はことごとく人間的なものである。あのつつましい天使には翼がない。それは民衆であり弱者である。われわれである。それはすべての人々なのだ。

ところで私が二〇年間もさまよい歩いた国立古文書館の人気《ひとけ》のない陳列室、あの深い沈黙の中から、ぶつくさとつぶやく声が、そのあいだも私の耳まで届いてきた。あの古い時代にあって押し殺された数多くの魂のはるか昔の苦しみが、小さな声で訴えかけていた。峻厳な現実が芸術に対して抗議していた。そして芸術に向かって時おり辛辣なことを言っていた。「お前は何に興じているのだ？　お前は精彩にとんだ細部、フィリップ善良公の贅沢三昧の食卓や、〔一四五四年にリールでおこなわれた〕空虚な雉子《きじ》の誓いを長々と語ろうとして、ウォルター・スコットまがいの者になったのか？　お前は知っているか、四〇〇年前からわが国の犠牲者たちがお前のことを待っていたのを？　〔フランドル軍とフランス軍の戦場となった〕コルトライクやローゼベクの勇士たちは、歴史によって建ててもらわねばならない記念碑をまだもっていないことを？」お雇いの年代記作者たち、軍隊付司祭フロワサールやおしゃべりなモンストルレでは彼らには不十分なのだ。彼らが命をささげたのは、しっかりとした信仰をもってであり、正義を希望してだった。だから次のように言う権利をもつだろう。「歴史よ！　われわれを心にかけてくれ。お前の債権者たちが督促しているのだ！　われわれはお前が書き記す一行のために、死を受け入れたのだから」。

私は彼らに対し何をすべきだったのだろうか？　彼らの戦いを語ること、彼らの陣営に自らを置くこと、勝利をも敗北をも半ば分かちあいながら共に歩むことではなかったか？　それでも十分ではなかった。北方の自治都市の戦いを描き出そうと猛烈にがんばって仕事を続けていた一〇年間に、私ははるかに多くのことを試みた。これらの都市にその生命と、芸術と、そしてとりわけ権利を取り戻させようとして、何から何まですべてをもう一度取り上げてみたのだ。

まず、あれらの都市がこの地方〔フランドル〕に対してもっていた権利は、権利の中でも一番神聖なもの、土地そのものを作ったという権利だった。つまり海や河川を埋め立て、運河によってその地方の生活、防衛、通行を作りだしたのである。あれらの都市は工作し創造したのだ。だがそこの支配者たちは破壊した。当時あんなにも生き生きとしていたこの世界は、今日何と色青ざめていることか！　当時のガン〔ヘント〕やブリュージュや、あのリエージュを前にしたら、〔今日の〕ベルギーなどひとまとめにしてもどれほどのものであろうか。あれらの都市はそれぞれが軍隊を送り出していたのだ。

私は民衆の奥深くに入り込んだ。オリヴィエ・ド・ラ・マルシュやシャトラン〔共に十五世紀の年代記作者〕が金羊毛騎士団の食事でくつろいでいる時、私は地下室に降りていき、ふつふつと沸き立っていたフランドルを、あの神秘主義的で勇敢な労働者の大群を探った。彼らの強固な「アミティエ」〔友情〕（彼らは自治都市をそう呼んでいた）や、彼らの「フランシュ・ヴェリテ」〔明白な真理〕（彼らは議会をそう呼んでいた）を、私はまことに敬虔に、そこにあった鐘や友愛のカリヨン〔教会の塔につり下げられる一組になった鐘〕も忘れないで、元通りに描き出した。それがあった塔の中に、わがブロンズの偉大な友、あの恐れられたルーラントの鐘を置き直したりもした。そのおごそかな声は、一〇里《リュー》離れていても聞こえて、ジャン無畏公やシャルル突進公をもふるえ上がらせたのである。

その当時の人間からも、またわれわれ現代人からも無視されているが、極めて肝要な点は、それぞれの都市の個性をしっかりと弁別し、その特徴を示すことである。都市の個性のちがいこそ、あれほど多彩なあの地方〔フランドル〕の現実であり魅力なのだ。私はその点に執着した。あれら古くて愛すべき都市それぞれのために、それぞれの魂を取り戻してやること、それが私の神聖な義務となっていた。そしてそれはそれぞれの産業および生活様式が、どんなふうにして労働者からなる一種族を作り上げたかをはっきりと示すことで、はじめて可能となる。私は中でもガンを取りあげ、あの都市の信心家たち、雄々しい織工たち、〔ローゼベクの戦いで彼らがとった〕蜂の巣状の戦闘体形を示した。また魅力ある偉大なブリュージュを、そして一七の国民からなっているあの都市の商人たち、また都市の中のイタリアともいえる世界を作っていた三〇〇人の画家たちを示した。さらにはフランドル地方のポンペイともいえるイープルは、今日では人気《ひとけ》がなくなっているが、真の記念建造物を、あのすべての職業を集めていた驚くべき市場を、すべての良き労働者が脱帽するに違いない、あの労働の大聖堂をもち続けている。

〔一四六六年ブルゴーニュ公シャルルに攻撃されて起きた〕ディナンの火災は、またリエージュの残酷な最期は、痛ましい悲劇によってあの自治都市群の歴史をとざした。私は母方によって〔フランス北東部を通ってベルギー・オランダに流れる〕ムーズ川の子であったから、私自身〔ムーズ川でつながる〕ディナンやリエージュに一族の関心のようなものを注ぎ込んだ。これらのフランス〔ワロン語圏〕は敵対する民族と言語〔ドイツとフランス〕によって引き裂かれ、アルデンヌ県〔ミシュレの母の出身地〕においては消滅してしまったけれども、いまだに私の心をいたくかき乱していた。私はリエージュ人に、絵画を変えてしまった偉大な改革者ファン・エ

ベギン会の修道女は結婚することができた。彼女は敬虔な労働者の家で変わらぬ生活を送っていた。彼女はその家を神聖なものにした。暗い仕事場は恩寵のやさしい光によって輝いていた（第12篇第1章）

イクを取り戻させた。またディナンの灰の中から、この都市の失われた工芸品〔銀の皿や象牙の櫛など〕を掘り出し見出した。中世にはあんなにも親しまれていた、あれほどに感動的でつつましいこれらの工芸品は、ヨーロッパ全体の〔市民生活における〕良き奉仕者であり、家庭の友であったのだ。

私は、私の友、私のために復讐してくれる者、善良なスイスの年代記作者たちに、どう感謝すればよいだろうか？ 彼らは幸いにもモラ〔この地で一四七六年シャルル突進公がスイス人に敗れた〕の大いなる狩に、自分たちの角笛と槍をもって到着し、あの凶暴な野獣、シャルル突進公というイノシシを追い詰めたのである。彼らの話は勇壮で明るい歌となっている。ふくれあがった怪物が、刺されて突如ぺしゃんこになるのを見るのは楽しいことだ。ところで野蛮な慢心、封建的蛮行に対して、ルイ十一世のおこなった策略にみちた闘争では、歴史家たちは言うまでもなく彼の側に立っている。にせもののライオンを網に捕らえるのは、あのルナール狐である。少なくともエスプリが勝利を収める。コミーヌ〔シャルル突進公、ルイ十一世に仕えた年代記作者〕の繊細で力強い散文が、大ざっぱなレトリックや、にせものの騎士道に打ち勝ったのである。ファブリオー〔十三—四世紀に書かれた韻文の笑話類〕にふさわしいような、いまだ卑小でいたずらっぽいアイロニーが、ここでは歴史の中に存在している。やがてそれは力強くたくましくなって、ルネサンスの大いなる光のもと、多くのものを生み出すだろう。

この善良な王ルイ十一世に私はすこぶる長いこと引き留められた。私の書いた十五世紀は、全体が証書類やその他の文書類から生まれ出た。〔当時の資料を集大成し、ルイ十一世の歴史を書き残した〕ルグランの極めて壮大な仕事があったが、しかしそこで使われた写本は確認しなおす必要があった。というのもそれらはゲニエール〔ルイ十四世時代の史料蒐集家〕その他が集めた原本に対して、しばしば極めて不正確だったからである。これは大そう忍耐のいる仕事だった。

私はルイ十一世を通して王政時代に入っていった。そこに身を投じようとしていたとき、偶然、大いに考えさせられることが起きた。ある日、ランスを通りかかって、あの壮麗な大聖堂、聖別式のおこなわれたあのすばらしい教会を細部までつぶさに眺めたのである〔『ルイ十一世』の出版は一八四四年だが、ミシュレがランスの大聖堂を訪れたのは一八三三年である〕。

八〇ピエ〔約二六メートル〕もの高さがある教会の内部を人々はそぞろ歩くことができる。その内側のコーニス〔壁体の各層を区切る装飾的な水平帯〕ゆえに、教会は花で飾られたような豊かさと絶えまない喜びの歌とで、うっとりするほど見事に見えた。広々とした空間では厳かな大喚声、つまり民衆の声といわれたものが、つねに聞こえるような気がした。また聖職者が王に聖油を注いで王権とカトリック教会の契約を結ぶ時に鳥たちを放したが、その鳥たちが窓の辺りに見えるような気がした。外に出て円天井の上にあがり、シャンパーニュ地方全体を見渡せる広大な眺望に再び包まれたとき、私はちょうど内陣のま上にある、最後の小さな鐘楼にたどりついていた。そしてそこにある奇妙な光景にひどくびっくりした。円い塔には処刑者たちの姿が、花飾りのように彫られていたのだ。ある者は首に綱をつけられ、ある者は耳をそぎ落されていた。手足を切られた者は死者たちよりも、そこではもっと悲しげだった。〔新税に抗議した〕彼らはどれほど正しかったことか！〔民衆と王権とのあいだの〕何と恐るべき対照！　そうなのだ、何ということか、祭りの教会、この花嫁が、婚礼の首飾りに使おうと、こうした不気味な飾りを身にまとったとは！　この民衆のさらし台は祭壇のまっすぐ上方に置かれていた。だが民衆の涙は、円天井を貫いて王たちの頭上に落ちかからなかっただろうか！　大革命の、神の怒りの、恐るべき塗油！　「私には王政時代は理解できないだろう、もしも何よりも第一に、私自身の中に民衆の魂と信仰とを打ち立てないならば」。私はそう思い、その方向に向かった。そして『ルイ十一世』のあと『大革命』を執筆した（一八四五―一八五三年）。

人々には驚かれてしまったが、これ以上賢明なことはなかったのだ。他のところでも語ったことだが、何度にもわたる試練を受け、その中で彼岸を間近に見、死んで、また生まれかわった私は、百倍にも力を回復して『ルネサンス』を生み出した。あらためて過去を振り返り、中世というこの愚かしさの際だった大海原を見直したとき、荒々しいまでの哄笑が私をとらえた。そして十六世紀と十七世紀で私はとてつもなく羽目をはずした。ラブレーとヴォルテールが墓の中で高笑いした。ぼろぼろになった神々と朽ち果てた王たちが赤裸々な姿を現わした。月並みな色あせた歴史、人々が満足していたあの恥ずべき猫かぶりは姿を隠してしまった。私はメディチ家からルイ十四世まで厳格な検死をおこない、この死者たちの政府の特徴を描き上げた（一八五五―一八六八年）。

こうした歴史は偽りに与する者すべてを傷つけるという点ではまちがいなく成功だった。しかし、そうした人々の数は多く、とりわけ権威ある人々はそうだった。聖職者や王党派の人々は吼《ほ》え立てた。純理派の人々は、微笑もうと努力していた。

だが、そうしたことはこの忍耐強い歴史に対し、ほとんど何ごともなさなかった。この歴史は、強くしっかりとした基盤の上に建てられたものであるから、長もちするにちがいない。

次々と私が書いた序文や説明の中で、一つの巻から次の巻に行くたびに、下部にある基礎が、つまり証書やその他の写本、珍しい印刷物等の巨大な土台が見てとれるだろう。私の歴史はそうしたものに依拠している。

以上が、どんなふうにしてこの四〇年間が過ぎたかの概略である。書き始めたとき、私は、ほとんどこうした事態を予想していなかった。何巻かの概説書を、たぶん、四年か六年で書くつもりでいた。だがよく知っていることしか概説できない。そして、私も他の誰も当時この国の歴史を知ってはいなかったのだ。

最初の二巻だけを出したところで、果てしもなく広がる眺望の中に、この「未知ナル土地」をかいま見て、私は言った。「一〇年はかかるだろう」と……。いいや、二〇年、いな三〇年が……。道は私の前方をどこまでも伸びていた。私はそのことに文句を言わなかった。発見の旅においては、心は大きくふくらみ、成長し、もはや目指す地点しか見ていない。完璧に自分のことは忘れている。私に生じたのはそういう事態だ。熱烈な探究をつねに先へと押し進めながら、私は自らを見失い、自分を忘れてしまった。私は世界のわきを通って、歴史を人生そのものと取り違えてしまった。

このようにしてわが人生は過ぎてしまった。だが何一つ悔みはしない。何一つ求めはしない。ああ！いったい何を求めようというのか。私が共に生き、そしてこれほどの哀惜の念とともに、いま別れようとしている愛しいフランスよ！　何と通じ合った状態で、お前とともに四〇年を（一〇世紀を）過ごしたことか！　しばしば冬のさ中、そして夜明け前、何と情熱的で高貴で厳粛な多くの時を、私たちは分かちもったことか！　古文書館の奥まった場所で、何と多くの辛苦と研究の日々があったことか！　フランスよ、私はお前のために働いた。行ったり来たり、探したり書いたりした。日々、進んで自分自身のすべてを、いやもしかしたら、さらにそれ以上をもあたえていた。私の机にお前を見出したとき、私は変わっていないし、お前のたくましい生命と永遠の若さとによって力強くなっていると感じた。

だがこうした付き合いによる特別な幸運に恵まれ、お前の偉大な魂によって長年月生きてきた私が、どうして自らの中に得るものがなかったなどと言えようか？　ああ！　お前のため、ああしたすべてを作り直すため、私は、悲惨と、残酷な冒険と、数多くの病的で致命的なものごとの悠久なる流れを、もう一度たどり直さねばならなかった。私はあまりに多くの苦しみを飲んだ。あまりに多くの災禍を、マムシのような人間を、そして王たちを飲み込んだ。

そうなのだ！　わが偉大なフランスよ。お前の生命を再発見するため、一人の男が自らの一身を捧げ、死者たちの大河を何度も何度も渡り歩かねばならなかったとしても、彼はそのことに心なぐさめられているし、さらには感謝をも覚えている。この上ない悲しみ、それは、いまここで、お前のもとを去らねばならないということだ。

パリ、一八七〇年

（大野一道・立川孝一訳）

2　タブロー・ド・ラ・フランス

（第三篇）

「タブロー・ド・ラ・フランス」（フランス地理概観）は『フランス史』第二巻の冒頭に置かれ、これだけで第三篇を構成している（初版で約一三〇頁）。従って本来ならば上巻の5「ルイ好人物帝――シャルルマーニュ帝国の崩壊」と6「叙任権闘争」のあいだに置かれるべきであるが、「タブロー」は必ずしも年代的な枠組の中に収まるものではなく、これだけで完結した内容をもっているため、本書ではあえて「序文」のすぐあとに配置することにした。「タブロー」は地理的な視点から描かれたフランス史の概観なのである。ただし、長文でもあるので、まず通史的な章から読み始め、あとでここに戻るという読み方もあるだろう。

新しい歴史学を目指して『アナール』を創設したL・フェーヴルは、『大地と人類の進化』（一九二二）の中で次のように言っている。「ギゾーにあってもティエリにあっても地理学に何らかの席があたえられていないのに反して、彼〔ミシュレ〕はあの有名な『フランスの国土』の巻頭に、力強く、『歴史とはまず第一に地理的なものである』と宣言した」（飯塚浩二訳、岩波文庫上巻）。従来の歴史家は物事を因果関係において捉えようとしたから、どうしても時間的な変化に目を向け、変化しない（あるいは緩慢にしか変化しない）ものを軽視しがちであった。フェーヴルはこれを「事件史」と呼んで批判したのだが、彼の後継者ブローデルは「長期的持続」という新たな時間の概念を提起し、それを名著『地中海』（一九四九）の中で証明してみせた。ミシュレの「タブロー」は二十世紀の社会史（アナール学派）の視点を先取りするものであった。

だがミシュレにおいて、歴史と地理のバランスはどうなっていたのだろうか。『世界史序説』（一八三一）を世に問うてまもない彼の脳裏には、歴史＝人間・精神・自由、地理＝自然・物質・宿命の構図があった。人間は「宿命」と戦いながら自らの自由な意志によって歴史を作り変えていく。「序文」において「人種」の決定論が批判されたように、「地方的特殊性」もまた人間の自由の前では征服の対象でしかない。

ブルターニュを基点としてフランスを左まわりに一周しながらパリに辿り着く行程は、さながらツール・ド・フランスといったところだが、ミシュレはわれわれにケルト的なブルターニュ、ラテン的なラングドック・プロヴァンス、ドイツ的なアルザス・ロレーヌを見せたあとで、そうした多様性がすべて一点に凝集され、ほとんど没個性ともいえる普遍性に到達している中心（パリ）を呈示する。「物質的、地域的、個別的観念の否定から、結果として、生き生きとした普遍性、肯定的な事物、強い力が生じたのである」。あらゆる才能が地方からパリに集まってくる。パリは頭、地方は手足である。フランス全体はあたかも人の体のようだ、とミシュレは言う。

国家における首都（パリ）の役割、国民国家としての英独仏の比較、それらはあまりにも明快であるだけに、批判もあろう。そしてフランスを一人の人間（女性）にたとえるミシュレ独特のレトリック。フランスは身体（物質）なのか、人格（精神）なのか。だがこうした身体の比喩を文字通りに（生物学的に）受け取るなら、ミシュレの歴史を誤解することになるだろう。民族（国民）とは、遺伝子によって決定されるものではなく、他者と出会いながら、差異を受け入れることによって獲得される精神的な結合なのである。

フランスの歴史はフランス語とともに始まる。言語は国民性の主要な特性である。われわれの言語の最初の記念碑は、八四三年の〔ヴェルダン〕条約にさいしてシャルル〔二世〕禿頭王が兄〔ルートヴィヒ〕にあてた〔ストラスブールの〕誓文であった。その後の半世紀間で、従来あいまいで漠然としたまとまりにすぎなかったフランスの諸地域が、ひとつの封建王朝により特徴づけられることになる。ながらく不安定で流動的であった諸地域の住民は、ようやくにして土地に定着した。彼らの居場所がわかるようになり、それぞれの地域ごとで生活がいとなまれ、徐々に彼らの声が聞かれるようになった。それぞれの地域の住民は、彼ら自身の歴史をもち、みずから物語るようになったのである。

　封建世界のかぎりない多様性やものごとの多彩さは、目を疲れさせ注意を散漫にさせるが、それでもフランスの輪郭は明らかであった。歴史上はじめて、フランスの地理的なかたちが示されたのである。すべてを覆いかくし、判別できなくしていたゲルマン帝国の霧が風で吹き飛ばされると、山や川がかたちづくる地域的な多様性とともに、フランスが姿をあらわした。そこでは、政治的な区画が自然のそれと対応していた。それは、さきに述べた混沌やあいまいさとは縁遠いものであり、まさに秩序を、宿命的で不可避な規則性を示していた。奇妙なことに、フランスを構成する八六の県は、フランク王国令の八六地区とほとんど対応している。封建領域の大半はそこから派生したものであり、封建制にとどめを刺そうとしたフランス革命が、この点ではそれを模倣したことになる。

　われわれの歴史の真の出発点は、自然の区画にしたがって形成されたフランスの政治区分であらねばならない。歴史はまず地理であった。それぞれの地方の特性に触れることなく、封建制の時代あるいは〔旧制度の〕「州」の時代（この名称も封建期をよく表している）を語ることはできない。しかし、これら多様な地域の地理的なかたちを描くだけでは不十分である。地域の特性は、とりわけ、その産物によって明らかになる。すなわち、その歴史に登場する人物や事件が重要である。それゆえ、以下の記述では、各地域のその後の歴史で起きることが先どりされ、また、諸地域のその後の運命が描かれるであろう。まだ揺りかごの段階にある諸地域に、これらの記述が付与されるわけである。

まず、われわれはフランス全体を見ることにしよう。そして、おのずと細分化されるフランスの姿を見ることにしたい。

ヴォージュ山脈、あるいはジュラ山脈でもよいが、その高所に登ってみよう。そして、アルプス山脈に背を向けよう。そこで（三〇〇里《リュー》〔一リューは約四キロ〕にわたるパノラマを一望できればの話であるが）、われわれは凹凸にとんだ地平線を見ることになる。まず、ルクセンブルクやアルデンヌ地方の森におおわれた丘陵からヴォージュの山々にかけて。さらには、ブルゴーニュ地方のブドウ畑におおわれた丘をへて、セヴェンヌ山脈の火山性の起伏。そして、ついにはピレネー山脈の壮大な壁にいたる。これらの地平線は分水界でもある。その西側では、セーヌ川やロワール川、ガロンヌ川などが大西洋に注いでいる。また、反対側では、ムーズ川が北に流れ、ソーヌ川とローヌ川が南に流れている。地平線のかなたには、大陸にうかぶ二つの島がある。ひとつはブルターニュ半島で、花崗岩からなる起伏にとんだ低い山塊は、フランスの一角にすえられた巨大な岩礁として、海峡におしよせる流れに洗われている。もうひとつは緑したたる険阻なオーヴェルニュ地方で、鎮火した広大な一帯に四〇の火山が見られる。

　ローヌ川とガロンヌ川の流域は、重要ではあるが二次的なものにすぎない。活力にとんだ動きは北で展開される。諸民族の大きな流れは、そこに活動の舞台を見いだした。古くは、ドイツからフランスにむけて諸民族の移動がおこなわれた。新しくは、フランスとイギリスのあいだで、激しい政治闘争がくり広げられた。これら二つの国民は、衝突せざるをえないように、たがいに向かいあっている。これら二つの国は、それぞれの主要な地域が、たがいに相対するように配置されている。それはあたかも、海峡を谷底として、たがいに向かいあう二つの斜面のようである。こちらにはセーヌ川とパリがあり、あちらにはロンドンとテムズ川がある。イギリスがフランスに示すのは、そのゲルマン的な部分である。その背後には、ウェールズやスコットランド、アイルランドのケルト地域が広がっている。逆に、ゲルマン系言語の地域（ロレーヌとアルザス）を背後にもつフランスがイギリスに示すのは、そのケルト的な側面である。二つの国は、最も敵対的な側面をたがいに見せあっている。

　これに対して、ドイツとフランスは、たがいに向かいあっていない。むしろ、両者は並行している。ライン川やエルベ川、オーデル川は、ムーズ川やエスコー川〔スヘルデ川〕と同じく北の海に注いでいる。また、ゲルマン系のフランス〔アルザスとロレーヌ〕は、その母親にあたるドイツと親密である。ローマ系およびイベリア系のフランス〔プロヴァンスとラングドック〕を見ると、マルセイユとボルドーがきらびやかに輝いているとはいえ、それはイタリアやアフリカの旧世界、さらには茫漠とした大西洋に面するのみである。ピレネー山脈の巨大な壁は、海がスペインとアフリカを分ける以上に、フランスとスペインを分断している。低くたれこめた雲海を突き抜けて、ヴェナスク峠の高所からスペインの方向をながめると、われわれはヨーロッパがここで終わることを実感する。そこからは新しい世界が広がっている。われわれが目にするのは、アフリカのまばゆい光である。そして、われわれの背後は霧におおわれ、たえまない風にゆれている。

フランスを緯度から見ると、地帯分化が明瞭であり、それぞれ特徴的な産物がある。北部ゾーンでは、ベルギーやフランドル地方の肥沃な低地で、亜麻やナタネ、ホップ、北部特有の苦味のあるワインなどが生産される。本物のワインは、ランスやモーゼル川のあたりから始まり、シャンパーニュ地方で精気をえて、ブルゴーニュ地方では美味でこくがある。そして、南のラングドック地方では鈍重になってしまうが、ボルドーのあたりで覚醒する。桑やオリーブが登場するのはモントーバンあたりである。しかし、南フランスを特徴づけるこれらのデリケートな作物は、フランスの変わりやすい天候につねに脅かされている。一方、経度から見たフランスも、同じように地帯分化が明瞭である。アルデンヌ地方やロレーヌ地方、フランシュ＝コンテ地方、ドーフィネ地方などの国境の諸地域については、それらをひとつのベルト地帯として結びつける密接な関係を見ることになろう。また、フランドル地方とピカルディー地方、ノルマンディー地方を一翼とし、ポワトゥー地方とギュイエンヌ地方を他の一翼とする海洋性のベルト地帯は、その中央部分にブルターニュ地方という固い結び目をもたなければ、その広大な延伸状況から、まとまりを欠くことになったであろう。

「パリ、ルーアン、ル・アーヴルは、セーヌ川を大通りとする一つの都市である」という言葉がある。

この見事な大通り、城館や村落が次々にあらわれる川筋の南側から、しだいに遠ざかってみよう。そして、セーヌ＝アンフェリウール県〔現在はセーヌ＝マリティーム県〕からカルヴァドス県へ、さらにカルヴァドス県からマンシュ県へと足をすすめよう。すると、土地の肥沃さや豊かさはどうあれ、都市がまばらになり、耕地が減って放牧地が増えることに気づく。環境は厳しいものとなり、やがてうら寂しく未開の姿を示すようになる。高くそびえたつノルマンディー地方の城館は、ブルターニュ地方の低層の城館にとって代わられる。住民の服装も、建造物の推移と歩調を合わせているようである。コー地方の女性の頭をかざる堂々とした縁なし帽は、彼女たちがイングランドを征服した者たちの娘であることを誇り高く示している。それはカーンに近づくにつれて幅広になり、ヴィルディウでは平らである。さらに、サン＝マロでは分割されて、あるときは風車の羽根のように、またあるときは船の帆のように、風のなかにたたずんでいる。一方で、獣皮の衣服があらわれるのはラヴァルである。しだいに深くなる森や、修道士たちが未開の地で共同生活をおくるトラップ修道院の静寂や、事情を雄弁にものがたる都市の名称（フジェール〔シダ類の意〕やレンヌ。レンヌもシダ類を意味する）、灰色ににごったマイエンヌ川やヴィレーヌ川の水、これらのすべてが厳しい地域の環境を示している。

ブルターニュ

われわれがフランスの考察を始めるのは、このブルターニュ地方からである。このケルト人の地域は、君主政の長子にあたり、われわれが最初に考察する対象にふさわしい。次にわれわれは、ケルト人の古いライバルであるバスク人（あるいはイベリア人）の地域に目をむける。ケルト人が荒れ地や沼沢地の環境に固執したように、彼らは山地の環境から離れなかった。最後にわれわれは、ローマによる征服とゲルマン人による支配を受けた地域を見ることになる。われわれはフランスの地理を時系列にそって考察するわけであり、空間と時間を同時に旅することになろう。

フランスの中で抵抗力に富む地域という特徴をもつ、堅固で貧しいブルターニュ地方には、ブレストに近いシャトーランのスレート採掘場からアンジェのスレート採掘場にかけて、石英と頁《けつ》岩の領域が広がっている。地質から見ると、それがブルターニュ地方の範囲である。しかし、アンジェからレンヌにかけての一帯は、ちょうどイングランドとスコットランドの境界《ボーダー》に類した係争地で所属が明確でなく、早い時期からブルターニュの支配を免れてきた。また、レンヌでさえブルトン語の領域に含まれておらず、それが始まるのは、ようやくエルヴァンやポンティヴィ、ルデアック、シャトロードランあたりからである。そこからフィニステール県の先端までが本当のブルターニュであり、「ブルトン語をしゃべる」ブルターニュである。そこはフランスとまったく異なった地域であるが、それはフランスの原初の状態にそこが忠実であったからである。ブルターニュがほとんどフランスでないのは、そこがガリアであるためであった。強固で厳格なフランスの四都市（ナント、サン＝マロ、レンヌ、ブレスト）がブルターニュを周囲から強くはさみつけ、締めつけていなければ、それは一度ならずフランスから離脱していたことであろう。

だが、そうした事情にもかかわらず、この古く貧しい地域は、一度ならず、われわれの救世主であった。祖国が窮地におちいり、ほとんど絶望のふちにあったとき、ブルターニュ人の頭と胸はしばしば外敵の鉄剣をしのぐ堅固さを示した。ノルマン人がわれわれの海岸と河川をわがもの顔に闊歩したとき、抵抗の端緒を開いたのはブルターニュ人のノメノエ〔ブルターニュ公、八五一年没〕であった。十四世紀にイングランド人を押し戻したのはデュ・ゲクラン〔フランス元帥。ジャン二世、シャルル五世に仕える〕であり、十五世紀にはリシュモン〔フランス元帥。シャルル七世に仕える〕であった。十七世紀にも、デュゲ＝トルーアン〔ルイ十四世時代の海軍軍人〕が世界の海で同様の戦いを繰り広げた。宗教的自由や政治的自由をもとめる戦いに関しても、ラヌーや「フランス第一の擲弾兵」ラ・トゥール・ドーヴェルニュ〔軍人・ケルト語学者。一七四三—一八〇〇。ナポレオンからこう呼ばれた〕以上に純粋で誠実な英雄は見られない。よく言われるように、ワーテルローの戦いで「近衛兵は降伏せず、死あるのみ」という最後の雄たけびをあげたのは、ナントの出身者であった。

ブルターニュの特性は、頑強な抵抗精神、不屈で大胆、盲目的なまでの反抗精神であった。その典型は、ボナパルトの敵対者モロー〔将軍〕にみることができる。哲学と文学の領域では、これがさらに際だっていた。ブルターニュ人のペラギウス〔五世紀の修道士。自由意志を主張して異端とされた〕はキリスト教にストア派の精神を注入し、教会人として初めて人間の自由を強調したが、その後継者であるアベラールとデカルトも同じブルターニュ人であった。これら三人の学者は、それぞれの時代の哲学に大きな飛躍をあたえたといえる。しかし、デカルトにおいてさえ、現実の軽視、歴史や言語に対する無理解は、この独創的な精神（それは心理学を基礎づけ、数学の領域を拡張した）が、力強さ vigueur〔厳密さ rigueur のあやまりか?〕を重んじる反面で広がりに欠けたことを明瞭に示している。

ブルターニュ地方にとって生得のこの反抗精神は、前の世紀〔十八世紀〕と今世紀〔十九世紀〕の諸事実、一見したところ相互に矛盾する二つの事実によって明示されている。すなわち、ルイ十五世のもとで、デュクロやモーペルテュイ、ラ・メトリを送りだした地域（サン＝マロとディナン、サン＝ブリュー）が、現代にはシャトーブリアンとラムネーを送りだしたという事実である。

　以下、この地域についての手短な概観を記すことにしたい。

　ブルターニュ地方への二つの出入り口には、二つの森（ノルマンディー・ボカージュとヴァンデ・ボカージュ）と二つの都市（サン＝マロとナント）がある。サン＝マロは私《し》掠《りゃく》船の町であり、ナントは奴隷船の町であった。サン＝マロは、ひどく見苦しい薄汚れた状況を示している。また、ブルターニュ半島のいたるところで目にする奇妙な衣服や絵画や建造物を、サン＝マロでも見ることができる。この小都市は、裕福で陰気でもの悲しいハゲタカの巣であった。満潮と干潮が交代するたびに、この町は島になり、また半島になった。まわりには薄汚れ悪臭のただよう暗礁や岩礁がちらばり、そこでは漂着した海草が好き勝手に腐っている。他方、遠くには、かみそりで切り取られたように直立した白い崖の海岸が見えた。サン＝マロにとって、戦争は絶好の収穫日和であり、それ以上に魅力のある祝日は存在しなかった。近年、オランダ船を襲撃できるかもしれないという希望が生まれたとき、サン＝マロの人々は望遠鏡をもって黒い城壁のうえに集まり、海への雄飛を心に描いたのである〔ミシュレは一八三一年九月にサン＝マロを訪れている〕。

　もう一方のすみには、偉大な軍港のブレストがあった。それは、リシュリューの構想とルイ十四世の力が生みだしたものである。要塞と海軍工廠と徒刑場、大砲と軍艦、軍隊と民衆。フランスの片隅に、フランスの力が集積していた。巨大な防御施設におおわれた両側の山にはさまれ、息苦しいほど手狭な港に、これらのすべてが密集していた。この軍港をそぞろ歩くと、まるで二隻の軍艦にはさまれた小さなボートにいるような感じである。巨大なかたまりが自分のうえに押しかぶさり、つぶされてしまうように感じる。全体的な印象として、それは偉大であると同時に辛苦に満ちていた。それは驚くべき力わざの産物であり、イギリスと自然に対する挑戦であった。ブレストのいたるところで、人々の努力のあとがみられた。また、徒刑場の空気と徒刑囚の鎖が感じられた。フランスの海軍がその本拠をおいた場所は、イギリス海峡〔フランスではラ＝マンシュ海峡と呼ばれる〕から逃れて、海がすさまじい激しさで砕け散るところであった。たしかに、その防備は完全であった。私は、そこで千の大砲をみた。そこに侵入することは不可能であった。しかし、そこから出ることもままならなかった。ブレスト水道で難破した艦船は一隻にとどまらない。この海岸すべてが、船の墓場であった。冬のたびごとに、ここでの難破船は六〇隻前後におよぶ。海はイギリスの味方であった。フランスは、海に愛されていなかった。海はフランスの艦船を打ち砕き、その港を砂でふさいだのである。

　ブレストの海岸ほど、不気味で恐ろしいところはない。そこは旧世界における地の果てであり、切っ先、舳先であった。二人の敵対者がそこで対峙した。大地と海、人間と自然である。荒天のときに波立つ海岸は、一見の価値がある。サン＝マチュー岬には、怒りにもえた途方もない大波が、五〇ピエ〔一ピエは三二・四センチで日本の尺に近い〕や六〇ピエ、さらには八〇ピエの高波が、次々に押し寄せる。そのしぶきは、母親や姉妹たちが祈りをささげる教会にまで飛び散った。海が沈黙している休戦のときでさえ、この不吉な海岸を通過するものは、だれしも「死ノヨウニ陰鬱」とつぶやかずにはいられない。

実際、そこには岩礁や嵐よりも始末の悪いものがあった。自然は残酷であり、人間は残忍であり、両者がまるで協力し合っているように見えた。海があわれな船を彼らに投げ捨てると、男も女も子供も、みなが海岸にかけつけて獲物に群がった。この狼たちを止める望みはなかった。彼らは憲兵隊のともし火のもとで、落ち着いて略奪にいそしんだ。たえず海難事故を待ち望むというばかりでなく、彼らはしばしばそれを演出したという人もいる。牛が角灯《ランタン》をあちらこちらに移動させることで、船を岩礁へ誘導したというのである。そのとき、夜の光景がどのようなものであったか、神だけが知っている。溺れ死んだ婦人から指輪をうばうために、歯で指をかみ切った者がいたということである。

この海岸地域で、人々は非情であった。呪われた息子、まさにカインであった。どうしてアベルを赦すことができようか。自然は彼を赦しはしない。冬の荒れた夜に、やせた土地を肥やすための海草を集めるため、岩礁へ出かけた男たちを、波がよけてくれるだろうか。あまりにしばしば、波は海草をもち来たり、男たちを運び去る。ラー岬の先にのびる「プロゴフ地獄」の赤い岩礁や、何百年来すみやかに海流が死体を運び去る「トレパセ」〔死者〕湾の岩肌から、おののき滑り落ちた者たちを、波が赦してくれるだろうか。ブルターニュ地方には、「怖い思いをせずに無傷でラー岬をこえることはできない」という言葉がある。「偉大な神よ。ラー岬で私を救いたまえ。船はあまりに小さく、海はあまりに大きい」もそうである。

そこでは、自然が光を失い、人類は生気に欠け冷酷になる。詩はあらわれず、信仰もほとんど見られない。キリスト教も、昨日のことにすぎない。バー島における最初の伝道者はミシェル・ノブレで、一六四八年のことであった。サン島やバー島、ウェサン島での結婚は、ものさびしく簡素であった。そこでは、感情が干からびているように見えた。愛情や恥じらい、嫉妬などが、そこには欠けていた。娘たちは、顔を赤らめることなく、みずからの婚姻について段取りをととのえた。また、そこでは女たちが男以上の労働にいそしんだ。ウェサン島の女たちは、男たちより大きく、男たちより強かった。土地を耕すのは女たちであった。男たちは、手荒な乳母である海に揺られ、海に打ちのめされながら、船のうえで生涯をすごした。動物も、そこでは性質を変え、退化するように見えた。これらの島にくらす馬やウサギは、ふしぎなほど小型であった。

この恐るべきラー岬に腰をおろし、風雨にけずられた海抜三〇〇ピエの岩の上から、七里《リュー》にわたる海岸を眺めてみよう。そこは、いわばケルト世界の聖地であった。トレパセ湾のかなたに、サン島が浮かんでいる。このわびしい島は、樹木のない吹きさらしの砂州であり、貧しいが義侠心にとむ人々がわずかばかり居住していた。毎年、この近くで難破した船からは、何人もの人々が彼らに救助されている。かつて、この島は神聖なる処女（巫女）の住まいであった。彼女たちは、ケルト人たちに好天をめぐみ、また海難をもたらした。この島で、彼女たちは災いをもたらす悲しい歌と踊りを繰り広げ、野性にみちたシンバルの音色は沖をいく船乗りたちを恐れさせた。また、伝説によると、ミルディン（中世の魔法使いメルラン）はこの島で生まれたという。彼の墓所は、ブルターニュ地方の反対側のはずれにあるブロセリアンドの森〔アーサー王伝説の舞台〕にあり、妖精ヴィヴィアンが彼を魔法にかけた運命の岩の下に眠っている。周囲にちらばる岩礁は、みな水没した町の名残りであった。それはドゥアルヌネであり、〔水没した伝説の都〕イスであった。イスの都は、ブルターニュ地方のソドムと言える。海岸をめざして緩慢に飛ぶ二羽のカラスは、グラロン王とその娘の霊魂にほかならなかった。嵐のような風鳴りにしても、それは溺れ死んだ者たちの埋葬を求める「叫び声」なのである。

　ブレストに近いランヴォーには、あたかも大陸の端を示すように、巨大な裸の岩が直立している。ここからロリアンまで、さらにロリアンからキブロンやカルナックまで、ブルターニュ半島の南海岸の全域で、こうした巨石に出会わずに歩けるのは、せいぜい一五分くらいである。これらの不定形の巨石は、ドルイド教の遺跡と言われている。街道の近くで、ヒイラギやアザミにおおわれた荒地に、しばしばこれらの巨石を見ることができる。それは上部が丸みをおびた直立石であったり、三、四の直立石のうえにテーブル状の平石が置かれていたりした。それが祭壇であるにせよ、墓所であるにせよ、あるいは何らかの出来事の単なる記念碑であるにせよ、これらの巨石は並はずれて大きく威厳があった。しかし、それがあたえる印象には、なにがしか非常にすさんで無愛想なおもむきがあった。知性をもつ人々が最初に試みたこれらの芸術作品は、その素材である石と同じように堅固であり、ほとんど人間性を感じさせなかった。石の表面には、文字や記号のたぐいが何も見られない。ロク＝マリア＝ケルの転倒した巨石には記号らしきものが見られるものの、はっきりしないので、自然現象の結果ではないかと推測したくなるほどである。地元の人々に聞くと、これらの巨石はコリガンやクリルの住処であるという答が返ってくる。これらの陽気で好色な小人たちは、夜になると道をふさいで、通りかかった人々に彼らと一緒に踊ることを強制し、相手が疲れて死んでしまうまで踊り続けるという。ほかの地域では、巨石を運んだのは妖精たちで、糸を紡ぎながら山から下りてきた妖精たちの上っ張りのポケットに巨石がはいっているという。散在している巨石の群れは、石になってしまった婚礼のありさまを示していた。モルレの近くにある孤立した巨石は、神を冒瀆した報いとして月に呑みこまれた哀れな農民をあらわしていた。

ふくろう党《シューアン》〔フランス革命期の王党派の反乱組織〕の聖地オーレーを早朝に出発し、数里はなれたロク＝マリア＝ケルやカルナックにあるドルイド教の大遺跡を訪ねた日のことを、私はけっして忘れないであろう。前者の村は、「一年の日の数より多いモルビアンの島々」をのぞむオーレー川の河口にあり、汚れた川面には悪臭がただよっている。そこからは、小さな湾の向こう側に、不吉な過去をもつキブロンの海岸が見えた。一年の半ばがそうであるように、この日も霧がたちこめていた。湿地にかけられた粗末な橋。低層で黒ずんだ小さな城館と、楢の長い並木道。ブルターニュ地方では、楢の並木が宗教的な敬意をこめて保持されてきた。丈が低くうっそうとした林。ここでは樹齢を重ねた木も、けっして十分な高さを得られない。ときおり出会う農民は、私に顔を向けることなく通りすぎる。しかし、夜の鳥が横目でさぐるように、彼はしっかり見ているのである。そのすがたは、彼らの戦いの有名な叫び声と、「共和国軍」が彼らにあたえた「ふくろう党」という名前をよく説明している。道ばたに家を見ることはなく、夜になると、彼らは村に戻る。いたるところに広大な荒れ地が見られ、ピンク色をしたヒース

陽気で好色な小人たちは、通りかかった人々に彼らと一緒に踊ることを強制し、相手が疲れて死んでしまうまで踊り続ける……

や黄色の植物がものさびしげに散らばっている。ほかの土地には、白いソバの畑が広がっていた。この夏の雪は、輝きに欠け枯死を思わせるので、見る者の目を楽しませるより、むしろ悲しませた。それはまるで、ハムレットの発狂した恋人〔オフィーリア〕が身につけた麦わらと花の冠であった。カルナックの近くは、さらに荒涼としている。そこはまさに岩原であり、わずかな黒い羊たちが砂利を口にしていた。これだけ多くの岩石が見られ、その一部は直立しているような光景のなかで、カルナックの列石はすこしの驚きも生みださない。そこには数百の直立した巨石が見られ、最も高いもので一四ピエに達した。

　モルビアン地方は、陰鬱な外観と暗い過去の記憶にいろどられている。そこは古い憎しみと巡礼、内戦の地であり、石におおわれた地表、花崗《かこう》岩のように冷たい人々の土地であった。そこではすべてが堅固で、時間の流れもゆるやかであった。聖職者は、そこで大きな力をもっていた。とはいえ、ブルターニュ地方やヴァンデ地方など、フランス西部の住民が深く宗教的であったと信じることは重大な誤りである。いくつかのカントン〔郡〕では、人々の願いをかなえなかった聖人が、はげしく鞭でたたかれることさえある。アイルランドと同じように、ブルターニュ地方の人々にとって、カトリックは民族のシンボルとして重要なのである。そこでは、特に政治的な面で、宗教が大きな影響力をもっていた。イングランド人を友にするアイルランド人の聖職者は、やがて国から追放された。中世において、アイルランドとブルターニュの教会以上に、ローマからの独立性をながく維持した教会は見られない。長期にわたって、ブルターニュの教会はトゥールの首座司教の管轄権から脱却しようと努力し、そのかわりにドルの首座司教管轄権を主張した。

ブルターニュ地方の貴族階層は、数が多く貧しかったので、より農民の近くに位置していた。そこには氏族の慣習がなにがしか存在していた。たくさんの農民が、みずからを貴族の家系とみなしている。その一部は、アーサー王や妖精モルガンの子孫であると自称し、みずからの土地を境界づけるために剣を突きさしたという。彼らは、独立のあかしとして、領主の前でも着帽したまま席に腰掛けた。また、ブルターニュ地方のいくつかの地域では、もともと農奴制が存在しなかった。すなわち、ドマニエ〔地主が自由に賃貸契約を解除できる小作人〕にせよクヴェジエ〔世襲の分益小作人。封建期のブルターニュ地方に特有な制度〕にせよ、その生活ははげしい労苦にみち、また、その土地は領主に隷属していたものの、彼らの身体は隷属から免れていた。誇り高いロアン家の人々を前にしてさえ、彼らは昂然と胸をはり、重々しい口調で「私もブルターニュの人間である」(Me zo deuzar armoriq) と言うことであろう。ヴァンデ地方について語られた深い洞察（「ヴァンデの人々は、本質的に共和主義者である」*原註）は、ブルターニュ地方にも適用することができた。それは政治的な共和主義というより、社会的な共和主義であった。

＊原註　ナントの重罪院におけるガルラン大尉の証言、一八三二年十月。

このケルトの民は、古い世界への愛着がひときわ強く、みずからの民族性を保持するため最後まで努力を惜しまなかった。中世を通じて、彼らはブルターニュの独自性をまもりぬいた。十二世紀に、アンジュー地方がブルターニュに対する優位性を獲得したのは、二度の婚姻によって、プランタジュネ家〔プランタジネット家〕がイングランド王とノルマンディー公とアキテーヌ公の地位を手に入れたためである。

この劣勢から逃れるために、ブルターニュはフランスと手を結んだが、その後、フランス側とイギリス側の間で、あるいはブロワ家とモンフォール家の間で、一〇〇年間にわたる戦いが繰り広げられた。〔ブルターニュ女公〕アンヌとルイ十二世〔在位一四九八―一五一五〕の結婚で、ブルターニュ地方はフランス王国に統合されることになった。このときアンヌは、ブルボン家の城館に記された古い格言（「愚痴をならべることこそ、私の喜び」）を、ナントの城館にかかげさせた。これ以降、ブルターニュ地方の三部会やレンヌの高等法院は、ローマ法に対する地方慣習法の擁護や、絶対王政の中央集権に対する地方特権の維持という法律的な闘争を展開することになる。その後、ルイ十四世の時代に封じこめられた抵抗は、ルイ十五世の時代にふたたび顕在化した。たとえば、ラ・シャロテ〔一七〇一―八五。司法官〕は、ブレストの独房で、イエズス会を弾劾する熱意あふれる弁駁書をつまようじを用いて執筆している。

今日では、こうした抵抗が下火になり、ブルターニュは少しずつフランスに同化しつつある。長期間にわたるフランス語の浸透にさらされて、旧来の言語であるブルトン語は徐々に後退している。アイルランドやスコットランドのケルト人が長らく保持してきた即興的な詩の才能は、ブルターニュの人々の場合、まったく失われたわけではないが、非常にまれで例外的な現象になってしまった。かつては、求婚にさいしてババラン〔結婚申入れの使者〕が自作の詩をうたい、それに娘たちが詩で返答した。ところが、今日では、丸暗記された決まり文句が、機械的にくりかえされるだけである。地域の民族性を学識の力でよみがえらせようとしたブルターニュ人の試みは、好結果をもたらすというより唐突で大胆な感じをあたえ、世間のあざけりを招いた。私自身、Tという町〔トレギエ〕で、ル・ブリガン〔一七二〇―一八〇〇四。ケルト学者」の友人で学識に富む老D氏（彼はムッシュー・システムという名で知られている）に面会した。古びた椅子に深々と身を沈めた哀れな老人は、雑然とした五、六千冊の書物に囲まれ、子の世話もなく身よりもなく、アイルランド語の文法書とヘブライ語の文法書を左右に、高熱でまさに死なんとしていた。正気づいた老人は、仰々しく単調なリズムでブルターニュ語の詩句を私に朗詠してくれた。それは、けっして魅力を欠くものではなかった。ケルトの民族性を顕彰し、滅びつつある詩と言語をまもろうとする老人に接して、私は心から同情の念を抱かざるをえなかった。

アンジュー、トゥーレーヌ

われわれはケルトの世界を、ロワール川にそって、地質的なブルターニュ地方の境界、すなわちアンジェのスレート採掘場までたどることができる。あるいは、ソミュールのドルイド教の大遺跡、おそらく現存するもので最も重要な遺跡まで、それを広げることができる。さらに、中世を通じてブルターニュ地方のキリスト教会を統括したトゥールまで、それを広げることもできるであろう。

ナントは、植民地の豊かさとブルターニュ地方のつつましさが混在した町であり、輝きに劣るが賢さにまさる小ボルドーと言える。それは二つの野蛮にはさまれた文明の地であり、二つの内戦にはさまれた商業の地であった。それは、あたかも結びつきを断ち切るために、そこに置かれたかのようである。ナントでは、ブルターニュ地方とヴァンデ地方のあいだを、偉大なロワール川が渦まいて流れくだる。それは溺死刑の川であった。みずからの罪の詩情に酔いしれて、カリエは「なんという奔流。

このロワール川は、なんと革命的な奔流であろう」と記している〔一七九三年、反乱を鎮圧するために派遣された国民公会議員カリエは多くの囚人をロワール川に生きながら沈めた〕。

ヴァンデ人ボンシャン〔ヴァンデ反乱の指導者の一人〕の記念碑があるサン＝フロランは、九世紀にノルマン人を打ち破ったノメノエが、みずからの像を建立させた地であった。ノメノエの像はアンジュー地方に目を向けていた。征服のえじきであるフランスを見据えていたわけである。しかし、結局のところ、勝ちをおさめたのはアンジュー地方のほうであった。従順で規律に富んだ住民をもつアンジュー地方では、強大な封建勢力が形成された。これに対して、数え切れないほどの小貴族が乱立するブルターニュ地方は、大きな戦いを挑んだり、大規模な征服を実行したりする力をもたなかった。「黒い町」アンジェでは、その巨大な城塞や悪魔の塔だけでなく、大聖堂もこうした封建的な特性をよく示している。アンジェのサン＝モーリス教会は、聖人の像でなく、完全武装した騎士の像で飾られているからである。とはいえ、彫刻が施された尖塔と素材のままの尖塔がならぶ不釣合いな姿は、アンジュー地方の不完全な宿命をよく表している。アンジェは、メーヌ地方を流れる三河川に対して絶好の位置を占め、またロワール川にも近接している。これら四地方の水の色を、アンジェでは識別することができた。しかし、現在のアンジェは眠りについている。まるで、もう十分と思っているようである。かつて、アンジュー地方のプランタジュネ家は、イングランドとノルマンディー、ブルターニュ、アキテーヌを支配したことがあった。また、その後も、善王ルネ〔アンジュー公ルネ。一四〇九―八〇〕とその息子たちが、ナポリ王国やアラゴン王国、イェルサレム、プロヴァンス地方に君臨し、あるいはその支配権を争った。ルネの娘マルグリット〔イングランド王ヘンリ六世の妃〕も、白いバラに対して赤いバラを、ヨーク家に対してランカスター家を支援した。ちなみに、ロワール川のつぶやきを聞きながら眠りについたのは、かつてのフランスでプロテスタント派の中心都市であったソミュールや、カトリック派の中心都市であったトゥールも同様であった。ソミュールは、一時期、老デュプレシ＝モルネを指導者とするプロテスタント派の小王国であった。その盟友でもあったアンリ四世は、〔カトリックに改宗後〕プロテスタント派に対抗するため、近くにイエズス会の町ラ＝フレシュを建設した。モルネの城館と巨大なドルメンの存在は、ソミュールに歴史都市という性格をあたえている。これに対して、トゥールも別の意味で立派な歴史都市であった。聖マルタンの墓所があるトゥールは、古くから神託の地であるとともに人々の避難場所《アジール》で、いわばフランスのデルフォイと言えた。メロヴィング朝の王たちは、みずからの運命を占うために、しばしばこの地を訪れたのである。この莫大な利益をもたらす重要な巡礼地については、その支配権をめぐってブロワ伯とアンジュー伯が何度も槍を交えている。また、トゥールの大司教区には、ル・マンやアンジェ、さらには全ブルターニュが属していた。その聖堂参事会員には、カペー朝の王やブルゴーニュ公、ブルターニュ公、フランドル伯、イェルサレム総大司教、マインツ大司教、ケルン大司教、サンティアゴ・デ・コンポステラ大司教などが名を連ねている。トゥールでは、パリと同じように、貨幣が鋳造された。そこでは早くから贅沢な絹織物がつくられ、ジャムやリエット〔パテの一種類〕の製造ではランスとならんで有名であった。トゥールもランスも聖職者の町であり、同時に快楽を探求する町でもあった。しかし、パリやリヨンやナントなどの諸都市が、その後、トゥールにおける産業の発展をさまたげた。それはまた、この地の快適な太陽や、おだやかなロワール川がもたらした結果でもあった。トゥールやブロワやシノンの怠惰な気候のもとでは、労働が自然の本性に反していた。そこはラブレーが生まれた地であり、アニェス・ソレル〔シャルル七世の愛人〕の墓所にも近かった。国王の寵臣や愛妾たちは、この川ぞいにある城館で生活をいとなんだ。シュノンソー、シャンボール、モンバゾン、ランジェ、ロッシュなどである。そこは「笑い」の地であり、また「無為」の地でもあった。果実や樹木は、八月にも五月と同じように、緑にかがやいていた。岸辺にたって眺めると、空を映す水面のかなたで、向こう岸は空中に浮かんでいた。眼下には砂地が広がり、川面では柳がのどを潤している。その向こうにはポプラやアスペンやクルミがあり、川中に浮かぶ島々が折り重なって見えた。遠くでは、丸いかたちをした木々の頭部が、まるで羊の群れのように緩やかに波打っている。なんと柔和で快適な土地であろう。女性が修道院長をつとめ、彼女のもとで愛と神聖さに包まれ、心地よい服従の日々をすごすという着想〔ラブレー『ガルガンチュワ物語』に描かれたテレームの僧院の規律〕は、まさにここで生まれたものであった。そして、フォントヴローの修道院に匹敵するような栄光を獲得した修道院は、ほかのどこにも存在しなかった。そこには、現在、五つの教会堂が残されている。そこに埋葬されることを望んだ国王は、一人にとどまらない。勇猛なリチャード獅子心王〔イングランド王。在位一一八九―九九〕でさえ、みずからの心臓をそこに託した。血にまみれた親殺しの心臓が、そこで処女の祈りにかこまれ、女性の柔和な手に抱かれながら、ようやくにして安息を得ると信じたのであろう。

ロワール川の沿岸で、これより剛直なもの、より厳格なものを見いだすためには、流路がセーヌ川のそれに近づく大湾曲部までさかのぼる必要があった。すなわち、中世には法律家の町であり、その後、カルヴァン主義やジャンセニスムの町、現在では工業活動によって特徴づけられるオルレアンまで、ロワール川をさかのぼる必要がある。しかし、フランスの中央部については、あとで触れることにしたい。ぐずぐずせずに、われわれは南フランスへ進むことにしよう。ここまで、私はケルト人のブルターニュ地方について述べてきた。以下では、イベリア人のピレネー地方に向かって、歩を進めることにしよう。

ポワトゥー

ブルターニュ地方やアンジュー地方と向かい合うように、ロワール川の南に広がるポワトゥー地方は、非常に異なった諸要素が、それぞれ混じり合うことなしに存在する地域である。三つの非常に異なった集団が、南北にのびる三つの地帯にそれぞれ居住している。この事実が、この地方〔州〕の歴史に見られる一見矛盾した様相を説明してくれる。十六世紀に、ポワトゥー地方はカルヴァン主義の中核地域であり、コリニー提督〔宗教戦争におけるプロテスタントの指導者〕の軍隊に多くの兵士を供給するとともに、プロテスタント共和国の創設に熱心であった。他方、近年〔大革命〕において、ヴァンデの王党派カトリックの反革命勢力が猛威をふるったのもポワトゥー地方である。前者〔十六世紀〕において、おもに活躍したのは海岸地帯の住民であった。これに対して、後者〔大革命〕では、ヴァンデ・ボカージュ地域が中心をなしている。とはいえ、いずれの場合も、同じ原則によっているという点で共通している。すなわち、共和派のカルヴァン主義と王党派のカトリックは外面的なかたちの違いであって、中央政府に対する不屈の対抗精神という側面は両者に共通していた。

ポワトゥー地方は、南フランスと北フランスの戦いの場であった。クローヴィスがゴート族を打ち破り、カール・マルテルがサラセン人を撃退し、また黒太子エドワードのイングランド・ガスコーニュ連合軍がジャン二世〔フランス王。在位一三五〇―六四〕を捕虜にしたのは、いずれもポワティエの付近であった。ローマ法と慣習法が混じり合うポワトゥー地方は、北フランスにレジスト〔法曹官僚〕を送りだし、また南フランスにはトルバドゥール作者をもたらした。ポワトゥー地方それ自身が、なかば女なかば蛇の姿をした妖精メリュジーヌのように、相異なる性格の集合体であった。メリュジーヌの伝説は、まさにこの混交の地域、ラバやマムシの地域で生まれたものである。

このような混在性や相反性は、なにごとかを完成したり成就する機会をポワトゥー地方から奪ってきた。ポワトゥー地方はあらゆることに手をつけた。たとえば、ローマ都市のポワティエは、現在あまりにわびしいものの、ガリア時代にはアルルやリヨンとならんで初期キリスト教の中心地であった。聖ヒラリウスは、イエス・キリストの神性を認める聖アタナシウスの陣営で一翼をになった。ポワティエは、フランスにおけるキリスト教の揺り籃であるとともに、ある意味ではフランス王国の揺り籃の地でもあった。夜間に、ゴート族に対抗するクローヴィスを導いたのは、ポワティエ大聖堂の火柱であった。フランス国王は、トゥールのサン＝マルタン修道院の長であるとともに、ポワティエのサン＝ティレール修道院の長でもあった。しかし、その学問的名声はともかくとして、中央により近く、民衆に人気があり、より多くの奇跡を生みだしたサン＝マルタン修道院のほうが、先輩格にあたるサン＝ティレール修道院よりも繁栄するにいたった。また、ラテン語の詩が最後の光を放ったのも、フォルトゥナトゥス〔六世紀のポワティエ司教で詩人〕がいたポワティエであった。十二世紀に、近代文学の黎明を告げたのもポワティエである。すなわち、〔アキテーヌ公〕ギヨーム七世は最初のトルバドゥール作者であった。彼はシャテルローの副伯夫人を略奪したことで破門されたが、のちに一〇万の兵と多数の愛妾を引きつれて、聖地イェルサレムにおもむいたと言われている。古人が「よきトルバドゥール作者であり、勇敢な騎士であった。長きにわたって世界を駆けまわり、多くの婦人をあざむいた」と述べたのは、ギヨーム七世のことであった。その当時のポワトゥー地方は、奔放な精神活動や自由主義の思想家にみちた地域であったように思われる。ポワティエに生まれ、その司教でもあったジルベール・ド・ラ・ポレ〔一〇七〇―一一五四〕は、シャルトルの学校でアベラールの同僚であった。彼はアベラールと同様な大胆さで教育にあたり、アベラールとともに聖ベルナール〔ベルナルドゥス。一〇九〇―一一五三〕の非難を浴び、アベラールと同じく自説を撤回した。しかし、ブルターニュ地方出身の論理家アベラールとは異なり、その後の彼は二度と立ち直ることがなかった。ポワトゥー地方の哲学は、ジルベールとともに生まれ、彼とともに滅びたのである。

ポワトゥー地方の政治権力も、これと同じような成り行きをたどった。それは九世紀に、シャルル〔二世〕禿頭王に対するエーモンの戦いとともに始まる。エーモンは、ガスコーニュ伯ルノーの父であり、アングレーム伯テュルパンとは兄弟である。また、彼らの家系は、物語にあらわれる二人の英雄

（聖ギョーム・ド・トゥールーズとブルゴーニュ伯ジェラール・ド・ルション）に連なるとされた。実際、ポワトゥー地方の政治権力は強大であり、一時期は南フランスの首位を占めた。しかし、アキテーヌ公を名のる彼らの北側には、あまりに強大な対抗勢力がブルターニュ地方とアンジュー地方に存在した。アンジュー人たちは、アキテーヌ公からソミュールやルーダン、トゥーレーヌ地方の一部を奪い取り、またサントを手に入れることでアキテーヌ公を背後から脅かした。これに対して、ポワトゥー伯は、南フランス、特にオーヴェルニュ地方やトゥールーズでアキテーヌ公の称号にふさわしい覇権を維持することに疲れはて、スペインやイェルサレムへのたび重なる遠征で破滅への道をたどることになった。放縦できらびやかな歴代のポワトゥー伯は、すぐれた騎士でありトルバドゥール作者であり、しばしば教会と仲たがいした。その軽はずみで荒々しい性状は、世に名高い不義密通や家庭の悲劇をもたらすことが多かったのである。ポワトゥー伯領の女相続人が、競争相手を死に追いやった例は一再にとどまらない。嫉妬にもえるエレオノール・ド・ギュイエンヌ〔アリエノール・ダキテーヌ。一一二二頃—一二〇四。フランス王ルイ七世の妃であったが、離婚してイングランド王ヘンリ二世と再婚した〕が、隠れ場所の迷宮にひそむ夫の愛人ロザモンドに死を命じたとき、それはけっして最初の例ではなかった。

エレオノールの息子たち、ヘンリ、リチャード獅子心王、ジョンは、みずからがポワトゥー人であるかイングランド人であるか、あるいはアンジュー人であるかノルマン人であるかについて、ほとんど知ることはなかった。このように相矛盾した二つのことがらの内部的な衝突は、彼らの流動的で波乱にとんだ生活によく示されている。ジョンの息子であるヘンリ三世は、ポワトゥー人の寵臣に囲まれていた。それがイングランドに内戦をもたらし、どのような厄災を引き起こしたかは周知のことである。他方、ポワトゥー地方は、ひとたびフランス王権のもとに編入されると、その「湿地帯」にしろ平野部にしろ、フランスの全国的な動きにみずからを調和させた。フォントネーの町は、ティラコー家、ベスリー家、ブリソン家の偉大なレジストたちを輩出した。また、ポワトゥー地方の貴族たちは、有能な宮廷人を数多く生みだした（トゥアール、モルトマール、メーユレー、モレオンなど）。フランスの最も偉大な政治家と最も高名な著述家、リシュリュー枢機卿とヴォルテールは、ポワトゥー地方東部の出身である。このうちヴォルテールはパリ生まれであるが、その家族はパルトゥネーの町の出である。

ただし、これがポワトゥー地方のすべてではなかった。丘陵地域を水源とする二つのセーヴル川は、ひとつがナントへ、他のひとつがニオールを通ってラ・ロシェルの方面に流れている。これら二河川の流域は辺境に位置していたため、フランス中央の動きとは没交渉であった。とくに後者は、小オランダと呼ばれる湿地と運河の地域で、大西洋とラ・ロシェルのほうを向いていた。ラ・ロシェルは、サン＝マロが「黒い町」と呼ばれるのに対して「白い町」と呼ばれ、ユダヤ人や農奴、ポワトゥー地方の「解放奴隷《コリベール》」〔貧しい水上生活者〕たちに、教会が認めた避難場所であった。ローマ教皇は、これらの都市を封建領主の支配から保護したため、十分の一税や年貢をまぬがれて、いずれの都市も繁栄を謳歌した。こうして、名もない人々の群れから、交易商人あるいは海賊として海で活躍する者が生まれた。また、他の者たちは宮廷に出仕して、彼らの民主的な精神や封建領主への嫌悪を王権のために役立てた。これらのうち、レー島の農奴であったレウダスティス〔メロヴィング朝のカリベルト一世にとりたてられて宮宰となる〕までさかのぼる必要はあるまい。その奇妙な物語については、トゥールのグレゴリウス〔メロヴィング朝時代の歴史家で『歴史十巻』を著す〕がその歴史を現在に伝えている。以下では著名な人物として、〔ローマ教皇〕ユリウス二世のためにスイス人を武装させたシオンの枢機卿、およびシャルル九世の大書記官のオリヴィエ、ルイ十一世の大書記官のバリュとドリオルの名をあげておこう。とくにルイ十一世は、この種の策士を好んで用いた。ただし、重用したのち、ルイ十一世は彼らを鉄格子の檻に閉じ込めた。

ラ・ロシェルは、一時期、アムステルダムのような存在になることを確信していた。コリニー提督が、ラ・ロシェルのオラニエ公ウィレム〔一世。一五三三—八四。オランダ独立戦争の指導者〕であった。ラ・ロシェルについては、シャルル九世やリシュリューを相手に戦った二回の包囲戦が有名である。これらの戦いをめぐっては、多くの英雄的な行為、頑強な抵抗、市庁舎のテーブルに置かれた短刀のエピソードなどが知られている。この短刀は、降伏を口にする者に対する市長の警告であった。しかし、プロテスタントの立場やみずからの利害にそむいて、イングランドがリシュリューによる港湾封鎖をゆるしたため、ラ・ロシェルはついに屈服せざるをえなかった。干潮のさいには、そのときに築かれた巨大な堤のあとを現在も見ることができる。海との連絡を断たれたラ・ロシェルは、しだいに衰弱するほかなかった。ルイ十四世は、ラ・ロシェルを沈黙させるために、すぐ近くにロシュフォールを建設している。民衆の港のすぐ近くに国王の港を建設したわけである。

他方、ポワトゥー地方には、歴史の表舞台にほとんど登場しない地域があった。その存在をだれもが見落とし、みずからの認識も薄い地域である。それが広く知られたのは、ヴァンデの戦いによってであった。セーヴル＝ナンテーズ川の盆地、それを取りまく丘陵、ヴァンデ・ボカージュ地方、これらがフランスの西部全域をゆるがせた恐るべき戦いの最初の舞台であり、かつ最も主要な舞台であった。ヴァンデ地方は生け垣と林に閉ざされた迷路のような地域であり、一四ある河川のどれをとっても船が通わない地域であるが、辺境に位置するほかの地域にくらべ、とりわけ宗教熱心であったわけでなく、また国王を賛美してもいなかった。ヴァンデ地方は、みずからの慣習に固執しただけであった。旧来の王政下では、中央集権化が不完全であったために、地域の慣習が乱されることは少なかった。フランス革命は、地域の慣習を根こそぎにしようと努め、国民的統合を一挙に実現しようとした。革命がもたらした突然の輝き、荒々しく強烈な照明が、夜の世界に暮らしていたこの地域の人々をたじろがせた。農民たちは英雄的に立ち向かった。共和国の布告が伝えられたとき、車ひきのカトリノー〔民衆出身の反乱指導者で、反乱軍の司令官におされたが、ナントの包囲戦で戦死〕はパン作りの最中であった。彼は手をぬぐい、そして銃をとった。みなが行動をともにして、まっすぐ「共和国軍」に立ち向かったのである。その戦いは、ブルターニュ地方のふくろう党の戦いのように、林にひそみ、暗闇にまぎれた一対一の戦いではなかった。それは平野でなされた集団の戦いであった。ナントの包囲戦で、彼らは一〇万近くを数えた。ブルターニュの戦いは、スコットランドの「辺境《ボーダー》」で展開された中世の武勲詩に似ている。これに対して、ヴァンデの戦いは、まさにイリアス〔トロイア戦争を描いたホメロスの作品〕であった。

リムーザン、オーヴェルニュ

南フランスへの旅を続けよう。黒ずんだサントの町並みやその美しい周辺農村、タイユブールの戦い〔一二四二〕やジャルナックの戦い〔一五六九〕の古戦場、シャラント地方の洞穴群、さらには塩田地帯やそこに広がるブドウ畑を通りすぎて、われわれは先に進むことにしよう。また、冷涼で雨がちなリムーザンの高原地域についても、足早に通過することにしよう。そこからは、多くの河川が流れでている。半球状に丸みをおびた花崗岩質の美しい丘陵や、この地域で広い面積を占めている栗園は、正直で臆病な住民、優柔不断で不器用な人々の口を養っている。ここは長らくイギリスとフランスが争った土地であり、そのために大きな苦しみを経験してきた。他方、リムーザン地方の南部では、状況がかなり異なっている。活動的で才気にあふれた南フランス的な性格が、そこでは早くも感じられる。セギュールやサン＝トレール、ノアイユ、ヴァンタドゥール、ポンパドゥール、さらにはテュレンヌなどの名称は、この地域の人々がどれだけ中央権力に係わり合い、そこでいかなる成功を収めたかをよく示している。あの変わり者のデュボワ枢機卿〔一六五六—一七二三。摂政オルレアン公の下で宰相を務める〕も、ブリーヴ＝ラ＝ガイヤルドの生まれであった。

上リムーザン地方の山々は、オーヴェルニュの山岳地域に連なり、それはさらにセヴェンヌ山脈へと続いている。オーヴェルニュ地方はアリエ川の谷を軸にしているが、その西方にはモン＝ドールの山塊がそびえている。また、モン＝ドール山地の両脇には、ピュイ＝ド＝ドーム山とカンタル山地がひかえている。これらの休止した火山群からなる広大な地域は、現在、厳しい環境に耐える植物で大部分の地域がおおわれている。くるみの木々が玄武岩を取りまくように根をのばし、軽石からなる地表では小麦が生育している。ただし、地中の火が完全におさまったのではなく、噴煙の見られる谷もあるし、モン＝ドールの「エトゥーフィ」〔火山ガスの噴煙〕は、ソルファターラや犬の洞穴〔ナポリの近くで、火山ガスの噴出で知られ、ガスを検知するのに犬を使った〕を想起させる。溶岩材でつくられた町は黒ずんでいる（クレルモン、サン＝フルールなど）。これに対して、田舎は美しい。カンタル山地やモン＝ドール山地の広大な牧草地をめぐり、滝をおちる水の単調な音色に耳をかたむけるとき、あるいは、クレルモンの町がある玄武岩の丘から、肥沃なリマーニュ地方や、美しいピュイ＝ド＝ドーム山をながめるとき、田園地域の美しさを感じずにはいられない。「指貫《ゆびぬき》」に譬えられる七〇〇トワーズ〔一三六四メートル〕のピュイ＝ド＝ドーム山は、雲におおわれたかと思うと、やがて全容をあらわす。ピュイ＝ド＝ドーム山を愛する雲は、それを避けることも、またそこに留まることもできない。実際、オーヴェルニュ地方は、たがいに相反する風にたえまなくさらされている。山々と谷筋が複雑にからみあい、風の流れが強まったり乱されたりするからである。空はすでに南フランス的であるが、気候は寒冷で、とくに溶岩の地域はひどく冷える。冬のあいだ、山地の住民はほとんど毎日、暖かい家畜小屋で身をちぢめながら暮らすのである。リムーザン地方と同じように、ぼってりした厚手の衣服を何枚も着込んでいるオーヴェルニュの住民は、北風に身ぶるいする南方の民族と言える。なじめない気候のもとで、身をちぢめ厳しい暮らしを送っている。ワインの味わいは粗野で、チーズは苦味がきいている。また、チーズのもとになる牧草もごわごわしている。ほかにも、溶岩材や軽石、安価な宝石類、果物などの産物があり、船に積まれてアリエ川を下っていく。人々は粗野な色である赤を好み、安物の赤ワインや赤牛などがお気に入りである。熟練というよりも勤勉であり、平地の深くて重い土壌を、いまも南フランスの小型犂《すき》を使って耕すことが多い。この種の小型犂は、土壌の表面を浅く耕すだけであった。毎年、彼らは山をくだって他の地域に出かけるが、いくらかの現金をもち帰るだけで、目新しい着想や理念が導入されることはまれであった。

しかし、これらの人々は、現実的な力強さに富んでいた。その精気はカンタル地方の牧草と同じように苦くまた渋いかもしれないが、生命力にみちていた。そこでは、年齢による衰えが感じられない。デュロール〔一七五五―一八三五。国民公会議員を経て、考古学者、歴史家〕やド・プラ〔一七五九―一八三七。聖職者、立憲議会議員を経て外交官〕などの老人たちは、なんと若々しいことであろうか。モンロジエ〔一七五五―一八三八。レーノー伯。革命期には王党派〕は八〇歳をこえても、みずから使用人を監督し、まわりのすべてを指図している。彼は植物を育て、建築し、必要とあらば、「聖職者党」を弾劾する書を、あるいは封建制を擁護する書を書くことだろう。彼は中世の友であり、同時に中世の敵でもあった。

フランスの中間地帯に属する他の諸地域について、われわれが指摘してきた一貫性の欠如や内的な矛盾は、オーヴェルニュ地方でその頂点に達する。そこには、ローマ教皇に対する態度に一貫性が見られない偉大なレジストたち、ガリカニスムの論理主義者たちがいた。すなわち、大法官のロピタル。アルノー家の人々。また、厳格なドマもそうである。ドマは、いわばジャンセニスムを信奉するパピニアヌス〔古代ローマの法学者〕であり、法律をキリスト教の枠におさめようと努力した。さらに、ドマの友人であるパスカルがいた。パスカルは、モンテーニュの時代からヴォルテールの時代にかけて進行した宗教的な危機を、十七世紀において認識した唯一の人物である。その悩める魂には、懐疑の精神と旧来の信仰の相克が見事なまでに表れていた。

ルエルグ、ギュイエンヌ

南フランスの大きな谷〔ガロンヌ川の谷〕には、ルエルグ地方を経由していくことができる。ルエルグ地方はかなり険しい起伏をもち、低地のはずれにあたる。他方、この地域は、石炭や鉄、銅、鉛などを産出する巨大な鉱山でもあり、うっそうと生い茂る栗の木々の下にこれらの鉱石が眠っている。そこでは石炭があちらこちらで燃やされており、火山とは無縁な地中の火として古くから利用されてきた。斜面の向きや気候の違いによって冷涼地と温暖地が混ざり合うこの地域は、タルン川とアヴェーロン川の深く切立った谷によって刻まれている。このように苛酷な土地をもつルエルグ地方は、自然の厳しさという点でセヴェンヌ地方となんら変わりはなかった。ところで、私が好むのは、カオールを経由する道である。そこでは、すべてがブドウの木々におおわれている。モントーバンの手前では、桑の木があらわれる。眼前には三〇～四〇里《リュー》にわたる景観がひらけ、農地が海のように広がり、活気にみち雑然とした大地が目に映る。それは遠方でおぼろになるが、その向こうには頂が銀色に輝くピレネー山脈が幻想的にそびえている。肥沃な谷では、角をつながれた牛が農地を耕し、ブドウの木々が楡《にれ》につるを巻きつける。進む方向の左側、山地のほうに寄ると、そこでは乾燥した丘陵の急斜面に山羊が点在し、油の積荷を背にしたラバが中腹の小道をたどっている。真昼には雷雨があり、土地は水浸しで湖のようになるが、一時間ほどで太陽がすべてを飲み干してしまう。大きな物寂しい都市、たとえばトゥールーズには、夕刻に到着するであろう。響きのよいアクセントを耳にすると、まるでイタリアのような気がするかもしれない。その錯覚から逃れるには、木やレンガでできた家々を見れば十分であろう。また、住民のぶっきらぼうな口調や、活力にあふれ毅然とした態度に接すれば、やはりそこがフランスであることに気づくであろう。少なくも裕福な人々はフランス人である。ただし、下層の人々はまた別の話で、スペイン人やムーア人かもしれない。かつて歴代のトゥールーズ伯のもとで重きをなした古都トゥールーズは、フランス王家のもとでも、ここに高等法院が存在するために、南フランスの王者あるいは独裁者という地位を獲得した。その荒々しいレジストたちは、教皇ボニファティウス八世に対してフィリップ端麗王があたえた一撃を伝えるとともに、しばしば異端者へ厳しくのぞむことで自己の正当性を強調した。一〇〇年にみたない期間に、彼らは四〇〇人以上の異端者を火あぶりにしている。のちに、彼らはリシュリューの復讐に手を貸して、モンモランシー公を裁判にかけ、朱に染まった美しい部屋で彼の首をはねた。トゥールーズの誇りは、ローマのカピトリウム丘とナポリの地下墓地を有することであった。後者では、屍体を長期にわたって保存できた。トゥールーズのカピトル〔市庁舎〕では、古代ローマで神官が用いていたように、市の文書を保存するために鉄の戸棚が使われた。また、ガスコーニュの元老院〔市参事会〕は、その議事堂の壁に「国家ノ安寧ハコンスル〔執政官〕ガ守ルベシ」という〔古代ローマの〕標語を記している。

トゥールーズは、南フランスにおける大盆地の中心地点である。ピレネー山脈やセヴェンヌ山脈に源を発する諸河川、タルン川やガロンヌ川などがこの近くで合流し、大河川となって大西洋にそそぐ。ガロンヌ川は、すべてを受容する。リムーザン地方やオーヴェルニュ地方から流れでる複雑に曲がりくねった諸河川は、ペリグーやベルジュラックなどを経由して、北側からそれに合流する。東から、あるいはセヴェンヌ山脈からは、ロート川やヴィオール川、アヴェーロン川、タルン川などが、ロデーズやアルビを経由し、また大小さまざまな屈曲をへたのちに、ガロンヌ川に合流する。北は河川をもたらし、南は急流をもたらす。ピレネー山脈からは、アリエージュ川が流れくだる。ジェール川とバイズ川を加えて大河川に成長したガロンヌ川は、そこで北西方向に優美な曲線をえがく。こうした曲線は、方向が南で規模が小さいものの、アドゥール川でも見られる。トゥールーズは、ラングドック地方とギュイエンヌ地方の接点に位置する。これらの二地域はほぼ同じ緯度にあるが、大きく性格が異なっている。ガロンヌ川はトゥールーズの古い町並み(ラングドック地方の古いロマネスクやゴシックの町並み)を通りすぎ、ますます大きくなって、ボルドーの前面では、海を前にして海のように広大である。ボルドーはかつて長らくイングランド領フランスの中心都市であり、さらに長く心情的にイングランド寄りであった。現在のボルドーは、交易上の関心から、イギリスや大西洋、そしてアメリカに目を向けている。ガロンヌ川はそこでジロンド川へと名を変えるが、その幅はロンドンにおけるテムズ川の二倍に達する。

ピレネー

ガロンヌ川の谷は美しく豊かであるが、われわれの足をそこに留めることはできない。遠くに見えるピレネーの山並みが、あまりに魅力的だからである。しかし、そこまでの道のりは手軽でない。アルブレ家〔ナヴァール王国を領有する南仏の名家で、フランス王アンリ四世は同家のジャンヌ三世の息子〕のものさびしい領地であるネラックを経由するにしろ、海岸沿いの道をたどるにしろ、途中で目にするものは海のように続く荒れ地である。せいぜいコルク質の木々や広大な「松林」が見られる程度で、ピレネー山脈からランド地方へ移動する黒羊の群れだけが道連れであった。これらの羊は、ランド地方の牧童に引率され、寒さをさけるために北の低地へ移るのである。移動にあけくれる羊飼いの生活は、南フランスの風物詩のひとつである。ラングドックの平野からセヴェンヌ山脈やピレネー山脈へ移動する羊の群れや、あるいはプロヴァンスのクロー地方から〔アルプス山脈の〕ガップ周辺やバルスロネット周辺の山々へ移動する羊の群れと、人々はしばしば出会う。すべてをもち運び、星を道連れに孤独なくらしを続けるこれらの遊牧民は、なかば天文学者でなかば魔法使いと言えようが、アブラハムとロトがいとなんだアジアの暮らしをヨーロッパのなかで引き継いでいる。しかし、フランスでは、彼らの通過を恐れる農民の圧力で、その移動はかぎられた幅の道筋に制限されている。彼らが古代世界の自由さで移動するさまを見るには、アペニン山脈やプーリア地方の平野部、ローマ周辺の農村地域にいかねばならない。また、スペインでは、羊飼いがわがもの顔に振舞っており、土地を荒らしても罰せられることがない。絶大な権力をほこる「メスタ」〔移牧組合〕の保護のもとで、それに属する四〜六万人の羊飼いたちが、エストレマドゥラからナヴァール〔ナバーラ〕やアラゴンまで、メリノ種の羊に国中を食い尽させている。スペインの羊飼いは、フランスの羊飼いよりも荒々しい。羊の皮を背にまとい、毛足の長い牛皮の「アバルカ」〔サンダル〕をひもで足に結わえつけるなど、彼ら自身がけもののようである。

ようやく、巨大なスペインの壁が、われわれの前にその偉容をあらわす。それはアルプス山地のように山頂と河谷の複雑なシステムではなかった。それは文字通り壮大な壁であり、その両端でだけ高度が低下した。それ以外の通路は車両で行き来することができず、ラバや人間にとっても、一年のうち六か月から八か月のあいだ通行不能であった。真の意味でスペイン人でもフランス人でもない二つの民族だけが、両側の世界に対して門番の役割をはたしてきた。西側のバスク人と、東側のカタルーニャ人およびルシヨン人である。彼らは、その門を開けたり閉じたりしてきた。さまざまな民族が絶えず行き来することに倦み疲れている彼らは、不機嫌で気まぐれな門番として、〔スペインからフランスに侵入した〕アブド・アッラフマーン一世〔後ウマイヤ初代君主〕に対して開けた門を、ロラン〔叙事詩『ロランの歌』の主人公〕に対しては閉鎖した。ロンセスバーリェス〔ロンスヴォー〕からセオデウルヘルにかけての一帯には、無数の墓地がちらばっている。

ピレネー山脈についての記述と解説は、歴史学者の役割ではない。それはキュヴィエやエリー・ド・ボーモンたち科学者の役割であり、彼らが有史以前のピレネーの歴史を物語ってくれる……。なぜなら、自然がその驚くべき地質の叙事詩を突如として口ずさんだとき、灼熱のかたまりがピレネーの中軸を地上に押し上げたとき、そして大地に亀裂が生まれ、巨人ティタンの出産のごとく、苦しみのなかから黒い地肌をさらしたマラデタ山塊が空にむかって突出したとき、それを見たのは彼らであって、私ではないからである。やがて、この大地の傷口に癒しの手がおよび、アルプスでさえ羨むような、緑の牧野でしだいにおおわれるようになる。山頂も鋭さをにぶらせ、丸みをおびた美しい塔になる。下部の山体は、けわしさが消えて傾斜がまろやかになり、フランス側では巨大な階段のすがたを呈する。すなわち、それぞれの段をなす山々が、しだいに高度を減じていくのである。

そこで、われわれはヴィニュマル山やペルディド山でなく、より下方のパイエル峠にだけ登ることにしよう。そこは二つの海への分岐点であった。あるいは、バニェールの谷とバレージュの谷を分ける峠に登ることにしよう。そこは美と崇高の分岐点といえる。ピレネーの幻想的な美しさを、そこで味わうことができる。この奇妙な土地では、たがいに相いれないものが妖精の魔力で寄り集まっている。そこでは魔法の空気が、対象物をあるときは近づけ、あるときは遠ざける。また、そこには緑色の水面やあわ立つ谷川、エメラルド色の牧野がある。しかし、美しい少女の仮面の下に怪獣がひそんでいるように、やがて身を隠していた恐るべき高山がその姿をあらわす。だが、われわれは道を続けることにしよう。ポー川の渓流に沿いながら、三千〜四千立方ピエの岩塊が無数に積み重なっている物寂しい道筋をたどることにしよう。切り立った岩壁があらわれ、われわれは万年雪を目にする。山にさえぎられて、川筋はいくたびも屈曲をくり返す。そして、あの驚くべき圏谷《カール》〔ガヴァルニー圏谷〕とそれを囲んで空にそびえる峰々を、ようやく目の当たりにすることになる。圏谷の下部では、「雪の橋」の下を音高く流れる河川に、一二の泉から水が流れこむ。泉と川のあいだには一三〇〇ピエの落差があり、旧世界では最大の滝といえる。

ここでフランスが終わりを告げる。前方高くに見えるガヴァルニー峠は嵐の多い道で、息子が父親を待つことのない場所といわれるが、そこがスペインの入り口であった。歴史をめぐる膨大な詩が、ここを舞台にしていた。視界が良好であれば、この二つの世界の接点からトゥールーズもサラゴーサも目にすることができる。山中に開けたこの三〇〇ピエのくぼみは、ロランが愛剣デュランダルを二度ふるうことで現れたという。それはフランスとスペインの絶え間ない戦闘のシンボルであり、また、ヨーロッパとアフリカの宿命の争いを象徴していた。ここでロランは命を落としたが、フランスは戦いに勝利したと言える。両側の斜面をくらべると、われわれの側がどれほど恵まれているのか理解できる。南に面したスペイン側の斜面は、切り立っていて乾燥し、荒涼としている。これに対して、フランス側の斜面は傾斜が緩やかで木々が多く、美しい牧野におおわれている。スペイン側で必要とする家畜の大部分は、フランス側の斜面で飼育されたものであった。バルセロナの住民は、フランスの牛で養われている。このワインと牧野の里は、フランスのワインと家畜を購入しなければならない。あちら側には、晴れた空と温和な気候、そして貧困が見られる。こちら側は霧と雨が多いものの、知性と富と自由が存在した。国境をさかいにして、フランス側の整備された道路と、スペイン側のでこぼこ道は非常に対照的である。あるいは、鉱泉の町コートレを行き来するスペイン人を見れば十分であろう。彼らは、ぼろの衣服のうえに自尊心のマントをまとい、陰鬱な表情で、他人との比較に超然としている。英雄的で偉大な民族のスペイン人たちよ、あなたがたの貧困をわれわれがあざけるなどと恐れる必要はない。

ピレネー地方の多様な民族や衣装をすべて見たいという人は、タルブの定期市に行くべきである。そこには二〇里《リュー》以上の遠方から、一万人近くの人々が集まってくる。ビゴール地方の白い縁なし帽やフォワ地方の褐色の帽子、ルション地方の赤い帽子、ときにはアラゴン地方の平らな帽子やナヴァール地方の丸い帽子、ビスカヤ地方のとがった縁なし帽などを、そこでは同時に見ることができる。バスク人の車引きは、長い荷車を三頭の馬に引かせ、自分はロバに乗ってやってくる。彼らはベアルン地方のベレー帽をかぶっている。しかし、ほどなくベアルン人とバスク人の違いに気づくようになる。ベアルン人は口調がなめらかで手もすばやく、小柄で快活な平野の民であるのに対して、バスク人はみずからの民族に誇りをもつ熟練した農民で、長い脚で山々を走破する山の申し子であった。バスク人と類似の性格をもつ人々を見いだそうとすれば、ブルターニュ地方やスコットランド、アイルランドのケルト人に目をむけるべきであろう。ヨーロッパの諸民族のなかで最古参にあたるバスク人は、ピレネー地方のすみに定着したままで、あらゆる民族が彼らの前を通過するのを眺めてきた。カルタゴ人、ケルト人、ローマ人、ゴート人、サラセン人などである。われわれの系譜の短さは、彼らの同情の対象にすぎない。「わが家系は西暦千年にさかのぼる」と自慢したモンモランシー家の一員に対して、バスク人の返事は次のようであった。「われわれの家系は古すぎて、何時からかわからない」。

この種族〔バスク人〕は、一時期、アキテーヌ地方を手中におさめていた。その名〔ヴィスコン〕はガスコーニュという地名に残されている。その後、スペインに退いた彼らは、九世紀にそこでナヴァール〔ナバーラ〕

王国を建設し、二〇〇年にわたり、スペインにおけるキリスト教勢力のあらゆる王国（ガリシア王国、アストゥリアス王国、レオン王国、アラゴン王国、カスティーリャ王国）に君主を送りだした。しかし、スペインにおける十字軍〔レコンキスタ〕が、その戦場をしだいに南下させるにつれ、ヨーロッパの栄光の舞台から遠ざかったナヴァール人は、徐々にすべてを失っていった。癌で亡くなったバスク人最後の国王サンチョ〔七世〕「閉塞王」は、この民族の運命をまさに象徴している。強大な諸民族によって山中に閉じ込められ、スペインとフランスの成長によって国土を蚕食されたナヴァール王は、アフリカのイスラム教国にまで救いをもとめたが、結局、王位をフランス人に明け渡すことになった。娘婿のシャンパーニュ伯ティボー〔四世。ナヴァール王としてはテオバルド一世〕に、王国を遺贈したのである。かくして、バスク人の王国は消滅した。それは、敵の手中に落ちないように愛剣デュランダルを砕いたロランの行動に似ていた。その後、アラゴン王とフォワ伯の血筋であるバルセロナ家がナヴァール王国の王位を継承し、次いで、それがアルブレ家やブルボン家へと引き継がれた。ブルボン家は、その後、フランスを手に入れる代償としてナヴァール王国を手放した。それでも、アンリ四世の系譜をひくルイ十四世の孫〔フェリペ五世〕が、ナヴァール王国をふくむスペイン全体の王位を取り戻している。このようにして、アンリ四世が養育されたコアラズの城館にスペイン語で記された謎の言葉、「あるべきことは、欠けることなし」が実現されたことになる。フランス国王は「フランスとナヴァールの国王」と称される。これこそ、フランスの住民と王朝の起源をあらわす見事な表現であった。

　古くて純粋な種族であるケルト人やバスク人は、やがて混合的な種族にその席をゆずらねばならなかった。ブルターニュやナヴァールなどの辺境地域は中央に、自然は文明に席をあけわたす運命にあった。ピレネー地方のいたるところで、こうした旧世界の衰退という光景を見ることができる。古代はそこで消滅し、中世はそこで死を迎えつつあった。崩れた城砦や「ムーア人」の塔、ガヴァルニーに伝わるテンプル騎士団員たちの骨、それらは去りゆく世界をはっきりと示していた。また、奇妙なことに、山それ自身が、現在、その存在を脅かされているように見える。山頂にそびえたつ荒涼とした峰々は、その退勢を物語っている。それは頻繁に襲いかかる雷雨のためであり、同時に、麓では人間たちがその手助けをしていた。彼らは、老いた母親〔大地〕の地肌をおおう深い森のマントを、日ごとに破壊したからである。斜面をおおっていた土壌が、雨水とともに流れ落ちる。地肌をさらした岩塊が厳しい寒さや暑さでひび割れ、はがれ落ちる。また、雪解け水に下部をえぐられた岩塊が、雪崩とともに運び去られる。ゆたかな牧草地の代わりに、そこで見られるのは傷つき乾燥した荒野ばかりであった。羊飼いを追いはらった農民たちは、そこで何も得るものがなかった。森林や草地から穏やかに流れでていた谷川の水が、いまや急流をなして谷を流れくだり、農民たちの畑は廃墟と化した。みずからがおこなった破壊から逃れるために、数多くの村々が薪を入手できない谷の上流部を捨て、低地のフランスへと退いた。

こうした動向に対する最初の警鐘は、一六七三年に打ち鳴らされた。すなわち、各住民に対して王室森には毎年一本、村の共有地については毎年二本の植樹が義務づけられたのである。また、森林管理官の制度もととのえられた。一六六九年、一七五六年、さらに後年においても新しい規則が公布され、厄災の広がりが生みだした恐怖の大きさを示している。しかし、フランス革命がこれらの防波堤をすべて押し流した。貧しい人々は、いっせいに破壊の作業をはじめることになる。彼らは鷲の巣の高みによじ登り、また綱をたよりに深い地底におりたって、手にした鋤と火を使って土地の開墾をおこなった。ささいな用途のために、多くの木々が伐採された。一足の木靴をえるために、松を二本切り倒したのである。同時に、小家畜〔羊や山羊、豚など〕が無数に増殖して林間に放牧され、高木や灌木、若木を傷つけて、将来の希望を台無しにした。とりわけ、財産をもたない住民の家畜である山羊は、村の共有地で放し飼いされ、どこにでも入りこむので、こうした破壊作業の強力な手先であり、土地を荒らす恐怖の家畜といえた。すべてを食い尽くすこの怪獣との戦いは、ナポレオンがかかわった戦いのなかでも、けっして小さなものではなかった。一八一三年には、山羊の頭数が共和暦一〇年〔一八〇一―一八〇二〕の一〇分の一にまで減少している。とはいえ、ナポレオンでさえ、自然に対するこの破壊作業を止めることはできなかった。

ラングドック

南フランスの諸州はどこも、こよなく美しいものの、北フランスにくらべると廃墟の地域ということができる。われわれは、先に進むことにしよう。サン＝ベルナール＝ド＝コマンジュやフォワで目にする幻想的な光景は、あたかも妖精がつくり出したもののようである。フランスの小スペインであるルシヨン地方では、緑したたる牧場に黒い牝羊がちらばり、乙女の口ずさむカタルーニャの物語に耳をかたむける夕べが心地よい。そこから岩肌がめだつラングドック地方にむかい、オリーブの木々がまばらに生える丘陵地域で、単調なセミの鳴き声を聞くことになる。そこには、船の行き来できる河川が見られない。二つの海をむすぶ運河〔ミディ運河〕は、この欠落を埋め合わせるには不十分であった。塩分のつよい潟湖《ラグーン》。アッケシソウ〔塩生植物〕しか育たない塩類の集積した土地。数えきれないほどある温泉や鉱泉。瀝青〔天然アスファルト〕と芳香性植物。そこは、もうひとつのユダヤ地方である。ナルボンヌにあるユダヤ人学校の先生《ラビ》たちがそこを故国のように感じるかどうかは、彼ら次第である。彼らはアジアのレプラを失ったことを嘆く必要さえない。近年においても、カルカソンヌでこの病気の例が報告されているからである。

実際、皇帝アウグストゥスが祭壇をささげた「セルス」〔ラングドック地方の激しい西風〕の存在にもかかわらず、アフリカから吹きつける熱く重苦しい風が、この地域に災いをもたらした。ナルボンヌでは、足の傷が癒えることはなかった。この地域にある都市の大半は、世界で最上の立地条件にめぐまれていながら、周辺を不衛生な平野にとりまかれていた。たとえば、アルビ、ロデーヴ、火口近くの「黒い町」アグドなどである。また、モンペリエも同じであった。モンペリエはマグローヌ〔五世紀からの司教座都市だが、ルイ十三世の命により破壊された〕の遺産を引き継いだ都市で、〔大聖堂などの〕廃墟がすぐ近くに見られる。モンペリエからは、ピレネー山脈とセヴェンヌ山脈、さらにはアルプス山地さえ望むことができる。しかし、市街地やその周辺には不衛生な土地が広がっていた。これらの土地は、芳香性の花や薬用の花でおおわれている。モンペリエは医学と香水と緑青の町であった。

ラングドック地方は古い歴史をもつ土地である。いたるところに廃墟があり、その下には別の廃墟が埋もれている。カミザール戦争〔ルイ十四世によるナントの勅令廃止によって生じたセヴェンヌ地方のカルヴァン派の反乱〕の遺跡がアルビジョワ十字軍のそれをおおっているし、サラセン人の遺跡の下にはゴート族のそれがあり、その下には、さらにローマ人やイベリア人の遺跡が埋もれている。ナルボンヌを取りまく壁は、墓石や石碑、石像などで築かれている。また、ニームの円形闘技場では、壁にゴシック式の開口部がくり抜かれ、あるいはサラセン式の銃眼壁が上部に設けられており、その外壁はカール・マルテルの包囲戦で焼けこげた跡をとどめている。しかし、最も大きな痕跡を残したのは、彼らのうち最古にあたるローマ人であった。メゾン・カレ〔神殿〕や三重の構造をもつガールの水道橋、大きな船も行き来することができたナルボンヌの巨大な運河など、彼らが残した痕跡は深く大きなものであった。

ローマ法はこれらと全く異なる種類の遺産であるが、別の意味で大きな影響をおよぼした。「領主のいない土地はない」という封建制の大原則に対して、ラングドック地方で多くの例外が見られたのは、「ローマ法」と結びついた古くからの自治権や特権のおかげである。ここでは法的な推定が、つねに自由を支持した。ラングドック地方の封建制は、十字軍の戦いを背景に、教会の補佐役あるいは異端審問の「近親者」として導入されたにとどまる。シモン・ド・モンフォール〔アルビジョワ十字軍の指揮官。イギリス庶民院の創設者とされるシモンの父〕は、この地域に四三四の封地を設定した。しかしこの封建的植民地は、パリの慣習法によって統治されていたため、王権の中央集権化に対しては、この地方に共和主義的精神を根づかせただけであった。ラングドック地方は、政治的自由と宗教的隷属の土地であり、敬虔というよりむしろ狂信的と言えた。そこでは、つねに強烈な反抗精神がはぐくまれたのである。カトリック教会それ自身、ここではジャンセニスムというかたちのプロテスタント的勢力をかかえていた。現在でも、パヴィヨン〔ルイ十四世に抵抗したアレの司教〕の墓所があるアレでは、熱病をいやすために、その墓石をけずり飲用に供している。ヴィジランスやウルヘルのフェリクス以来、ピレネー地方はつねに異端者を生みだしてきた。不屈の懐疑論者であり、疑うことを最大の信念としたベール〔『歴史批評辞典』を著した哲学者〕は、カルラの生まれである。たがいにライバルであったシェニエ兄弟〔兄のアンドレは詩人で、恐怖政治下で処刑された。弟のマリ＝ジョゼフはロベスピエール派〕は、リムーの出身である。ただし、俗説にあるように、弟が兄を殺したというのは事実ではない。また、カルカソンヌからは、ファーブル・デグランティーヌ〔フランス革命期の政治家〕が生まれている。ラングドックの人々について、活力やエネルギーの豊富さを疑うことは、だれにもできないであろう。それは多くの死者をもたらすエネルギーであり、その激しさは悲劇を生みだした。ラングドックは南フランスの屈曲部に位置し、その結び目あるいは関節部分に相当したため、古来しばしば種族間の闘争や宗教闘争の舞台になった。十三世紀に起こった恐ろしい破局〔アルビジョワ十字軍〕については、別の箇所で語ることになろう。現在でも、ニームとニーム山地のあいだでは、その宗教的な性格をしだいに弱めつつ、古くからの憎しみが引き継がれている。それはゲルフ〔教皇〕党とギベリン〔皇帝〕党の争いであった。セヴェンヌの山間地域は、ひどく貧しく厳しい状況におかれている。貧しい山地と豊かな平野の接点で、嫉妬と暴力にみちた衝突が生じるのは当然の成り行きであった。ニームの歴史は、まさに闘牛そのものである。

　ラングドック地方の堅固で強い性格は、ギュイエンヌ地方の精神的な軽さやプロヴァンス地方の情熱的な躍動性とくらべて、これまで明確な違いが認識されてこなかった。しかし、ラングドック地方とギュイエンヌ地方のあいだには、〔フランス革命期における〕モンターニュ派とジロンド派、あるいはファーブル〔過激派〕とバルナーヴ〔穏健派〕の違いがあり、また、リュネルの強烈なワインとボルドーのワインが異なっているように明確な差がある。ラングドック地方では、人々の信念が強固であり、しばしば他に対して不寛容で残酷、あるいは猜疑心が強い。これとは対照的に、ギュイエンヌ地方はモンテーニュやモンテスキューを生んだ地域であり、人々の信念は一定せず、柔軟な精神をもっている。最も宗教的な人物であるフェヌロン〔ルイ十四世時代の作家・聖職者〕でさえ、ほとんど異端者に近い。これがガスコーニュ地方になると、さらにひどくなる。そこは、すこぶる高貴にしてきわめて低俗、あわれな変人の国であり、何でも口にしてしまう変わり者の世界であった。アンリ四世は「パリはミサにあたいする」と口走り、プロテスタンティズムを放棄するときには「宙返りをしてみせる」と〔愛人〕ガブリエル〔・デストレ〕への手紙に記している。ガスコーニュ地方の人間は、すべてを犠牲にしても成功することを望み、そして成功した。アルマニャック伯はヴァロワ朝のフランス王家と手をむすび、アルブレ家はブルボン家と関係をむすんで、最終的には国王〔アンリ四世〕をだすことに成功した。

プロヴァンス

プロヴァンス地方の性格は、ラングドック地方よりもガスコーニュ地方の性格に相通じるものがある。同じような緯度帯に暮らす民族のこうした交互性は、しばしば観察されることである。たとえば、オーストリアはバイエルン地方よりもシュヴァーベン地方と遠く離れているが、精神的にはシュヴァーベン地方と近しい関係にある。ラングドック地方とプロヴァンス地方はローヌ川をはさむ隣人であり、たがいに呼応しあうような諸河川（ガール川とデュランス川、ヴァール川とエロー川）が存在し、あいまって地中海沿岸のフランス国土を形成している。また、どちらの側にも潟湖や湿地や古い火山が見られる。ただし、ラングドック地方のほうが、山地や丘陵の両側にまたがっているので、より完全な地域システムといえる。ラングドック地方を水源とする諸河川が、ギュイエンヌ地方やオーヴェルニュ地方を流れている。他方、プロヴァンス地方は、アルプス山地を背にして広がっている。山地の本体はプロヴァンス地方ではなく、そこを流れる大きな河川の源もプロヴァンス地方のそとにある。プロヴァンス地方に含まれるのは、ローヌ川と地中海に近づくアルプス山地の周辺地帯であり、そのふもとの水辺にマルセイユとアルル、アヴィニョンなどの美しい都市が立地している。プロヴァンス地方では、あらゆる活動が水辺に集中している。これとは対照的に、海岸の状況が利用に適さないラングドック地方では、多くの都市が海やローヌ川から離れた場所にある。ナルボンヌ、エーグ＝モルト、セトは、いずれも港湾都市であることを欲していない。ラングドック地方の歴史を見ても、海洋的であるよりは大陸的であり、信仰の自由をもとめる戦いが大きな関心事であった。ラングドック地方が海から後ずさりしているのに対して、プロヴァンス地方は海にはいりこみ、マルセイユとトゥーロンを発展させた。十字軍やイタリア遠征、アフリカ征服など、海外への雄飛に身を投じたように見える。

プロヴァンス地方には、あらゆる民族が顔を見せ、そこに滞在した。みながアヴィニョンやボーケールで踊りをおどり、歌をうたった。このローヌ川の渡河地点、南フランスの主要な十字路で、みなが足をとどめた。プロヴァンスの聖人たち(わが敬愛する真の聖人たち)が、彼らのために橋を築き、ヨーロッパの友愛精神に先鞭をつけた。こうした精神を引きついで、アルルやアヴィニョンの美しく陽気な娘たちが、ギリシア人やスペイン人やイタリア人の手をとって、否も応もなくファランドールの踊りの輪の中に引っぱりこんだのである。だから彼らはもはや、ここからの船出を望まなかった。こうして、ギリシア人の町やムーア人の町、イタリア人の町が建設された。彼らはイオニア地方やトゥスクルム〔古代ローマの別荘地〕のイチジクよりも、フレジュスの熟したイチジクを好んだのであり、急流をなだめ、急斜面を階段状に整備して農業をいとなみ、タイムやラベンダーしか生育しない岩肌の丘陵にブドウを根づかせようとした。

しかし、この甘美で詩的なプロヴァンス地方は荒々しい地域でもあった。ポンタン湿地のような沼地やオリウール谷、さらにはトゥーロンの農民がしめす猛虎の活力には触れないにしても、絶えまなく吹きつける強風は海岸の木々を砂で埋めつくし、船を海岸へと押し流し、陸上においても海上におとらない惨禍をもたらした。にわかに襲いかかる突風が、人々に死をもたらすことさえあった。プロヴァンス人は、スペイン式のマントで身をくるむには、あまりに活発だからである。太陽にしても、この祝祭の国では常に気まぐれであり、陽光は人々の頭上に容赦なく襲いかかり、冬を夏にかえてしまうのである。それは木々に活力をもたらし、また木々を焼きこがした。他方、霜が木々を焼くこともあった。雷雨の襲来はこれらより頻繁で、ささやかな小川を大きな川へと変貌させた。農民は流された土壌を丘のふもとで寄せあつめ、あるいは押し流された土地をもとめて、隣人の土地へ移り住んだ。自然はこのように移り気で情熱的であり、怒りにみち、魅惑にあふれていた。

ローヌ川はこの地域のシンボルであり、エジプトにおけるナイル川と同じように崇拝の対象であった。人々にとって、ローヌ川は単なる河川以上の存在であった。ローヌ川が荒れるとき、それは怒りの表現にほかならなかった。その渦巻く水流に、荒れ狂う怪獣のすがたを見たのである。それは身をよじる竜の怪獣で、「ドラク」や「タラスク」と名づけられた。いくつかの祝祭では、こうした怪獣の模型をかかげて、人々が鳴り物入りで道を練り歩いた。途中、あらゆるものに体をぶつけながら、最後には教会にたどりつくのである。そこで腕の一本も折れないようでは、祭りが上首尾とはいえなかった。

赤布を見た牡牛のように怒りくるうローヌ川は、三角州《デルタ》の島であるカマルグめがけて突進する。そこは牡牛の島であり、みごとな放牧地が広がっていた。カマルグの祭りといえば、それは「焼印祭《フェラード》」である。ぐるりと取りまく荷車には、おおぜいの観客がいた。その中央へ、焼印を押そうとする牡牛を誘導する。力強さと巧みさを合わせもつ男が、その場で年若い牡牛を地面にねじり伏せる。牛を押さえ込んでいるあいだに、招かれた一人の女性に灼熱した鉄がわたされる。彼女はみずからの手で、もがき苦しむ牛に焼印を押すのである。

プロヴァンス低地の性格は、以上のようである。それは荒々しく、騒々しく、野蛮でさえあるが、同時に優美でもあった。疲れを知らない踊り手たちが、ひざに鈴をつけてモレスカ〔ムーア人の踊り〕を踊るさまや、九人あるいは一一人、一三人が組みになって剣の舞を演じるさまは、ぜひ見ておくべきである。この剣の舞を、隣接するガップの人々は「バキュベール」と呼んでいる。また、毎年、リエの町で演じられるサラセン人の「ブラヴァード」〔銃の一斉射撃〕も一見の価値がある。プロヴァンスは軍人たちの国であり、アグリコラ〔古代ローマの将軍〕やレ・ボーの領主たちやクリヨン〔宗教戦争期の軍人〕の里であった。それはまた勇敢な船乗りたちの国でもあった。目の前に広がるリヨン湾は、恐るべき海の学校と言えたからである。たとえば、〔マルタ騎士団の〕大騎士シュフレン〔一七二九—八八。多くの海戦に参加し、航海日誌を出版〕や、トルコ海軍の提督として一七〇六年に没したイスラム教への改宗者がいる。また、ムース・ポール〔見習い水夫ポールの意〕（彼については、ほかの呼び名が知られていない）もそうである。洗濯女を母として、嵐にみまわれた船中で彼は生まれた。海軍提督のときには、彼の船でルイ十四世臨席の祝宴を催している。しかし、出世したのちも昔の仲間たちを見下すことなく、貧者とともに埋葬されることを望み、全財産を彼らに遺贈した。

こうした平等の精神は、この共和主義の国、ギリシア人の都市やローマ人の町とともに育った地域では、なんら驚くにあたらない。農村部においてさえ、農奴制はフランスの他地域のように重いものではなかった。農民たち自身がみずからの解放者であり、ムーア人に対する勝者だったからである。また、切り立った丘陵の斜面を耕し、急流河川の氾濫を防ぐことができるのは、彼らだけであった。こうした自然に対抗するためには、自由で聡明な人々の手が必要であった。

文学や哲学においても、プロヴァンス地方の動向は自由で大胆なものであった。自由な人間性を強調したブルターニュ人ペラギウスの主張は、プロヴァンス地方でファウストゥスやカシアヌスに受容され、五世紀の栄光をになった高貴なレラン学派の支持を獲得した。また、ブルターニュ人のデカルトが哲学を神学の束縛から解放したとき、プロヴァンス人のガッサンディは感覚論の名のもとに同様の革命を試みている。さらに、前の世紀〔十八世紀〕には、フリードリヒ大王〔プロイセン王。在位一七四〇—八六〕の宮廷で、サン＝マロの無神論者モーペルテュイとラ・メトリが、プロヴァンスの無神論者（アルジャンス侯爵）と出会っている。

十二世紀と十三世紀の南フランス文学がプロヴァンス文学と呼ばれるのは、理由のないことではない。この地域がもつ鋭敏さや優美さのすべてを、当時の文学に見いだすことができる。プロヴァンス地方は雄弁家の多いところで（少なくも能弁には変わらぬ情熱をそそぎ）、みずから望めば、ねばり強い言葉の職人を次々に生みだした。たとえば、マシヨン、マスカロン、フレシエ、モーリ〔四人共に教会の説教師。モーリはフランス革命期の議員で、王党派の論客〕などといった弁舌の徒あるいは雄弁家たちである。しかし、地方行政や議会、貴族のすべてを含み、デマゴギーや美辞麗句に通じ、南フランス的な尊大さを兼ねそなえた人物、すなわち全プロヴァンスを体現した人物といえば、それはミラボー〔貴族であったが、第三身分から選出されて、フランス革命初期の指導者となった〕であった。彼こそ、牡牛の首とローヌ川の力をあわせもった人物と言える。

どうしてプロヴァンスは、フランスを打ち破り、支配することができなかったのであろうか。十三世紀に、プロヴァンスはイタリアに勝利をおさめた。なぜ現在のプロヴァンスは、こうも精彩を欠くのであろうか。例外はマルセイユだけ、すなわち海だけなのであろうか。不衛生な海岸地帯、フレジュスのような瀕死の都市について、ここでは触れまい。プロヴァンスの随所で目につくのは、廃墟であった。ここでいう廃墟とは、古代のみごとな遺跡のことではない。すなわちローマ時代の橋や水道、サン＝レミやオランジュの凱旋門、ほかにも多く見られる記念建造物を意味しない。私のいう廃墟とは、人々の精神に見られる古い慣習への忠誠をさすのであり、それがこの地域の相貌にきわめて古くさい独自な性格をあたえている。人々は過ぎ去った時間をまじめにとらえず、そのくせ過去の痕跡にとらわれている。おそらく、あらゆる民族が通過した地域では、なによりも忘却が必要であろう。ところが、ここでは過去の想い出に執着している。いくつかの点で、ここの人々はイタリアと同じように古代に属している。

ものさびしいローヌ川の河口は、ナイル川やポー川の河口と同じように砂でふさがれ、沼沢地のさまを見せている。川をさかのぼり、アルルの町をたずねよう。かつて南フランスでキリスト教の中心都市であったアルルは、ローマ人の時代に一〇万の人口を数えた。現在、アルルの人口は二万にすぎない。いまのアルルで豊かさを示すのは、死者と墓地だけである。長期にわたって、アルルはガリア人の霊園であり、共同墓地の役割をはたしてきた。そのエリュシオンの野〔至福の地〕（アリスカン）に葬られることは、だれもの願望であった。十二世紀にいたるまで、ローヌ川の岸辺に暮らす人々は、樹脂を塗りつけた樽に死者をよこたえ、銀貨をそえてローヌ川に流したという。それはまちがいなくアルルで大切に引きあげられた。しかし、その後のアルルは、衰えるばかりであった。ガリアにおける主座司教の座は、早い時期にリヨンへ移行した。一時期は、アルルを首都とするブルゴーニュ王国の成立をみたものの、おぼろげなまま短期間で終わりを告げた。アルルの有力な家系も、しだいに途絶えてしまった。

アルルの岸辺と牧野からアヴィニョンの丘に登り、さらにアルプス山地を取りまく山々へ足をのばすと、プロヴァンスに廃墟のような性格をもたらす理由が明らかになる。まず、この地方では、すべての大都市がその縁辺部に位置している。また、それらの大半は、域外の住民による植民都市であった。真にプロヴァンス的な部分は、最も目立たない存在でしかなかった。たとえば、トゥールーズ伯の勢力は、最終的にローヌ川の岸辺まで到達した。カタルーニャ人たちも、この地域の海岸と港湾に勢力を伸ばした。これに対して、レ・ボーの封建領主たちは、かつてムーア人の支配からプロヴァンスを解放した土着の勢力であるが、フォルカルキエやシストロンなどといったプロヴァンスの内陸部を支配するにとどまった。かくして、フランス人の勢力がトゥールーズを手に入れ、カタルーニャ人たちをスペインに押し戻し、プロヴァンス人たちを一つにまとめてナポリ王国の征服にむかわせるまで、この地域は四分五裂の状態におかれていた。しかし、〔フランスによる〕ナポリ王国の征服がプロヴァンスの運命の終着点でもあった。同じ支配者〔アンジュー家〕のもとで、プロヴァンスとナポリは眠りについたからである。ローマ教皇はアヴィニョンに滞在し、富とスキャンダルが渦巻いた。この地域の宗教事情は、とりわけアルビジョワ十字軍から悪化し、ローマ教皇の滞在がそれに最後のとどめを刺した。これと並行して、南フランスで伝統的に見られた都市の自由が弱体化し、ついには無に帰した。

アヴィニョンの教皇庁

ローマの自由と宗教、共和主義とキリスト教、古代と中世。プロヴァンスでは、これらが同時に終焉をむかえた。アヴィニョンは、こうした衰退の舞台であったと言えよう。ヴォークリューズの泉でペトラルカが流した涙は、けっして〔永遠の女性〕ラウラのためだけではなかった。終焉をむかえつつあるイタリアやプロヴァンス、そして古代的な南フランスの全体が、彼にとってのラウラであった。

その充足されない運命や不完全な形態という点で、プロヴァンスはトルバドゥールの詩あるいはペトラルカのカンツォーネに似ているように思われる。それは情熱のほとばしりに優れていたが、影響をおよぼす射程においては劣っていた。海岸地域に見られるアフリカの植生は、アルプスからの冷たい風で範囲を限定された。ローヌ川は海をめざすが、そこに到達することは困難であった。低地の牧場はすぐ乾燥した丘陵地にかわり、そこでは香り高く不毛なミルテとラベンダーが土地をわびしく飾っていた。

こうした南フランスの運命をめぐる詩情は、サント＝ボーム山の気高く精妙な哀愁や、ヴォークリューズ地方の憂愁と分かちがたく結びつく。サント＝ボーム山からは、アルプス山地やセヴェンヌ山脈、ラングドック、プロヴァンス、さらには地中海を望むことができた。この美しい地域を去るときには、私自身、そこでペトラルカと同じ涙を流すにちがいない。

ドーフィネ、フランシュ＝コンテ

しかし、樅《もみ》の林が広がるジュラ山脈や、楢の森におおわれたヴォージュ山脈とアルデンヌ高原、さらには植生にとぼしいベリー地方やシャンパーニュ地方の平野部をめざして、われわれは北への道を進まねばならない。われわれがこれまでに訪れてきた諸地方は、その独自性のゆえに孤立していて、フランスに統合をもたらすことができないと思われる。統合を生みだすには、より社会性にとんだ従順な要素が必要である。北フランスを陸や海からの大規模な侵略から守るためには、すなわち、ドイツやイギリスの攻撃からフランスを守るためには、堅固な中核をかたちづくることのできる規律ただしい人々が必要である。この条件を満たすには、フランス中央の密集した住民や、ノルマンディー地方とピカルディー地方の連隊や、ロレーヌ地方とアルザス地方の重厚で深みがある軍団だけでは、けっして十分ではない。

プロヴァンスではドーフィネ地方の住民が「フランス人」と呼ばれるように、ドーフィネはすでに真の意味でのフランスに属している。緯度から言えば南に位置するが、この地域はすでに北フランス的である。厳しい自然環境とエネルギッシュな住民によって特徴づけられるフランスの東部ゾーンが、ここから始まる。すなわち、アルプスの風に対する要塞としてのドーフィネ地方。沼沢地におおわれたブレス地方。背中あわせに位置するフランシュ＝コンテ地方とロレーヌ地方。これら二つの地域はヴォージュ山脈でたがいに接するが、そこを水源とする小河川は、ロレーヌ地方ではモーゼル川に、フランシュ＝コンテ地方ではソーヌ川とドゥー川に注ぐことになる。これらの諸地域を特徴づけているのは、強烈な抵抗と反発する力である。こうした特性は、国内的には不都合かもしれないが、外国への砦としてはフランスの救いである。また、これらの地域からは、厳密で分析的な精神に富んだ科学者が生みだされた。マブリとコンディヤックの兄弟はグルノーブル出身であり、ダランベールの母はドーフィネ人である。ブル＝ガン＝ブレスからは、天文学者のラランドと偉大な解剖学者であるビシャが生まれている。

これら国境地域の男たちは一般に計算高くて理屈っぽいが、なにより戦争こそが彼らの道徳であり詩であった。アルプスの峠越えやラインの渡河が話題にのぼると、ドーフィネではバイヤール〔一四七五頃―一五二四〕のような英雄に事欠くことはなく、ロレーヌでもネー〔一七六九―一八一五〕やファベール〔一五九九―一六六二〕のような軍人に満ちている。これらの国境地域には英雄的な都市が多く見られ、祖国のために死をささげる習慣が父から息子へと受け継がれている。また、この点については、女性も男性としばしば同等である。ドーフィネ地方からアルデンヌ地方まで、これら国境地域の女性たちは、ほかの地域でけっして見ることのできない勇気とアマゾネスの精神に満ちている。兵士たちのなかで生き、彼らに仰ぎ見られる女性たちは、勤勉かつ沈着であり、身なり正しく、他国人や身内のものに等しく尊敬される。兵士の娘であり、あるいは寡婦である女性たちは、戦争や苦痛や死がどういうものかを知っている。にもかかわらず、彼女たちの身寄りを戦場に送りだす強さとあきらめを身につけている。場合によっては、みずから戦場におもむくこともある。ひとりの女性を送りだすことでフランスを救ったのは、ロレーヌばかりではない〔ジャンヌ・ダルクを指す〕。ドーフィネでは、マルゴ・ド・レーがモンテリマールを救い、フィリス・ド・ラ・トゥール＝デュ＝パン・ド・ラ・シャルスが、サヴォワ公の侵攻からフランスの国境を守りぬいた（一六九二年）。ドーフィネの女性たちがもつ雄々しい性格は、しばしば男たちに抵抗しがたい影響力をおよぼした。ダランベールの母親であるタンサン夫人は、その最も名高い事例といえよう。彼女は、グルノーブルの洗濯女から身をおこし、結婚をくり返して最後にはポーランド王の妻となった。ドーフィネでは、サスナージュの〔洞穴にひそむ蛇身の〕妖精メリュジーヌとならんで、いまでもタンサン夫人の物語が人々のお気に入りである。

ドーフィネ地方に共通する性格としては、山地住民に特有な素朴さや率直さが見られ、まず人々を魅了する。とくにアルプス山脈の高地では、サヴォワ地方特有の真っ直ぐな性格がきわだち、素朴で純真な住民性がより明瞭になる。そこでは、人々がたがいに愛しあうことが必要であった。自然は住民たちを愛していないようであった。北向きの山地斜面や、アルプスの呪われた風が吹きぬける窪んだ谷底では、人々の善意と良識だけが生活の苦労を軽くすることができた。コミューン〔自治都市〕が設けた貯蔵庫が、不作や凶作への備えであった。また、無料配給所が寡婦のために設けられた。人々は、そこから他地域に向かって、毎年、季節的な移動をくり返している。仕事の内容は、リムーザン地方やオーヴェルニュ地方、ジュラ地方、サヴォワ地方のように、石工や水運び人、荷車引き、煙突掃除人だけではなかった。なかでも、ガップやアンブランの山々からは、冬ごとに巡回家庭教師の出稼ぎが見られる。彼らはグルノーブルからリヨネー地方、さらにはローヌ川の向こう側へと足をのばした。彼らは多くの家庭で歓迎され、子供たちを教えるとともに、家事の手伝いをした。他方、ドーフィネ地方の平野部では、農民の善良さや質素な暮らしが山間地域ほどでなく、しばしば詩や風刺をものする優れた才能があらわれた。

ドーフィネ地方では、封建制の締めつけがフランスの他地域にくらべ、それほど強烈でなかった。サヴォワとの絶えまない戦いのもとで、領主たちは臣下を大事にする必要があった。ドーフィネにおける「陪臣」は、下級の家臣であるよりも、ほとんど独立的な小貴族に近かった。早い時期から、そこでは財産の分割がくり返された。したがって、フランス革命期の流血は、グルノーブルではそれほど見られなかった。すでに革命がなされていたからである。財産の細分化は、ひとつの建物が一〇人によって所有され、各人が一部屋ずつ使用していたほどである。エルバ島を脱出したボナパルトがここを最初の拠点に選んだとき、彼はグルノーブルを熟知していたといえる。ナポレオンは、〔小所有者からなる〕共和国をてこに帝国の再建をのぞんだわけである。

グルノーブルにおける共和主義的な産業主義は、リヨンやブザンソンやメッス、さらには全フランス北部と同様に、ローマ的な自治都市からというよりも、教会の保護のもとで育成された。あるいは、両者が分かちがたく協力しあっていたといえる。少なくも九世紀までは、キリスト教会の司教が名実ともに「都市の保護者」だったからである。九六五年にドーフィネ地方からサラセン人を追いはらったのは、グルノーブル司教のイザルンであった。一〇四四年にアルボン伯がドーフィネ公に即位するまで、年代記によれば、グルノーブルは「つねに司教の自由地〔完全所有地〕であった」。また、ポワトゥー地方の出身者の手でディ伯領やヴァランス伯領が形成されたのは、それぞれの町の司教が征服されたからである。これらの領主たちは、前者はドイツ人の助けをかり、後者はラングドック地方の不信心者に助けられて、みずからの支配を確立した。

ブザンソンも、グルノーブルと同じように、教会型の共和国と言える。帝国の諸侯である大司教と聖堂参事会を構成する貴族たちが、ブザンソンを支配していた。しかし、ドイツとの絶えまない戦いは、フランシュ＝コンテにおける封建制の締めつけを強化する方向に作用した。ジュラ山脈の長大な壁（そこにはジューとピエール＝ペルテュイという二つの出入り口があった）とドゥー川の屈曲は、この地方をまもる強大な防御壁と言える。それでも、フリードリヒ〔一世〕赤髯帝〔神聖ローマ皇帝。在位一一五二―九〇〕は、一〇〇年間にわたるこの地の支配を、その子供たちにもたらした。また、この地域で工業活動が勃興しはじめたのは、サン＝クロードにおいても、あるいは山脈の反対側に位置する貧しい町のナンテュアにおいても、教会の農奴たちによってであった。土地にしばられた農奴たちは、当初、ロザリオ（数珠）をつくってスペインやイタリアに販売した。現在、彼らは農奴の身分から解放され、フランスの街道を荷車引きや行商人として行き来している。

ロレーヌ

メッスは、司教のもとに置かれていたが、リエージュやリヨンと同様に自由であった。メッスには、ストラスブールと同じように市参事官がいて、また十三人会議があった。ムーズ川とモーゼル川のあいだに位置する三つの司教都市、メッス、トゥール、ヴェルダンは、ちょうど三角形をなすように配置され、それぞれが中立的な島状の地域をなして、逃散した農奴たちの避難場所になった。いたるところで排斥されたユダヤ人も、メッスでは受け入れられた。そこは、われわれと帝国〔ドイツ〕のあいだに位置するフランスの境界《ボーダー》であった。ドーフィネ地方やフランシュ＝コンテ地方とはちがい、そこではドイツに対する自然的な障壁が欠けていた。ヴォージュの丘陵やアルザスの山脈列は、けわしさに欠ける穏やかな地形であり、戦いをむしろ誘発した。ロレーヌ地方は、いわばドイツ帝国のミニチュアであった。すなわち、そこはアウストラシア〔メロヴィング朝フランク王国の東の分王国〕の一部であり、いたるところにカロリング王朝の史跡が存在した。当時、そこには一二の高貴な家柄と一二〇人の同輩衆〔重臣〕が見られた。また、そこにはシャルルマーニュ〔カール大帝〕とその息子が大規模な秋の狩りをおこない、大修道院長のまえで剣を帯するルミルモンの帝国女子修道院があった。他方、ロレーヌ地方のいたるところでドイツとフランスが入り乱れ、いたるところに国境が存在した。ムーズ川とモーゼル川の河谷地域やヴォージュ地方の森林地帯には、みずからの帰属があいまいで、そのたび毎にかわるがわる貴族や聖職者たちを支配者にあおぐ、どちらつかずの住民が見られた。メッスは、そのような人々の町であった。そこは、みずからの帰属をもたない人々の町であり、あるいは、多様な帰属をもつ人々が混在する町であった。多様な慣習が混ざりあうバベルのようなこの町を、ひとつの特徴で単純に性格づけることは無駄な作業であろう。

　フランス語が話されるのは、ロレーヌ地方までである。その先へと足を延ばすのはやめよう。アルザス地方を見るために山を越えるのは、差し控えることにしたい。ゲルマンの世界は、私にとって危険である。そこには魔力を秘めたロートスの木〔ギリシア神話の憂い忘れの木。この実を食べたオデュッセウスの部下たちは故国を忘れた〕があり、私に祖国を忘れさせる。ストラスブールの崇高な尖塔を目の当たりにし、栄光にみちたライン川の岸辺にいたれば、伝説にさそわれて川の流れをたどり、マインツの赤い大聖堂やケルンの大聖堂をへて海への出口まで足を運びたくなるであろう。あるいは、その魅力に引きつけられて、二つの帝国の境界であるライン川や、ローマ軍団の駐屯施設の遺跡や、著名な巡礼地の教会や、あるいは森でさえずる野鳥に耳をかたむけ三〇〇年をすごした高貴な女性のいた修道院などで、時のたつのを忘れることであろう。

　それゆえ、私は二つの言語の境界であり、二つの民族が接触するロレーヌ地方で足をとめる。いまもヴォージュ地方にそびえる「パルチザンの楢《なら》」という名の古木の前で足をとめることにする。フランスと神聖ローマ帝国の戦いは、英雄的な策略と粗暴な力の闘争として、エノー伯につらなるフランス人レニエ（ルニエ、ルナール？）とドイツ人ツベンティボルト〔ロレーヌ公〕の争いというかたちに擬人化された。また、狐（ルナール）と狼（イザングラン）の戦いは、北フランスの一大伝承であって、民衆がよく口にする物語と詩の主題であった。十五世紀には、トロワの乾物屋〔民衆本の作者〕がこの種ののでは最後の詩をつけ加えている。他方、ロレーヌ公の地位は、一二五〇年のあいだアルザス地方の家系によって占められ、皇帝に身近な存在であったが、十八世紀にはロレーヌ公〔マリア・テレジアの夫。フランツ一世〕が皇帝となることで、その支配には終止符が打たれた〔ウィーン条約によりロレーヌをフランスに割譲〕。この間、ロレーヌ公はほとんど常にメッスの司教やシャンパーニュ地方の勢力、さらにはフランスと戦争状態にあった。しかし、ロレーヌ公が一二五五年にシャンパーニュ伯の娘と結婚するにおよんで、その後のロレーヌ公は、母方の血がフランス人であるために、イングランドやイングランドに与したフランドルとブルターニュなどの勢力に対抗して、フランス側の重要な協力者となった。クルトレー〔コルトライク〕やカッセル、クレシー、オーレーなどの戦場で、彼らはフランスのために戦い、いずれも戦死したり捕虜になったりした。ロレーヌ地方とシャンパーニュ地方の境界近くに生まれた少女ジャンヌ・ダルクは、貧しい農家の娘であったが、さらに大きな役割をはたしている。彼女を通してフランスの国民意識が高まり、純潔の処女フランスという象徴的なイメージが、歴史上はじめて姿をあらわした。彼女を通して、ロレーヌ地方はフランスと合体したわけである。ロレーヌ公自身、一時は国王をみかぎり、馬の尾にフランス王旗を結びつけたが、結局のところ、王家の一員であるバール伯のルネ・ダンジュー〔アンジュー公ルネ〕に娘を嫁がせている。この婚姻から生まれた血筋をひくのがギーズ家で、イングランドやオランダと同盟するカルヴァン派に対抗して、カトリック側の指導者を輩出した。

アルデンヌ

アルデンヌ地方を通ってロレーヌ地方からオランダ方面へ移るにつれ、ムーズ川の周辺は農業的および工業的な性格から、しだいに軍事的な色彩を強めていく。ヴェルダン、ストゥーネ、スダン、メジエール、ジヴェ、マーストリヒトなど、一連の要塞都市がムーズ川の流れを制圧している。ムーズ川は、これらの要塞に水をあたえ、周囲をめぐることで防御に役立っている。ベルギー方面からの接近に対して、防御にせよ攻撃にせよ敵の目をくらますかのように、アルデンヌ地方は森におおわれている。大いなるアルデンヌの森は、「奥深き」（アル・ドゥイン）という語源が示しているように、四方にのび広がり、壮麗である以上に広大であった。都市や町や牧場などがあらわれ、森を抜けでたように感じても、結局それは周囲を森にかこまれた林隙地にすぎなかった。すぐまた、森がはじまるからである。貧弱な楢《なら》が樹海をなして単調に広がるさまを、ときに丘の高所から眺めることができる。実際、かつては森があたり一面を隙間なくおおっていたのである。狩りする者は、ドイツやルクセンブルクからピカルディー地方まで、あるいはサン＝テュベールからノートルダム＝ド＝リエス〔現在の地名はリエス〕まで、木々のかげに身をひそめつつ移動することができた。どれだけの物語が、これらの木陰で演じられたことであろうか。ヤドリギにおおわれた楢の木々は、語ろうと思えばいくらでも語ることができる。古代ドルイド僧の密儀から十五世紀におけるアルデンヌの猪〔ギヨーム・ド・ラ・マルク。ルイ十一世の支持を受けリエージュを一時支配した〕の戦争まで、あるいは聖ユベールの回心をもたらした奇跡の鹿の出現〔㊦4「シャルル六世――狂気の王」参照〕からイゾルデとその愛人の物語にいたるまで、語るべき話はつきない。イゾルデの夫があらわれたのは、愛する二人が苔のしとねでまどろんでいるときであった。しかし、剣に隔てられてまどろむ二人の気高く貞淑なすがたに、彼はそっと立ち去ったのである。

　見るべきものとしては、ジヴェの向こう側〔ベルギー〕になるが、かつて人々が中にはいろうとしなかったハンの洞窟がある。また、レフール渓谷の静寂やダム・ド・ムーズ渓谷の黒い岩塊、魔法使いモージのテーブル、ルノーの馬が岩面にしるした消すことのできない足跡なども一見の価値がある。エーモンの四人の息子たちは、ラングドック地方のユゼスとともに、アルデンヌ地方のシャトー＝ルノーを活躍の舞台としていた。こうした物語が記された青本叢書〔十七・十八世紀に大量に出回った民衆本〕の一冊を、仕事中もひざに置く紡績女工を、いまでも見ることができる。それは親から子へと引き継がれ、何度もくり返し読まれたために、ぼろぼろになっていた。
暗くとざされたアルデンヌ地方は、自然環境の面でシャンパーニュ地方との結びつきが弱かった。アルデンヌは、むしろメッス司教領やムーズ川の流域やかつてのアウストラシア王国に属していた。ランスからルテルにかけての白茶けて色彩にとぼしい農村地域をあとにすると、そこはもうシャンパーニュではない。森林や放牧地がひろがり、アルデンヌに特徴的な小型の羊があらわれる。白亜の岩石が見られなくなり、赤みがかった屋根瓦は黒っぽいスレートに席をゆずる。家々の壁は、鉄のやすり屑などで粗塗りされている。武器の製造工場や皮なめし工場、スレートの採掘場なども、アルデンヌ地方の魅力を高めているとはいえない。しかし、そこで暮らす住民は優れている。知性があり、控えめで節約精神にとんでいる。顔つきはいくぶん冷淡そうであるが、目鼻だちは端整といえる。こうした厳格さや冷静さは、小ジュネーヴといわれるスダンに限られたものではない。アルデンヌ地方のほぼ全域に共通している。豊かな地域ではなく、すぐ近くに敵がいる。こうした事実が住民の精神をきたえるのであろう。住民気質は勤勉であり、批判的精神に富んでいる。財産よりも人物に価値をみとめる人々にとって、これは自然な成り行きであった。

リヨネー

ドーフィネからフランシュ＝コンテ、ロレーヌをへてアルデンヌにいたる、この苛酷で英雄的な地帯の背後には、性格のかなり異なる地帯が展開している。その環境はより快適であり、精神活動の成果もより芳醇であった。リヨネー地方とブルゴーニュ地方、シャンパーニュ地方などが、このゾーンに属している。いずれもワインの生産地域であり、同時に、すぐれた詩や雄弁、あるいは優雅で才知にとんだ文章を生みだした。これらの地域は、たえず外敵の侵入を受け止め、それを打ち破るという運命をまぬかれてきた。そのため、こまやかな文明の精華をじっくりと育てることができたわけである。

まず、ドーフィネ地方に隣接して、愛らしい大都市のリヨンがある。リヨンには、諸河川や諸民族をひとつに統合するという優れて社交的な性格が備わっていた。このローヌ川とソーヌ川の合流点は、古くから聖なる場所であったように思われる。リヨンのセグシアウィ族は、ドルイド教に帰依するハエドゥイ族に従っていた。当時、ガリアの六〇部族がアウグストゥスの祭壇を建立したのはリヨンであり、皇帝カリグラが雄弁術の大会を催したのもリヨンであった。その大会の敗者は、みずからの演説をみずからの舌でぬぐわないかぎり、ローヌ川に投げすてられた。あるいは、伝統的なケルトやゲルマンの習わしにしたがって、身代わりの生け贄を川面に投げいれた。サン＝ニジエ橋には、牡牛を突き落とすメルヴェイユ門（「驚きの門」）があったという。

ガリア人に元老院への扉をひらいた皇帝クラウディウスの演説を記したブロンズ製の銘板は、フランスの古代を代表する遺物であり、われわれが文明世界に加わったことを象徴している。また、キリスト教への加入を示す遺物は、サン＝ティレネ教会の地下墓所とサン＝ポタン教会の地下聖堂や、巡礼者があつまるフルヴィエールの丘などに見られる。リヨンは、ローマによる行政の中心であり、のちには、ローマの行政区であるルグドゥネンシス州の四地区（リヨン、トゥール、サンス、ルーアン）の、すなわちケルト人すべてにとってのキリスト教会の中心地であった。その後、おそろしい混乱が続いた中世初めの数百年には、この中心的な大都市が逃げまどう人々を市域のうちに収容し、故郷をすてた人々がリヨンにあつまった。それはまるで、アラブ人とトルコ人に圧迫されたギリシアの帝国が、しだいにコンスタンティノープルへ集中していったのに似ている。これらの人々は土地も畑ももたず、あるのは自分の手足とローヌ川だけであった。そのため、彼らは工業生産と商業活動にいそしんだのである。リヨンの工業活動は、すでにローマの時代から見られた。われわれに残された墓碑銘には、次のような表現を見ることができる。「アフリカ出身のガラス職人の記念に」。あるいは、「紙商人で、軍団の退役者の記念に」。リヨンの住人で、この勤勉な蟻たちは、岩塊と河川にさえぎられ、斜面をくだる薄暗い路地すじで雨や霧にたえまなく閉ざされながらも、彼らの精神活動を展開し、彼らの詩を生みだした。ヌヴェールの家具職人である親方のアダムや、ニュルンベルクとフランクフルトの職匠歌人《マイスタージンガー》たち、樽職人や錠前職人、鍛冶職人など、さらに現在でもニュルンベルクのブリキ職人などに、同様の例を見ることができる。ほの暗い都市のなかで、彼らは見ることのない自然と、得ることのできない太陽の光を夢みた。暗い仕事場のなかで、彼らは鳥と花と野原の田園詩をきたえあげた。リヨンでは、詩的なインスピレーションが自然からではなく、愛から得られた。店のうしろの薄暗がりで、何人もの若い女商売人が物思いにふけり、ルイーズ・ラベやペルネット・ギエのように、悲しみと情熱にみちた詩を生みだした。それらの詩は、夫に向けられたものではなかった。神の愛こそが、そして甘美な神秘主義が、リヨンの特性をかたちづくっていた。リヨンのキリスト教会は、「渇望の人」聖ポティヌス〔二世紀のリヨン司教。ポティヌスのギリシア語名ポテイノスには願望、渇望の意味がある〕によって築かれた。また、近年、『渇望の人』の著者、サン＝マルタン〔一七四三―一八〇三。フランスの神秘思想家〕が学校を設立したのもリヨンであった。バランシュ〔ロマン派の作家で十九世紀の歴史学に影響をあたえた〕が生まれたのはリヨンである。『キリストにならいて』の著者であるジャン・ジェルソン〔現在ではトマス・ア・ケンピスとされている〕は、リヨンで死ぬことを願った。

神秘主義が工業生産のさかんな大都市で生まれやすいのは、現在のリヨンやストラスブールがそうであるように、一見すると奇妙で矛盾した事実である。しかし、実際には、これらの都市以上に天国を必要とする場所はほかになかった。そこでは、あらゆる種類の肉体的な悦楽が手もとにあり、やがて吐き気を催すことになる。きまった仕事場にしばりつけられる職人の生活も、精神の内部ですすむ発酵作用に好都合であった。リヨンの暗く湿った街区で働く絹織物職人や、アルトワ地方やフランドル地方の地下室で暮らす織物職人は、外の世界に触れることがないので、みずからの世界を、甘美な夢と空想にみちた精神のパラダイスを生みだすことになる。欠落した自然の代わりに、彼らは神を得るのである。彼ら以上に、中世の火あぶりの犠牲になった集団は見られない。アラスのヴァルド派は、リヨンのヴァルド派の信者と同じく、多くの殉教者を生みだした。商人であったヴァルド〔一一四〇頃―一二〇六〕の弟子たちは、ヴォードワ、あるいは「リヨンの貧者」とも呼ばれたが、初期のキリスト教の思想にたち返ることをめざしていた。彼らは、われわれの心にせまる友愛の模範を示している。こうした精神の結びつきは、宗教的な共同体にだけ存在するのではない。ヴァルド派から遠く隔たった近年においても、二人の友人がたがいに跡継ぎになり、財産と生活をともにするという契約のかたちを、われわれはリヨンで見ることができる。

プロヴァンスにくらべると、リヨンの性格はより精神的であり、少なくもより感傷的であった。リヨンは、すでに北フランスに属すると言えた。それは南フランスの中心の一つであるが、けっして南フランス的ではなかった。また、仲間として南フランスに認められたこともなかった。他方、フランスは長らく、リヨンを余所者と認識してきた。帝国都市であったリヨンの首座司教権を、フランスは長らく認めようとしなかったのである。数多くの地方に隣接し、二河川の合流点に位置するという優れた立地条件にもかかわらず、リヨンは影響力を広げることができなかった。リヨンの背後には二つのブルゴーニュ、すなわちフランス側の封建的勢力〔ブルゴーニュ公領〕と帝国側の封建的勢力〔ブルゴーニュ伯領〕がひかえていた。また、リヨンの前面にはセヴェンヌ山脈が横たわり、あるいは対抗心にもえるヴィエンヌとグルノーブルがあった。

オータン、モルヴァン

リヨンから北に道をたどろうとすると、シャロンとオータンのいずれかを選ぶ必要があった。セグシアウィ族のリヨンは、オータンの植民都市という性格をもっていた。古くからドルイド教の町であったオータンは、ローヌ川とソーヌ川の合流点にリヨンを建設した。リヨンは、大西洋を底辺とし、セーヌ川とロワール川にかこまれたケルト人の大三角地域の頂点に位置していた。オータンとリヨンは、母親と娘にあたるが、まったく異なった運命をもっていた。娘のリヨンは、諸民族の大通りに位置し、つねに愛らしく華やかで、近づきやすい場所を占めているために、繁栄と成長の道をたどった。これに対して、母親のオータンは、慎ましく厳格であり、渓流をなすアルー川や神秘をたたえた鬱蒼たる森、さらには火成岩や溶岩のほとりで、孤高の道を歩んだ。ローマ人をガリアの地に導き入れたのはオータンであった。また、当時のオータンがまず力を注いだのは、のちに対抗勢力になるリヨンを育てることであった。オータンが、聖なる地名ビブラクテを放棄してアウグストドゥヌムに、さらにはフラヴィアへと改称したことは、結局のところ何の役にも立たなかった。また、みずからの神性を捨て去って、ローマ的な性格を強めたことは、結局のところ無益であった。オータンは、衰退の一途をたどったのである。ガリアの主要な戦いは、つねにオータンのまわりで、またオータンの意思に反するかたちで決定された。オータンは、その名高い学校を維持することができなかった。維持することができたのは、その厳しい性格ばかりであった。近年にいたるまで、大書記官ロランやモントロン家、ジャナン家など、オータンは数多くの政治家とレジストを生みだした。こうした厳格さは、西方や北方にも広く影響をあたえている。ヴェズレーからは、カルヴァンの代弁者であり、カルヴァン主義の旗頭であったテオドール・ド・ベーズが生まれている。

ブルゴーニュ

陰気で厳めしいオータンやモルヴァン地方には、ブルゴーニュ地方特有の快適さが見られない。愛らしいブルゴーニュ、ワインに恵まれたブルゴーニュなど、ブルゴーニュ地方の真のすがたを知りたければ、ソーヌ川をシャロンまでさかのぼり、コート＝ドールの丘陵地域をへてディジョンの台地へのぼり、そこからオセールにくだる必要がある。市の紋章にブドウの葉があしらわれ、たがいに兄弟や従兄弟と呼びあう良き世界がそこに広がっている。良い生活と楽しいクリスマスの世界である。ここほど偉大で豊かな修道院が見られる地域はない。また、遠くはなれた地域に、系列の修道院をここほど多く生みだした修道会もほかにない。ディジョンにはサン＝ベニーニュ修道院、マコンの近くにはクリュニー修道院、シャロンのすぐそばにはシトー修道院があった。これらの修道院がいかに繁栄していたかは、かつてクリュニー修道院にローマ教皇やフランス国王や、さらには数え切れないほどの王侯貴族が訪れた事実に、また、それが修道士たちの生活を乱すことなくなされた事実に示されている。シトー修道院は、クリュニー修道院以上に偉大であった。少なくも、その影響力はクリュニー修道院を上まわっていた。それはクレルヴォー修道院の、すなわち聖ベルナール〔ベルナルドゥス〕の修道院の親にあたる修道院であった。シトー修道院の大修道院長は、「修道院長の長」であり、一四九一年には三二五二の修道院からなる修道会の指導者であった。十三世紀のはじめに、スペインで騎士修道会を設立したり、アルビジョワ十字軍を提唱したのは、シトー会の修道士たちであった。また、聖ベルナールはイェルサレムの第二回十字軍を提唱している。ブルゴーニュ地方は説教者の土地であり、華やかで荘重な雄弁家の土地であった。なかでも、セーヌ川流域に属するブルゴーニュ地方の台地部（ディジョンやモンバールの地域）から、フランスを代表する雄弁家、聖ベルナール、ボシュエ、ビュフォンが生まれた。しかし、ブルゴーニュ地方の好ましい感性は、その他の地区でも際だっており、北部では優雅さがまさり、南部ではきらびやかであった。スミュールの近くでは、シャンタル夫人やその孫娘にあたるセヴィニエ夫人がいる。マコンでは、宗教者や隠者の魂をうたった詩人のラマルティーヌがいた。また、シャロルからは、人間性と歴史の詩人であるエドガール・キネが生まれている。

フランスのなかで、ブルゴーニュほど親和性のある地域はなかった。ブルゴーニュほど、北フランスと南フランスを和解させることができる地域はなかった。カペー家の二つの系統をひくブルゴーニュ公（あるいはブルゴーニュ伯）は、十二世紀のスペインで多くの国王を輩出し、のちの時代にはフランシュ＝コンテやフランドル、ネーデルラントなどで、領主の地位につくことになった。しかし、ブルゴーニュ公の勢力は、セーヌ川の谷にそって下流部に進出することはできなかった。イングランドの助けを得たにもかかわらず、中央の平野部にみずからの勢力を確立することができなかったのである。むしろ、哀れな「ブールジュの国王」〔シャルル七世〕、すなわちオルレアンとランスの国王が、権勢大いなるブルゴーニュ公〔シャルル突進公〕を打ち破ることになった。はじめブルゴーニュ公に好意的であったフランスのコミューン〔自治都市〕は、しだいにフランドルのコミューンを押さえつける公に反感をいだき、反対勢力を応援するようになった。

フランスの使命を成就させる役割は、けっしてブルゴーニュにはなかった。フランスがのぞんだ王政や民主政を、この封建的領邦が作りだすことはなかった。フランスの精神は、色彩にとぼしい中央の平野部におりることが必要であった。最もフランス的で、最も美味なる最後の果実をみのらせるためには、思い上がりや誇張、さらには雄弁それ自身をふり捨てることが必要であった。ブルゴーニュは、まだ何ほどかの〔ゲルマン人の〕ブルグント性を引き継いでいるように思われる。酔いをもたらすボーヌとマコンの精気は、ライン川のそれと同じように人々をまどわす。ブルゴーニュの雄弁は、美辞麗句に似ていた。こうした文学的様式の盛行は、ヴェルマントンやオセールの女性たちのあふれるような美しさの描写にいかんなく示されている。そこでは血と肉が前面をしめ、誇張と通俗的な感性が支配的であった。実例として、クレビヨンやロンジュピエール、スデーヌ〔いずれも十八世紀の作家〕の名をあげれば十分であろう。フランスの中核をかたちづくるには、これよりも控えめで厳格なるものが必要であった。

シャンパーニュ

ブルゴーニュ地方からシャンパーニュ地方への移動は、もの悲しい降下である。陽気で美しい丘陵地域から、白亜質の平野へと眺めが変化する。人の気配が見られないシャンパーニュ・プイユーズ地方〔プイユーズは「シラミだらけの」「貧しい」の意〕は言うまでもないが、ほかのシャンパーニュ地方もたいてい低平で色彩にとぼしく、荒れはてた印象をいだかせる。家畜はひよわであり、作物や鉱物はほとんど変化を見せない。白みがかった陰鬱な河川は、若いポプラ並木のあいだを静かに流れている。まだ歳月を経ていない家屋も、すでに朽ちかけたすがたで、はかなげな建物をスレート（あるいは木のスレート）屋根で少しでも守ろうとしている。しかし、まがいもののスレート屋根の下や、雨ではげおちた上塗りの下に、うす汚れて貧弱な白亜の地肌が顔をのぞかせている。

こうした家屋が美しい都市をつくりだすことはない。シャロンの町が、まわりの平野よりも朗らかな様相を示すことはない。工業生産がさかんなトロワの町は、ほとんど醜いと言ってよいほどである。おごそかで幅のひろい街路をもつランスの町は、その分だけ建物が低くみえるために哀れである。ランスはかつてブルジョワと聖職者の町であり、西方のトゥールとならんで、信仰にあつい聖なる都市であった。それはまた、ロザリオや香料入りのパン、良質な布地、愛すべきワイン、そして定期市と巡礼の地でもあった。

これらの都市は、その基本的性格が民主的かつ反封建的であり、王政をささえる主要な担い手であった。分割相続をさだめたトロワの慣習法は、早い時期から貴族階層の富と力を細切れにして粉砕した。分割相続をくり返せば、四世代のちには領主の所領が五〇から一〇〇に細分化される。困窮化した貴族たちは、彼らの娘を裕福な平民に嫁がせることで、経済的な立て直しをはかった。トロワの慣習法は「母の胎内が貴族を生みだす」ことをうたっている。とはいえ、このむなしい定めがあっても、等しからざる結婚から生まれた子供たちが、かぎりなく平民に近かったことに変わりはない。貴族にとって、平民出の貴族のこうした参入から得るところは何もなかった。結局、彼らは無用の恥じらいを捨てて、みずから商業に従事するようになったのである。

不運であったのは、こうして始めた商業が、その形態や対象において高貴たりえないことであった。

それはカタルーニャ人やジェノヴァ人たちのように、英雄的で冒険的な遠隔地交易ではなかった。トロワやランスの商業はぜいたく品をあつかうことがなく、フィレンツェのように著名な同業組合が大小いくつもあって、絹や毛皮、宝石などといった遠方の高貴な品々をメディチ家のような政府高官たちが取引きするということもなかった。シャンパーニュ地方の産業活動はきわめて庶民的であった。全ヨーロッパから顧客があつまったトロワの定期市では、糸や布地、綿の縁なし帽、皮革製品などが商われた。〔パリの〕サン＝マルソー地区に見られる数多くの皮なめし業者は、もとをたどるとトロワの出身である。だれにとっても必要なこれらの卑近な製品が、シャンパーニュ地方の繁栄をもたらした。にこやかにカウンターに陣取った貴族たちは、平民にていねいな応対をくり返した。定期市につめかけた他国人の雑踏のなかで、買い手の家系を問いただしたり、礼儀作法を云々することは不可能であった。こうして、平等がしだいに広まったのである。ときとしてイェルサレム王やナヴァール王でもあったシャンパーニュ伯は、これらの商人たちと親密なつきあいを保持した。これに対して、こうしたシャンパーニュ伯を封建領主たちは軽蔑し、彼自身を商人であるかのように扱ったという。シャンパーニュ伯の顔めがけて柔らかなチーズを投げつけるという侮辱的行為が、アルトワ伯ロベールの手でなされたことは、このような領主たちの評価をよく示している。

いちはやく封建制が弱体化したことや、騎士たちが商店主へと異様に変身したことなどが、シャンパーニュ人の精神を少なからず闊達にし、抜け目のない愚直さを生みだすという皮肉な結果をもたらした。こうした性格は、フランスのファブリオー〔中世の風刺小話〕において、なぜか無邪気《ナイーヴテ》という言葉で表現された。シャンパーニュ地方は滑稽な小話の国であり、高貴な騎士をめぐる滑稽話や、正直でお人好しな夫の話、神父と女中にまつわる笑い話など、数多くの小話がある。シャンパーニュ地方やフランドル地方できわだつ叙述の才能は、長編の詩や美しい物語にもおよんでいる。フランスにおける物語詩の歴史は、クレティアン・ド・トロワやギヨ・ド・プロヴァンで始まるからである。さらに、シャンパーニュ地方の大領主たちも、みずからの武勲を書き記した。たとえば、ヴィラルドゥアン〔第四回十字軍に従軍し、『コンスタンティノープル征服史』を著す〕やジョワンヴィル〔ルイ九世による第六回十字軍に随伴。回想録『聖王ルイ伝』を著す〕、レス枢機卿〔フロンドの乱に暗躍。回想録を著す〕などは、シャンパーニュ地方十字軍やフロンドの乱にまつわる物語をわれわれに残している。物語と風刺は、シャンパーニュ地方のまさに天職であった。シャンパーニュ伯のティボー〔四世〕が本拠地プロヴァンの城館の壁に、東洋のバラとみずからの詩を描かせた一方で、トロワの乾物屋〔民衆本の作者〕たちはルナールやイザングランの寓話や風刺をカウンターの上でせっせと書き綴った。フランス語で書かれた最も痛烈なパンフレットは、その大部分がこれらトロワの三文文士たちによる。すなわち『サティール・メニペ』である〔メニッポスは古代ギリシアの哲学者〕。

われわれが南フランスのラングドック、プロヴァンスからはじめて、リヨンやブルゴーニュへとたどってきた長い道のりは、無邪気で抜け目のないシャンパーニュで終わりを告げることになる。このワインと文芸を生みだす帯状の地域では、北に行くほど人々の精神が明晰になり、かつ控えめになる。われわれは、そこに三つの段階を認めた。まず、南フランスにおける精神的な酩酊と情熱。ついで、ブルゴーニュにおける雄弁と美辞麗句。最後に、シャンパーニュの優雅と皮肉である。そこにフランスが生みだした最後の果実、最も美味なる果実を見ることができる。シャンパーニュの白みがかった平野と痩せた丘陵からは、気まぐれと機知にとんだ北フランスの軽快なワインが生みだされる。しかし、それをもたらしたのは土地ではなかった。それは労働が生みだしたものであり、社会の果実であった。また、そこからは「軽やかなるもの」が生まれた。それは軽やかであるとともに深遠であり、皮肉であるとともに瞑想的であった。ファブリオーの世界を開き、また閉じるのは、まさにこうした軽やかな精神であった。

ノルマンディー

平坦なシャンパーニュ地方の平野を、オランダの川とフランスの川がものうげに流れくだる。すなわち、ムーズ川とセーヌ川（その支流のマルヌ川）である。それらは水量を増し、威厳を高めて海にいたる。大地もまた、イル＝ド＝フランス地方やノルマンディー地方、ピカルディー地方でしだいに上昇し、丘陵の様相を呈するようになる。フランスは、より雄大なすがたに変わるわけである。イングランドを前にして、平身低頭したままのすがたで海にいたることをフランスは欲しない。森林と美しい都市でみずからを飾り、川の水量を豊かにし、広大な平野を展開するなどして、イングランドによく似たフランドルとノルマンディーを、好敵手のイングランドに示すのである。

そこには比類のない対抗意識が見られる。二つの岸辺はたがいに憎みあいつつ、たがいに似かよっていた。どちらの側にも、厳格さと激しい欲求、さらには誠実で勤勉な精神が見られた。年老いたノルマンディーは、その娘の勝ち誇ったすがたを横目にながめ、娘であるイングランドは、その老いた親を海辺の高台から傲慢な笑みをうかべて見下ろしている。とはいえ、イングランドを征服したノルマン人たちの名前は、いまに伝わる系図に記されている。この征服こそ、イングランドの飛躍的な発展の出発点ではなかろうか。あらゆるイングランドの文化は、そこに由来するのではなかろうか。イングランドが自慢する建造物のうち、征服以前から存在したものがあるだろうか。その見事な大聖堂は、ノルマンディー建築の（模倣とは言えないまでも）拡大ではなかろうか。住民それ自身についても、フランスとの混交によって大きな変化があったのではなかろうか。アングロ＝サクソン人にはなじまない論争ずきで戦いを好む精神や、軍人と法律家の国という特徴はいずれも征服以降のことであり、まさにノルマンディーの精神と言うことができる。こうした攻撃的な精気は、海峡の両側で共通に見られる。「知恵の町」カーンには、アングロ＝ノルマン王朝の税制にかかわる偉大な記念碑、ウィリアム征服王の〔チェック模様のテーブル掛けを用いた〕最高法廷が残されている。ノルマンディーがイングランドをねたむことはない。良き伝統は、いまもそこに根付いている。そこでは畑仕事をおえた父親が、しばしば民法典の条文のいくつかを注意深く子供たちに説明するのである。

ロレーヌ人やドーフィネ人は、論争を好むという点で、ノルマンディー人に対抗することはできない。ブルターニュ人の精神は、厳格さと批判にひいでているが、吸収したり求めようとする力に欠けるところがある。ブルターニュは抵抗であり、ノルマンディーは征服であるともいえる。ただし、今日における征服の対象は、自然や農業や製造業である。征服をもとめる野心的な性格は、通常はねばり強さと結びつくが、大胆さや飛躍と結びつくことも往々にして見られる。また、飛躍は時として崇高さにいたることがある。多くの英雄的な航海者や偉大なコルネイユは、その実例といえよう。ノルマンディーは、二度にわたってフランスの文芸に飛躍をもたらした。他方、ブルターニュも同じようにフランスの哲学を目覚めさせた。すなわち、十二世紀に〔ノルマンディーは〕『ルー（ロロン）物語』を生み、また〔ブルターニュは〕アベラールをあたえた。十七世紀にも、コルネイユとデカルトがいる。しかし、豊穣で偉大な理念性はなぜかノルマンディー人に浸透しなかった。到達した高みは、すぐに崩れおちたのである。それはマレルブの貧困な精密さや、メズレーの無味乾燥さ、ラ・ブリュイエールとフォントネルのたくみな技巧へと崩れおちた。コルネイユが描いた主人公にしても、崇高なとき以外は、往々にして無味乾燥な論争癖になりさがり、不毛でむなしい論理の巧妙さに身をゆだねている。

フランドル

こうした巧妙さや不毛さが、善良で強壮なわがフランドル地方の特性でないことは確かである。フランドル人の性格は実証的かつ現実的であり、確実な基盤のうえに成り立っている。運河が縦横にめぐらされ、たっぷり施された肥料と粗野なまでに繁茂する植生におおわれたフランドルの豊かな農村地域では、植物も人間も動物も好きなだけ太り育っている。牛や馬の大きいこと、まるで象のようである。女は男と同じように恰幅がよく、しばしば男以上である。この大柄な人々は、太っているだけ

フランドルの豊かな農村地域では、植物も人間も好きなだけ太り育っている

に温和なところがあり、たいした力持ちなので剛健というよりも強大であった。定期市や縁日などで活躍するわがヘラクレスたち〔力持ちの芸人〕は、ノール県の出身者であることが多い。

　オランダやフランドルのベルギー人は、アイルランドのフィルボルグ族のように繁殖力が旺盛である。分厚いレス土壌におおわれた肥沃な平野部や、工業活動がさかんなイープル〔イーペル〕、ガン〔ヘント〕、ブリュージュ〔ブルッヘ〕などの黒ずんだ町々には、にわか雨のあとの虫のように人々がうごめいている。この蟻塚に足を踏み入れることは危険であった。たちまち一万五千、二万、三万の人間が、武器をかまえて出てくるからである。そのだれもが大柄で、装いも立派、武器も強力であった。封建時代の騎士たちが、これらの群衆に取りまかれて、十分に力をふるうのは容易でなかった。

　これらの勇敢なフランドル人たちが誇りに満ちているのは、それほど間違ったことであろうか。粗野で太ってはいるが、彼らの仕事はすばらしいものであった。商業や工業、農業を、彼らほど理解しているものはいなかった。実証的で現実的な感覚と良識が、ここほどきわだっている地域はなかった。中世において、これほど日常生活に精通し、適切な行動と説明ができる人々は、ほかにいなかったのである。当時、歴史記述という面でイタリアに対抗できたのは、シャンパーニュとフランドルだけであった。フランドルには、ヴィラーニに匹敵するフロワサールがおり、マキアヴェッリに相当するコミーヌがいた。これに加えて、コンスタンティノープルの文筆家皇帝に匹敵する者たちを列挙することもできる。ファブリオーの作者たちは、少なくも社会的習俗の記述において、歴史家と呼ぶことができたからである。

フランドル地方の習俗はあまり道徳的でなく、官能的で粗野であった。穏やかで湿潤な大気のもと、この肥沃な地域を北にすすむほど、土地はますます軟弱になり、官能性が強まり、自然の力強さが目立つようになる。そこでは歴史や物語が、もはや現実の必要性や感覚の欲求をみたすことができない。この不足をおぎなうには、造形芸術のたすけが必要であった。フランスにおける彫刻芸術は、ミケランジェロの著名な弟子であるジャン・ド・ブーローニュとともに始まった。建築もまた、ここで飛躍的な発展をとげた。それは控えめで荘重なノルマンディー様式の建築ではなかった。コルネイユの詩のように、空をするどく突きさすような尖頭アーチではなかった。むしろ、さまざまな意匠にみちた建築が工夫されたのである。アーチは穏やかな曲線をえがくようになり、肉感的な丸みをおびるようになった。また曲線は、あるときは凹形にくぼみ、あるときは凸形にせり出している。たとえば、アントウェルペンの魅力あふれる鐘楼は、建造物のあらゆる装飾が丸みをおび、あるいは波うち、まるでエスコー川〔スヘルデ川〕のイグサで編んだ巨大な籠のように、少しずつ層をなしてそびえている。

これらの飾りたて磨きたて手入れのいきとどいた教会は、フランドルの家々と同じように、その清潔さや高価な装飾、銅製の飾りや白や黒の大理石をふんだんに使った外装で、人々の目を引きつける。それはイタリアの教会よりもきれいであり、同じように魅惑的であった。フランドルは、ブドウと太陽に欠ける散文的なロンバルディアであった。そこでは、ほかにも欠けているものがあった。数多くの木彫の人物像が大聖堂にならべてあるのは、その一例である。これらの安価な彫刻は、イタリアの町をかざる無数の大理石像とは比較にならないからである。他方、教会の最上層、鐘楼の頂上では、同じ型の精巧なカリヨン〔組鐘〕がフランドル民衆の喜びと誇りをひびかせた。何世紀にもわたって毎時間かなでられた同じメロディーは、仕事場にしばられて一生をすごす職人たちの音楽的欲求を、多くの世代を通じて充たしたのである。

しかし、音楽と建築とでは、まだあまりに抽象的だった。音と形だけでは、まだ十分ではなかった。そこには色彩が必要だった。肉体と感覚を生き生きとあらわす本物の色が必要だった。たとえば、粗野で親しみにあふれた祭りの絵画である。そこでは赤ら顔の男と白い顔の女が、したたかに飲み、喫煙し、踊りに興じている。あるいは、むごたらしい拷問やおぞましい殉教の絵画。さらには、若々しく豊満で、世の顰蹙《ひんしゅく》を買うほど美しい処女マリアの絵画などである。エスコー川〔スヘルデ川〕の向こう側では、オランダの高い堤防とさびしい低湿地や底の深い水面にかこまれて、荘重で陰鬱な絵画が展開した。レンブラントとヘラルト・ドウが絵筆をふるったのは、エラスムスとグロティウスが執筆活動をおこなった土地〔オランダ〕であった。これに対してフランドルでは、豊かで官能的なアントウェルペンにおいて、ルーベンスの軽快な絵筆が見る者を陶酔させる絵画を生みだした。その偶像崇拝的な作品群にはあらゆる神秘が隠されており、情熱の火と激しいまでの才能に、それらの絵が身震いしているようである。スラヴ人の血をひきベルギー人の熱狂のうちに育ったルーベンスは、ケルン生まれではあったが、ドイツ的な観念論に敵対した。自然への並外れた賛美を、かれは作品に込めたのである。

フランドル地方は、ヨーロッパにおける民族と言語の境界地域にあたり、生死をかけた決戦の一大舞台であった。人口は短期間に増加して、やがて息苦しいほど充満する。かくして、人々は戦いに心を向けることになる。いつの時代にも、ここを舞台として民族と民族の一大決戦がおこなわれた。アッティラを滅ぼした戦いは、ここでおこなわれたという。その後も、ケルト人とゲルマン人の戦いや、フランス・イギリス・ドイツの戦いがベルギーを舞台にたえまなく繰り返された。ここはヨーロッパの曲がり角であり、戦争の待ち合わせ場所であった。フランドルの平野がかくも肥え脂ぎっているのは、そのためであった。流された血の乾く間もなかった。数多くの恐るべき戦いがあった。フランス側が勝利したのは、ブーヴィーヌの戦い〔一二一四〕、ローゼベクの戦い〔一三八二〕、ランスの戦い〔一六四八〕、ステンケルクの戦い〔一六九二〕、ドゥナンの戦い〔一七一二〕、フォントノワの戦い〔一七四五〕、フルーリュスの戦い〔一七九四〕、ジェマップの戦い〔一七九二〕などである。相手側が勝利した戦いとしては、クルトレー〔コルトライク〕の戦い（拍車戦争）〔一三〇二〕がある。これらに加えて、ワーテルローの戦い〔一八一五〕をあげる必要があろうか。

　イギリスよ。イギリスよ。そのとき、あなたがたは独力で戦ったのではない。世界があなたがたの味方であった。なぜ勝利の栄光を独り占めするのか。あなたがたのウォータールー橋は、何を物語っているのか。ワーテルローの戦いは、それほど自慢できることなのだろうか。かたや、百の戦いで手足をもがれたフランス軍の残りかす、最後の動員でかき集められた学校出たての乳くさい軍団。かたや、フランスへの「とどめ」の短剣として温存されてきたあなたがたの傭兵隊。追い詰められた兵士が、最後にようやく、この短剣で征服者を葬り去ることができたわけである。

イギリス

とはいえ、イギリスを無視するつもりはない。われわれにとってイギリスは憎らしい国ではあるが、他方で、ヨーロッパ大陸やダンケルクや廃墟と化したアントウェルペンに対して、イギリスは大きな意味をもつ存在と言える。ロシアやオーストリア、イタリア、スペイン、フランスなど、ほかのヨーロッパ諸国では首都がみな西にあり、日没の方向を向いている。ヨーロッパという大きな船は、かつてアジアからの風を帆にうけ、西に漂ってきたと思われる。イギリスだけが船首を東に向け、世界に対して敢然と立ち向かっている。「唯一人、全体ニ逆ラッテ」。旧大陸の端に位置するイギリスは英雄の土地であり、追放された人々、活動的な人々にとって永遠の避難場所であった。たとえば、ローマ人に追われたドルイド教徒、蛮族に追われたガリア人とローマ人、シャルルマーニュ〔カール大帝〕に追放されたサクソン人、飢えたデーン人と貪欲なノルマン人、迫害されたフランドルの製造業者、戦いに敗れたカルヴァン主義者、これらの隷属をきらって逃走した人々のすべてが、海をわたって大きな島〔グレートブリテン島〕に住みついた。「土地ヲ、ワレワレハ土地ヲ求メヨウ。富ト島々ヨ……」。こうして、イギリスは不幸を糧に成長し、廃墟をもとに拡大した。しかし、この狭い避難場所にこれらの追放された人々がつめこまれ、たがいの存在を認識するようになり、また、みずからをキムリス人やガル人、サクソン人、デーン人、ノルマン人と自覚して、相互を隔てる民族の差や信仰の違いに気づくようになると、やがて憎しみと戦いが到来した。それはあたかも、古代のローマでおこなわれた奇妙な見世物、カバ、ライオン、トラ、ワニなど、一緒になったことで驚いた動物たちが繰り広げる戦いに似ていた。海に囲まれた闘技場で長らく噛みつきあい千切りあいの戦いをしたあとで、これら水陸両用の民族は海にのりだし、フランスに噛みつくことになった。しかし、内部の戦いはまだ終わっていないようだ。勝ち誇った野獣は、海の覇権をにぎって世界をあざけり笑う。その苦い笑いには、たけり狂う歯ぎしりの音が混じっている。あたかも、マンチェスターの騒々しい歯車がかみ合わなくなったり、大地につながれたアイルランドの牡牛が向きを変えようともがいているかのようである。

イギリスとフランスの戦争は、まさに戦争のなかの戦争、戦いのなかの戦いであった。その他の戦争は、いわば付録にすぎない。フランスをあらわす人名は、イギリスに対抗して大事をなしとげた人物の名前である。フランス唯一の聖人は聖処女ジャンヌ・ダルクであった。また、イギリスからカレーを奪いかえした〔フランソワ・ド・〕ギーズ公、ブレストの建設者〔リシュリュー〕、ダンケルクの建設者〔ルイ十四世〕、アントウェルペンの建設者〔ナポレオン〕などが、彼らの他の事跡はさておき、フランスにとって神聖で貴重な人物であった。私自身も、これら栄光にみちたフランスの擁護者に対して賛美の念を禁じえない。また、彼らが武器をあたえた人々、すなわちデュゲ＝トルーアンやジャン・バール、シュルクフ〔いずれもフランスの船乗りで、海軍の勝利に貢献〕などについても同様である。これらの人々は、プリマスの人たちを不安におとしいれ、イギリス人に悲しみと不機嫌をもたらし、長いため息をつかせた。

イギリスとの戦いは、フランスに大きな恵みをもたらした。それはフランスの国民性を明確化し、また強化した。敵に対抗して一致団結するために、フランスの多様な地域がひとつにまとまったわけである。イギリス人を目前にして、みずからをフランス人と感じたのである。国民の自覚は、個人のそれに似ている。個性を認識し、他と識別するのは、異者による抵抗がもとである。我ならざるものが、我を気づかせるのである。このようにして、イギリスとの戦いが、フランスを作りあげた。それは、フランス国内における対照性の存在と、その合成を通じてなされた。対照性は、ここまで述べてきた西フランスと北フランスの諸地域において顕著であった。これに対して、合成の作用は、以下に述べる中央部の諸地域の役割であった。

フランスの中心——ピカルディー、オルレアン、イル＝ド＝フランス

フランスの中心、すべてが集合する中核を、空間的な意味での真ん中に求めることはできない。その種の中心点はブールジュの近くにあり、王朝揺籃の地であるブルボネー地方にも近接している。また、フランスにおける大きな分水界、すなわちソーヌ川とセーヌ川、ムーズ川の源流域が集まるディジョンの台地やラングルの台地にも、それを求めるべきではない。さらに、民族的な境界地帯、すなわちロワール川流域の、ブルターニュ地方とオーヴェルニュ地方、トゥーレーヌ地方のあいだの地域についても、同じことが言える。むしろ、フランスの中心は、自然環境以上に政治的な状況によって特徴づけられており、物質的な条件以上に人間的な条件によって規定されている。それは北フランスを基盤とし、北にかたよった離心的な中心であり、イングランドやフランドル地方、ドイツに接していた。フランスにかかわる重要な動きや出来事は、ここを主要な舞台にして展開された。まわりを河川で囲まれ、孤立してはいないが守られたこの地域については、イル＝ド＝フランス〔フランスの島〕という

地域名称がその特性をよくあらわしている。

フランスにおける主要な河川の流れや、それを生みだす大地の造作を検討すると、あたかもフランスが川の流れとともに大西洋に注いでいるように見える。北フランスでは、大地の勾配がゆるやかで、河川の流れは穏やかである。そのため、ひとつの中心を核にして周辺諸地域をまとめる政治的作用が、自然条件にさまたげられることなく、自由に展開した。なかでも第一にあげるべき河川は、あらゆる意味でセーヌ川である。セーヌ川は、人為的な整備や開発に最も適していた。それはロワール川のように気まぐれでなく、ガロンヌ川のように唐突でもなかった。それはまた、ローヌ川の激しさとも無縁であった。ローヌ川は、アルプス山脈から走りでた牡牛のように、一八里《リュー》におよぶ湖〔レマン湖〕をうがち、岸辺をはげしく削りながら海へと疾駆するのである。早い段階から、セーヌ川には文明による整備の手が加えられた。すでにトロワのあたりから、セーヌ川の流れはせき止められ、工場へ水を供給するために分水された。シャンパーニュ地方を流れるマルヌ川がセーヌ川に合流し、またピカルディー地方を流れるオワーズ川が合流したあとも、セーヌ川は強固な堤防を必要としなかった。埠頭の整備でセーヌ川の流れが窮屈になっても、川が荒れ狂うようなことはなかった。トロワの工場とルーアンの工場に水を分ける中間で、セーヌ川はパリにも水を供給している。パリからル・アーヴルまでは、ひと続きの町にすぎない。ポン＝ド＝ラルシュからルーアンにかけて、セーヌ川の美しさは一見にあたいする。数えきれない島々のあいだを縫うように、セーヌ川は沈みゆく陽光をうけて黄金色にかがやく。また岸辺には、白みがかった背景のもとで、赤や黄色の果実をつけたリンゴの木々が連なっている。その美しさに比肩しうるのは、ジュネーヴ湖〔レマン湖〕の眺めだけのように思われる。それ以上に、この湖にはヴォー地方のブドウ畑、メイユリー〔ルソー『新エロイーズ』の舞台のひとつとして知られる〕、そしてアルプス山脈というセーヌ川にない強みがある。しかし、湖は流れに欠けている。それは静止しているようであり、あるいは揺れ動くにしても目に見える前進をともなっていない。これに対して、セーヌ川はたゆまず流れ、フランスの思想、パリの思想をノルマンディー地方へもたらし、さらに海へ、イギリスへ、遠くはアメリカへと運ぶのである。

パリの動きに呼応する最初の環状地帯は、ルーアン、アミアン、オルレアン、シャロン、ランスなどの都市であった。これに加えて、ナント、ボルドー、クレルモン、トゥールーズ、リヨン、ブザンソン、メッス、ストラスブールなどが、さらに外側の環状地帯を構成している。またパリは、リヨンを中継地としローヌ川を通じて遠隔のマルセイユとも結びついていた。このように、国全体にかかわる大きな渦巻きは、おもに北フランスを中心としていた。南フランスでは、こうして発生した渦巻きの間隔がひろがり、その輪が大きくなるのがつねであった。

フランスにおける真の中心は、早い段階から明示されていた。われわれは、ルイ九世（聖王）の時代に編纂された初期の二つの判例集、「フランスとオルレアンの法令集」および「フランスとヴェルマンドワ地方の慣習法」に、その証拠を見ることができる。ようやくこの時期に、オルレアネー地方とヴェルマンドワ地方の中間に、換言すれば、ロワール川大湾曲部とオワーズ川上流域の中間、あるいはオルレアンとサン＝カンタンの中間に、フランスの中心が定められた。フランスは、その安定的な基盤と安住の地をそこに見いだしたのである。それまでのフランスは、あるときはシャルトルやオータンといったドルイド教の中心地にそれを求め、またあるときはブールジュやクレルモン（アルウェルニ族の都市アゲンディクム）*訳註といったガリア人部族の中心都市にそれを求めた。さらには、メロヴィング朝期やカロリング朝期におけるキリスト教会の中心都市であるトゥールやランスにそれを求めたこともある。しかし、それらはいずれも空しい結果しかもたらさなかった。

*訳註　現在では、アゲンディクムあるいはアゲディンクムはサンスの古称とみなされている。クレルモン＝フェランの古称はアウグストネメトゥム。

カペー朝（「サン＝ドニの王」）のフランスは、封建的なノルマンディー地方と民主的なシャンパーニュ地方にはさまれて、サン＝カンタンからオルレアン、トゥールにかけて、その領域を広げていた。国王は、トゥールのサン＝マルタン修道院の長であり、同時にサン＝カンタン大聖堂の主席参事会員であった。オルレアンは、二つの大河川〔ロワール川とセーヌ川〕が接近するところに位置した。オルレアンの運命は、しばしばフランスの運命でもあった。カエサルやアッティラ、ジャンヌ・ダルク、〔フランソワ・ド・〕ギーズ公などの名前は、オルレアンが経験した包囲戦や野戦の記憶と結びついている。謹厳なオルレアンは、ラブレーの故郷である快活で柔軟なトゥーレーヌ地方に隣接していた。同じように、怒りにみちたピカルディー地方は、皮肉好きのシャンパーニュ地方に隣接していた。ピカルディー地方には、フランスの古い歴史がつめ込まれているように思われる。フレデグントやシャルル〔二世〕禿頭王のもとで、王宮はソワソン、クレピー、ヴェルブリー、アティニーにおかれた。封建制が確立し、王権が弱体化すると、それはランの丘に避難所を見いだした。ラン、ペロンヌ、ソワソン（サン＝メダール修道院）は、避難所あるいは牢獄として、ルイ〔一世〕好人物帝、ルイ〔四世〕渡海王、ルイ十一世をそれぞれ迎えいれた。ランの王塔が破却されたのは、一八三二年のことである。ペロンヌのそれは、現在も見ることができる。また、封建期に建造されたクーシーの巨大な塔も、いまなお残存している〔一九一七年にドイツ軍の手で破壊された〕。

王にあらず、公にあらず、王族にも伯にもあらず
われはクーシーの領主なり

しかし、ピカルディー地方の貴族たちは、早い時期からフランスという大きな理念に目覚めていた。ロレーヌ公の血筋をひくピカルディーのギーズ家は、ドイツ人の手からメッスを守り、イギリス人の手からカレーをとり戻した。さらに、国王の手からフランスを奪いとる寸前でさえあった。他方、ピカルディー人のサン＝シモンは、ルイ十四世の治世をくわしく記述し、批評した。

この情熱的なピカルディーは、きわめて封建的であり、共同体的であり、また民主的であった。フランスに生まれた最初のコミューン〔自治都市〕は、ノワイヨンやサン＝カンタン、アミアン、ランなど、ピカルディーの司教都市であった。カルヴァンを生みだしたのも、また反カルヴァン派の旧教同盟が始められたのも、同じくピカルディーである。その宗教的な情熱で、全ヨーロッパの諸民族や王侯を

イェルサレム〔十字軍〕に駆り立てたのは、アミアンの隠修士〔ピエール〕であった。ノワイヨンの法学者〔カルヴァン〕は、西洋世界の半ばでキリスト教を変化させた。彼はジュネーヴにみずからのローマを建設し、共和政を信奉した。その後、共和主義が熱狂的な展開をたどったのも、これらピカルディー人の手に押されてのことである。コンドルセからカミーユ・デムーランへ、あるいはデムーランからグラッキュス・バブーフへと、共和主義が熱狂的な展開をたどったのも、これらピカルディー人の手に押されてのことである。詩人のベランジェ〔一七八〇―一八五七〕は「なんともはや、生まれが卑しくて」と、新しいフランスを象徴する言葉で共和国をたたえた。これら生まれ育ちが卑しい人々のなかで、われらの名高いフォワ将軍〔一七七五―一八二五。革命期に台頭してきた庶民出身の軍人の一人〕は第一級の人物であり、純粋で高貴な軍人の思想を代表している。

このように、南フランスやワインに恵まれた地域だけが、雄弁の特権を独占しているのではなかった。ピカルディーは、ブルゴーニュに匹敵した。そこは心のワインに恵まれていたわけである。フランスの中心からベルギー国境に向かって、北へ行くほど血が騒ぎ、情熱が高まると言えそうである。クロード・ロランやプッサン、ルシュール、グージョン、クーザン、マンサール、ルノートル、ダヴィッドなど、フランスの偉大な芸術家の多くは、北の諸地域から生まれている。さらに、ベルギーに目を移すと、異国の言語にかこまれた小フランス（リエージュ）に、われわれはグレトリー〔一七四一―一八一三。オペラコミックの作者〕を見いだすことができる。

パリ——中央集中

中心のそのまた中心にあたる地域である、パリやイル＝ド＝フランス地方については、記述の仕方が一種類にかぎられる。それは王国全体の歴史を述べることである。いくつかの固有名詞に触れるだけでは、はなはだ不十分な説明に終わってしまう。中心はフランスの精神から多くを受けとり、またフランスの精神に多くをあたえてきた。また、中心はひとつの地方ではなく、フランス全体の要約である。封建制そのものが、イル＝ド＝フランスでは全国と関係をもっていた。たとえば、モンフォール家について語ることは、とりもなおさずイェルサレムやラングドックへの十字軍、フランスやイギリスのコミューン〔自治都市〕、ブルターニュ〔継承〕戦争について語ることであった。あるいは、モンモランシー家について語ることは、とりもなおさず王権と結びついた封建領主、忠実で献身的であるが、才能にとぼしい封建領主について語ることであった。他方、あまた存在するパリ生まれの文筆家については、彼らの親たちの出身地がそれなりの重要性をもっていたが、やはり目立つのはフランスの普遍的な精神であった。ヴィヨンやボワロー、モリエール、ルニャール、ヴォルテールなどの作品で印象づけられるのは、フランスの精神にひそむ普遍的な傾向であった。なんらか地域的な傾向をそこに求めても、見いだすのは古めかしいブルジョワ精神や中流市民の精神の残りかすにすぎなかった。このやや偏狭で分別くさい、批判的かつ嘲笑的な精神は、ノートル＝ダム大聖堂前の広場とサント＝シャペル教会の階段にはさまれて、ガリア人の陽気さと高等法院の苦渋から生まれたものである。

しかし、固有で特殊なこうした性格は、やはり二義的なものでしかない。卓越しているのは普遍性であった。パリといえば、それはフランス全体を意味した。どのようにして、ひとつの町が国全体の複雑で大きなシンボルになったのであろうか。これを説明するためには、フランス全体の歴史が必要であろう。パリの記述は、その最後の章をかざることになる。パリの性格はフランスの最も複雑で、また最も高次な形態をあらわしている。地方の精神をすべて解消したり、あらゆる地方性を抹消することは、純粋に否定的な結果を生みだすであろうと思うかもしれない。しかし、実情はそうではなかった。物質的、地域的、個別的な観念の否定から、結果として、生き生きとした普遍性、肯定的な事物、強い力が生じたのである。われわれは七月〔七月革命〕にそれを見ることができた。

われわれは、ここまでフランスの中心や周縁に目をそそぎ、偉大で驚くべき光景を目の当たりにしてきた。そこでは、広大で強力な有機体〔フランス〕が多様な地域から構成され、弱い部分と強い部分、あるいは消極的な部分と積極的な部分がたくみに結合され、対置され、隣接して置かれていた。われわれは、シャンパーニュの皮肉好きな無邪気さと、フランシュ＝コンテやロレーヌの戦闘的で論争的で批判的な厳しさの中間に、ワインを産するブルゴーニュの雄弁さを見いだした。また、軽快なプロヴァンスと冷淡なガスコーニュのあいだに狂信的なラングドックを、さらには、抵抗力に富んだブルターニュと量的な分厚さにまさるフランドルの中間に、旺盛な征服精神をもつノルマンディーを見いだした。

ちょうど人体が胃腸などの器官と脳や脊髄などの器官から二重に構成されているのと同様に、フランスは南北方向にのびる二つの生体システムから構成されている。その一方はノルマンディー、ブルターニュ、ポワトゥー、オーヴェルニュ、ギュイエンヌなどの諸地域である。これに対して、もう一方はラングドック、プロヴァンス、ブルゴーニュ、シャンパーニュ、さらにピカルディー、フランドルにいたる諸地域である。そこでこれら二つのシステムはたがいに結びつく。これに対して、パリは知覚中枢であった。

全体の美しさや力は、部分相互間の助け合いや連携のすばらしさ、さまざまな機能の分担、社会的な分業などに根ざしている。抵抗する力や攻撃する力、行動の精神などは、いずれも周縁の地域に見られる。これに対して、中心にあるのは知性である。中心はみずからを知るとともに、ほかの地域を知りつくしている。国境付近の諸地域は、国土の防衛に直接的なかかわりをもち、野蛮な英雄主義的精神と軍事的な伝統をいまも保持している。他方で、周縁諸地域の精力的な人口は、社会の動きにともなって急速に消耗する中心〔パリ〕の住民をたえず更新している。戦場から遠くはなれた中心は、思いをめぐらせ考えることで、産業や科学、政治に新しい展望を切りひらく。中心は、受け入れたもののすべてを変容させる。個々の生命が中心に飲みこまれ、その姿かたちが変貌をとげる。周縁の諸地域は中心にみずからを見いだすが、個々の姿かたちを識別することはない。昇華した姿かたちのもとで、諸地域はたがいに愛しあい、讃えあうのである。

彼ラハ、ソノ果実デハナク、新芽ニ驚イテイル。

この見事な中央集中は、まさにフランスがフランスである所以であるが、一見したところ人々の目を悲しませる。そこでは活力に充ちているのが中央であり、周縁である。それらにはさまれた中間地帯は生気に欠け、活力にとぼしい。豊かなパリの郊外と豊かなフランドルの中間には、古ぼけてうら寂しいピカルディーが広がっている。それはまさに、中央それ自身に位置しない中央化された地域の宿命である。中央の強大な吸引力がそこを弱体化させ、力を吸い取ってしまったように見える。地方は中央ばかりに目をそそぎ、中央を通じてのみ偉大でありうる。だが、この中央への関心にもとづく地方の偉大さは、周縁がその独自性にもとづいて達成できる偉大さよりも偉大である。中央化されたピカルディーは、新しい時代だけをみても、コンドルセやフォワ、ベランジェなど、多くの著名人を生みだした。これに対して、豊かなフランドルや豊かなアルザスは、彼らに匹敵しうる人物を生みだしたであろうか。フランスでは、フランス人たることが何にもまさる栄光である。周縁の地域でも、人々は豊かであり強壮で英雄的であろうが、彼らの関心はしばしば国民的な関心とかけ離れている。彼らはフランスらしさに乏しい。フランス革命期の国民公会は、ヨーロッパをうち破るまえに、まず国内諸地域のフェデラリスム〔連邦主義〕を打破せねばならなかった。

とはいえ、フランスのすべての国境地域が、フランス的性格とともに外国の特性を有しているという点も、フランスの偉大さを構成する一つの要素である。ドイツに接する国境地域は、ゲルマン系のフランスであり、スペインに対してはスペイン系の地域が接している。また、イタリアに接する国境地域は、イタリア系のフランスである。これら国境地域と隣接国とのあいだには、類似性が見られるとともに相違点もある。反対色の組合せにくらべて、同系色の組合せの方がかえって調和に乏しいことは、しばしば指摘されることである。激しい敵対関係は、血族のあいだに生まれるものである。たとえば、イベリア系のガスコーニュは、イベリア系のスペインを嫌っている。隣接する外国と似てはいるが同時に異なる面をもつこれらの国境地域は、そとからの攻撃にさいして大きな抵抗力である。それらは多彩なパワーであり、それらを通じてフランスはそとの世界に接し、また、その一部をみずからの内部に取り込んでいる。それゆえに、わが強大で麗しきフランスはのびるがよい。その波打つ国土をライン川や地中海、大西洋にまで広げるがよい。堅固なイギリスに対しては、堅固なブルターニュと強固なノルマンディーをあてよう。謹厳で重々しいスペインに対してはガスコーニュのあざけりを、イタリアに対してはプロヴァンスの燃えさかる情熱を対抗させよう。強大なドイツの帝国に対しては、アルザスとロレーヌの頑強にして重厚な連隊をあてよう。怒りにもえる尊大なベルギーに対しては、ピカルディーの血気にみちた冷たい憤怒と、アルデンヌやシャンパーニュの従順で規律に富んだ精神をあてることにしよう。

　国境をこえて、フランスとその隣国をくらべると、最初の印象はフランスにとって不利なものである。ほとんどの国境で、外国のほうが優位に見える。〔ベルギーの〕モンスと〔フランスの〕ヴァランシエンヌをくらべると、また〔イギリスの〕ドーヴァーと〔フランスの〕カレーをくらべると、その差は痛々しいほどである。ノルマンディーはイギリスに似ているが、それは非常にひよわなイギリスである。商業や工業という面でマンチェスターやリヴァプールにくらべると、ルーアンやル・アーヴルはどれほどの存在であろうか。アルザスはドイツに似ているが、それはドイツ的栄光の諸要素を欠いたドイツである。そこには学問的体系や、深い哲学的精神や真の詩的精神が欠けている。しかし、フランスをこうして部分ごとにみる見方はあやまりである。フランスはその全体を見なければならない。それはまさしく、中央への集中がいちじるしく、全国的な活動がエネルギッシュであるがゆえに、地方のローカルな活動が脆弱なのである。むしろ、その点にこそフランスの美点があるように思われる。フランスには、イギリスのように産業と富が異常なほど集中している巨大な頭部が見られない。しかし同時に、スコットランド高地の無人地帯や疫病神のアイルランドに匹敵するような地域も、フランスには存在しない。また、ドイツやイタリアのように、科学と芸術の中心が二〇も見られるわけではない。フランスには中心がひとつあるだけである。そしてそれは、社会生活の中心である。イギリスが帝国であり、ドイツが祖国あるいは民族だとすると、フランスはひとつの人格なのである。

人格（個性）の存在や身体の統一が、生物の序列のなかで、人間を最上段に位置づけるものである。以下、私の考えを説明する最良の方法は、生理学の言葉をかりることであろう。

魚類や昆虫、軟体動物など、低い段階にある動物においては、局所的な活動がさかんである。「ヒルにおいては、生体の各部分に一連の諸器官（神経中枢、血脈系統、消化器官、呼吸器官、生殖器官など）がすべて備わっている。このため、生体の一部分を切り取っても、しばらくのあいだ、それは生き続けることができる。しかし、上位の段階になるにしたがって、生体の各部分は相互に緊密な関係をもつようになり、全体としての個性がきわだってくる。こうした複合的動物の個性は、すべての器官の単なる接合にもとづくのではなく、いくつかの部分がたがいに協力しあうという点に見られる。

そうした部分の数は、上位の段階にいくほど増加する。序列が高くなるほど、その動物における中央集中の度合いが高まるのである」〔科学アカデミーにおけるデュジェスの報告、一八三一年〕。国民についても、動物と同じように分類することができる。数多くの部分がたがいに協力しあっていること、これらの諸部分が相互に連帯していること、たがいに作用しあう機能が相補的であること。これらの点にこそ、社会的な優位性を見ることができる。それは同時に、フランスの優位性を示している。世界のなかでフランスは、国民性、すなわち国民の人格（個性）が個人のそれに最も近い国だからである。

　地方のローカルな活動や個別的な活動を（消し去ることなく）軽減すること、普遍的でたがいに協力しあう活動を増やすこと、これらは人類の社会性《ソシアビリテ》に関する問題である。人類は、この問題の解決にむかって着実に歩みつつある。君主政や帝国の形成は、そこに到達するための中間的な段階を示している。ローマ帝国は最初の第一歩であったし、キリスト教は次の段階を意味した。シャルルマーニュ〔カール大帝〕や十字軍、ルイ十四世、フランス革命、そこから生まれたフランス帝国。これらはみな、一連の道筋にそった発展の諸段階であった。中央集中がもっとも進んでいる国民は、同時にまた、その実践や活動のエネルギーによって、世界全体の中央集中を最も促進した国民にほかならない。

　フランスにおける地方的精神の衰弱や統一性の実現については、往々にして、諸地方が征服されたことの結果であるという単純な解釈が見られる。しかし、征服という行為は、敵対的な諸部分をつなぎ合わせ、ひとつのまとまりを作りだすことはできても、それら敵対的な諸部分を統合させることは絶対にできない。征服と戦争は、地方と地方の壁をとりはらい、たがいに疎遠であった住民たちに知りあう機会をあたえただけである。残りの仕事をはたしたのは、ガリア〔フランス〕人に特有な社会的本能、熱心ですばやい協調性であろう。気候が異なり、風習や言語も違う諸地域が、たがいに理解しあい、愛しあい、連帯感を深めたのは、むしろ奇妙なことである。ガスコーニュ人はフランドルのことに大きな関心をもち、ブルゴーニュの人々はピレネーの動向に一喜一憂している。大西洋の岸辺にくらすブルターニュ人が、ライン川での攻撃に敏感に反応するのである。

　このようにして、国の全体にかかわる普遍的な精神がフランスで形成された。地方のローカルな精神は、日々に消え去りつつある。土地や気候、種族の影響は、社会や政治の作用にさらされて、しだいに譲歩を重ねつつある。場所がもたらす宿命は克服され、住民は物質的環境の絶対的な影響力から解放された。北のフランス人は南フランスを楽しみ、その輝くばかりの陽光から活力を手に入れる。南のフランス人は、北フランスのねばり強さや勤勉さ、思慮深さから多くのことを学んでいる。社会と自由が自然を馴化したわけであり、歴史が地理を押しのけたといえる。この素晴らしい変化のもとで、精神は物質に勝ちをおさめ、全体が個別に、理念が現実にまさるようになった。一人ひとりの人間は物質主義的であり、地方のローカルな利害や個人的な利害にしばしば執着する。しかし、人間の社会はむしろ精神主義的であり、たえずローカルな条件から解放されて、抽象的で高次な祖国の統合を目指そうとしている。

　時代をさかのぼるにつれて、近代精神の産物であるこうした純粋で高貴な全体性から、われわれは遠ざかることになる。未開の時代には、ローカルで物質的な、または個人的な事情だけが重要である。

まだ人間は土地にしばられており、土地に呼応し、その一部をなしている。歴史学がそこで注目するのは土地であり、また土地の影響を色濃く受けている種族それ自身である。しかし、時代がくだるにつれて、しだいに人間本来の力があらわれるようになり、土地とその制約から人間を解放していく。ひとは土地をあとにしたり、土地に反発したり、土地を足げにするようになる。生まれ故郷である村や町や地方のかわりに、ひとは偉大な祖国をもとめるようになり、それによって世界の運命と結びつくようになる。この祖国という概念は、日常的な感覚とほとんど結びつかない抽象的な理念であるが、そこから人間は、新しい努力を通じて、普遍的祖国あるいは神の国という理念に導かれることであろう。

フランスの歴史でわれわれが到達した時代（十世紀）[*訳註]は、近代のこうした光にほど遠い状況をしめしている。人類は、みずからにふさわしい高みにたどりつく前に、ながい苦しみを耐えしのぶ必要があった……。ああ、人々の前に横たわるこの準備期間は、いかに長くまた大きな痛みをともなうことであろうか。どれだけの厳しい試練が、人々を待っていることであろうか。いかなる悲痛が、人々の手で生みだされることであろうか。人々は、中世をかたちづくるために血と汗を流さねばならなかったし、長きにわたって養い育て、愛撫したのちに、中世の滅ぶさまを目の当たりにせねばならなかった。キリスト教の胎内からもぎ取られた憐れな落し子の中世は、涙のなかで生まれ、祈りと夢と苦悩のなかで成長したが、なにも完成することなく滅亡した。しかし、中世がわれわれに残した悲痛な思い出はあまりに大きく、近代がもたらした偉大さや喜びをすべて寄せ集めても、われわれの心を慰めるのに足りないほどである。

＊訳註　第三篇「タブロー・ド・ラ・フランス」は原著では九八七年のカペー朝の成立（第二篇）と紀元一〇〇〇年（第四篇）のあいだに置かれている。

（手塚章訳）

3　カエサルのガリア征服

（第一篇第二章・第四章）

ミシュレの『フランス史』は、ガリアの先住民族であるガリア人とイベリア人の対立から始まる。社交的で移動を好むガリア人は、土地に固着するイベリア人をピレネー山脈の向こうに追放する。ガリア南部にはフェニキア人やギリシア人が植民市を築き、北部にはキンブリ人が来てドルイド教を伝える。ガリア人はたびたびイタリアに侵入してローマを悩ませるが、結局ガリアの氏族文化はローマの都市文化の前に敗れ去る。紀元前二世紀、ローマによる最初のガリア遠征がおこなわれる。紀元前二世紀末には北方のキンブリ人、テウトニ人が南下してローマに侵入するが、マリウスによって撃退される。

（以上第一篇第一章）

ドルイド教はガリア人に文明の基礎をあたえたが、部族を超えた統一組織をもたらすことはなかった。紀元前一世紀、ローマのカエサル（前一〇〇—前四四）はガリア遠征を開始する。彼は諸部族の分裂を利用して征服を着々と進める（ミシュレの記述はカエサルの『ガリア戦記』に多くを負う）。ガリア人はやがてウェルキンゲトリクスを総大将として団結し、アレシアの攻囲戦で抵抗するが、優勢なローマ軍の前に力尽きる。ウェルキンゲトリクスはただひとりカエサルの前に行くと、武器を捨てて降伏する。

ミシュレのカエサルに対する評価は両義的である。それは行動的な真の天才であると同時に、ローマの共和政を終わらせ帝政へと導いた独裁者でもある（その点でナポレオンと重なり合う）。ミシュレはすでに『ローマ史』（一八三一）でカエサルを「人間性の人」として描いていた。『フランス史』第一巻（一八三三）におけるカエサルは、非情さと寛大さをあわせもつ非凡な指揮官であり、ガリアとローマの橋渡しとなる世界精神の持ち主として描かれる。後にミシュレは『民衆』（一八四六）において、歴史家の使命を「カエサルの夢」に仮託することになるだろう。

ケルトの信仰とドルイド僧

キンブリ族〔北方のゲルマン系部族〕の侵入は大事件であったものの、この侵入の主要な舞台となったガリアの運命に彼らが及ぼした影響は間接的なものにすぎなかった。キンブリ＝テウトニ族は、ドルイド教に教化され原始的な荒々しさからは抜け出していたガリアの諸部族に同化するには、野蛮すぎたのだ。このドルイド教という宗教についていくつかの点を確認しておこう。ドルイド教はガリアの精神的文化を創始し、ローマの侵入を受け入れる基礎を築き、キリスト教への道を開いた。この宗教はカエサルのガリア征服がおこなわれる一世紀前には、その発展と成熟の頂点に到達していた。あるいはおそらく、ドルイド教はすでに衰退の道をたどっていた。少なくともドルイド僧たちの政治的影響力はかつてより小さいものになっていた。

最初の頃、ガル人〔大陸に住むケルト人〕たちは有形の物体、自然現象、自然要因を崇拝していたようだ。湖、泉、石、樹木、風など、そしてとりわけ畏怖すべきキルク〔北西からの暴風〕である。この粗野な信仰は、時間がたつにつれ、洗練され一般化していった。これらの存在や現象はそれぞれ自分の精霊をもっていた。それらの精霊は場所や部族にさえ存在した。ここから雷の精霊であるタラン神、ヴォージュ山地〔フランス北東部の山地〕の神格化であるヴォセージュ、アルプスの神格化のペナン、アルデンヌ〔フランス北東部国境地域〕の神格化であるアルデュインナが生まれる。さらに、アルウェルニ族の精霊、ハエドゥイ族の女神であり、その町の名前でもあるビブラクト、ヘルウェイ族におけるハウェンティア、アレコミケス族のネマウスス（現在のニーム）などが出てくる。

さらに抽象的な例をあげると、自然がもつ一般的な力、人間の精神力や社会の力もまた神格化された。タランは空の神となり、世界の主導者、支配者となった。太陽はベルあるいはベレンという名前のもと、有益な植物を誕生させ、医学に重要な役割を果たした。ヘウスあるいはヘススは戦争を司る。テウタテスは商業と産業を司る。雄弁術と詩のシンボルとなったのはオグミウスである。この神はヘラクレスのように棍棒と弓で武装し、彼の口から伸びる金と琥珀の鎖によって耳をつながれた人間たちを引き連れている。

こうした神々には、ギリシアのオリンポス神やローマの神々との類似がいくらか見られる。ガリアがローマの支配に屈服し、ローマの考えの影響をほんの何年か受けただけで、こうした類似は同一化した。そして皇帝たちに敬され優遇されたガリアの多神教は、イタリアの多神教の中に融合し消えてしまったのである。その一方、ドルイド教は、その秘儀、教義、聖職者とともに厳しく禁止された。

ドルイド僧たちは物質と精神の永遠を説き、水と火の影響が交互に支配する諸現象のたえまない変転のもとで、宇宙の実体が変質することはないこと、そして人間の霊魂が転生することを教え説いた。この最後の教義は労苦と報酬についての道徳観念に結びつく。彼らは人間の条件よりも低い段階への輪廻を、試練と懲罰であると考えたのだ。彼らはもうひとつの世界、幸福の世界さえもっていた。魂はそこでその同一性、情念、習慣を保持している。葬儀の際には、死者が読むべき、あるいは死者が他の死者に託すべき手紙を燃やした。彼らは来世に返済するという約束で金を貸すことさえしばしばあった。

輪廻と来世という二つの概念の組み合わせはドルイド僧たちの教義体系の土台だった。しかし彼らの知識はこれにとどまらなかった。彼らはさらに形而上学者、自然学者、医者、魔術師、そしてとりわけ天文学者だったのだ。彼らの暦は太陰暦で計算され、それゆえローマ人たちは、ガリア人は日ではなく夜によって時を測ると言っていた。ローマ人たちは、ガリア人たちが地獄を出自とするがゆえに、すなわち彼らが冥界の神プルートーンの子孫であるがゆえに、太陰暦を用いるのだと説明している。ドルイド僧の医学はもっぱら呪術を基礎としていた。空腹の状態でサモルス〔サクラソウ科の多年草〕を左手で摘み、それを見ないようにして地面から引き抜かなければならない。それから同じくそれを見ないまま、家畜たちが水を飲みにやってくる貯水池に放り込む。これが彼らのおこなう病気への予防措置だった。沐浴とパンとワインの供え物をすることで、薬草セラージュの収穫の準備をする。人々は白い服を身に着け、裸足で出発する。薬草を見つけるとすぐに、偶然そうなったかのように身を屈め、右手を左腕の下に滑り込ませてその草を引き抜くのだが、その際に鉄製の道具は決して使ってはならない。それから草を布でくるむが、この布は一回きりしか使われない。クマツヅラにはまた別のしきたりがある。しかしドルイド僧たちがパナケアと呼ぶ万能薬は、あの名高いヤドリギである。彼らはヤドリギが神の手によって楢《なら》の木にまかれたと信じており、彼らの神木とヤドリギの常緑性の結合の中に、不死の教義の生きた象徴を見出した。ヤドリギを摘み取るのは冬、この植物が開花して、最も目につく時期である。死に絶えた不毛な自然のただ中で生命の様相を示しているのは、葉の落ちた木にからみつくヤドリギの緑の長い枝、葉、黄色い花の茂みだけである。

ヤドリギを切るのは新月から第六日目でなければならなかった。白い僧服を着たドルイド僧が金の鉈鎌をもって一人で木に登る。ヤドリギの根を切ると、それを他のドルイド僧たちが白いサグム〔厚地のマント〕で受け止める。ヤドリギが地面に触れてはならないからである。初めて角を結びつけられた二頭の白い牡牛が生贄として屠られる。

ドルイド僧たちは鳥の飛翔のしかたと生贄となった獣の臓腑を観察することで未来を予言する。彼らは琥珀の数珠のようなお守りも製作し、戦士たちは戦時にこの護符を身につけた。墓の中の遺体の傍らで発見されることも多い。しかし蛇の卵に匹敵するお守りはなかった。卵と蛇という考えは、東洋の神話の宇宙開闢《かいびゃく》論に登場する卵や、蛇を象徴とする輪廻と永遠の復活を想起させる。

魔女と女預言者はドルイド僧の組織に属していたが、その特権を共有しているわけではなかった。彼女たちの団体は奇妙で矛盾した規則を彼女たちに課していた。あるところでは、女祭司は自分を汚した男に対してのみ、未来を明らかにすることができた。別のところでは、永遠に純潔を守らなくてはならなかった。また別のところでは、結婚しているにもかかわらず、長期間にわたる禁欲を強いられていた。時にこれらの女性たちは夜におこなわれる宗教儀礼に参加しなくてはならなかった。そこで彼女たちは全裸になり、身体を黒く塗り、髪を振り乱して、熱狂的な興奮の中で体を揺り動かした。彼女たちの大半は、アルモリカ〔ブルターニュ〕の群島に吹き荒れる嵐のただ中にある、荒々しい岩礁を住処としていた。セナ（サン島〔ブルターニュ半島沖の小島〕）には、彼女たちの住む島の名前から、セーヌと呼ばれる恐ろしい九人の乙女たちが司る名高い神託所があった。彼女たちの神託を得るには、船乗りでなくてはならず、そしてこの目的のためだけに船を出さなくてはならない。この乙女たちは未来を予知できた。彼女たちは不治の病を治すことができた。また嵐を予知したり、起こしたりすることもできた。

ロワール川の河口のナンネットの女祭司たちは、川の中にある小島に住んでいた。彼女たちは結婚していたが、男は誰も彼女たちの住居に近づこうとはしなかった。定められた時期に本土に住む夫たちのもとを訪れるのは、彼女たちの方なのだ。彼女たちは夜が更けてから自分で漕ぐ軽い小舟に乗って島を出る。そして彼女たちを迎えるために用意された小屋で夜を過ごす。しかし夜が明け始めるとすぐに、夫の腕から身を引き離し、自分たちの小舟に駆け寄り、櫂を漕いで孤独な生活へ戻ってゆくのだ。毎年、ある夜から次の夜の間に、彼女たちはキヅタと緑の葉でできた冠をかぶり、神殿の屋根の葺き替えをしなくてはならない。もし彼女たちのうちの誰かが、不運にもこれらの神聖な材料を地面に落としてしまうようなことがあれば、彼女はおしまいだった。仲間の女たちは恐ろしい叫び声をあげてその女にとびかかると、女を引き裂き、あちらこちらに血まみれの肉片をまき散らした。ギリシア人たちはこの風習にバッコス神崇拝の再現を見出した。彼らはまた、ブルターニュの近隣の島でおこなわれる別のドルイド教の饗宴を、サモトラケ〔古代ギリシアのカベイリ神崇拝の聖地〕の饗宴になぞらえた。船乗りたちは洋上で、島から聞こえる狂乱の叫び声や野蛮なシンバルの騒音に恐怖を覚えた。

ドルイド教は人身供犠の風習を創設した、あるいは少なくともそれを取り入れて維持した。祭司たちは犠牲者の横隔膜の上部を槍で突き、犠牲者が倒れたときの姿勢や、四肢の痙攣の具合や、血の量と色から前兆を読み取った。時折、祭司たちは神殿内部で犠牲者を杭にはりつけにしたり、大量の矢や投げ槍を犠牲者が息絶えるまで降り注がせることもあった。また柳や秣で巨像を建て、そこに生きた人間を何人も放り込み、司祭が火のついた松明《たいまつ》をそこに投げつけて、煙と炎があふれる中で一切をたちまち焼きつくすことも頻繁におこなわれた。このおぞましい供犠はおそらくしばしば奉納寄進物によって置き換えられた。彼らは金塊と銀塊を湖の中に投げ込んだり、神殿の中でそれらを釘付けにしたりした。

ドルイドの階級について一言述べておこう。階級は三つの身分にはっきりと分かれていた。一番低い身分は吟唱詩人の階級であり、彼らは氏族の系図を記憶し、族長たちの武勲や民族的な伝統をロッタ〔弦楽器〕の伴奏に乗せて歌った。次に来るのが厳密な意味での祭司職で、ヴァテイス僧とドルイド僧から構成されていた。ヴァテイス僧は信仰の外面的な部分と人身供犠の執行を担当した。彼らはとりわけ、天文学や占いなどの宗教に応用される自然科学を研究した。彼らはドルイド僧の代弁者であり、いかなる世俗的あるいは宗教的な事柄も彼らの仲介なしに遂行されることはなかった。

ドルイド僧、あるいは楢の木の人々は階級の最上部に位置していた。権力と知識は彼らのもとにあった。神学、倫理、法律などのあらゆる高度な知識は彼らが特権的に有していた。ドルイド僧の序列は選挙によって決定された。いくつもの厳しい試練からなる秘儀伝授は、森や洞窟の奥でおこなわれ、時には二〇年にわたることもあった。祭司職にかかわるあらゆる知識を記憶しなくてはならなかった。というのも彼らは、少なくともギリシア文字を使うことができる時代までは、文字で記すことはなかったのだ。
ドルイド僧たちの最も荘厳な集会は一年に一度、カルヌテス族の領内、全ガリアの中心とみなされた聖別された場所でおこなわれる。その集会にはどんな辺境の地からも人々は駆けつけた。ドルイド僧はこのとき、日頃の孤独から抜け出て人民の真中に座り、審判を下すのだ。彼らはおそらくこの場で、制度の維持に留意する最高位のドルイド僧を選ぶ。この首長の選出が内戦を引き起こすことも珍しくなかった。

ドルイド教がこうした対立によって弱体化することはなかったにせよ、ドルイド僧の大半が身を捧げていた孤独な生活ゆえに、ドルイド教は人民に対して強力な影響をあたえることにはならなかった。それにガリアでは、エジプトのように狭い地帯に人口が密集しているわけではない。ガリア人は、野蛮と戦争の支配する危険な生活のただなかで、野生の土地を覆う森や湿地帯に散らばっていた。ドルイド教はこのばらばらに孤立して居住する人々に十分には浸透しなかった。人々は早い時期にその教えから離脱していた。

カエサルのガリア征服

こういったわけで、カエサルがガリアに侵入した時、ガリアは自分たちがひとつにまとまれるなどとは考えもしなかった。ドルイド教が押さえ込んでいたはずの旧弊な氏族意識、好戦的な不服従の姿勢が再び頭をもたげていたのである。ただ戦力の違いが部族間に一種のヒエラルキーを作り出していた。いくつかの部族は他の部族の保護下にあり、例えばカルヌテス族はレミ族の、セノネス族はハエドゥイ族の保護下にあった（シャルトル、ランス、サンス、オータン〔をそれぞれ本拠地とする〕）。

いくつかの都市が形成され、戦乱の生活における一種の避難所となった。しかし農耕に従事する者はすべて農奴であり、それゆえカエサルは次のように記述することができた。「ガリアには二つの階級しか存在しない。ドルイド僧と騎士（エクイテース）である。弱いのはドルイド僧の方である。ローマ人を呼び込んだのはハエドゥイ族の一人のドルイド僧だった」。

私は別の箇所でこのカエサルという非凡な人物について語った〔『ローマ史』一八三二〕。彼がどんな動機で長期間ローマを離れてガリアに向かい、国外に出た上で支配者として帰国することを決意したのかについても語った。イタリアは疲弊しきっており、ヒスパニアは制御できる状態ではなかった。世界を屈服させるにはガリアが必要だった。私には思い浮かぶ、青白い顔をし、ローマでの放蕩生活がたたって実際の年齢よりも老け込んだカエサルの姿が。この神経質で癲癇持ちの人物は、ガリアの地で雨の中を軍団の先頭に立って行進し、われわれの国の河を泳いで渡る。あるいは輿に乗った秘書官たちに囲まれ、馬上で四通、六通の手紙を同時に口述し、ベルギーの奥地からローマに指示をあたえ、途上に立ちふさがる二〇〇万の人間を皆殺しにする。そして一〇年間（紀元前五八年から四九年まで）でガリア、ライン川流域、北海沿岸を制圧したのだ。

ガリアの野蛮で好戦的な混沌状況は彼のような天才にとって格好の材料だった。ガリアの諸部族は当時、あらゆる場所から外国人を呼び寄せていた。弱体化していたドルイド教は、大小の二つのブルターニュとセーヌ川およびロワール川流域を支配していたようだ。南フランスでは、アルウェルニ族もアキテーヌのイベリア系の全住民もおおむね彼らの世襲の首長に忠実だった。ケルテイカ〔ガリア中央部地域〕でさえ、ドルイド僧たちは、大都市で自由な住民の形成を促進しないかぎり、古い氏族意識に対抗することはできなかった。都市では少なくとも、彼らと同様に選挙によって首長もしくは主人が選ばれる。二つの党派がこのようにガリア諸国全体を二分していた。世襲にもとづく党派、すなわち氏族の長たちと、選挙にもとづく党派、すなわちドルイド僧ならびに都市住民の暫定的首長たちである。第二の党派の筆頭にあるのがハエドゥイ族である。また第一の党派の筆頭がアルウェルニ族とセクアニ族である。こうしてこの時以来、ブルゴーニュ（ハエドゥイ族）とフランシュ＝コンテ（セクアニ族）の対立が始まった。ハエドゥイ族はセクアニ族を圧迫し、彼らをソーヌ川から締め出すと、彼らの豚の交易ルートを停止させた。セクアニ族はゲルマニアから、スエビ族と一般に呼ばれていた非ドルイド教徒の諸部族を呼び寄せた。これらの蛮族にとっては願ってもない要望だった。スエビ族はアリオウィストゥスの指揮のもとライン川を渡り、ハエドゥイ族を打ち破り、彼らに貢ぎ物を課した。しかしスエビ族は、自分たちを呼び寄せたセクアニ族をさらにひどい目にあわせた。スエビ族は、ゲルマンの征服者の慣習に従い、セクアニ族から領土の三分の一を奪い取り、さらにそれと同じだけの領土を望んだ。ハエドゥイ族とセクアニ族はこの災難によって接近し、さらに別の異民族に助けを求めた。ハエドゥイ族の間では二人の兄弟が絶大な権力を握っていた。ドゥムノリクスは関税と通行税を強引に独占して富を築くと、都市の下層住民にとって重要人物となり、専制政治をおこなうことを目指した。彼はヘルウェティア〔古代ガリア東部地方〕のガリア人と同盟し、ヘルウェティイ族の女性と結婚した。そしてこの民族に対し、自分たちの不毛の谷間を放棄してガリアの豊かな平原に向かうよう促した。彼の兄はドルイド僧だったが、カエサルが彼の固有名とみなしたディウィキアクスという称号はドルイドの称号とおそらく同一のものだ。兄は自分の国のためにもっと文明的な解放者を探した。彼はローマに赴き、ハエドゥイ族を「ローマ国民の血縁者および友人」と呼んでいた元老院の助けを求めた。しかしスエビ族の首長の側も使節を派遣し、自分たちにもローマの友人という称号をあたえさせる方策を見つけた。おそらくヘルウェティイ族の侵略が差し迫ったために、元老院はアリオウィストゥスと同盟を結ぶことを余儀なくされたのだろう。

　これらの山岳部族は三年前から次のような準備をおこなっており、永遠に帰還するつもりがないことは明瞭だった。彼らは自分たちの一二の町と四〇〇の村を焼き払い、運び出すことができない備品や食料を破棄したのである。彼らはガリア全土を横断し、西方のサントニ族の国（サント〔フランス西部の都市〕）に定着すると言われていた。おそらく彼らは自分たちの荒涼としたヘルウェティアよりも、大西洋岸の方が多くの休息の地を見出せるものと期待していたのだ。ヘルウェティア周辺では、ガル族、キンブリ族、テウトニ族、スエビ族、ローマ人といった旧世界のあらゆる民族が衝突し、戦いを繰り広げていた。女子供を含め、その数は三七万八千人だった。隊列での移動の厄介さゆえ、彼らはローマの属州を通過することを選んだ。ジュネーヴに向かうその入り口のところで、カエサルが彼らの進行を阻んだ。そして長時間にわたり彼らの気をそらせ、その間にジュネーヴ湖からジュラ山脈にかけて、長さ一万歩、高さ一六ピエ〔約五メートル〕の壁を築かせた。ヘルウェティイ族はこのためジュラ山脈の険しい谷間を通り、セクアニ族の国を横断し、ソーヌ川を遡らなくてはならなかった。カエサルは彼らが川を渡っている時に追いつき、他の部族から孤立していたティグリヌスの部族を攻撃し、これを殲滅した。ハエドゥイ族のドゥムノリクスとヘルウェティイ族を呼び込んだ党派の悪意により食料が不足したので、彼はビブラクテ（オータン）の方に進路変更を余儀なくされた。ライン川方面へ退却する際に再び攻撃を受けたヘルウェティイ族は降伏し、故国に戻ることを約束させられた。彼らのうち六千人がこの恥辱から逃れるため夜の間に逃走したが、ローマの騎兵隊によって連れ戻され、カエサル曰く「敵としての処遇を受けた」。

スエビ族がガリアに侵入しようとしている以上、ヘルウェティイ族を押し返したところで何の意味もない。民族の移動は恒常的におこなわれていた。すでに一二万人の戦士が移動していた。「ガリアはゲルマニアとなろうとしていた」のである。カエサルは、蛮族たちに圧迫されたセクアニ族とハエドゥイ族の嘆願に譲歩したようである。ローマに助けを求めたのと同じドルイド僧が、カエサルをアリオウィストゥスのもとに案内し、道案内をすることを引き受けた。スエビ族の首長であるアリオウィストゥスは、ローマ国民の同盟者という称号を、執政官の地位にあったカエサル自身から獲得していた。アリオウィストゥスはカエサルによって攻撃を受けたことに驚いた。蛮族の首長は言った。「ここは私の土地、私のガリアです。あなたには自分の土地がある……。もし私をそっとしておいてくれれば、あなたにとって損にはなりません。私はあなたが望むすべての戦いを戦いましょう、あなたに何の苦労も危険もあたえずに……。あなたはゲルマン人がどんなものであるかご存知ないのですか？われわれはもう一四年以上、屋根の下で眠ったことがありません」。こうした言葉はローマの軍隊にきわめて強烈な印象を植え付けた。この北の巨人たちの体格と猛々しさがもたらすものはすべて、南国の小柄な男たちを怖じ気づかせた。

野営地にいる兵士たちはみな自分たちの遺言状を作成していた。カエサルは次のように言って兵士を恥じ入らせた。「もしお前たちが私を見捨てたとしても、私は前に進む。第十軍団があれば私には十分なのだ」。その後、カエサルは兵士たちをブザンソンに連れて行き、この地を占領すると、ライン川からほど遠くない蛮族たちの野営地まで侵攻した。そして新月を待つことを望んでいた蛮族たちに戦いを強い、激しい戦闘のすえに彼らを打ち破った。逃走した者のほとんどすべてがライン川で命を落とした。

ローマ人がスエビ族を追い出したのは、スエビ族のガリア人に対する支配を自分たちが引き継ぐためにすぎない、そのようにベルガエ人をはじめとする北部ガリア人が判断したとしても無理はない。彼らは大同盟を組織し、カエサルはこれを口実にベルギーに侵入した。彼は案内役および通訳としてハエドゥイ族のディウィキアクスを同行させた。カエサルは、かつてハエドゥイ族の臣下であったセノネス族と、カルヌテス族のドルイド教国の宗主であったレミ族によって呼ばれていた。おそらく、ドルイド教を奉じる、少なくとも民衆派を奉じるこれらの諸部族は、このドルイド僧の友人〔カエサル〕の到来を喜んで迎え、彼を自分たちの凶暴な隣人である北方ベルガエ人に敵対させようと目論んだにちがいない。五世紀後にガリア人のカトリック聖職者が、アリウス派の西ゴート族とブルグント族と敵対するフランク族の侵入を歓迎したのも、やはりこうした事情からであった。

しかしながら、これほど大胆な将軍でなければ、セーヌ川およびムーズ川流域の泥土の平原や未踏の森林でおこなわれたこの戦争は、暗く気の滅入るような見通しの戦いだった。カエサルはしばしば、アメリカ大陸の征服者たちのように、斧を手にして道を切り開き、沼に橋を架け、軍団とともに陸地を進んだり、浅瀬を渡ったり、泳いだりしなければならなかった。アメリカの木々が自然につる草で組み合わさっているように、ベルガエ人は森の木々を組み合わせた。しかしピサロやコルテスたちは武装で優位にたっていたため、彼らの戦いは間違いのないものだった。それにあの冷酷で猛々しい諸部族、一〇万の大軍でカエサルを攻撃したベッロウァキ族やネルウィイ族（ピカルディー地方、エノー＝フランドル地方）に比べれば、ペルー人がどれほどのものだというのか。ベッロウァキ族とスエッシオネス族は、ハエドゥイ族のディウィキアクスの仲介で和解した。しかし、アトレバテス族とウィロマンドゥイ族の支援をうけたネルウィイ族は、サンブル川〔ムーズ川の支流〕流域の自分たちの森の奥深くを行軍中のローマ軍を急襲し、まさにローマ軍を打ち破るものと確信した。カエサルは軍旗を手に取り、自ら前衛に立たなくてはならなかった。その結果、この勇猛な民は絶滅させられた。ネルウィイ族の盟友のキンブリ族は、アデュアア（ナミュールのことか？）を占領していたが、カエサルが町を包囲して作らせた堡塁に恐れをなした。彼らは降伏するふりをして、城壁の上から武器の一部を放棄すると、隠していた残りの武器でローマ軍を攻撃した。カエサルは彼らのうち五万三千人を奴隷として売り払った。

もはやカエサルはガリアを服従させるという計画を隠しはしなかった。彼は海岸沿いのすべての部族の平定に乗り出した。彼はメナピイ族とモリニ族が住む森と沼地を通り抜けた（ゼーランドとヘルダーラント〔ともにオランダの州〕、ガン、ブリュージュ、ブーローニュ）。彼の副官の一人がウネッリ族、エブロネス族、レクソウィイ族を服従させた（クータンス、エヴルー、リジュー〔いずれもフランス北西部の都市〕）。別の副官である年若きクラッスス〔プブリウス・リキニウス・クラッスス。第一回三頭政治をおこなったマルクス・リキニウスの息子〕は、蛮族たちがスペインからセルトリウス〔前一二三頃—前七二。ローマの政治家・将軍〕の古い仲間たちを呼び寄せたにもかかわらず、アキテーヌを征服した。カエサル自身はブルターニュのウェネティ族をはじめとする諸部族を攻撃した。この水陸両生の住民は、地上にも水上にも住んでいない。彼らの住まう森は、潮の干満によって水面を出入りする半島にあり、地面の側からも海の側からも攻囲することはできない。ウェネティ族は絶えずもう一つのブルターニュ〔グレート・ブリテン島のこと〕と連絡を取り、援護を引き出していた。彼らを平定するには、海の支配者にならなくてはならない。カエサルは決してくじけることはなかった。彼は船を造り、水兵を養成し、ブリタンニア人の船を釘付けにするやり方を彼らに教育した。手鉤でブリタンニア人の船をひっかけて、船の索具を断ち切るのだ。カエサルはこのしぶとい民族を激しく責め立てた。しかし大ブルターニュ〔グレート・ブリテン島〕においてしか、小ブルターニュを打ち負かすことはできない。カエサルは大ブルターニュに渡ることを決めた。

カエサルが制圧に乗り出した西洋の蛮族の世界は三つの世界からなっていた。ブリタンニアとゲルマニアの中間に位置するガリアは、その両方と関係を保っていた。キンブリ族は三国に居住していた。ヘルウィイ族とボイイ族はゲルマニアとガリアに居住していた。パリシイ族とアトレバテス族はガリア人だが、ブリタンニアにも住んでいた。ガリア内の反目において、ブリタンニア人はドルイド派に与し、ゲルマニア人は氏族の首長の党派に与しているように見えた。カエサルは両方の党派に対し、内部からも外部からも攻撃を加えた。彼は大洋を渡り、ライン川を渡った。

ゲルマン人の二つの大部族、ウシペテス族とテンクテリ族は、南部でヘルウェティイ族がそうであったように、北部でスエビ族の侵入にうんざりし、やはりガリアの内部を通過しようとした（紀元前五五年）。カエサルは両部族を遮ると、折衝の間にその若者たちに攻撃を受けたという口実で、彼らにいきなり攻撃を仕掛けて皆殺しにした。ゲルマン人たちにさらなる恐怖の念を吹き込むべく、カエサルはその付近には恐怖のあまりどの民族も住もうとはしないというスエビ族を探しに出発した。彼はライン川のケルンから遠くない場所に、この長大な川の幅の広さと流れの激しさをものともせず、一〇日間で一本の橋を架けた。スエビ族の森の捜索が徒労に終わった後、ライン川を再び渡り、ガリア全土を横断して、同年中にブリタンニアに向けて出航した。この驚くべき進軍が、その並外れた大胆さと驚異的なスピードゆえに、勝利以上に感嘆すべきものとしてローマに伝えられると、称賛の叫び声がわき上がった。神々への二〇日間の祈願が布告された。キケロは言った、「カエサルの偉業に比べると、マリウスはいったい何をおこなったというのだ？」

カエサルが大ブリタンニアに渡ろうとした時、彼はこの聖なる島についてガリア人からいかなる情報も得ることはできなかった。ハエドゥイ族のドゥムノリクスは、宗教の教えゆえカエサルに従うことができないと言明した。彼は逃走しようとしたが、彼の変節しやすい性分を知っていたローマ人〔カエサル〕は、生死を問わず連れ戻すように命じて彼を追跡させた。この男は身を守ろうとして殺された。

この遠征の途上、ガリア人たちの悪意によってカエサルはあやうく命を落とすところだった。まずガリア人はカエサルに上陸の際の困難を教えなかった。大洋航海で用いる高さのある船は喫水が深く、海岸に近づくことができなかった。兵士は水深のある海に飛び込んで波の間で戦闘隊形を組まなければならなかった。砂浜を埋め尽くした蛮族たちの優勢は明らかだった。しかし攻城用兵器が救援となり、投石と矢を降らせて海岸の蛮族を一掃した。その間に秋分が近づいてきた。満月の日、潮の干満が大きくなる時期である。一晩のうちにローマの船団は破壊され、使用できない状態になってしまった。最初は驚きのあまりカエサルに人質を送っていた蛮族たちが、カエサルの野営地への急襲を試みた。強硬に押し返されると、蛮族は再び降伏を申し入れた。カエサルは蛮族にこれまでの倍の人数の人質を差し出すよう命じた。しかし彼の船の修繕が終わったので、カエサルはその夜返事を待たずに出航した。もう何日か遅ければ、季節の変化のため彼は帰還できなかったにちがいない。

その翌年、われわれはカエサルの姿を、イリュリア〔バルカン半島西部〕、トリーア〔ドイツ西部の都市〕、ブリタンニアでほぼ同時に目にすることになる。かつてこのような旅行をした者は、われわれの古い伝説の聖霊しかいない。今回カエサルは、祖国から逃走して彼に助けを求めた首長を案内に立て、ブリタンニアにやってきた。カエサルは、ブリタンニア人たちを潰走させ、カッシウェッラウヌス王を家臣と軍馬を集めていた沼地の城郭内に包囲するまでは、撤退しようとはしなかった。カエサルはブリタンニアに貢ぎ物を課したことを手紙でローマに伝え、海岸で採集された安物の真珠を大量にローマに運んだ。

この聖なる島への侵略以降、カエサルにガリア人の友人はいなくなった。ガリアを犠牲にすることでローマを買収する必要性から、五年にわたって彼に指揮権を保持させてくれた友人たちにふんだんに振る舞う必要性から、この征服者はこの上なく乱暴な手段に訴えた。ある歴史家の記述によれば、カエサルは聖地の財宝を奪い、さしたる理由もなしに都市を略奪した。彼はいたるところでローマ人に忠実な首長を任命し、人民による政体を打ち倒した。ガリアは同盟と平和と文化のために多大な出費をしなければならなかったが、ローマの支配はその恩恵をガリアに知らしめることになった。

ウェルキンゲトリクスの反乱

食料が不足したためカエサルが軍団を分散させると、反乱がいたるところで起った。エブロネス族が一軍団を惨殺し、また別の軍団を包囲した。カエサルはこの軍団を解放するために、八千人の部下とともに六万人のガリア人のただなかを通過した。

その翌年、カエサルはルテキア〔パリの古名〕にガリアの部族会議を招集した。しかしネルウィイ族、トレウェリ族、セノネス族、カルヌテス族はそこに姿を現さなかった。

カエサルはこれらの部族を個別に攻撃し、すべての部族を打ち負かした。彼は、救援に来ようとしていたゲルマン人たちを威圧するため、再度ライン川を渡った。そしてガリアを二分していた二つの党派に同時に攻撃を加えた。彼は、首長のアッコを厳粛に裁判にかけて死刑に処すことによって、ドルイド派で民衆派であった（?）セノネス族を震え上がらせた。また彼は、ゲルマン人と友好関係にある獰猛な集団エブロネス族を制圧し、彼らの果敢な指導者であるアンビオリクスをアルデンヌの森に追放した。そして、森や沼地にある彼らの隠れ家をローマ人以上によく知っていて、浅ましい欲にまみれて分け前に与ろうとするガリアの諸部族に、エブロネス族全員を引き渡した。ローマの軍団はこの不幸な国の至るところで封鎖をおこない、誰もそこから逃れられないようにした。

　これらの蛮族たちはカエサルに対抗するためガリア全体を和解させた（紀元前五二年）。ドルイド僧たちと氏族の首長たちははじめて合意に達した。ハエドゥイ族でさえ、公然とではなかったが、古くから友好関係をもっていたカエサルに対して反旗を掲げた。

　反乱ののろしはカルテヌス族のドルイドの地、ケナブム〔現在のオルレアン〕から起こった。野と村を越えて鬨《とき》の声が繰り返され、のろしはその夜のうちに一五〇マイル先のアルウェルニ族のもとまで到達した。かつてドルイド派と民衆派の敵であったアルウェルニ族は、いまや盟友となった。ガリア同盟のウェルキンゲトリクス（総大将）は勇猛果敢なアルウェルニ族の青年だった。彼の父は、当時のガリアで最大の有力者だったが、王位を求めたという罪で火刑に処された。父親から膨大な数の被護民を相続したこの青年は、カエサルの進軍を常に押し返し、集会や宗教的祝祭で絶えず同郷人たちにローマへの反抗心を駆り立てた。彼は農奴にまで武装蜂起を呼びかけ、臆病者は生きながら焼き殺す、どんなにつまらない過ちでも罰として耳や目を失うことになると宣言した。

ガリア人の大将の戦略は、南部のローマ属州と北部のローマ軍団の宿営地で、同時に攻撃をおこなうというものだった。イタリアにいたカエサルはすべてを察知し、未然に防いだ。カエサルはアルプス山脈を通過して、属州を確保した後、六ピエ〔二メートル弱〕の雪が積もるセヴェンヌ山地を踏み越え、突如としてアルウェルニ族の前に姿を現した。すでに北に向かって出発していたガリアの指揮官は、戻って来なければならなかった。彼の同郷人は急いで自分たちの家族を守った。それこそまさしくカエサルの望むところだった。カエサルは、アッロブロゲス族に動員を呼びかけるという口実で軍隊を離れると、人知れずハエドゥイ族居住地の国境を通ってローヌ川、ソーヌ川をさかのぼり、自分の軍団を結集させてそこに合流した。ウェルキンゲトリクスがハエドゥイ族の城市ゲルゴヴィア（ムーラン〔フランス中部の都市〕）の包囲によってカエサルを引き寄せていると思っている間に、カエサルはケナブムの住民を皆殺しにした。ガリア人たちは駆けつけたものの、ノウィオドゥヌムの町が征服されるのを目にしただけであった。

ウェルキンゲトリクスは、ローマ軍を飢えさせることができないかぎり救済はないと臣下に言明した。このための唯一の手段は、自らの手で自分たちの町を焼き払うことだった。彼らはこの残酷な解決策を雄々しく遂行した。ビトゥリゲス族の二〇の都市が住民の手によって焼き払われた。しかし彼らが大アゲンディクム（ブールジュ〔フランス中部の都市〕）の町にやってきた時、町の住民はウェルキンゲトリクスの両膝に抱きつき、ガリアで最も美しいこの町を破壊しないよう懇願した。ここで手心を加えたことが彼らにとって不幸を招く結果となった。町は他の町と同様に滅ぼされた、ただしそれは驚異的な努力でこの町を奪取したカエサルの手によってであった。

その間にハエドゥイ族はカエサルに対し反旗を翻していた。カエサルは彼らの背反によって騎兵隊を失い、その補充のためにゲルマン人を呼び寄せなければならなかった。カエサルの副官のラビエヌスは、（ルテキアとムラン〔パリの南の都市〕の間の戦いの）勝利によって切り抜けていなければ、北部で打ち破られていたはずだ。カエサル自身もアルウェルニ族のゲルゴヴィアの包囲戦に失敗した。戦闘状況が芳しくなかったため、カエサルはローマ属州に引き返そうと考えた。ガリア人の軍隊はカエサルを追撃し、追いついた。ガリア人たちは、少なくとも二度敵の戦線を突破しないかぎり、彼らの住居にも、家庭にも、妻子のもとにも決して戻らないことを誓っていた。戦闘は壮絶だった。カエサルは体を張って戦わなければならず、危うく捕らえられそうになり、彼の剣は敵の手に渡ってしまった。しかしカエサルに仕えるゲルマン騎兵隊の働きがガリア人戦線を大恐慌に陥れ、勝利を決定づけた。

動揺しやすいガリア人の精神はこれで意気阻喪してしまい、彼らの指揮官は、山（オスワ山）の高台に位置する城塞都市、アレシアの城壁の中に立てこもることでしか兵士たちを安心させることはできなかった。すぐにカエサルが到着する。ウェルキンゲトリクスは騎兵を送り出し、自分たちが三〇日分の食料しかもっていないことをガリア全土に知らしめること、そして武具をもつことができる者はすべて救援のために連れてくることを彼らに命じた。実際のところ、カエサルはこの巨大な軍勢を包囲することに躊躇しなかった。カエサルは城市とガリア人の軍事基地を驚くべき堡塁によって包囲した。まず三つの堀、それぞれの堀は幅一五から二〇ピエ〔約四・八から六・五メートル〕、そして同じだけの深さがある。高さ一二ピエ〔四メートル弱〕の城壁。八列の小堀、その底部には杭が立ち並び、枝葉で覆われている。そして枝を交錯させて作られた、五列の樹木の柵。これらの堡塁は野戦場でも同じように作られ、その周囲は一五マイル〔古ローマの尺度で約二二キロ〕に及んだ。全作業を終えるのに六万人足らずの人員で五週間もかからなかった。

全ガリアの兵士たちがそこにやってきて打ち破られた。包囲され恐ろしい飢えに陥ったガリア軍の必死の努力も、城外の野戦場の方でローマ軍と戦った二五万人のガリア人の努力も、等しく失敗に終わった。市内に包囲された者たちは絶望的な気分で、同盟軍がカエサルの騎兵によって向きを変え、散り散りになって敗走するさまを目にした。ウェルキンゲトリクスは、部下たちが絶望する中でただ一人揺るぎない精神を保持していたが、自ら名乗り出て戦争全体の首謀者として降伏した。彼は自分の軍馬に乗り、自分が所有する一番立派な武具を身につけた。カエサルの法廷のまわりを回った後、無言のまま、自分の剣、投げ槍、兜をローマ人カエサルのもとに投げ出した。

その翌年も、ガリアの全人民は依然部分的な抵抗を試み、敵の力を消耗させたものの、敵を打ち破ることはできなかった。ただウクセッロドゥヌムの町（ケルシーのカップ゠ド゠ナックか？）だけがカエサルを長期間足止めさせた。油断がならない例である。カエサルにはガリアで無駄にする時間はなかった。イタリアでは今にも内戦が始まりそうであった。小さな町の前でいちいち立ち止まって何ヶ月も費やしていたら、カエサルは破滅してしまう。彼はそこでガリア人を震え上がらせるためにおぞましいことをおこなった。そもそもローマ人たちは、あまりに頻繁にこのような例を示すのであるが。

カエサルは全捕虜の手首を切り落とさせたのである。

　これ以来、カエサルはガリア人に対する振る舞いを変えた。彼はガリア人に対して極端な寛大さを示すようになった。彼は俸給に関して、属州が嫉妬するほどガリア人たちを優遇した。報酬は「軍人俸給」という名目で偽装されさえもした。カエサルはあらゆる手段を使い、自らの軍団にガリア人の最も優秀な兵士を雇い入れた。彼はガリア人だけで一つの軍団を組織し、この軍団の兵士たちはヒバリの兜飾りをつけていた。それでこの軍団はアラウダ〔ヒバリ軍団〕と呼ばれた。

　早朝に警戒しながら陽気に飛びまわるこの鳥を民族的象徴として、この勇猛果敢な兵士たちは歌を歌いながらアルプス山脈を越え、無口なポンペイウスの軍団を騒々しい挑発行為でもってファルサロスまで追いつめたのだ。

　ガリアのヒバリ軍団は、ローマの鷲に導かれ、再度ローマを奪取し、内乱の勝利に協力した。ガリアは自由を失った慰めとして、カエサルが最後の戦いで失った剣をとっておいた。ローマ人兵士は、ガリア人たちがそれを掛けておいた神殿から剣を奪い返そうとした。しかしカエサルは微笑んで言った、「そのままにしておけ。その剣は聖なるものなのだから」。

（以上第一篇第二章）

　カエサルの暗殺後、ローマはアウグストゥスのもとで帝国となる。属州ガリアのローマ化が進むと同時に、ローマのガリア化も進展し、カラカラ帝などガリア出身の皇帝も現れる。しかしこうして誕生しかけたガロ＝ローマ帝国は、まもなく衰退へと向かう（ミシュレは帝国の衰退の原因として奴隷

彼は無言のまま、自分の剣、投げ槍、兜をローマ人カエサルのもとに投げ出した

制の拡大に伴う小作農の減少を挙げる)。コンスタンティヌス帝によるキリスト教の導入もローマ社会の弱体化を防ぐことはできない。こうして西ローマ帝国は滅亡に向かうが、それは「都市」の理念とキリスト教の精神を遺産として残すことになる。
(以上第一篇第三章)

ミシュレはここでフランス文明の起源について論じる。フランス人の起源は、ミシュレ以前のフランス歴史学における重要な主題であり、ケルト人・ローマ人・ゲルマン人のいずれに重点を置くかについてさまざまな論争が戦わされた。一八二〇年代、オーギュスタン・ティエリはこれらの論争を踏まえた上で、征服民族のゲルマン人を貴族の起源に、被征服民族のガロ＝ローマ人を平民の起源に位置づける征服理論を確立した。ミシュレはこれらの学説のいくつかを示した上で、このような起源論争じたいの限界を指摘する。それはミシュレが歴史の進展において、人種という先天的要素以上に、人間の自らに対する働きかけという後天的要素を重視するからである。ここには、ミシュレがヴィーコに学んだ「人間は自分自身のプロメテウス〔解放者〕である」という歴史理論の反映が認められる。

フランス人の起源

ギリシア＝ケルト的精神は、宗教哲学においてはペラギウス〔三六〇頃―四二二頃。神学者。自由意志を強調し異端宣告を受けた〕によって示された。それは自立した自我、自由な個性という精神である。後に全く異なる性質をもつゲルマン的要素がやって来て、これと格闘する。このゲルマン的要素のせいで、ギリシア＝ケルト的精神は自らを正当化し、発展させ、内にあるすべてのものを引き出さなくてはならなかった。中世とは闘争である。そして近代は勝利なのだ。

しかしドイツ人をガリアの大地に連れてくる前に、この新たな種族混淆に立ち会う前に、私はそれに先立つすべてのことに立ち戻り、ガリアの地に定着した様々な種族がどの程度までこの地の原初的精神を変化させることができたのか評価する必要がある。これらの種族が全体でどれほどの貢献をもたらしたのか、それぞれの種族がこの共同体の中でいかなる位置を占めたのかを探る必要がある。多くの外来要素の下に土着の何物が残ることができたのかを見積もる必要がある。

フランスの起源についてはさまざまな学説が唱えられた。

外来的影響を否定する人々もいる。これらの人々は、フランスが言語や文学や法において、フランスを征服した諸民族から何かを受け取ったとは決して考えたくないのだ。それどころか、彼らの考えに従えば、われわれフランス人の起源の中に人類の起源が見出されることになるだろう。ル・ブリガン〔ケルト語学者。一七二〇―一八〇四〕とその弟子、共和国の第一の擲弾兵であるラ・トゥール・ドーヴェルニュ〔軍人・ケルト語学者。一七四三―一八〇〇。ナポレオンからこう呼ばれた〕は、低地ブルトン語からあらゆる言語が派生したと考える。大胆で愛国的な批評家である彼らは、フランスを解放するだけでは飽きたらず、フランスのために世界を征服することを望むのである。歴史家や法学者はこれほど大胆ではなかった。しかしながらデュボス神父は、クローヴィスの征服が征服であることを全く認めようとしない。グロスレーはわれわれの慣習法がカエサル以前にさかのぼると断言する。

このような見方に対して、おそらくこれほど空想的ではないせよ、同様に偏狭で型にはまった観点から、伝統や、交易や征服によるさまざまな移入の中にすべてを探し求める人々がいる。彼らにとっては、われわれのフランス語はラテン語の堕落したものであり、われわれの法はローマ法やゲルマン法の退化したものであり、われわれの伝統は異国の伝統の単なる模倣にすぎない。彼らはフランスの半分をドイツにあたえ、残り半分をローマ人にあたえる。フランスは自分のものと主張すべきものを何ひとつもっていない。どうやら古代にあれほど言及されたあのケルト人の大集団は、自然から見捨てられた恵まれない民族であったため、痕跡も残さずに消滅してしまったようである。カエサルに対して五〇万人の兵士で戦ったガリアは、ローマ帝国の支配下でもなお多くの住民にあふれていたのだが、完全に消滅してしまった。ガリアは、ローマの軍団やクローヴィスの軍隊との混交により、溶けて無くなってしまった。北部のフランス人はすべてドイツからやってきた、とはいえ彼らの言語にはドイツ語の影響はほとんどないのであるが。ガリアは〔伝説の〕アトランティス島のように、身柄も財産も滅んでしまったのだ。すべてのケルト人は滅んだ、そしてもし滅んでいなかったとしても、彼らは現代の批評家の批判を逃れることはできなかっただろう。ピンカートン〔一七五八―一八二六。スコットランドの考古学者〕はケルト人を墓の中で休ませてはくれない。彼は、イングランドがアイルランドに対して容赦ないように、ケルト人に容赦ない本物のサクソン人である。彼は言う、ケルト人は固有のものを何一つもたなかった、いかなる独創的精神ももたなかった、「ジェントルマン」はすべてゴート人（あるいはサクソン人、スキタイ人。彼にとってはいずれも同じものである）の出身である。彼はそのおかしな激高ゆえに、「ケルト人を嘲笑することを学ぶために」ケルト語の講座が設けられることを望むことだろう。

もはやわれわれは、二つの学説のどちらかを選択し、土着的精神と外来的影響のどちらかを一方的に支持すると宣言できるような時代にいるわけではない。両方の側において、歴史学と良識が抵抗を示している。フランス人がもはやガリア人ではないことは明らかである。われわれの中に、白くて柔軟な巨体をもち、ローマを燃やして喜んだあの巨大な子供たちであるガリア人の面影を探しても無駄なことだ。しかしその一方で、フランス精神はローマ精神やゲルマン精神とは根本的に異なっている。彼らはこうした点を説明することができない。

　われわれは議論の余地のない事柄を拒絶するつもりはない。われわれの祖国が外国から多大な影響を被ったことに疑いの余地はない。世界のあらゆる種族がこのパンドラに持参金をあたえたのだ。原初的基層、すべてを受け止め取り入れた基層は、若くて柔軟で移動を好むガル人である。彼らは騒々しく、享楽的で軽薄で、物覚えが早く、軽蔑するのも早い、新しいものに貪欲な種族であった。これが原初的な要素であり、さらに改善されうる要素である。

　このような子供たちには厳しい家庭教師をつける必要がある。彼らは家庭教師を南部と北部から受け入れることになる。移動は定着へと変わり、軟弱さは硬さと強さになった。本能には理性を、感情の波には思慮を付け加えなくてはならない。

　南部ではリグリア〔イタリア北西部〕とピレネー山脈からイベリア人が出現した。彼らは山岳民族特有の無情で狡猾な精神を有していた。次いでフェニキア人の入植者たちも現れた。ずっと後になってサラセン人たちがやってくる。南フランスは早い時期からセム系諸民族の商人気質を身につけていた。中世のユダヤ人はそこで安全に暮らしていた。アルビジョワ派〔十一—十三世紀に南仏に広まった異端の一派〕の時代に、東洋的教義はこの地で困難なく定着した。

北部からは早くから頑固なキムリス人が南下した。彼らはフランスのブルターニュ人やイギリスのウェールズ人の祖先である。キムリス人は何もせずに地上を通過することを望まなかった。彼らには記念碑が必要だった。彼らは尖塔をロク゠マリア゠ケールに、列石群をカルナックに残した。これらのごつごつした無言の石々は、空しく終わった伝承の試みであり、もはや後世の人間にはその意味が分からない。彼らが信仰したドルイド教は不滅について語る。しかしそれは現世において秩序を築くことさえできなかった。ただ、ドルイド教は、野蛮な人間の内に道徳の芽があることを明らかにした。まるでヤドリギが冬のあいだに雪を突き抜けて、眠っていた生命を証明するように。彼らにおいては戦士の精神が依然優位である。ボルグ人が北部から南下し、嵐がガリア、ドイツ、ギリシア、小アジアに吹き荒れる。その後にガル人が続き、ガリアは世界中にあふれ出る。ガリアは、流れ出て拡散するひとつの生命、豊かな樹液となった。ガリア゠ベルガエ人は、戦士にふさわしい気性の激しさと、現代のベルギーやアイルランドのボルグ人に見られる旺盛な繁殖力をもっていた。しかしアイルランドとベルギーの社会的性格の弱さは、すでに古代のガリア゠ベルガエ人の歴史にも明瞭だった。彼らがおこなった征服には結果が伴わなかった。ガリア人は、自分たちは獲得することも組織することもできないと分かっていた。自然的で好戦的な氏族社会が、選挙にもとづくドルイド教祭司の社会よりも優位にあったのだ。氏族は、実質的あるいは形式的な血縁関係の原則に基づいており、組織の中で最も荒削りなものである。そこでは血と肉が絆なのだ。氏族の統一は一人の首長、一人の人間に帰すのである。

人間が人間に対してではなく、一つの理念に身を捧げるような社会が始まる必要がある。まず必要なのは、市民的秩序の理念である。ローマの軍団の後からローマの「土地測量官」たちがやって来て、エクス、ナルボンヌ、リヨンの植民地で、古代の慣習にしたがって計測し、測量し、方角を定める。都市がガリアに入り込み、ガリアが都市に入り込む。偉大なカエサルは、五〇回の戦争と何百万人の死者によってガリアを武装解除した後、軍団をガリア人にも開放し、ローマと元老院の城門を破ってガリアを引き入れた。これらのガロ＝ローマ人たちは、雄弁家、修辞学教師、法律家となる。彼らは師匠をも凌駕し、ローマ当地でラテン語を教えるようになる。彼ら自身はそこで、軍事的指導者のもとで市民的平等を学ぶ。彼らは、自分たちの平等の精神においてすでに知っていることを学ぶのだ。心配しなくても、彼らがそれを忘れるはずはない。

しかしながら、ガリアは、ギリシア的精神によって目を覚ますまでは、自覚をもつことはないだろう。アントニヌス・ピウス〔ローマ皇帝。在位一三八―一六一。五賢帝のひとり〕はニームの出身である。ローマは言った、「都市だ」。ストア派のギリシアはアントニヌスたちを介して言った、「世界の都市だ」。キリスト教のギリシアは、聖ポティヌス〔ポティノス〕と聖エイレナイオス〔いずれも二世紀頃のリヨン司教〕を通してさらにそれをしっかりと述べた。彼らはスミルナ〔エーゲ海東岸の都市。現在のイズミル〕とパトモス〔エーゲ海の島〕からリヨンにキリストの御言葉をもたらした。それは神秘的な言葉、愛の言葉であり、疲れ切った人間に対し、キリスト自身が晩餐の日に愛する者の胸に頭を置いたように、神の中で休息し眠ることを勧める。しかしキムリス人の精神の中、われわれ頑固な西洋人の中には、神秘主義を拒絶するもの、心を奪う甘い言葉に対してかえって身を固くするような何かがある。それは、キリスト教がもたらした精神的な神のただなかで自分を失うことも望まず、古代の宗教の自然神を受け入れることも望まない。このかたくななまでの自我の主張は、ギリシアのオリゲネス〔一八五頃—二五四頃。アレクサンドリア生まれの神学者〕の後継者であるペラギウスを自らの声とした。

もしこれらの議論好きな連中が勝利を収めていたら、彼らは社会が安定する前に自由を根づかせていたことだろう。世界を作り直すことになる教会には、もっと従順な協力者が必要だった。ドイツ人たちがやって来なければならない。彼らの侵入がどんな災いをもたらすにしても、彼らはやがて教会を補佐することになるだろう。第二世代になれば、もう彼らは教会のものだ。教会が彼らに触れるだけで、彼らはすぐに降参した。彼らは千年にわたって教会の魔法にかかったままだろう。「頭を下げなさい、従順なスガンブリ人〔ゲルマン系の一部族〕たちよ……」。反抗的なケルト人たちは頭を下げようとしなかった。これらの蛮族たちは、今にもすべてを踏みつぶすかに見えたが、知ってか知らずか、教会の従順な道具となってしまった。教会は彼らの若々しい腕を利用して、近代社会を結びつける鋼鉄の絆を鍛えるのだ。トール神〔ゲルマン神話の雷神〕とカール・マルテル〔メロヴィング朝の宮宰。六八八頃—七四一〕がもつゲルマンの槌は、西欧の反抗的精神を打ち据え、飼いならし、規律に従わせるために用いられるのだ。

われわれのガリアの地における諸種族の蓄積はこのようにおこなわれた。種族に種族が重なり、民族に民族が重なる。ガル人、キムリス人、ボルグ人、別の方向からはイベリア人、また別の方向からはギリシア人とローマ人。そしてドイツ人が最後にやってくる。それはさておき、フランスの話は済んだのだろうか？　まだほとんど何も話されていない。フランスはこれらの諸要素から自分自身を作り上げた。そこから別の混合物が出てくることもありえただろう。油も砂糖も同じ化学的要素から構成される。要素があたえられたからといって、すべてがあたえられたわけではない。固有で特別な存在の神秘がまだ残されている。国民という、生きて活動する混合物の場合、自分自身に働きかけ自分自身を変化させることができる混合物の場合、さらにどれほどこの神秘を考慮に入れなくてはならないだろうか？　われわれの祖国が自らを変容するこのはたらき、この連続的な変化、これがフランス史の主題である。

われわれはそれゆえ、ケルト精神という原初的要素についても、外来的に付加された要素についても、ことさらに強調するのはやめておこう。ケルト人はおそらくそこで何かをおこなった。ローマ人、ギリシア人、さらにゲルマン人も同様である。しかしこれらの要素を統合し、融合し、変化させたのは何物なのか？　それらを変質させ、変貌させ、それらを一体にし、そこからわれわれのフランスを引き出したのは何物なのか？　フランスそれ自体が、その内的なはたらきによって、必然と自由がまじりあったこの神秘的な分娩によって、自らを生み出したのだ。歴史がそのことを説明している。そこから出てくる巨大な楢《なら》の木と比べれば、もともとのどんぐりの実は無に等しい。自分自身を誇るがよい、自らを育て、これまで自らを形成し、今もなお形成しつつある生きた楢の木よ！

（以上第一篇第四章）

（片山幹生訳）

4　ゲルマン民族の侵入

（第二篇第一章）

紀元一世紀、タキトゥスは『ゲルマニア』においてゲルマン民族の習俗を描いた。それは好戦的で誇り高い、英雄的な民族である。彼らは都市をもたずに深い森の中に暮らす、流動的な民族であり、以前よりローマ領内へ小規模な移住をおこなっていた。四世紀、フン族の圧迫を受けた西ゴート族がドナウ川を渡り西ローマ帝国領に侵入すると、他の諸部族もつぎつぎと帝国領内に侵入を開始し、ここにゲルマン民族の大移動が始まる。衰退していた西ローマ帝国はこの混乱の中で四七六年に滅亡する。

ミシュレはここで、ガリアを横断するこれら諸民族のもつ個人的献身の精神や、冒険を好む英雄的精神を描き出す。とはいえそれを民族固有の性格と見なすだけでなく、時代と状況との関係で説明するところに、人種的決定論に対するミシュレの批判的態度が読みとれる。また、彼らの神話・民話に対する民俗学的関心は、ミシュレが自らの師としたヴィーコや、交友のあったグリム兄弟の影響を思わせる。

ケルト人、イベリア人、そしてローマ人の古いヨーロッパ世界はその半島と島々の内部に厳密に描き出せるが、その背後には広大で曖昧な全く別のもう一つの世界が広がっている。ゲルマン人とスラヴ人が住まうこの北方の世界は、自然によって明確に決定づけられることはなく、結局、政治的変動によって決定づけられた。それでもこの不明瞭さは、ロシア、ポーランド、そしてドイツにおいていまなおはっきりと示されている。ドイツ語とドイツ人の境界は、われわれフランスの方ではロレーヌ地方、およびベルギーの中で揺れ動いている。東方では、ドイツとスラヴ世界の境界はエルベ川上に、次いでオーデル川上にあり、このオーデル川という流れをとかく変化させる気まぐれな河川と同様に変化してやまない。ドイツ的であると同時にスラヴ的であるプロイセンとシュレジエンを経由して、ドイツはポーランドの方へ、ロシアの方へと、つまり果てしなき野蛮の地へと入り込んでゆく。北方では、海がなんとか幾分はっきりした障壁となっている。ポメラニア地方〔バルト海沿岸部〕の砂浜はバルト海の海底へと続いている。そこでは海の下に町や村が横たわり、それはまるで海に飲み込まれたオランダの町や村のようである。オランダは海と陸の二つの要素の戦場でしかないのだ。

曖昧な土地、流動的な民族。ともかく、タキトゥスが『ゲルマニア』の中でわれわれに描き出すのはこういった世界である。沼地があり、森がある。森は程度の差はあれ広がっていて、人間の前ではまばらになり後退するが、人間が見捨てた土地では厚みを増す。居住地は散在し、耕作地は狭く、毎年新しい土地に移し替えられる。森の間には、「辺境《マルシュ》」と呼ばれる、広大な林間の空き地、共有の空地、移住者の通り道、耕作の最初の試みの舞台があり、そこには何軒かの粗末な小屋が気まぐれにかたまっている。タキトゥスは言う、「彼らの住居は密集していない。彼らはこちらでは泉のそばに留まり、向こうでは木立のそばに留まる」。「辺境」の境界を定め、それを確定することは、森林の紳士たちにとっては重要な問題だった。境界はあまりはっきりしなかった。彼らは言う、「農民は辺境内でどこまで耕作することができるのか？　それは彼が槌を投げられる距離までだ」。トール神のもつ槌は所有地の象徴であり、自然に対するこの平和的征服の道具なのだ。

とはいうもの、この流動的な農耕と住居の移動から、ゲルマニアの人々が遊牧民族であったと推論してはならない。われわれは彼らの中に、古代のケルト人や現代のタタール人をヨーロッパとアジアを横切って駆けめぐらせた、あの冒険精神を認めることはできない。

ゲルマン人の最初の移動は一般にいくつかの明確な原因に帰せられている。海の侵入〔バルト海の膨張〕によりキンブリ族は南方への移住を決意し、その際に多くの人間を引き連れて行った。戦争や飢饉、より肥沃な土地の必要性などにより、しばしば部族たちが互いを押し出したことは、タキトゥスの記述にも見ることができる。しかし肥沃で自然に守られた土地を見つけたときには、彼らはそこに留まった。その証拠に、フリジア人〔北海のフリジア諸島に住む部族〕は何世紀も前から祖先たちの土地と慣習を固く守り続けている。

ゲルマニアの初期の住民の習俗は、タキトゥスが好んで派手な色づけで飾ってはいるものの、他の多くの蛮族たちの習俗と変わりはなかったようである。彼らは歓待を好み、復讐については容赦なく、賭け事や発酵飲料が好きでたまらず、耕作は女性まかせだった。この他にも多くの特徴が、他の蛮族についてほとんど知らない作家たちによって、ゲルマン人特有のものとされている。しかし彼らをタタール人のような遊牧民やアメリカ大陸の狩猟民と混同してはならないだろう。ゲルマニアの小部族たちは、彼らより農耕生活に近く、それほど広くない空間であまり分散せずに生活しており、われわれの目にはそれほど荒々しい性格には見えない。彼らは野性的というよりはむしろ野蛮であり、獰猛というよりはむしろ粗野な民族なのだ。

タキトゥスがゲルマニアに言及した時代、キンブリ族とテウトニ族（インガエウォンス、イスタエウォンス）は弱体化し、西方で姿を消した。ゴート族とランゴバルド族が東方に姿を現し始めていた。サクソン族の前衛であるアングル族の名前がこの頃ようやく言及され始めた。フランク族の同盟はまだ形成されていない。スエビ族（ヘルミオネス族）が君臨していた。いくつかの部族では様々な地域的宗教が存続できていたが、あらゆる点から判断するに、支配的な信仰は、基本元素に対する信仰、樹木や泉への信仰だった。毎年、女神ヘルタ（大地）はヴェールで覆われた小車に乗って、彼女の聖域のある神秘の森を出て北方の大洋の島に渡る。

これらの民族とこれらの信仰の上に、弱々しく、曖昧で、不明瞭な幼い世界、いまだ自然崇拝のただなかにあるこの最初のドイツの上に、新しいドイツが現れ出る。ちょうどわれわれが、キムリス人の侵入によってガリア人のガリアにドルイド教のガリアが確立されたのを見たように。オーディン神〔北欧神話の主神〕の崇拝者であるゴート族（ジュート族、ゲピード族、ランゴバルド族、ブルグント族）とサクソン族の侵入によって、スエビ族の部族たちはより高度な文明とより大胆で英雄的な運動を受け取った。オーディンの宗教体系はおそらく、後の時代に、特にアイスランドで見られる発展した形態にはまだほど遠かったにせよ、その体系はこれ以来、より高尚な生活の、より深遠な道徳の諸要素をもたらした。この体系は勇者たちに、不滅、天国、ヴァルハラ〔戦死した英雄たちが迎えられるオーディンの殿堂〕を約束した。ヴァルハラでは、勇者たちは一日中互いに身体を八つ裂きにしあい、それから晩には宴の席に座ることができるのである。地上では、この体系は彼らに、聖都、アース神族たちの都市、幸福と聖性の場であるアースガルズについて説いた。ゲルマン民族はかつてこの聖なる祖国から追い出され、そしてこの祖国を探して世界中を駆け回らなくてはならないのだ。この信仰は蛮族たちの移動にいくらか影響を及ぼしたに違いない。おそらく聖都の探索は民族移動と無関係ではない、別の聖都が後の時代に十字軍の目的となったように。

オーディンを信仰する部族たちの間には本質的な相違が認められる。ゴート族、ランゴバルド族、ブルグント族の間では、戦闘時に指揮をとる軍事的指導者であるアマリおよびバルティの権威が優位にあった。すでにタキトゥスがゲルマン人の中に見出していた、従士団コミタートゥスの精神は、これらの部族の間では絶大な力をもっていた。「従士の役割には恥辱となるようなことは何もない。従士には階級と席次があり、それを決定するのは王である。従士たちの間では、誰もが先を争って王の第一席につこうとする。王たちの間では、先を争って最も多くの、そして最も血気盛んな従士を獲得しようとする。常にえり抜きの従士団に囲まれていることが、王の威厳と力を示すものだった。従士たちは平時においては華となり、戦時においては盾となった。家臣の数と勇猛さにおいて際立った王は、その祖国のみならず近隣の都市においても、栄光と名声を手にすることになった。人々は使者を使って王を探し、王に贈り物をする。しばしば王の名前を出すだけで戦争に勝利することができた。戦場においては、他の者に勇猛さで負けるのは王にとって恥ずべきことである。自分たちの王に勇猛さで劣るのは従士団にとって恥ずべきことである。王よりも生き長らえ、王を残して戦場から戻った者は永遠の辱めを受ける。王を守り、自らの身体でかばい、自らの壮挙を王の栄光へ帰すること、これが彼らがおこなう最初の誓いなのだ。王は勝利のために戦い、従士たちは王のために戦う。もし生まれ故郷の都市が長く続く平和に無為をもてあました時には、これらの若き指揮官たちはどこかの他の部族に戦争を探しに行く。なんとこの民族は休息を憎むことか！　それに、危険な状況の中の方がより簡単に名声を得ることができたし、多くの従士を維持するためには武力と武器による支配が必要だった。従士たちは軍馬と、勝利を導く血の投げ槍（フラメア）とを王に要求する。王の供する簡素だが豊かな食卓が、彼らへの俸給となる。戦争と略奪がそれをまかなうのだ」〔タキトゥス〕。

首長への忠誠の原則、個人的な献身の姿勢、後に封建的組織の原理となった人間の人間に対する崇敬の念は、オーディンを信仰する部族のもう一方の系統の間では、初期においては見られないものだった。サクソン族は、タキトゥスが報告する従士団のあのヒエラルキーを当初は知らなかったらしい。神々の下、そして神々の子供であるアース神族の下ではすべての者は平等である以上、彼らは自分たちの首長が神の名の下に話す時だけしか首長に従わなかった。サクソンという名称自体、おそらくアースという名称と同一のものである。サクソン族は三つの小部族と一二の氏族に分かれていて、彼らはこれ以外の部族構成を長期間にわたって拒絶した。ランゴバルド族がイタリアを侵略したとき、大半のサクソン族は、彼らの同盟軍が認めていた一〇人、一〇〇人単位の軍隊組織に従うことを望まなかったため、ランゴバルド族に従うことを拒絶した。軍事的指導者が優位に立ち、「百人隊」の軍団組織がサクソン族に導入されるのは、ずっと後の時代、サクソン族がフランク族とスラヴ族の間で押し出され、大西洋に向かい、イングランドに入り込むようになってからにすぎない。百人隊はアルフレッド王〔イングランドのウェセックス王。在位八七一―八九九〕の時代になってやっと導入されたと主張する者もいる。

サクソン族はいったんドイツ北部に定着すると、その場所で長期間にわたって定住することを選んだようである。ゴート族あるいはジュート族はこれとは逆に遠方への移動に身を委ねた。この二つの部族の姿はスカンジナビア半島とデンマークに、そしてほとんど同時期にドナウ川流域とバルト海沿岸に見出される。これらの巨大な動きは、ほぼ全構成員が一つの遠征団となり、従士団である「コミタートゥス」が世襲の指導者のもとで組織されないかぎり起こりえない。これらの部族がゲルマニアのすべての部族に及ぼした圧力によって他の部族も移動をはじめた。新たにやって来た部族に入れ替わるかたちで、あるいは他の部族の移動に追随するかたちで。最も若くて勇敢な者たちが族長のもとで決意を固め、戦争と冒険の生活を始めた。こうした事態はあらゆる蛮族に共通して見られる特徴である。ルシタニア〔イベリア半島西部〕と古イタリアでは若者たちは山岳地帯に送られた。サベリ族〔古代イタリアのアペニン山脈の部族〕の間では「神聖な春」という名の下、共同体の人間の一部を故国から追放することは宗教的な行為として定期的におこなわれていた。こうした追放民、あるいは悪党（banditi）、故国から世界に投げ出され、法から戦争に投げ出された者たち（outlaws）、北方ではオオカミ（wargr）と呼ばれた者たちは、古い時代のあらゆる民族の冒険的で詩的な集団を形成する。

ゲルマン民族は、たまたま若々しく英雄的な形で古いラテン世界に姿を現したのだが、われわれはこれをゲルマン人の不変的精神とみなしてしまった。歴史家の中には、ゲルマン人はこの世界に独立の気質、自由な個人という特性をもたらしたと言う者がいた。しかし、すべての民族が同様の状況下で同じ性格を提示しなかったどうか検討する必要があるだろう。蛮族の中で最後にやってきた集団であるゲルマン人の名が、あらゆる時代の蛮族の精神にあたえられてしまったのではないか？　われわれはまた、ゲルマン人がローマ帝国に対して成功を収めた原因が、巨大軍団形成に際しての機動性や、集団を導く指導者の一族への先祖代々の愛着にあるとさえ言えるのではないだろうか？　一言で言うと、あらゆる世紀においてドイツを特徴づける個人的な献身の精神と規律性に、彼らの成功の要因はあるのだ。したがって、われわれが御しがたい精神の証拠であると考えるゲルマン兵士の強烈な個性は逆に、ゲルマン民族の高度に社会的で従順で柔軟な精神を示しているのではないだろうか？

いずれわがものにする心づもりである世界の中で、果てしなく広がる森の中で、自分を見知らぬ岸辺へと運ぶ海の上で、自分が自由であると強く感じる人間の男性的で若々しい歓喜の衝動。ステップやパンパの上を荒馬で駆け巡る時の疾走感。未知の力が自分をローマの入り口に運ぶのだと誓った時に、アラリック〔西ゴート王。在位三九五―四一〇〕が感じていたのはこのような衝動だった。大洋を誇らしげに駆け巡るデンマークの海賊たちもそれを感じていた。州長官との戦いに備え矢を研いでいたロビン・フッドの緑陰にもそれは存在した。しかし「法の敵」と呼ばれたガリシア〔スペイン北西部〕のゲリラ、ドン・ルイス・デ・カルデロンにも同じ衝動を見出すことはできないだろうか？　ヒバリの装飾を兜につけカエサルに付き従い、ローマ、デルフォイ、イェルサレムを奪取したあの陽気なガリア人の兵士たちをとらえた衝動は、それに劣るものだったろうか？　神秘主義や理想主義がドイツの哲学や神学のほとんど不変とも言える性格であったのに対し、自由な個性、強烈な自尊心はケルト人の哲学、ペラギウスやアベラール〔神学者。一〇七九―一一四二〕やデカルトにおいて顕著な特質ではないだろうか？

ゲルマンの美しい表現によれば、「ワルグス」wargus〔人狼〕が塵を彼の先祖の上に投げつけ、自分の肩越しに草を放ったその日から、そして杖を支えにして彼が自分の畑の小さな囲いを飛び越えたその日から、彼は羽を風に任せて飛ばし、アッティラ〔フン族の王。在位四三四頃―四五三〕のように東の帝国と西の帝国のどちらを攻撃するかを熟考するがよい。希望は彼のもとにあり、世界は彼のもとにあるのだ！

ゲルマン的理想である、スカンジナビアのシグルズ〔北欧神話の英雄〕、ドイツのジークフリート〔『ニーベルンゲンの歌』の英雄〕、あるいはディートリッヒ・フォン・ベルン〔ゲルマン神話の英雄。東ゴート王テオドリックのこととされる〕は、このような雄大な詩の状態から生まれ出た。この巨大な姿の中では、古代ギリシアがアキレウスとオデュッセウスに分けあたえた英雄的な力と旅人の本能の二つが結びついている。「ジークフリートは彼の腕力を使って多くの国々を駆け巡った」。しかしここでは、ギリシア人にはあれほど称賛された狡猾な人間は呪われる。例えば、ジークフリートを殺害した裏切り者のハーゲン、「青白い顔」をした片目のハーゲン。あるいは、地中を掘り進み、あらゆることに通じ、悪事ばかり望んでいる怪物じみた小人。ゲルマニア北部の征服、

彼は羽を風に任せて飛ばし、アッティラのようにどちらを攻撃するかを熟考するがよい。希望は彼のもとにあり、世界は彼のもとにあるのだ！

それはシグルズの仕業だ。南部の征服は、ディートリッヒ・フォン・ベルン（テオドリック・ド・ヴェローヌのことか？）の仕業である。ラヴェンナ〔東ゴート王国の首都〕の町は、ダンテの墓の傍らに、テオドリック王の墓を静かに守っている。王の墓は巨大な円形建造物で、一つの石だけで作られたドームは巨人たちの手によってそこに据えられたかのようである。この墓はおそらく今日世界に残る唯一のゴート人の遺跡である。その塊の中には、われわれがゴシック〔ゴート風〕と呼ぶものの実際には中世キリスト教の神秘的精神のほとばしりしか表現していない、あの奔放で軽快な建築を連想させるものは何もない。むしろエトルリアとアルゴリス〔ペロポンネソス半島東部〕の墓に見られるペラスゴイ〔ギリシアの古代先住民族〕風の重厚な建造物とそれを比較すべきだろう。

帝国を横断するゲルマン人の冒険精神に満ちた移動と、ローマ人の傭兵としての生活の中で、ゲルマン人は一度ならず武装して互いに戦った。ヴァンダル人のスティリコ〔ローマ人とゲルマン人の間に生まれた西ローマ帝国の将軍〕はフィレンツェで、ロドガスト〔ゲルマン諸族の指揮官〕の蛮族の大軍団にいる彼の同郷人たちを打ち負かした。スキタイ族のアエティウス〔西ローマ帝国末期の将軍〕はシャロン〔シャンパーニュ地方の都市〕の野戦場でスキタイ族を撃破した。フランク族はそこでアッティラ族の味方として、そして敵として戦った。何がこれらの戦争でゲルマンの部族たちを親殺しの戦争にひきずりこんだのだろうか？『エッダ』と『ニーベルンゲンの歌』で語られているあの残酷な運命である。シグルズはファーヴニルから金を奪い取るが、その金が彼自身を破滅させる。この破滅を導く金はシグルズの殺害者たちの手に渡ると、今度は強欲なアッティラ王の宴会でこの殺害者たちの命を奪う。

金と女、これが戦争の目標であり、英雄の旅の目的である。努力が英雄的であるように、目的も英雄的である。ここでは愛に柔弱な要素は全くない。女性の魅力とは、その力であり、その巨大な体格なのである。一人の男によって、一人の戦士によって育てられたことにより（ゲルマン人の冷血ぶりのなんと徹底していることか！）、乙女は武器を操る。女王ブルンヒルト〔『ニーベルンゲンの歌』の女王〕に打ち勝つために、ジークフリートは彼女に向かい投げ槍を投げなくてはならなかった。愛の戦いの中で、ブルンヒルトは彼女の力強い両手でもって、英雄の指から血を噴き出させなければならなかった……。原初のゲルマニアでは、女は自身が耕す大地の上でいまだ腰を屈めていた。女は戦争生活の中で大きくなる。女は男の危険の伴侶となり、生においても死においても男と運命をともにする（「コノヨウニ生キテ、コノヨウニ死ナネバナラナイ」、タキトゥス）。女は戦場から遠ざかったりせず、戦場を直視し、戦場を支配し、戦闘の妖精に、魅惑的で恐ろしいワルキューレ〔戦死者をヴァルハラ宮に招く女神〕になり、花を摘むように死にゆく戦士の魂を摘み取る。女は葬送の平原に戦士を捜す。ヘースティングズの戦い〔一〇六六年にノルマンディー公ウィリアムがイングランド征服を果たした戦い〕の後で「白鳥の首の」イーディスがハロルド〔二世。一〇六六年エドワード懺悔王の死後、イングランド王を称した。イーディスは愛人〕を探したように、あるいは年若い夫を見つけるためにワーテルロー〔一八一五年にナポレオンが連合軍に敗れた戦争〕のすべての死体を裏返したあの勇気あるイギリス女性のように。

―――

ガリアに侵入した諸部族のうち、フランク族がやがて優勢になる。四八一年にメロヴィング家のクローヴィスがフランク族を統一し、メロヴィング朝を開く。彼は四九六年にランスで正統派カトリックに改宗し、ローマ教会との提携を築く。しかし彼の死後、王国は分裂し、血族間の激しい勢力争いが続けられる（六世紀のトゥールのグレゴリウスはその歴史を『歴史十巻』に記し、さらに十九世紀のオーギュスタン・ティエリはそれを基に『メロヴィング朝史話』を著した）。この野蛮な時代において、キリスト教会、とりわけ修道院は精神の避難所としての役割を果たした。聖職者の友であるダゴベルト一世（在位六二九—六三九）は、聖人王として平和な治世をおこなった。

（片山幹生訳）

5　ルイ好人物帝——シャルルマーニュ帝国の崩壊

（第二篇第三章）

メロヴィング朝が弱体化すると、宰相カール・マルテルが実権を握り、その子ピピンが七五一年に教会の支持を得てカロリング朝を開く。その子シャルルマーニュ（カール大帝。在位七六八―八一四）は四方に遠征をおこない、現在のフランス・ドイツ・イタリアにまたがる大帝国を建設する。彼は八〇〇年にローマ教皇レオ三世によってローマ皇帝の冠をあたえられ、ここに西ローマ帝国が教皇庁の承認のもとで復活する。また、彼は学芸を庇護し、その宮廷ではアルクィンらの学者や知識人が活躍した。（以上第二篇第二章）

シャルルマーニュの後を継いだルイ（ルートヴィヒ）一世（在位八一四―八四〇）は、聖人のような人物であった。彼は父親の巨大な帝国を維持するには、あまりに善良で純粋であった。彼の息子たちは父親に反旗をひるがえし、帝国の領土の分け前を要求する。ルイは息子たちとの絶え間ない争いに疲れ果て、悲しみのあまり息絶える。彼の死とともにシャルルマーニュの帝国は崩壊する。

ナポレオンの失墜直後の時代において、歴史を動かす特権的個人は歴史学の重要な主題であった。シャルルマーニュは「偉人」の典型であり、当時の歴史学における重要人物である。ミシュレの歴史記述のユニークな点は、シャルルマーニュ伝説に対する批判的な視点と、帝国の崩壊を防げなかった無能なルイに対する高い評価である。ルイはシャルルマーニュの築いた不正な帝国とともに死ぬ一種の殉教者であり、後のルイ九世（聖王ルイ）につながるフランスの「聖人王」の典型なのである。

帝国を構成していた不均質な諸国の決裂と対立が顕在化したのは、ルイ好人物帝《ル・デボネール》〔シャルルマーニュの三男で敬虔帝とも呼ばれる。在位八一四—八四〇〕、あるいはより忠実にその名を表すなら、聖王ルイの治世であった。すべての国が統一を保つことに苦痛を感じていた。悪いのは、アウストラシア〔メロヴィング朝フランク王国の東分国〕の敗退をロワール川流域の地域にまで感じさせていた、巨大戦争の際の連帯である。それは早すぎる中央集権化のもたらす専制的な努力であった。シャルルマーニュ〔カール大帝〕が中央集権化を達成するほどに、その圧迫は重苦しいものとなった。ピピン〔小ピピン。フランク王。在位七五一—七六八。カロリング朝を創始〕と「鍛冶屋の鉄槌」と呼ばれたその父親〔カール・マルテル。メロヴィング朝フランク王国の宮宰〕は、たしかに諸国を激しく攻撃した。それでも彼らは、いまだに多様で敵対していたこれらの諸国を、この容赦ない統一に組み入れようとはしなかった。まず最初は行政的な統一だった。しかしシャルルマーニュは法律的な統一を企てた。彼の息子は、アニアーヌのベネディクトゥス〔七五〇頃—八二一。ベネディクト会修道士〕を帝国の修道院の改革者に任命し、全修道院を聖ベネディクトゥス〔ヌルシアのベネディクトゥス。四八〇頃—五四七頃。西方キリスト教会修道制度の創設者〕の戒律に立ち戻らせることで、宗教的な統一を達成した。

それは歴史の法則である。終わろうとするひとつの世界は、ひとりの聖人によって閉じられ償われる。家系のうち最も純粋な者がその過ちを担い、無実の者が罰せられる。無実の者の罪とは、滅ぶように宣告された秩序を維持したこと、世界に重くのしかかる古い不正を自らの美徳で覆ったことである。ひとりの人間の美徳を通して、社会の不正が打たれる。その手段は忌まわしいものである。ルイ好人物帝の場合は、親殺しであった。彼の子供たちは帝国から独立しようとする諸国を自分たちの名で覆った。

ひとつの社会への供物として自らの生命を提供しに来た不幸な人間は、ルイ好人物帝と呼ばれようが、チャールズ一世〔イングランド王。在位一六二五―四九。ピューリタン革命で処刑された〕とかルイ十六世〔フランス王。在位一七七四―九二。フランス革命で処刑された〕と呼ばれようが、常にあらゆる非難を免れるわけではない。もし彼が人間を越えた存在なら、彼の破滅はこれほどわれわれの胸を打ちはしないだろう。ところが、彼はわれわれと同じく血と肉でできた人間であり、温和な魂と弱い精神をもち、善を望みながら時に悪をおこない、周囲に流され、仲間たちによって売られる人間なのだ。

九世紀の聖王ルイは、十三世紀の聖王ルイ〔ルイ九世。在位一二二六―七〇〕のように、十字軍の思想の中で育まれた。まだ若かった頃、彼はスペインのサラセン人に対する遠征を何回か指揮し、二年間の包囲戦の後、大都市バルセロナを彼らから奪還した。トゥールーズ人の聖ギヨームによって育てられたルイ好人物帝は、ブランシュ・ド・カスティーユ〔フランス王ルイ八世の妃、ルイ九世の母〕に育てられた聖ルイと同様に、宗教において南の情熱と北の純朴さを備えていた。ルイを教育した司祭たちは、自分たちが望む以上の教育を彼に施した。彼らの弟子は彼ら以上に司祭らしい人物になり、妥協を許さない美徳から、まず自分の師たちを矯正しようとした。司教たちの改革がおこなわれた。彼らは武器や、馬や、拍車を手放さなければならなかった。修道院の改革もおこなわれた。ルイは修道院に、修道士の中で最も厳格な人物であるアニアーヌの聖ベネディクトゥスの審問を受けさせた。この修道士自身は、聖ベネディクトゥスの戒律自体は弱き者や子供たちのためにあたえられたと考えていたのであるが。この新しい王は、アダラール〔アダラルドゥス。コルビー修道院長〕とワラ〔アダラルドゥスの弟〕を彼らの修道院に送り返した。カール・マルテルの孫にあたる、策謀家で狡猾なこの二人の修道士は、晩年のシャルルマーニュを牛耳っていた人物だった。帝国宮廷もまた改革の対象となった。ルイは、父シャルルマーニュの側室たちや、自分の姉妹の愛人たちや、そして姉妹たち自身までも追い出してしまった。

シャルルマーニュの圧政に苦しんだ人民は、その息子のうちに、自身の利害に反しても決断を下す公正な裁判官を見出した。アキテーヌの王だった時、彼はアキテーヌ人たちの要求を受け入れ、歴史家の記すところによれば、もはや祝福以外は何ひとつあたえられないほどの貧窮状態に身を置いた。皇帝になると、彼はサクソン人たちの不平を聞き入れ、彼らに相続の権利を返還した。こうして司教や地方総督の手から、自分の望む相手に相続をおこなうという専制的な権力を取り上げたのである。スペインのキリスト教徒たちは、辺境地域に避難してきたが、シャルルマーニュが彼らに割り当てた土地を治める貴族や帝国の代官によって、身ぐるみ剥がされてしまった。ルイは勅令を出して彼らの権利を保証した。また彼は、父シャルルマーニュが絶えず侵害した司教選出の原則を尊重した。ルイは、ローマ人たちが自分の同意なしに教皇ステファヌス五世〔在位八一六―八一七〕とパスカリス一世〔在位八一七―八二四〕を選出するのを放っておいた。

こうしてこの征服と暴力の遺産は、何としても償いをおこなおうとする素朴で公正な人間の手に落ちた。蛮族はルイの聖性を認め、彼の審判に従うようになった。彼は諸民族のあいだで、気さくで信頼にたる父のような存在となった。彼は損害を償い、負担を軽減し、奪ったものを返還した。彼は自ら進んで帝国を返還しているように見えた。

この返還の時期に、イタリアもまた苦情を訴えた。イタリアが求めたのは自由にほかならなかった。都市、司教、住民は団結した。ただしフランク族の王の下においてであるが、まあそれはどうでもよい。シャルルマーニュは、長男ピピンの息子ベルナールをイタリア王にした。アダラールとワラの弟子であるベルナールは、イタリアの彼の王国内でこの二人によって長期間にわたって養育された。彼はシャルルマーニュの長男の息子として帝国の権利を有すると信じ込んだ。

しかしながら蛮族の間では、弟の権利は甥の権利より上であった。それに、シャルルマーニュは〔ピピンの弟の〕ルイを指名したのだ。ルイは大貴族一人一人に意見を求め、彼らの賛同を得た。しまいにはベルナール自身が叔父を承認した。慣習法も、父の意志も、さらに選挙の結果もルイに味方した。

こうして臣下の大部分から見捨てられたベルナールは、仲介を申し出た皇妃エルマンガルドの約束に身を委ねざるをえなかった。彼は自らシャロン＝シュル＝ソーヌで投降し、共犯者全員を告発した。そのうちの一人はかつてシャルルマーニュの殺害を企てたことがあった。ベルナールと共犯者全員に死刑が宣告された。皇帝は処刑に同意することができなかった。エルマンガルドはせめてベルナールの視力を奪う許可を得た。しかし彼女は、三日後に彼が死んでしまうようなやり方でそれをおこなった。

騒乱を起こしたのはイタリアだけではない。すべての属国が武器を取った。北部のスラヴ人はデンマーク人の支援を受けた。パンノニア〔現代のハンガリーとユーゴスラヴィアに相当〕のスラヴ人はブルガリア人の助力を当てにした。ナヴァール〔フランス南西部からスペイン北東部にいたる古王国〕のバスク人はサラセン人に手を差し伸べた。ブルトン人は自分たちを頼りにした。あらゆる民族が抑圧されていた。ブルトン人は自分たちの国が完全に侵略されるのを目にしたが、それはおそらく初めてのことだった。バスク人は敗北し、サラセン人は撃退された。スラヴ人たちは敗北した後、デンマーク人との戦争を手伝った。一人のデンマーク王はキリスト教に入信した。ハンブルク大司教区が作られた。スウェーデンには、ランス大司教から独立した司教が置かれた。こうしたキリスト教の最初の征服活動が長続きしなかったのは事実である。デンマークのキリスト教徒の王は家臣たちによって追放されてしまった。

この時点まではルイの治世は力と正義に輝いていた、このことは言っておかなければならない。彼は帝国の全領土を保持し、その影響力を拡大した。蛮族は彼の武力を恐れ、彼の聖性を敬った。このような隆盛のさなかで、聖人の魂は弱まり、人間臭さを思い出すようになった。言い伝えでは、彼の妻が死んだ時、彼は諸国の大貴族の娘たちを呼び出し、その中で一番美しい娘を選んだ。ウェルフ伯の娘ジュディットの血には、フランク族にとって最もおぞましい民族の血が交じっていた。彼女の母親はザクセン〔ドイツ北部のライン川とエルベ川の間、サクソン族の居住地域〕の出身で、彼女の父ウェルフはバイエルンの出身だった。バイエルン人はロンバルディア人と同盟関係にあり、かつてスラヴ人とアヴァール人〔中央アジア・東欧の遊牧民族〕を帝国内に呼び入れたのである。歴史が伝えるところによれば、学識に優れた、それも必要以上に優れたジュディットは、夫が南部の優雅で慇懃な人々に感化されるように仕向けた。ルイは以前から、自分の育ったアキテーヌの人々には好意的だった。かつての家庭教師であるトゥールーズの聖ギヨームの息子のベルナールは、彼のお気に入りとなったが、皇妃にはそれ以上に気に入られた。ジュディットは美しく危険なイヴであった。彼女は夫を堕落させ、破滅させた。

この転落以降、ルイはさらに柔弱になった。なぜなら彼は純粋であることをやめ、より人間的で感情的になったからである。なぜなら彼はもはや聖人ではなく、不安や良心の呵責に心を開く人間になったからである。彼は自分が小さくなり、「徳性が自分から出て行った」ことを感じていた。彼は、甥のベルナールや修道士のワラとアダラールに対して厳しい態度をとったことを後悔し始めた。とはいえルイは、ただ二人を自分たちの修道会の義務へと送り返しただけだったのであるが。ルイは自らの心の重荷を軽くする必要があった。ルイは公衆の面前で改悛をおこなう許しを求め、許しを得た。全能の権力をもつ人間が自発的に屈辱を受ける様子が堂々と公開されるのは、テオドシウス帝〔ローマ皇帝。在位三七九―三九五。ミラノ司教アンブロシウスに破門され公開改悛をおこなった〕以来はじめてのことだった。メロヴィング朝の王たちは、どれほどの重罪を犯した後でも、修道院を創設するだけにとどめておいた。ルイの改悛は道徳の新時代、良心の誕生を示すものだった。

しかしながらこの時代の人々の粗暴な傲慢さは、王権が自らの弱さと人間性ゆえにおこなった控え目な告白を、王権にとって恥ずべきものと考えた。彼らには、司祭の前に頭を下げた者はもはや、戦士に命令することはできないように思われた。帝国もまたそのことによって品位を汚され、武装を放棄したかに見えた。避けがたいことであった帝国解体のきっかけとなる最初の不幸は、改悛したひとりの王の弱さが原因だった。八二〇年、ノルマン人を乗せた一三隻の船が沿岸を三〇〇里《リュー》〔一二〇〇キロ〕進んできた。彼らは大量の戦利品を船に積み込んだので、いったん捕らえた捕虜を釈放しなければならないほどだった。八二四年、ナヴァールに侵攻したフランク軍はロンスヴォーの戦い〔七七八年、シャルルマーニュの遠征軍が敗北した戦い〕のような敗北を喫した。八二九年、小船を見ただけでも恐ろしいあのノルマン人が、陸路で侵入するのではないかという恐れが広がり、住民は集団で固まって歩くようにという命令を受けた。こうして人々の不満は蓄積していった。大貴族と司教がこの不満を煽り立てた。彼らは皇帝を非難し、アキテーヌ人のベルナールを非難した。彼らにとって中央権力は邪魔だった。彼らは帝国の統一に我慢がならなかった。彼らはおのおのが自分の国を統治することを望んでいたのだ。

しかし皇帝に対抗するには指導者が必要だった。それは皇帝自身の息子たちであった。ルイの治世が始まった時、彼は息子たちに王の称号とともに、統治して防御すべき二つの辺境の属州をあたえた。ルイ〔三男〕にはバイエルン地方を、ピピン〔次男〕にはアキテーヌ地方をあたえた。それらは帝国の二つの障壁であった。長兄のロタールはイタリア王位を授かるとともに、皇帝の地位が約束された。ルイとジュディットとの間に子供が生まれると、彼はシャルルと名づけられたこの子供に、アラマニア（シュヴァーベンとスイス）王の称号をあたえた。この土地移譲は王子たちの属領に影響を及ぼさなかったが、彼らの将来には大きな影響を及ぼした。彼らは大貴族たちの共謀に名前を貸した。大貴族たちは、ルイ王が略奪行為を鎮圧しようとしていたブルトン人に対して派兵することを拒否した。皇帝は孤独な状況に陥った。フランク族の生まれではあるが、アキテーヌ人によって養育されたルイは、南部からも北部からも支持されなかった。われわれはすでにブリュヌオー〔西ゴート王アタナギルトの娘ブルンヒルト。五四三―六一三。アウストラシア王シギベルト一世の妃〕がこの曖昧な立場で死ぬのを見た。長兄のロタールはすでに自らが皇帝であると確信した。彼はベルナールを追放し、ジュディットを幽閉し、父親を修道院に放り込んだ。この哀れな年老いたリア王は、自分の子供たちの中にコーディリアを見つけることはなかった。

しかし大貴族たちもロタールの弟たちもロタールに服従する気はなかった。同じ皇帝なら、彼らはまだルイの方を愛していた。ルイを捕えていた僧侶たちは、彼の勢力回復に尽力した。フランク人たちは、ルイが自分たちを帝国から解き放っていたことに気づいた。ルイから自由をあたえられたサクソン人とフリジア人は、ルイに対して好意的であった。ルイを支持する人々が集まり、ナイメーヘン〔オランダ東部の都市〕で集会が開かれた。「全ゲルマニアが皇帝の救済のためにそこにかけつけた」〔アストロノム〕。今度はロタールが孤立してしまい、父親の裁量に身を委ねることになった。ワラと反逆の指導者全員が死刑を宣告された。善良な皇帝は、彼らを生かしておくことを望んだ。

しかしながら、皇帝を解放した修道僧の一人であるゴンドボーによって皇帝の愛顧を奪われたアキテーヌ人のベルナールは、南部で再び戦争の火をつけた。彼はピピンをあおった。三人の兄弟が再び共謀した。ロタールはイタリア人教皇グレゴリウス四世を連れてきた。教皇はイタリア王に従わないすべての者を破門した。父の軍隊と息子たちの軍隊はアルザスで衝突した。息子たちは教皇に話をさせた。いかなる方法でかは分からないが、彼らは夜間に行動をさせた。朝になると、皇帝は家臣の一部に見捨てられたことを知り、残りの者たちにこう語った。「私は自分のために誰ひとり死ぬことを望まない」。この恥ずべき場面の舞台は「嘘の戦場」と呼ばれた。

ロタールはルイの身柄を再び手中に収めると、一気に事態にけりをつけ、父親にとどめを刺そうと望んだ。このロタールという男は流血沙汰を何とも思わない人間だった。彼はベルナールの弟を斬り殺し、その妹をソーヌ川に投げ込んだ。しかし彼は、ルイを自分の手で殺して、親殺しとして民衆に憎悪されることを恐れた。ロタールは、決して立ち直ることができないほど屈辱的な公開改悛をルイに強いて、その体面をおとしめようと考えた。ロタールの司教たちは囚われの身のルイに、彼自身が有罪であると認めるべき罪の一覧を提示した。最初にあったのはベルナールの死であった（ルイはこれについて無実だった）。次いで、帝国の新たな分割によって人民に誓いを破らせたこと。そして、四旬節〔復活祭に先立つ四〇日の禁欲期間〕の時期に戦争をおこなったこと。さらに、息子たちの支持者に対し厳しすぎる態度を示したこと（ルイは彼らを死から守ったのであるが）。次いで、ジュディットや他の者たちに宣誓によって自己弁明の機会をあたえたこと。六番目に、内乱をあおって国を殺戮、略奪、瀆聖にさらしたこと。七番目に、帝国を恣意的に分割してこれらの内乱をあおったこと。最後に、彼自身が守るべき国家を破滅させたこと。

この馬鹿げた告解がソワソンのサン゠メダール教会で読み上げられた時、哀れなルイは何の抗議もしなかった。彼はすべてに署名し、人々が望むだけ屈従し、三度罪を犯したことを懺悔し、涙を流し、自分が起こした恥辱を償うために公開改悛を求めた。彼は肩帯を外し、苦行衣を身につけた。このようにみじめにおとしめられ屈従した父親を、息子は帝国の首都のエクス゠ラ゠シャペル〔アーヘン〕に連れて行った。シャルルマーニュがかつて祭壇の上でルイ自身に王冠をとらせたのはこの町であった。

親殺しの息子ロタールはこれでルイを殺したものと思った。しかし巨大な憐憫が帝国の中に湧きおこった。自身も不幸なこの民衆は、老いた皇帝のために涙を流した。人々は嫌悪をもって、祭壇で涙を流し白髪で塵を払う父親を、息子がどのようにして取り押さえたかを語った。息子がどのようにして父の罪を尋問したかを語った。そのふるまいは父親の裸体を嘲笑したハム〔『創世記』第九章〕さながらであった。人々はまた、ロタールがどのような内容の告解を作成したかも語った。なんという告解だろう！その内容は誹謗と嘘にまみれたものだった。ルイから肩帯をはぎ取り、苦行衣を着せたのは、エボン大司教だった。彼はルイの同窓生で乳兄弟、ルイが深く愛した農奴の息子たちの一人であった。しかし彼らはルイから帯と剣を取り上げ、専制君主と貴族の衣装を剥ぎ取ることによって、民衆の目に彼を、民衆として、聖人として、人間として示したのである。そしてルイの物語は、聖書の人物の物語にほかならなかった。彼のイヴが彼を破滅させた。あるいは別の言い方をすれば、『創世記』において神の子供たちを誘惑する巨人の娘たちのひとりが彼を破滅させた。一方、苦難と忍耐のこの見事な見本の中に、侮辱され罵倒されながらすべての侮辱を祝福するこの人物の中に、人々はヨブ〔『ヨブ記』の主人公〕の忍従を、いやむしろ救世主の姿を見たように思った。彼の姿には何ひとつ欠けてはいなかった。酸いブドウ酒も、ニガヨモギも。

　こうして老いた皇帝は、まさしく貶められることによって立ち直ったのだ。誰もが親殺しのロタールから遠ざかった。大貴族たちに見捨てられ（八三四―五年）、今度は父親の支持者たちを籠絡することもできなかったため、ロタールはイタリアに逃れた。彼自身病に冒されていたのだが、ある夏のこと（八三六年）、ロタールは自分の味方の大物たちがことごとく死んだことを知った。アミアンとトロワの司教、彼の義父のユーグ、マットフリード伯にランベール伯、アジャンベール・ド・ペルシュ、ゴッドフリードとその息子、ボルガリット、ロタールの狩猟長官、そしてその他にも多くの人間が死んだ。ランス大司教の地位を解任されたエボンは、その後の人生を人知れぬ追放のうちに過ごした。ワラは、聖コロンバンの墓のそばにあるボッビオ修道院に隠遁した。カロリング家の祖先である聖アルニュルフ・ド・メッスの兄弟の一人がかつてここの修道院長だった。ワラは彼の一派の多くの者たちが死んだのと同じ年に、絶えずこう叫びながら死んだ。「どうして私はいさかいの男として、不和の男として生まれたのか？」カール・マルテルの孫、政治的な修道士、陰謀を企む聖人、強硬で激烈で情熱的なこの男は、シャルルマーニュによって修道院に閉じ込められた後、彼の顧問官となり、ピピンとベルナールのもとで実質的なイタリア王となった。彼は不運にも、それまで汚れていなかった名前を、ルイの息子たちの親殺しの反逆に結びつけてしまったのだ。

その間に好人物帝は、同じ顧問官たちに支配されたまま、まちがいなく暴動を再発させ、再び失墜を招くであろうことをおこなった。一方で、彼は大貴族たちに、不当に手に入れた財産を教会に返還するよう命じた。他方で、彼は自分の息子たちの間で、兄たちの取り分を減じ――実際彼らはそうされて当然なのだが――、そして兄たちの分を、お気に入りの息子である、ジュディットの息子のシャルル禿頭王にあたえた。少し前に死んだピピンの息子たちは、すっかり財産を奪われてしまった。ドイツ人王ルートヴィヒ〔ルイ〕はバイエルン地方に追いやられた。すべてはロタールとシャルルの間で分割された。年老いた皇帝はロタールにこのように言ったようである。「息子よ、お前の目の前にあるのが王国のすべてだ。お前がこれを分割して、シャルルがどちらかを選ぶことにしよう。あるいは、もしお前が選びたいのなら、われわれが分割することにしよう」。ロタールは東を取り、シャルルは西を取ろうとした。バイエルンのルートヴィヒはこの条約の施行を阻止するために武装した。奇妙な区分によって、今度は父親がフランスを、息子がドイツを取った。しかし老いたルイはこの新たな戦いの悲しみと疲労で死んだ。彼は言った、「私はルイ〔ルートヴィヒ〕を赦す。しかし彼が自分自身のことを考えることを望む。神の法をないがしろにし、白髪の父親を墓へ導いた自分自身のことを」。皇帝は、帝国の中心部、マインツ付近のライン川の島にあるインゲルハイムで死んだ。そして帝国の統一も彼とともに失われた。

ルイ一世の死後、帝国は八四三年のヴェルダン条約によって息子たちのあいだで分割される。ルートヴィヒが東フランク王国を、ロタールが中部フランク王国を、シャルルが西フランク王国を治めることになる。西フランク王国で九八七年にカロリング朝が断絶すると、フランク公ユーグ・カペーがカペー朝を開く。

（片山幹生訳）

6 叙任権闘争——グレゴリウス七世とハインリヒ四世

（第四篇第二章）

紀元一〇〇〇年頃には疫病や飢饉が頻発し、世界の終末の予感が広がる。しかし来るべき神の怒りは、ロベール二世（在位九九六―一〇三一）の無垢な相貌の前に和らげられたように見えた。カペー朝初期の王は一般に教会との結びつきが強く、聖人王の容貌を備えている。クローヴィスの改宗以来、そしてシャルルマーニュの戴冠以来、フランス王家とカトリック教会は緊密な関係を築いてきたが、この提携はカペー朝においてさらに強められる（以上第四篇第一章）。

中世ヨーロッパにおいては、ローマ教皇庁と神聖ローマ帝国がそれぞれ天上の権威と地上の権威を体現する。ミシュレは『世界史序説』（一八三一）において、歴史を人間と自然のあいだ、精神と物質のあいだの終わりなき戦いと定義した。この戦いは教皇庁と帝国の争いのうちに見出される。土地に結びつく帝国は物質主義の原理を、選挙にもとづく教会は精神的原理を体現する。とはいえこの永遠の戦いにおいて、精神は漸進的に物質を克服してゆくだろう。そのかぎりで帝国は教皇庁の前に「滅びなければならない」。

十一世紀、教皇庁と帝国は聖職叙任権をめぐり激しく対立する。教皇グレゴリウス七世（在位一〇七三―八五）と皇帝ハインリヒ四世（在位一〇八四―一一〇六）の有名な争いである。ミシュレの歴史記述においては、これら二人の個人の戦いの中に、教皇庁と帝国の戦いが、さらには精神と物質の永遠の戦いが集約される。グレゴリウスの崇高な死とハインリヒの悲惨な最期の対比は、物質に対する精神の勝利を象徴するのである。

教皇たちがフランスを教会の長女と呼んだのは理由がないわけではない。中世において教皇たちがいたるところで政治的・宗教的抗争と戦ってきたのは、フランスを通してだった。十一世紀以降、脆弱で無気力なカペー朝の王権がまだ教皇たちを補佐できない時代には、ノルマンディーのフランス人の剣がローマの壁から皇帝を押し返し、ギリシア人とサラセン人をイタリアとシチリアから追い出し、反逆を繰り返すイングランドのサクソン人を隷属させた。そして教皇たちがヨーロッパを十字軍に引き込むことに成功した時、フランスはこの出来事の中心的な役割を担い、教皇たちの権威はいやが上にも高まった。フランスはまた、教皇庁と帝国の闘争における強大な軍勢の中心となった。

十一世紀、争いは神聖なるローマ教皇庁と神聖ローマ帝国のあいだにある。蛮族の侵入によりローマを転覆させたドイツは、ローマの名を奪いそれを継承した。現世的支配において継承するだけでなく(すでにすべての王たちが皇帝の優位を認めていた)、ドイツは精神的優位をも希求した。それは「神聖帝国」と名乗った。帝国の外にはいかなる秩序も聖性もない。座天使、主天使、大天使といった天上の神の諸権力が従属関係にあるように、皇帝は王に対して、王は公《デュック》に対して、公は辺境伯《マルクグラーフ》や領主《バロン》に対して権力を有している。これこそ傲慢な野望であったが、しかし同時に将来的に実り多い考えでもあった。世俗の社会が神聖な社会の称号を手に入れ、市民生活の中で天の秩序と神の位階について熟考し、天空を地上に置くのだと主張する。儀式の日に皇帝は地球をその手にもつ。皇帝の大書記官は他の君主たちを「地方の王」と呼び、皇帝の法学者たちは皇帝を「生きた法」と呼ぶ。皇帝は、地上に一種の永遠の平和を打ち立て、まだ諸民族のあいだに存在する自然状態を法治状態に置き換えると主張する。

いまや皇帝はこうした大事業をおこなう権利を有しているのだろうか？　この封建領主、フランケン〔ドイツ中央部〕とシュヴァーベン〔ドイツ南西部〕を領有するこの蛮人はそれに相応しい人物なのだろうか。彼は地上において、かくも重大な革命の道具という役割を担っているのだろうか。人類が長いあいだ求めてきたこの平穏と秩序の理想、これをあたえてくれるのはドイツの皇帝なのか、あるいはそれは世界の終焉まで、時の終わりまで引き延ばされるのだろうか？

偉大な皇帝フリードリヒ赤髭帝《バルバロッサ》〔神聖ローマ皇帝、在位一一五五―九〇〕は死んでいないと彼らは言う。ただ眠っているだけだ。山上にある無人の古城の中で。キイチゴとイバラの茂みを越えてそこに入り込んだ一人の羊飼いが彼の姿を見た。皇帝は鉄の鎧を身に付け、石のテーブルにひじをついていた。おそらくずいぶん前から、というのも彼の髭は伸び、テーブルを九周していたからだ。皇帝は重くなった頭をかすかに持ち上げると、羊飼いにただこう言った。「カラスたちはまだ山の周りを飛んでいるか」――「はい、まだ飛んでおります」――「ああ、よろしい。私はまた眠ることができる」。

皇帝は眠るがよい。人類の理想を実現する役目を担うのは、彼ではなく、王たちでも皇帝たちでもない。中世の神聖ローマ帝国でもなければ、現代〔十九世紀〕の神聖同盟でもない。それは法の下の平和、諸民族の最終的な和解にあるのだ。

おそらく、シュヴァーベン家とともに眠るこの封建世界は高貴な世界だった。たとえ古代ギリシアとローマの時代の後でも、愛惜の一瞥を投げずにこの世界を通り過ぎることはできない。そこには、主君と主君の奥方に誠実に身を捧げた忠実な仲間たちがいる。彼らは主人の食卓や炉辺で陽気である。主君とともにアルプス山脈の隘路を通過する時も、彼についてイェルサレムに向い、さらに死海の砂漠までついて行く時も、同じように陽気である。鋼鉄のよろいの下には敬虔で純真な人間の魂が隠れている。それではシュヴァーベン家の寛大な皇帝たち、詩人にして完璧な騎士であるこの一族は、世界帝国を熱望することで重大な過ちを犯したのだろうか？　敵たちは、彼らと戦火を交えつつ彼らを称賛した。彼らはどこにいてもその美貌ですぐ分かった。フリードリヒ二世〔神聖ローマ皇帝。在位一二一五―五〇〕の失われた息子エンツォ〔サルデーニャ王。一二二四頃―七二。囚われて獄死〕を探していた者たちは、髪の巻き毛を見て彼を発見した。彼らは言った、「ああ！　これほど美しい金髪をもつのは世界でエンツォ王しかいない」。あの美しい金髪も、あれらの詩も、そしてあの偉大な勇気も、すべて何の役にも立たないのだ。聖ルイの弟〔アンジュー伯シャルル〕はそれでも哀れな若きコンラディン〔一二五二―六八。神聖ローマ皇帝コンラート四世の息子〕の首を切らせた。そしてフランス王家が皇帝の覇権を継承した。

皇帝は滅びなければならない。帝国は滅びなければならない。そして帝国がその中心となり至高の表現となっている封建的世界もまた。この世界の内には、帝国に有罪判決を下し、それを破滅へと運命づける何かがある。それは帝国の深い物質主義である。人間は土地に結びつき、塔がそびえたつ岩に根を下ろした。「領主なき土地はなく」、土地なき領主はない。人は場所に所属する。彼が「高い場所」と「低い場所」のどちらにいると言えるかで、彼は判断される。彼は位置づけられ、動きを止められ、その重い城の下、その重い武具の下で固定されるのである。

土地、それは人間である。本当の人格は土地に属するのだ。人間と同じように、土地は分割不可能である。土地は一つのまま、長男の手に渡らなければならない。不死で、冷淡で、無慈悲な人格である土地には、自然さも人間らしさもない。長男だけが所有することになる。いやむしろ、長男の方が支配されるのだ。その土地の慣習が、この誇り高き領主を支配する。彼の土地が彼を統治し、彼に義務を押し付ける。中世の力強い表現によれば、「彼は彼の封土に奉仕」しなければならない。

息子が、長男がすべてを手にする。娘が要求できるものは何もない。娘にはバラの花の小さな帽子と母親のキスがあたえられたではないか? 弟たちはと言えば、ああ! 彼らが受け継ぐものは莫大である。彼らはそれでも、すべての大街道と、その上方にある天の蒼穹を手にするのだ。彼らのベッド、それは父の館の玄関である。冬の晩には、ぶるぶる震えひもじい思いをしながら、彼らはそこから兄一人だけが暖炉のそばにいるのを目にする。幸せな子供時代には彼らもそこに座っていたというのに。もしかしたら兄は、犬たちが唸るにもかかわらず、弟たちに何切れかの肉片を投げあたえてくれるかもしれない。おとなしくするんだ、番犬たちよ、これは僕の弟たちだ。あいつらも多少のものは取るべきなんだ。

私は弟たちに、その状態で満足するように、そして他の領主のもとで身をたてようなどと思わないように勧める。貧乏人から農奴にまで身を落としかねないのだから。一年も滞在すれば、彼らは身柄も財産も主人のものになってしまうだろう。領主にとって「とんだもうけ物」aubaine である彼らは、結局は「余所者」aubain として取り扱われることになる。ほとんど彼の「農奴」とか「ユダヤ人」とでも言った方がいいくらいだ。避難所を探し求める不幸な人々や、岸で難破した船は、すべてその領主のものである。領主は「余所者の遺産」と「難破船の残骸」を没収する権利をもつのだ。

確実な避難場所は一つしかない。教会である。有力な家系に生まれた弟たちが避難したのはそこである。教会は、蛮族たちを押し返すには無力であったため、力を封建制へ委ねざるをえなかった。教会自体も少しずつ封建的になっていった。司祭の装いをしても、騎士は騎士のままだった。シャルルマーニュの時代以降、司教たちは、おとなしい牝ラバを差し出されることや、それに乗る手助けをされることに憤慨するようになった。司教たちが必要としたのは軍馬であり、彼らは自分たちで手綱をとって駆け回るのである。彼らは馬で駆け、狩猟をし、決闘をし、サーベルの一撃で祝福をあたえ、そして「大量の武具によって重い贖罪の苦行を課した」。ある司教の葬儀の祈禱には、「よき聖職者にして勇敢な兵士」とある。ヘースティングズの戦い〔一〇六六〕でサクソン人のある大修道院長は一二人の修道士を引き連れ、一三人全員が殺された。ドイツの司教たちは仲間の一人を、温厚で「勇気に欠ける」という理由で解任した。司教たちは領主《バロン》となり、領主たちは司教となった。先見の明のある父親は誰でも、弟たちに司教職や大修道院を用意した。彼らは自分の農奴を使って、自分の孫たちを教会の要職に選ばせる。六歳の大司教が聖体拝領台にのぼり、教理問答を二、三語たどたどしく喋り、そして選ばれた。彼は魂の仕事を担い、教会管区を統治する。父は彼の名前を使って聖職禄を売り払い、十分の一税やミサのお布施を受け取る。ただしそのことについては口外させないようにする。彼は家臣たちに告解をさせ、遺言状を作成させ、彼らが望むと望まざるにかかわらず、遺贈させ、それを受け取る。彼は二つの剣で人民を打つ。戦いと破門を交互におこなうのだ。殺すか地獄に落すかは彼しだいだ。

この体制に欠けているものは一つしかない。これらの高貴で勇猛な司祭たちが、独身生活の禁欲によって、教会財産という喜びを手に入れたわけではないということだ。彼らは聖職者の栄光と、聖人の尊厳を手に入れ、その上なお結婚生活の慰安を手に入れた。彼らは自分たちのまわりで大量の子供の司祭たちを養育した。祭壇のワインで彼ら自身の家庭の食卓を楽しいものにし、そして子供たちに聖なるパンをふんだんにあたえた。甘美で神聖な希望よ！　神の御心にかなうなら、これらの子供たちは立派に成長するだろう！　子供たちは当然のこととして、父親の大修道院や司教職を受け継ぐだろう。彼らからこれらの宮殿や教会を取り上げるのは酷いことだろう。教会は彼らのものであり、彼らの封土なのだ。こうして相続が選挙に、出自が功績に取って代わる。教会は封建制を模倣し、封建制を超越する。一度ならず教会は娘たちに分け前をあたえ、ある娘は持参金として司教区をもっていた。司祭の妻は司祭に寄り添って祭壇まで歩いた。司教の妻は伯の夫人と道を争った。

もし教会が封建的相続の中で物質化すれば、キリスト教はおしまいだったろう。地の塩〔地上の選良〕は消え去り、すべて決着はついてしまった。そうなれば、もはや内的な力もなく、天上への飛躍もなかっただろう。このような状態の教会は、ケルン大聖堂の内陣の円天井を持ち上げることも、ストラスブール大聖堂の尖塔をそびえさせることもなかっただろう。聖ベルナール〔ベルナルドゥス。クレルヴォー修道院長。一〇九〇―一一五三〕の魂を生み出すことも、聖トマス〔トマス・アクィナス。一二二五―七四〕の天才的洞察を生み出すこともなかっただろう。これらの人物には孤独な内省が必要なのだ。そうなれば、十字軍も全くなかっただろう。アジアを攻撃する権利をもつためには、ヨーロッパはアジアの官能性を制圧しなくてはならない。ヨーロッパはよりヨーロッパ的に、より純粋に、よりキリスト教的にならねばならないのだ。

危機に瀕した教会は、さらに生きのびるべく緊張感を高めた。生命は心臓部に集中した。世界は、蛮族侵入の嵐以来、教会に避難し、教会を汚していた。教会は修道士たちの中に、すなわち自らの最も厳格で最も神秘的な部分に避難したのである。それに、当時の最も民主的な部分とも言えるだろう。この禁欲生活は貴族たちにはそれほど追求されなかった。修道院は農奴の息子たちで一杯になった。貴族的な豪奢で飾り立てられたこの壮麗にして傲慢な教会の正面に、貧しく、暗く、人里離れた別の教会が立ちはだかった。忍耐の教会が享楽の教会に対抗した。それは相手を裁き、断罪し、浄化し、統一性をあたえた。司教による貴族制の後を次いだのは、教皇による君主制だった。教会は一人の修道僧の中に受肉したのだ。

改革者は、創始者〔イエス〕と同じく大工の息子だった。サオナ出身のイタリア人、クリュニー会の修道士である。彼はダンテやマキアヴェッリを生み出したあの詩的で現実的なトスカナの人間だった。ドイツの敵となるこの人物〔教皇グレゴリウス七世。在位一〇七三—八五〕は、ヒルデブラントというゲルマン名をもっていた。

彼がまだクリュニー修道院にいたころ、皇帝の親族であり、皇帝によって任命された教皇レオ九世〔在位一〇四八—五四〕がこの修道院を通りかかった。この修道士の宗教的権威は、君主をして巡礼者のように裸足でローマに赴き、皇帝任命権を放棄して人民の選挙に従うことを決意させたほどのものであった。

レオ九世は皇帝が任命した三番目の教皇であり、人々はそのことについて不平を言うようにはほとんど見えなかった。これらのドイツ人教皇たちは模範的だったのだ。彼らが任命されたことで、ローマ教皇庁のおぞましいスキャンダルは終止符を打たれた。すなわち、二人の女性が交互に教皇庁を自分の愛人にあたえた件と、あるユダヤ人の息子、一二歳の子供がキリスト教国の頂点に立った件である。とはいえ、教皇が皇帝によって任命され、二つの権力がこのように結びつくのは、もしかしたらさらに悪いことかもしれなかった。バグダードや日本で起こったように、霊的権力が消滅してしまうことが起こったにちがいない。生命、それは諸勢力の戦いと均衡である。統一と同一性、それは死である。

世俗の人間の支配から逃れるために、教会は自身が世俗的であることをやめなくてはならなかった。教会は禁欲と犠牲の美徳によって、その力を取り戻さなくてはならなかった。ステュクス〔冥界を流れる川〕の冷たい水の中に身を沈め、純潔に浸らなくてはならなかった。修道士が始めたのはここからである。すでに彼に先立って教皇位にあった二人の教皇のもとで、グレゴリウス七世は結婚した司祭はもはや司祭ではないと声明させた。大きなどよめきが湧きおこった。司祭たちは互いに手紙を書き、結束し、その数に自信を強め、自分たちの妻を放棄しない旨を高らかに宣言した。彼らは言った、われわれはむしろ司教区、修道院、小教区を立ち去ることを選ぶと。教皇は自分の知行地を守るがよいと。しかし改革者は後退しなかった。大工の息子はためらいもなく司祭たちに対して民衆をけしかけた。いたるところで群衆が妻帯した牧者に反対の声を上げ、彼らを祭壇から引き離した。民衆はいったん解き放たれると、乱暴な平等化の本能に突き動かされ、それまで崇拝していたものを嬉々として侮辱し、それまでその足に接吻していた連中を足で踏みにじり、祭服を引き裂き、僧帽を破り捨てた。司祭たちは大聖堂の中で、殴られ、平手打ちにされ、八つ裂きにされた。人々は司祭たちが聖別した葡萄酒を飲み、聖体パンをまき散らした。修道士たちは運動を後押しし、説教した。ひとつの大胆な神秘主義が民衆の中に浸透した。民衆は形式を軽蔑し、それを破壊してそこから精髄を引き出すことに慣れていった。この教会の革命的な浄化は民衆に大きな動揺をあたえた。その手段は容赦ないものだった。修道士ダンスタンはイングランド王の妻あるいは愛人を八つ裂きにした。孤高の隠修士ピエトロ・ダミアーニは、脅しと呪いを浴びながら、生命の危険も顧みずイタリアを駆けめぐり、敬虔なシニスムでもって教会の破廉恥な行為を暴き立てた。それは妻帯司祭に対して死の宣告を下すことだった。神学者のマヌゴルドは、改革に反対する者は難なく殺すことができると教示した。グレゴリウス七世自身、反抗した一人の修道士を八つ裂きにすることを認めている。教会は荒々しい純粋さで武装して、ドルイド教のガリアやタウリケ〔現在のクリミア半島。ギリシア神話ではこの地に来る異邦人は人身御供にされた〕の血に飢えた乙女たちに似た姿になった。

当時の世界には奇妙なことがひとつあった。中世という時代はユダヤ人たちを拒絶し、イエス＝キリストの殺害者として辱めたが、それと同様に女性を人類の殺害者として軽蔑した。哀れなイヴはあいかわらずリンゴの代償を支払っていたのだ。人々はイヴの中に地上に悪を解き放ったパンドラの姿を見た。神学者たちは、世界には人間が多すぎると教えた。そして結婚は許されうる小罪とはいえ、ともかく罪であると宣言した。

このように教会の暴力的な改革は達成された。教会は、肉に呪いの言葉を吐きかけることで罪を贖った。教会が帝国を攻撃したのはこの時である。その時、純潔性の荒々しい誇りをもって美徳と力を取り戻した教会は、俗界を尋問し、もともと教会のものであった首座司教区の返却を強く命じた。フランス王の姦通と聖職売買、イングランド教会の分離、皇帝の中に体現された封建的君主制について、報告するよう求めた。皇帝は厚顔にも司教たちに土地を封土としてあたえているが、神からでなければ、いったい誰からこの土地を受け継いだというのか？　いかなる権利に基づいて物質は精神を支配しようとするのか？　美徳が自然を手なずけた。いまや理想が現実に命令し、知性が力に、選挙が相続に命令しなくてはならない。「神は天に二つの大きな天体を置かれた。太陽と月であり、月は太陽から光を借りる。地上には教皇と皇帝がおり、皇帝は教皇の反射にすぎない。単なる反射、薄い影である皇帝は、おのれの何たるかを認めるがよい。その時、世界は本当の秩序へと戻り、神の統治が訪れるだろう。そして神の代理人の統治が。霊性と聖性にもとづく階級制度がうまれるだろう。選挙は最もふさわしい者を高みに押し上げる。教皇はキリスト教世界をイェルサレムへと導き、そして解放された救世主の墓の上で、救世主の代理人は皇帝の誓約を、そして王たちの誓いを受け取ることになるだろう」。

こうして教会の内で、教皇庁と帝国というかたちで、法と自然の戦いは引き起こされた。皇帝ハインリヒ四世〔神聖ローマ皇帝、在位一〇八四―一一〇六〕は、自然に突き動かされる激しい性格の持ち主だった。グレゴリウス七世はそれと同じくらい、法に厳格だった。両者の力は最初はひどく不均衡に見えた。ハインリヒ三

ハインリヒ4世がカノッサ城の中庭で三日間下着姿で雪の上にとどまった時、教皇は彼を認めざるをえなかった

世は息子に、広大な世襲の国々と、ドイツにおける封建的全権と、イタリアにおける巨大な影響力と、教皇を任命するという野望を譲り渡した。ヒルデブラントはローマさえもっていなかった。彼は何ももたず、そしてすべてをもっていた。いかなる場所も占拠することがないというのが、精神の本来の性質である。彼はいたるところを追い払われつつ勝ち誇り、枕石さえない寝床で死に際にこう言い残した。「私は正義に従い不正を逃れた。私が異国で死ぬのはそのためなのだ」（一〇七三―八六年）。

人々は双方の頑固さを非難した。それが人間同士の戦いでないことが分からなかったのだ。人間たちは互いに歩み寄ろうとしたが、決して歩み寄ることはできなかった。ハインリヒ四世がカノッサ城の中庭で三日間下着姿で雪の上にとどまった時、教皇は彼を認めざるをえなかった。どちらの側も和平を求めた。グレゴリウスは敵の破門を解き、もし自分が有罪なら死をあたえよと言って神の裁きを求めた。神は裁定を下さなかった。判決も和解も不可能であった。何ものも精神と物質を、肉体と精神を、法と自然を和解させることはない。

自然は打ち負かされた、ただし不自然なやり方で。教会の判決を実行したのは、ハインリヒ四世の息子〔後の皇帝ハインリヒ五世〕だった。哀れな老皇帝がマインツの会見で捕らえられ、聖職売買に関わらなかった司教たちが彼の王冠と王服をはぎ取った時、彼はなおも愛する息子に向かい、永遠の救済のためにこの親殺しの暴力を慎んでくれるよう、涙ながらに懇願した。身ひとつで打ち捨てられ、寒さと飢えの虜となり、彼はシュパイエルの彼自身が建てた聖母教会に行き、聖職者として養ってくれるよう頼んだ。読むことも聖歌を歌うこともできると主張した。許しは下りなかった。彼の亡骸には大地さえ拒絶された。遺体は五年間墓もなく、リエージュの地下室にとどまったのだ。

ミシュレはこの章でさらに、ノルマンディー公ギヨームによるイングランド征服を物語る。ギヨームは一〇六六年にヘースティングズの戦いでハロルド王に勝利すると、イングランドを征服し、ウィリアム一世（在位一〇六六―八七）としてノルマン朝を開く。ここに長きにわたるイングランドとフランスの対立関係が始まるのである。

（片山幹生訳）

7　十字軍

（第四篇第三章）

十一世紀、セルジューク朝の脅威に怯えるビザンツ皇帝はローマ教皇に援助を依頼する。一〇九五年に教皇ウルバヌス二世（在位一〇八八―九九）はクレルモン公会議で聖地イェルサレムの奪回を呼びかけ、翌年に第一回十字軍の遠征がおこなわれる。遠征軍はコンスタンティノープル、アンティオキアを経由して、多大な犠牲を払ってイェルサレムを奪回すると、イェルサレム王国を建国する。

フランスは「教会の長女」として、第一回十字軍において中心的な役割を演じた。フランス人教皇ウルバヌス二世が十字軍を提唱し、フランス人隠修士ピエールが各地を回って参加を呼びかけ、フランスの多くの民衆がそれに答えて旅立った。そして初代イェルサレム王に選ばれたフランス人ゴドフロワ・ド・ブイヨン（一〇六一―一一〇〇）こそ、十字軍最大の英雄であった。ミシュレは聖地を守るという大任を引き受けて聖地で死んだこの人物を、中世の「聖人」のひとりに数えている。

ミシュレは『世界史序説』（一八三一）において、人類の歴史を、物質主義的なアジアと精神主義的なヨーロッパの対立によって説明した。その対立はここでは、アジアのイスラーム教とヨーロッパのキリスト教の戦いというかたちで現れる。十字軍は、（遅れて生まれたにもかかわらず）年老いたイスラーム教に対する、若々しいキリスト教の挑戦なのである。

巡礼への衝動

この十字軍による巡礼は新しいことでも珍しいことでもなかった。人間は生来巡礼者である。人間ははるか昔に出発し、いつ到着することになるかは分からない。人間を動かすのに大したことは必要なかった。まず、自然は、陽のあたる快適な場所を見せ、果実を、ガリア人にはイタリアのブドウを、ノルマン人にはシチリアのオレンジを差し出して、人間を子供のように引き寄せた。あるいは自然は女性の姿を借りて人間を誘惑した。誘拐こそ最初の征服である。美しきヘレネ、そして道徳心が向上すると、貞淑なペネロペ、英雄的なブリュンヒルト、あるいはサビニの娘たち。皇帝アレクシオス一世〔ビザンツ皇帝。在位一〇八一―一一一八〕は、フランス人に聖戦を呼びかけた時、ギリシア女性の美しさを讃えることを忘れなかった。フランソワ一世〔フランス王。在位一五一五―四七〕がイタリア征服にこだわった理由のいくぶんかは、ミラノの美女たちにあると言われている。

祖国こそは人間が追いかけるもうひとりの愛人である。オデュッセウスは故郷イタカの家並みのかまどの煙を見るまで決して倦むことはなかった。ローマ帝国において北方民族は、英雄であり神々であるアース神族の都市アースガルズを虚しく探しまわった。彼らはよりよいものを見出した。盲目に走りまわるうちに、キリスト教に突き当たったのである。十字軍は、イェルサレムに対する激しい情熱とともに進むうちに、神の祖国がキドロン〔イェルサレムの谷〕の奔流にも、乾燥したヨシャファトの谷〔復活の地〕にもないことに気づいた。彼らはさらに上方に目をやり、憂鬱な希望のうちにもうひとつのイェルサレムを待った。アラブ人たちは、ゴドフロワ・ド・ブイヨン〔一〇六一―一一〇〇。第一回十字軍に加わり、イェルサレム王となったが、王号をはばかって「聖墓の保護者」と称した〕が地面に座っているのを見て驚いた。勝利者は彼らに陰鬱な口調で言った。「大地こそわれわれらの玉座にふさわしいのではないだろうか。われわれはやがて永遠にその胸の中に帰るのであるから」。彼らは感嘆して帰っていった。西洋と東洋は理解しあった。

とはいえ十字軍は達成されなければならなかった。中世の広大で多様な世界は、それに先立つギリシア・ローマ・蛮族の世界のあらゆる要素を内包していたので、人類のあらゆる戦いを再現せずにはいられなかった。それはキリスト教的なやり方で、巨大な規模で、ギリシア人によるアジア侵入とローマ人によるギリシア征服とを再現しなければならなかった。それと同時に、われわれの大聖堂の巨大な列柱と空中のアーチにおいて、ギリシアの円柱とローマのアーチが結び付けられ、天上に向けて伸ばされた。

動揺はずっと以前から始まっていた。特に紀元一〇〇〇年以来、人間が生き延びられるというわずかな希望をもって以来、多くの巡礼が杖をとって道を行き、ある者はサンティアゴへ、またある者はモンテ・カッシーノへ、ローマの使徒教会へ、そこからさらにイェルサレムへと進んだ。足はおのずからそこへ向かった。しかしそれはつらく危険な旅であった。戻ってきた者は幸運である！　キリストの墓のそばで死んだ者、当時の大胆な表現でキリストに向かいこう言った者はさらに幸運である、「主よ、あなたは私のために死に、私はあなたのために死ぬ！」

商業の民であるアラブ人は、はじめは巡礼たちを歓迎した。コーランのひそかな敵であるエジプトのファーティマ朝は、彼らをさらにもてなした。キリスト教徒の母をもつカリフのハーキム〔在位九九六―

一〇二〇〕が、自ら神の化身を称してからすべてが変わった。彼は、救世主はすでに現れたと主張するキリスト教徒や、救世主をなおも待ち続けようとするユダヤ教徒を苛酷に扱った。これ以降、聖墓を侮辱するという条件でしかそこに近づくことはできなくなった。近年において、オランダ人が十字架を踏むことなしに日本に入ることができないように。アンジュー伯フルク・ネッラ〔九七二頃―一〇四〇〕の馬鹿げた話はよく知られている。彼は償うべきことが多くありすぎて、何度もイェルサレムに行った。イスラム教徒から聖墓を汚すよう宣告された彼は、小便の代わりに高価なワインをこぼすことを思いついた。彼はイェルサレムから徒歩で帰り、疲労のあまりメッスで死んだ。

しかし彼らは疲労にも侮辱にもくじけることはなかった。自分たちの国ではたった一言のために血の海を繰り広げたであろうこれらの誇り高き男たちは、サラセン人が要求するあらゆる屈辱を敬虔に受け入れた。ノルマンディー公、バルセロナ伯、フランドル伯、ヴェルダン伯が、十一世紀にこの過酷な巡礼をなしとげた。熱意は危険とともに高まった。ただ巡礼たちはより大人数のグループを作るようになった。一〇五四年にカンブレー司教は三千人のフランドル人とともに旅を企てたが、到達できなかった。一三年後、マインツ、ラティスボンヌ、バンベルク、ユトレヒトの司教たちが、何人かのノルマン人の騎士とともに、七千人の小軍隊を結成した。彼らはやっとのことで到達した、しかしヨーロッパに帰ってきたのはせいぜい二千人であった。その間にトルコ人、バグダードの指導者たち、そのカリフの支持者たちがイェルサレムを占領し、アリーであろうがキリストであろうが、受肉を信奉するすべての者を無差別に虐殺した。ギリシア帝国は日ごとに侵略され、自国の騎士隊がボスフォラス海峡まで、コンスタンティノープルの目前まで押し戻されるのを目にした。他方で、ファーティマ朝はダミエッタとカイロの城塞の背後で震え上がった。彼らはギリシア人と同様に、西洋の諸侯に訴えかけた。アレクシオス〔一世〕・コムネノス〔ビザンツ皇帝、在位一〇八一―一一一八〕はすでにフランドル伯と結び、伯をその途上で盛大にもてなした。大使たちはギリシア人特有のほら吹きの才でもって、東洋の財宝や、彼らが征服できるはずの帝国や王国のことを褒め讃えた。この臆病者たちは、自分の娘や妻の美しさまで自慢し、彼女たちを西洋人に差し出すと約束するかに見えた。

　これらすべての理由も、人々の心を動かし、彼らを東方へと駆り立てた深い衝動を引き起こすには十分ではなかっただろう。すでにはるか昔から、人々は聖戦について話していた。スペインでの生活はまさしくひとつの十字軍であった。毎日人々はエル・シド〔十一世紀のレコンキスタの英雄〕の勝利や、イェルサレムとは別の意味で重要なトレドやバレンシアの陥落を知らされた。サルデーニャやコルシカを征服したジェノヴァ人やピサ人は、一世紀前から十字軍をおこなっていたと言えるのではなかろうか。シルウェステル二世〔ローマ教皇、在位九九九―一〇〇三〕がイェルサレムの名においてあの有名な手紙を書いた時、ピサ人は船団を武装し、アフリカへ出航し、一〇万人のムーア人を虐殺したという。しかしながら、そこで宗教は重要でなかったことは分かっていた。危険がスペイン人を、利害がイタリア人を駆り立てたのだ。イタリア人たちは後になって、イェルサレムへの十字軍を早めに切り上げ、巡礼たちが東方にもたらした金をすべて自分たちのところへ取り戻すことを想像した。彼らはユダヤでとった土を自分たちのガレー船に詰めて、遠くまで探しに行っていたものを引き寄せて、ピサのカンポ＝サントに聖地を作ろうとしたのである。

　しかし人々の宗教意識をそのようにごまかすことはできなかったし、人々の思いを聖墓からそらせることもできなかった。中世の極端な窮乏の中でも、人々はイェルサレムの逆境に対する涙を保持していたのだ。紀元千年に人々を世界の終末の恐怖で脅かしたあの大きな声が再び響き渡り、パレスティナへ赴いて神が彼らにあたえた猶予を履行するよう人々に命じた。サラセン人の勢力が終わりに達したという噂が流れた。あとはただ、かつてシャルルマーニュが切り開いたと言われる大街道を通って前進し、太陽が昇る方角に向かって倦むことなく進軍し、すっかりお膳立てされた戦利品を集め、神のよきマナを集めるだけである。これでもう困窮も隷属もない。解放の時がやってきたのだ。東洋には彼らを富裕にするものがふんだんにある。武器や、食料や、船は必要ない。そんなものを準備するのは神を試すようなふるまいだ。彼らは神の被造物の中で最も単純なもの、一匹のガチョウと一頭の牝山羊を、道案内としてもってゆくと明言した。子供っぽい人間のもつ敬虔で感動的な信頼の念よ！

クレルモン公会議

　あるピカルディー人、俗に「クク・ピエートル〔お粗末なカッコウ〕」（僧帽のピエールあるいは「頭巾をかぶった」隠修士ピエール）と呼ばれた人物の雄弁が、民衆のこの大いなる運動に大きく貢献したという。イェルサレムへの巡礼からの帰途に、彼はフランス人教皇のウルバヌス二世〔在位一〇八八―九九〕に、ピアチェンツァ〔イタリア北部の都市〕で、ついでクレルモン〔現クレルモン・フェラン市。フランス中央部の都市〕で（一〇九五年）、十字軍について説教することを決心させた。説教はイタリアではほとんど効果がなかった。しかしフランスではみなが武器を取った。クレルモン公会議には四〇〇人の司教あるいは司教冠〔ミトラ〕をもつ大修道院長が出席していた。それは教会と民衆の勝利だった。地上における二人の最大の権力者である皇帝とフランス王は、トルコ人と並んでそこで糾弾された。そして司教任命権論争はイェルサレム論争と結びつけられた。各自が肩に赤い十字架をつけた。そのために赤い布や衣服が切り裂かれたが、それでも足りなかった。

その時、世界がひっくり返ったかのような、とてつもない光景が見られた。人々は突然、それまで愛していたものに嫌気がさしたかに思われた。豪勢な城、自分たちの妻、子供たち、彼らはあらゆるものを急いでその場に捨て去った。説教は必要なかった。同時代の記述によると、彼らは言葉や実例を用いて互いに説教し合った。記述は続く、「それはソロモン〔前十世紀のイスラエル王〕の言葉の遂行だった。『イナゴには王はないが、みな隊を組んで出ていく』〔『箴言』第三〇章〕。これらのイナゴは、無気力の中で固まり凍りついていた間は、善行に飛び立とうとはしなかった。しかし正義の太陽の光線に暖められるや否や、イナゴは舞い上がり飛んでゆく。イナゴは王をもたない。信仰心厚い魂はただ神だけを導き手、主人、戦友とみなした……。説教はフランス人にしか理解されなかったが、同じように戦士を提供しなかったキリスト教国民などいただろうか？　スコットランド人が外套のえりを立てて沼地の奥から駆けつけるのも見られたことだろう……。私は、どこか知らない国から来た蛮族たちがわが国の港に上陸したことを、神を証人として誓う。彼らの言葉は誰にも理解されなかった。彼らは指を十字のかたちに組み、キリスト教信仰を守るために出発したいと示した」。

「はじめは出発する気などさらさらなく、行きも辛いが帰りはもっと辛いぞと言って、財産を処分した人たちを馬鹿にして笑う人々がいた。ところがその翌日には、馬鹿にしていたその本人が、突然の心変わりによって、すべての財産を処分していくばくかの金に替え、最初に笑いものにしていた相手とともに旅立った。子供や老女が戦争の支度をするなどと、誰が信じられるだろうか？　乙女や年齢の重みで震える老人を、誰が数に入れるだろうか？　あなたがたは貧しい人たちが、馬にするように牛に蹄鉄を打つのを見て笑ったことだろう。その牛は荷車に粗末な食料と幼子たちをのせて運んでいる。そしてこれらの幼子は、町や城を目にするたびに、純朴にこう尋ねるのだ、『私たちが目指すあのイェルサレムはここじゃないの？』」〔ギベール・ド・ノジャン〕

民衆はぐずぐずせずに出発した、王侯たちが考え込み、立ち止まり、自分たちの数を数えるのを尻目にして。信仰薄き者たちよ！　身分の低い者たちはこうしたことすべてに何の不安も抱いていなかった。彼らは奇蹟が起こると確信していた。聖墓の解放にあたって神が奇蹟を拒むことなどありえようか？　隠修士ピエールが、裸足で腰に縄を巻いて先頭にたった。他の者たちは、「一文無しのゴーチエ」と呼ばれる勇敢で貧しい一人の騎士の後に続いた。何千もの人間がいたが、馬は八頭もいなかった。幾人かのドイツ人はフランス人のまねをして、ゴッテスシャルクと呼ばれる一人の指揮官のもとに出発した。全員が一緒にドナウ川流域を下っていった。それはかつてアッティラが通った道、人類が通った大街道であった。

道中、彼らは盗みと略奪によって、来るべき聖戦の報酬を前もって受け取った。彼らはユダヤ人と見れば誰でも拷問して殺した。彼らはキリストの墓を解放する前に、キリストの殺戮者に罰をあたえなくてはならないと信じていたのだ。このように獰猛で血まみれになった者たちが、ハンガリーやギリシア帝国に到着した。この残忍な集団は嫌悪をかき立てた。人々は彼らの後を追い、野生動物のように追い払った。残った者については、皇帝は彼らに船をあたえ、トルコ兵の矢の待ち受ける小アジアへ渡らせた。善良なるアンナ・コムネーナ〔一〇八三—一一四八。ビザンツ皇帝アレクシオス一世の王女〕は、彼らがニカイア平原に骸骨の山を残し、人々がその骸骨で都市の城壁を築くだろうと考えて喜んだ。

十字軍の顔ぶれ

その間に、王や諸侯や騎士たちのものものしい軍勢は、ゆっくりと動き始めていた。十字軍に参加した王は一人もいなかった。しかし王以上に強大な領主はたくさん参加した。フランス王〔フィリップ一世。在位一〇六〇—一一〇八〕の弟のヴェルマンドワ伯ユーグ〔一〇五七—一一〇二〕、イングランド王〔ウィリアム一世征服王〕の女婿である裕福なブロワ伯エティエンヌ〔一〇四七—一一〇二。イングランド王スティーヴンの父〕、ウィリアム征服王の息子であるロベール・クルト＝ウーズ〔一〇五四頃—一一三四〕、最後にフランドル伯〔ロベール二世。一〇六五頃—一一一一〕、彼らは同時に出発した。全員が対等な立場であり、リーダーはいなかった。肥満したロベールは、王国一つを平気で失ってしまうような社交人であり、イェルサレムに行くのは単に暇つぶしのためだった。ユーグとエティエンヌは目的地に到達することなく帰国した。

トゥールーズ伯レーモン・ド・サン＝ジル〔一〇四二—一一〇五〕は、十字軍に参加した領主の中では突出し

隠修士ピエールが、裸足で腰に縄を巻いて先頭にたった

て裕福な人物だった。彼はルエルグ伯領〔フランス南部〕、ニーム伯領およびナルボンヌ公領を統合したばかりだった。この権勢は彼に多くの希望をあたえた。彼は再び戻っては来ないと誓っていた。彼は莫大な資産を一緒にもっていった。南フランスのすべてが彼に従った。オランジュ、フォレ、ルシオン、モンペリエ、テュレンヌ、そしてアルブレの領主たち、それに加え、十字軍の聖職者の長であり、教皇特派使節であり、レーモンの家臣でもあったピュイ司教。これらの南仏人たちは、ギリシア人のように商業や産業にたずさわる文明人であり、信仰や戦功で名声を得たことはほとんどなかった。彼らはあまりに知識や手腕や弁舌に長けていると思われていた。ムーア人が大勢いる彼らの都市には異端者があふれていた。彼らの風俗は若干マホメット教的だった。王族はたくさんの妾をもっていた。レーモンは出発にあたって自分の諸国を庶子の一人に譲った。

　イタリアのノルマン人たちは十字軍のしんがりではなかった。ラングドック人たちほど裕福ではなかったが、彼らもやはりかの地で自分たちの商売をするつもりだった。しかしギスカール〔ロベール・ギスカール。狡猾公。一〇一五頃－一〇八五〕とロジェ〔シチリア伯ルッジェーロ一世。一〇三一頃－一一〇一。ロベール・ギスカールの弟〕の後継者たちは、この危険な遠征のためにこれまでの征服を放棄するつもりはなかった。しかしロベール狡猾公の庶子のボエモン〔アンティオキア公ボエモン一世。一〇五六頃－一一一一〕という人物は、父親に劣らず狡猾であったが、相続でタラント〔イタリア南部の都市〕と父親の剣しか受け取ることができなかった。母親がノルマン人、父親はピエモンテ人であると思われるタンクレード〔ロベール・ギスカールの孫〕もまた武器をとった。ボエモンはアマルフィ〔イタリア南部の小都市〕を包囲していた時、十字軍兵士の通過を耳にした。彼は興味深げに十字軍兵士の名前や、数や、装備や、資力を問い合わせた。それから何も言わずに十字架を手にとりアマルフィを離れた。アレクシオス〔一世〕の娘のアンナ・コムネーナが記した彼の肖像を見るのは興味深い。アンナはコンスタンティノープルで彼に会い、強い恐怖を抱いた。彼女は女性特有の関心と好奇心をもって彼を観察した。「彼は最も背の高い者たちよりもさらに一クーデ〔約五〇センチ〕も高かった。腹は引き締まり、肩幅と胸板は広かった。やせぎすでも肥満でもない。腕はたくましく、手は分厚くてやや大きい。気をつけてみると、少々腰が曲がっていることが分かる。肌はとても白く、髪の毛は金髪がかっている。髪の毛は耳にかからず、他の蛮族のように長くたなびいてはいない。彼のひげが何色かは分からない。頬とあごは剃ってある。とはいえひげは赤毛だと思われる。海の緑色を帯びた青い目は、勇敢さと猛々しさをかいま見せる。大きな鼻孔は、厚い胸板で脈打つ燃える心のままに、自由に空気を呼吸する。彼の姿は魅力的であるが、その魅力は恐ろしさで台なしになっている。あの身長、あの視線、そうしたすべての中には、とても愛することのできない何か、人間のものとは思えない何かが含まれている。彼の微笑みは私にはむしろ脅迫の身震いに見える……。彼は手管と策略そのものである。彼の言葉は正確だが、彼の返事は何の手がかりも残さない」。

ボエモンがどれほどの偉業をなしたとしても、神の声を代弁する民の声は、十字軍の栄光をゴドフロワ〔・ド・ブイヨン〕にあたえた。彼はブーローニュ伯の息子で、アントワープ辺境伯、ブイヨンおよびロティエ公、イェルサレム王であった。シャルルマーニュにさかのぼると言われるゴドフロワ一族は、その運命の変転と大きな不運によってすでに知られていた。彼の父であるユスタッシュ・ド・

ブーローニュ〔一〇八八年没〕は、エドワード懺悔王〔在位一〇四二―六六。ノルマン朝以前の、最後のアングロ＝サクソン系イングランド王〕の義兄であり、サクソン人たちは彼をウィリアム征服王に対抗させるべくイングランドへ呼び寄せたが、彼はイングランドを獲得することはできなかった。彼の母方の祖父であるゴドフロワ顎鬚王あるいは勇敢王〔九九七頃―一〇六九〕は、ロティエ公にしてブラバン公であったが、ロレーヌで同様に失敗し、三〇年間にわたって全ベルギーの先頭にたって歴代の神聖ローマ皇帝と戦い、エクス＝ラ＝シャペル〔アーヘン〕でカロリング朝の宮廷を焼き払った。彼は何度も追い出され、追放され、捕虜になった。彼の妻であるベアトリス・デスト〔ベアトリス・ド・ロレーヌの誤りか〕は、あの有名なマティルデ女伯〔トスカナ女伯。一一一五没。「カノッサの屈辱」事件に関与した〕の母であるが、ハインリヒ三世〔神聖ローマ皇帝。在位一〇三九―五六〕によって卑劣にも囚われの身となった。ハインリヒは結局彼女から世襲財産を奪い取り、ロレーヌ地方をアルザス家にあたえた。しかし皇帝ハインリヒ四世〔在位一〇八四―一一〇六〕が歴代教皇によって迫害され、多くの者に見捨てられた時、追放された人間の孫である十字軍のゴドフロワは彼の君主を見捨てなかった。皇帝は彼に帝国の軍旗を託した。かつてゴドフロワ一族はそれを揺るがし、マティルデは教会旗を支持してそれに対抗した。しかしゴドフロワはこの旗を再び確かなものとした。彼はこの旗についた槍によって、司祭たちの王である対立王ルドルフ〔シュヴァーベン公ルドルフ。在位一〇七七―八〇〕を殺し（一〇八〇年）、それからローマの城壁に一番で駆け上がり、この勝利の旗を掲げたのである。とはいえ、聖ペテロの町を略奪して教皇を追い出したことは、この敬虔な魂にとって大きな悲しみだった。十字軍が布告されるとすぐに、彼は自分の領地をリエージュ司教に売り渡し、聖地に向かって旅立った。彼は幼い頃からしばしば、イェルサレムに軍隊を率いて行きたいものだと言っていた。一万人の騎士、それに七万人のフランス人、ロレーヌ人、ドイツ人の歩兵が彼に従ってイェルサレムへ向かった。

ゴドフロワは二つの民族に属していた。彼は二つの言語を話した。彼は大柄ではなかった。彼の弟であるボードワン〔・ド・ブーローニュ〕は頭一つ分も彼より大きかった。しかし彼の腕力は驚異的だった。ある騎士の頭から鞍までを剣の一撃で断ち切ったといわれる。彼は手の甲で牛やラクダの頭を飛ばした。アジアで彼は道に迷い、洞窟の中で自分の家臣の一人が熊と格闘しているのを見つけた。彼は熊を自分に引き寄せ、殺したが、ひどい噛み傷を負って長いこと床についた。この英雄的な男は奇妙な潔癖さをもっていた。彼は一度も結婚せず、童貞のまま三八歳で死んだ。

コンスタンティノープルからアンティオキアへ

クレルモン公会議は一〇九五年十一月に開催された。一〇九六年八月十五日、ゴドフロワはロレーヌ人とベルギー人とともに出発し、ドイツとハンガリーを経由して目的地に向かった。九月になると、ウィリアム征服王の息子〔ノルマンディー公ロベール〕、ウィリアムの女婿であるブロワ伯、フランス王の弟〔ヴェルマンドワ伯ユーグ〕、そしてフランドル伯〔ロベール二世〕が出発した。彼らはイタリアを通ってプーリア〔イタリア南東部〕まで行った。その後、ある者はドゥラッツォ〔ドゥレス。アドリア海に臨む港町〕に渡り、別の者はギリシアへ向かった。十月になると南仏人たちは、レーモン・ド・サン＝ジルの指揮の下で、ロンバルディア〔イタリア北部〕、フリウリ〔イタリア北東部〕、ダルマチア〔アドリア海沿岸地方〕を通って進軍した。ボエモンはノルマン人やイタリア人とともにブルガリアの荒野を貫いて進んだ。それが最短で危険の少ない道だった。町を避けた方が賢明だったし、ギリシア軍と遭遇するなら平坦な野原がよかった。隠修士ピエールの指揮の下、最初の十字軍兵士が荒々しい姿で出現すると、ビザンツ帝国の人々は恐慌をきたした。彼らはフランク人を呼び寄せたことを苦い思いで後悔したが、すでに遅すぎた。フランク人は膨大な人数で、帝国のあらゆる谷やあらゆる道を通って侵入した。集合場所はコンスタンティノープルだった。皇帝は彼らを罠にかけようとしたが、蛮族は武力と人数でそれをものともしなかった。ただひとりヴェルマンドワ伯ユーグだけが捕えられた。アレクシオス〔一世〕は、殲滅したはずの軍勢がつぎつぎとコンスタンティノープルに到着し、よき友人である皇帝に挨拶するのを目にした。哀れなギリシア人たちは、人類の恐るべき閲兵の列が目の前を進むのを見ることを強いられて、この激流が流れ去って自分たちが無事でいられるとは信じられなかった。多くの言語や多くの奇妙な衣装は、彼らをおびえさせるに十分だった。これらの蛮族のなれなれしさや、彼らの下品な冗談も、ビザンツ人を戸惑わせた。全軍が集結するまでの間、彼らは帝国内に友人として身を落ち着け、気楽にふるまい、気に入った物は何でも無邪気に手に入れた。例えば彼らは教会の鉛をギリシア人に転売した。同様に、聖なる宮殿も敬われはしなかった。書記官や宦官の連中も、彼らにほとんど何も命じようとはしなかった。十字軍兵士たちは、ビザンツ皇帝の恐るべき荘重さや悲壮な儀式に心を動かすだけの精神性や想像力を欠いていた。王宮の装飾であり恐怖の象徴であったアレクシオスの美しい一頭のライオンを、彼らは戯れに殺してしまった。

　このすばらしいコンスタンティノープルは、西洋の泥にまみれた町しか見たことのなかった人々にとっては大きな誘惑だった。黄金のドーム、大理石の王宮、そして帝国が〔イスラーム軍の脅威に〕閉じこもるようになって以来、首都の中に積み上げられた古代芸術のあらゆる傑作の数々。これらすべてが驚異的で神秘的な総体を形作り、彼らを困惑させた。彼らには何ひとつ分からなかった。産業と商品のものすごい多様さだけでも、彼らにとっては不可解な問題だった。彼らに分かるのはただ、自分たちがこれらすべてに大きな欲望を抱いているということだった。聖都イェルサレムでさえこれほど素晴らしくはないだろうと彼らは思った。フランスのノルマンディー人やガスコーニュ人はできればここで十字軍を終わらせたかった。彼らは、ギベールが話した幼子たちのように、喜んでこう言ったことだろう。「イェルサレムはここじゃないの？」

彼らはその時、ギリシア人たちが街道で自分たちに仕掛けたあらゆる罠のことを思い出した。彼らは、ギリシア人たちが毒入りの食料を供給し、泉に毒を入れたと主張した。そして飢餓と不摂生の繰り返しが軍隊内に発生させた伝染病をギリシア人のせいにした。ボエモンとトゥールーズ伯は、毒を入れた連中に対して手心を加えるべきではない、罰としてコンスタンティノープルを占領すべきだと主張した。その後でゆっくり時間をかけて聖地を制圧すればよいのだ。彼らが合意に達すれば、ことは簡単だったろう。しかしノルマン人〔ボエモン〕は、アレクシオス帝を倒せば帝国をトゥールーズ伯にあたえる結果にしかならないと考えた。一方ゴドフロワは、キリスト教徒と戦争するために来たのではないと明言した。ボエモンはゴドフロワと同じように話し、彼の美徳をうまく利用した。ボエモンは望みのものをすべて皇帝から手に入れた。

アレクシオスは巧妙だった。自分を征圧することもできたこれらの征服者たちに、自分への臣従を誓わせ、前もって彼らの征服を自分の支配下に置くように決意させることに成功したのである。まず最初にユーグが、次いでボエモン、さらにゴドフロワが誓いを立てた。ゴドフロワはギリシア皇帝の前に跪き、彼の手に自分の手を重ね、彼の臣下となった。彼の恭順は決して無駄なものではなかった。実際、十字軍はコンスタンティノープルなしですますことはできなかった。この都市を所有しないとしても、少なくとも自分たちの同盟者、友人としておかなくてはならなかった。アジアの砂漠に乗り出そうとする彼らを、ギリシア人だけが破滅から守ることができたのである。ギリシア人たちは彼らを厄介払いするために、彼らが望むものすべてを約束した。食料、援軍、そしてとりわけ彼らができるだけ早くボスポラス海峡を渡るための船舶である。

「ゴドフロワが模範を示すと、全員が宣誓するために集まった。その時、彼らのうちの一人、ある高い身分の伯が、皇帝の玉座に座るという厚顔なふるまいをした。皇帝はラテン人たちの傲慢さを前から知っていたので何も言わなかった。しかしボードワン伯はこの無礼者を手で取り押さえると、その場所から退けた。そして彼に対し、皇帝に臣従を誓いその臣下となった者が、皇帝のそばに座る慣例はないのだと言い聞かせた。そしてさらに、いま暮らしている国の慣例に従わなくてはならないと続けた。言われた者は何も答えなかった。しかしその男は皇帝を苛立った様子で眺め、自分の国の言葉で次のような意味の言葉をつぶやいた。『この田舎者を見るがよい。多くの隊長たちが立っているというのに、たった一人で座ってやがる』。皇帝は彼の唇の動きに気づき、通訳に彼の言葉を説明させたが、しかしさしあたりまだ何も言わなかった。ただ伯たちが儀式を終え、引き下がり、皇帝に挨拶した時、皇帝はこの傲慢な男をわきに呼び、彼が何者なのか、生まれと素性を尋ねた。彼は言った、『私は最も身分の高い、生粋のフランク人だ。私が知っているのは一つのことだけだ。私の国には、三つの街道の出会うところに古い教会がある。決闘をしようとする者は誰でもそこに来て神に祈る。そして敵を待つのだ。私はその交差路で待ったが、誰も来ようとはしなかった』。皇帝は言った、『よろしい！　お前がまだ敵を見つけていないのなら、今度こそ必ず見つけるがよい』〔アンナ・コムネーナ〕。

彼らはいまやアジアに、トルコ騎兵たちの目の前にいた。側面を執拗に攻撃されながら、重装備の集団は前進した。軍団はまずニカイアの前で止まった。ギリシア人はこの町を奪回したいと思っていた。それで十字軍をここに連れてきたのだ。十字軍は包囲戦に不慣れだったので、彼らの勇猛心をもってしても、そこでいつまでも手間取ったかもしれなかった。彼らは少なくとも包囲された者を恐れさせる役には立った。町の者はアレクシオス帝と交渉した。ある朝、フランク人たちは町の上に皇帝の旗がはためくのを見た。そして彼らは、皇帝の都市に敬意を払うよう壁の上から言い渡された。

トルコ兵たちにぴったりと寄り添われたまま、彼らはさらに南部に向かって進んだ。トルコ兵は落伍者が出るたびにそれを取り除いた。しかし彼らはそれよりも自分たちの人数の多さに苦しんだ。

ギリシア人たちの援助にもかかわらず、あらゆる食料が不足し、乾燥した丘の上では常に水が不足した。休憩するたびに、五〇〇人が渇きで死んだ。年代記作者は言う、「綱につないで連れてきた大領主たちの猟犬は街道上で息絶えた。鷹狩り用の鷹は飼い主のこぶしの上で死んだ。女たちは苦しみの中で出産した。彼女たちは平原の上に素裸のまま横たわり、生まれたばかりの赤ん坊を気遣う余裕もない」〔アルベール・デクス〕。

トルコ人と同じような軽騎兵をもっていたら、彼らにももう少し算段はあっただろう。しかし重装備の兵士がこれらのハゲタカの群れを相手に何ができただろう？　十字軍はいわば、ターバンと三日月刀の輪の中に捕われて旅をしていたも同然だった。ただ一度だけ、トルコ兵は彼らを停止させて戦いを挑んだ。トルコ兵はそれに勝たなかった。トルコ兵はそのとき、自分たちが距離を置いて有利な立場で戦っている相手の腕がどれほど重いかを感じた。とはいえ十字軍の損失は莫大なものだった。

彼らはこうしてキリキア〔小アジア南東部〕を経由してアンティオキア〔トルコ南部の都市。使徒パウロらによる異邦人伝導の拠点〕に到達した。民衆はさらにその向こうのイェルサレム方面へ向かうことを望んだ。しかし指揮官たちはとどまるよう主張した。彼らはとうとう、自分たちの野心的な夢を実現するのが待ちきれなくなった。彼らはすでに剣を手にしてタルスス〔トルコ南東部の都市。古代キリキアの首都で使徒パウロ生誕の地〕の町を奪い合った。ボードワンとタンクレードは二人ともこの町に最初に入ると主張したのだ。別の町で同じような諍いが起こりかけたが、この町は民衆によって破壊された。彼らは指揮官たちの利益などお構いなしに、何とか遅れまいとしたのだ〔レーモン・ダジール〕。

大都市アンティオキアには三六〇の教会と四五〇の塔があった。この都市は一五三の司教区をまとめる大司教座だった。この都市はサン・ジル伯とボエモンにとって格好の獲物だった。コンスタンティノープルを逃した埋め合わせとなるのはアンティオキアだけだった。ボエモンの方が巧妙だった。彼は町の人々を買収した。ニカイアでと同様に一杯食わされた十字軍は、ノルマン人の赤い旗が城壁の上にはためくのを目にした。しかしこの旗によって、十字軍の入城を止めることも、レーモン伯がいくつかの塔に立てこもることを阻むこともできなかった。兵士たちはこの大都市に豊富な食料を見出したが、それは長い絶食の後では危険なことだった。伝染病で多くの者が死んだ。まもなく食料は食い散らされてなくなり、彼らは再び飢えに追い込まれた。そこにトルコ兵の大軍団が到来し、十字軍が征服した都市を包囲した。フランス王弟ユーグやブロワ伯エティエンヌをはじめとする多くの者が、軍隊がなすすべもなく敗れたと思い込み、逃げ出して十字軍の敗北を報告した。

残された者たちの落胆は実際大変なものだったので、ボエモンは、兵士たちが身を潜めた家から彼らを追い出すために、家に火を放たなければならなかった。宗教はより効果的な救済をもたらした。ある民衆出の男が幻によって啓示を受け、ある場所を掘ればイエス＝キリストの脇腹を貫いた聖槍が見つかるだろうと隊長たちに告げた。この者は炎をくぐることで啓示が真実だと示そうとして焼け死んだが、人々はそれでも奇跡を叫んだ。人々は残った秣をすべて馬にあたえると、トルコ兵たちが飢えた十字軍を捕らえたものと思いこんで賭け事と酒に興じている間に、聖槍を先頭にしてすべての門から脱出した。彼らには、自分たちの人数が天使の群れが加わって倍増したように思われた。無数にいたトルコ兵は四散し、十字軍はふたたびアンティオキアの戦場とイェルサレムへの途上における主人となった。

塔を守ろうとしたレーモンの努力にもかかわらず、アンティオキアはボエモンのものとなった。このノルマン人はこうして十字軍の最良の成果を獲得した。とはいえ彼は、軍隊に従いイェルサレム攻略を手伝うという義務から逃れることはできなかった。あのめざましい軍隊は、この頃には二万五千人に減っていたと言われる。しかしそれは騎士たちとその家臣であった。民衆はすでに小アジアやアンティオキアに自らの墓を見いだしていた。

イェルサレム攻略

エジプトのファーティマ朝は、ギリシア人と同様にフランク人を呼び寄せてトルコ人に対抗させたが、同様に後悔することになった。エジプト人はすでにトルコ人からイェルサレムを奪還することに成功していたので、イェルサレムを守っていたのは彼ら自身だったのだ。彼らはそこに四万人におよぶ軍勢を集めていたと言われる。

十字軍は、聖都を見た最初の興奮の中で襲撃に成功するものと信じたが、防衛軍によって押し戻された。彼らはゆっくりとした包囲戦を受け入れ、木も水もない無人の荒野に陣地を構えなければならなかった。キリストの軍勢の接近にあたって、悪魔がその息ですべてを燃やし尽くしたかに見えた。城壁の上に魔女たちが現れて、包囲軍に対して不吉な言葉を投げかけた。

人々が彼女たちに返したのは言葉ではなかった。

キリスト教徒の投石機が投じた石つぶてが、まじないをする魔女たちの一人に当った。

近隣に一本だけ立っていた木が、ジェノヴァ人とガスコーニュ人によって切り倒され、ベアルン副伯の指揮の下で投石機が作られた。移動式の塔が二つ、サン＝ジル伯とロレーヌ公〔ゴドフロワ〕のために建造された。ついに、十字軍は裸足で一週間かけてイェルサレムを取り囲み、総攻撃を開始した。ゴドフロワの塔が壁に近づいた。そして一〇九九年七月十五日金曜日の三時、ちょうど受難と同じ曜日の同じ時刻に、ゴドフロワ・ド・ブイヨンは自分の塔からイェルサレムの城壁に降り立った。町が陥落すると、殺戮はすさまじかった。十字軍は盲目的熱狂の中、時間を気にすることもなかった。彼らはイェルサレムで異教徒に出会うたび、イエス＝キリストの処刑人をまた一人打ち倒したと信じた。

救世主の仇が十分に討たれると、すなわち町に人がほとんどいなくなると、彼らは涙を流しうめき声を上げ、胸を打ちながら聖墓を訪れ礼拝した。

次いで、誰が征服地の王となり、イェルサレムを保護するという悲しい名誉を引き受けるのかを決めなければならなかった。人々は王侯たちに調査を命じ、最もふさわしい人物を選ぼうとした。王の従者たちに尋問し、彼らの隠れた悪徳を暴き出そうとした。サン＝ジル伯は十字軍で最も裕福な人物であり、本来なら選ばれて当然だった。しかし彼の従者たちは彼とともにイェルサレムに残ることを恐れ、進んで主人の名誉を汚し、彼に王位を免除させた。ロレーヌ公の従者たちは、尋問される番になると、散々あら探しをしたが、主人に不利な材料を何も見つけられなかった。せいぜい、聖務が済んでもなお長いこと教会にとどまっているくらいである。あるいは、聖なる図像や絵画に描かれた物語について司祭たちに絶えず問い合わせ、食卓で友人たちを待たせて困らせるくらいである。

ゴドフロワは観念して受け入れた。しかし彼は決して、救世主が茨の冠をかぶった場所で王冠を受けようとはしなかった。彼は、聖墓の保護者という称号以外は受け入れなかった。総大司教はイェルサレムと王国全土を要求したが、征服者は何の異議も唱えなかった。彼は民衆の前ですべてを譲り、自分にはただ喜びだけを、つまり防御だけを取っておいた。彼は最初の年から、アスカロン〔パレスティナ南西部の港町〕に十字軍を攻撃しにきたエジプト人の無数の軍勢と戦わなくてはならなかった。ゴドフロワが征服で勝ち取ったのは、永遠の戦いであり、手のつけようのない悲惨であり、長期にわたる殉教だった。最初からアラブ人は王国中にはびこり、首都の城門にまで出没した。田畑を耕すことさえほとんどできなかった。指揮官のうちでゴドフロワと残ることを望んだのは、タンクレードただ一人だった。ゴドフロワは全部で三〇〇人の騎士しか手元に残せなかった。

　しかしキリスト教世界にとって、その宗教の発祥地を異教徒たちのただ中でこのように守り続けるのは重要なことだった。そこには、大ヨーロッパのイメージに似せた一つのアジア的な小ヨーロッパが建設された。そこでは西洋のどの国よりも厳格なかたちで封建制が組織された。封建的正義の階層秩序が、そしてあらゆる細部が、ゴドフロワとその臣下たちによるあの有名なイェルサレム法廷において決定されていた。そこにはガラリアの君主や、ヤッファの辺境伯や、シドンの領主がいた。聖書にある古代の最も敬うべき名前にこれらの中世の称号が結びつけられるのは、歪曲のようにも見える。ダヴィデの要塞にロレーヌ公によって狭間が設けられ、一人の西洋の蛮族の巨人、鉄の面をつけた金髪のガリア人がティルス辺境伯と呼ばれる。これこそ預言者ダニエルも予期せぬことだった。

　ユダヤはフランスとなった。ノルマン人によってイングランドとシチリアにもたらされたフランス語は、十字軍によってアジアにもたらされた。フランス語は政治言語として、アラビアからアイルランドに至るまで、ラテン語の普遍性を引き継いだ。フランク人という名は西洋人を示す普通名詞となった。フランス王権がどれほど弱いものであったにせよ、哀れなフィリップ一世の弟、アンティオキアから逃亡したあのヴェルマンドワ伯ユーグは、それでもギリシア人からはキリスト教諸王の首長の弟、そして王の中の王の弟と呼ばれていたのである。

（片山幹生訳）

8　フランス王とイングランド王

（第四篇第五章）

十字軍の結果は散々なものであった。しかし、交易によって成長した自治都市には、自由の観念が育ってゆく。また、これらの都市を支えに、王権が封建領主に対する支配を強めてゆく。学問の領域でも自由精神が発達し、ヨーロッパの各地に大学が設立される。フランスでは十二世紀にアベラールが登場し、真に人間的な学問を創始した。（以上第四篇第四章）

フランス王とイングランド王はそれぞれ聖人と英雄を体現する。英雄は地上の戦いに勝利するが、天上の戦いには敗れ去る。両者の対立は、『世界史序説』（一八三一）に描かれた精神と物質の戦いを示している。フランス王ルイ七世(在位一一三七—八〇)はアリエノール・ダキテーヌ（エレオノール・ド・ギュイエンヌ）と結婚し、広大な領地を獲得する。しかしアリエノールは、十字軍の失敗で名誉を失ったルイと離婚し、アンリ・プランタジュネ（後のイングランド王ヘンリ二世。在位一一五四—八九）と再婚する。フランスの西半分を所有する強大な君主となったヘンリ二世は、カンタベリー大司教に任命した腹心のトマス・ベケット（一一一八頃—七〇）と衝突する。これもまた天上の権威と地上の権威の争い、精神と物質の戦いである。ヘンリはトマスを暗殺させ一時的な勝利を得るが、暗殺者として糾弾され永遠の恥辱を被る。

ミシュレはイングランド史を語るに当たり、多くをオーギュスタン・ティエリの『ノルマン人によるイングランド征服史』（一八二五）に負っている。この本のクライマックスであるヘンリとトマスの対立は、征服民族のノルマン人と被征服民族のサクソン人の対立であり、ティエリの征服理論の核心部分である（ただし今日ではベケットがノルマン人であったことが判明している）。とはいえミシュレが多くの箇所でティエリの記述を用いながら、その人種的決定論をはっきりと批判している点は、二人の歴史家の違いを示すものとして重要である。

フランス王ルイ七世

十一世紀半ばにウィリアム征服王とともに始まったフランスとイングランドの対立は、十二世紀のルイ青年王〔七世。在位一一三七―八〇〕とヘンリ二世〔イングランド王。在位一一五四―八九〕の、リチャード獅子心王〔イングランド王。在位一一八九―九九〕とフィリップ・オーギュスト〔フィリップ二世尊厳王。在位一一八〇―一二二三〕の治世になってようやく激しいものになった。この対立は一二〇〇年頃、ジョン王〔イングランド王。在位一一九九―一二一六〕の屈辱とノルマンディーの没収の時代に大団円を迎えた。フランスは一世紀半のあいだ影響力を保ち続けた（一二〇〇―一三四六年）。

　諸国民の運命が君主次第であるならば、イングランド王が勝利したことに疑いはない。ウィリアム庶子王〔征服王のこと〕からリチャード獅子心王にいたる誰もが、少なくとも世間の評価によれば、英雄であった。〔しかし〕英雄は敗れた。平和的な者が勝利した。このことを説明するには、フランス王とイングランド王が中世全体の中に現れたままの姿で、彼らの真の性格を見抜かなければならない。

　フランス王はイングランド王の主君であり、何事につけても不動の威厳を保っている。彼はライヴァルに比べて物静かで平凡である。ルイ肥満王〔六世〕の小さな戦争と、われわれが後に物語るルイ七世の悲惨な十字軍を除けば、フランス王は白テンの毛皮の奥に身を沈めているように見える。彼は自らの臣下かつ息子としてイングランド王を支配する。この恩知らずの息子は父を打つ。ウィリアム征服王の子孫は誰であろうと、赤ら顔で金髪直毛、巨大な腹をもち、勇敢で強欲、好色で獰猛、大食いで嘲笑的、悪人たちを取巻きにし、流浪して乱暴を働き、教会と折り合いが悪い。さらに言わなければならないが、彼はフランス王ほど平和な時代をもたない。彼にははるかに多くの仕事がある。彼は自分が言葉を解しない三つか四つの民族を、槍先を突きつけて支配する。彼はノルマン人によってサクソン人を、サクソン人によってノルマン人を抑えつけねばならず、ウェールズ人とスコットランド人を山中へ押し返さねばならない。そうしている間に、フランス王は肱掛椅子で一度ならず彼に一杯食わせることができる。フランス王は何よりもまず彼の領主である。彼は教会の長男、嫡男である。イングランド王は庶子であり、暴力の息子である。それはイスマエルとイサクである。フランス王は法を、「法と呼ばれる、さびた馬はみをもつこの年老いた母」を味方にする。他方は法をばかにする。彼は強大で、ノルマンディー人らしく言いがかりが好きである。十二世紀の大いなる神秘劇において、フランス王は神様の役を、他方は悪魔の役を演じる。彼の系譜の伝説は、一方では悪魔ロベールに、他方では妖精メリュジーヌにさかのぼる。リチャード獅子心王は言う、「息子たちが父親を憎むのは、わが家のならいである。われわれは悪魔から来り、悪魔へと帰る」。待つのだ、いまに神様の王の番が来る。おそらく彼は大いに苦しむだろう。彼は生まれつき辛抱強い。イングランド王は彼から妻と諸地方を奪うことができる。しかし彼はある朝すべてを取り戻すだろう。白テンの毛皮の下には鉤爪が生えている。「聖人王」はやがてフィリップ・オーギュストあるいはフィリップ端麗王〔四世。在位一二八五―一三一四〕になるだろう。

この青白く凡庸な顔には、発展してゆく無限の力がある。それは教会とブルジョワジーの王、民衆と法の王である。この意味で彼は神権をもつのだ。彼の力は英雄的行為によって輝きはしない。それは力強い植物のように成長し、自然のように一貫した緩慢で必然的な成長をとげる。国王はかぎりない多様性の一般的表現であり、国民全体の象徴である。彼が国民を代表するほど、彼は一層無意味になる。個性は彼においては希薄である。それはひとりの人間というよりもひとつの観念である。この無個性的な存在は、普遍性の内に、民衆の内に、民衆の娘である教会の内に生きる。それは言葉の語源的意味において、根本的に「カトリックな」人物である。

善良な王ダゴベルト〔在位六二九－六三九〕、ルイ好人物帝〔在位八一四－八四〇〕、ロベール敬虔王〔二世。在位九九六－一〇三一〕、ルイ青年王〔七世〕、聖王ルイ〔九世。在位一二二六－七〇〕、彼らはこの誠実な王の典型である。教会が列聖したのは強大であった最後の聖王ルイだけであるにせよ、誰もが真の聖人なのである。生真面目なルイ青年王はすでに聖王ルイなのだ、ただしより不幸であり、不運な政治と結婚のせいで滑稽であるが。この王たちの歴史においては女性が大きな役割を演じている。この面に関して彼らは男である。彼らの内で自然は強力である。彼らが時に教会と問題を起こすのは、ほぼひとえにこのためである。ルイ好人物帝は彼のジュディト〔王妃ジュディト・ド・バヴィエール。シャルル二世の母〕のために、ロタール二世〔ロタランジー王。在位八五五－八六九。王妃と離婚し愛人ワルラーダと再婚しようとして教会の反対に遭う〕はワルラーダのために、ロベール〔ベルト・ド・ブルゴーニュと結婚して教皇に破門される〕は王妃ベルトのために、フィリップ一世〔在位一〇六〇－一一〇八。ベルトラド・ド・モンフォールと結婚し教皇に破門される〕はベルトラドのために、フィリップ・オーギュストはアニェス・ド・メラニーのために〔フィリップはアニェスと結婚して教皇に政務停止命令を受ける〕。中世における王権の純粋な形態である聖王ルイにおいては、女性の支配は母親であるブランシュ・ド・カスティーユ〔一一八八－一二五二。ルイ八世の妃〕の支配であった。高慢なスペイン人の母親が、妻のマルグリットの部屋にいる息子を取り押さえた時、彼が戸棚に身を隠したのはよく知られている。

ルイ肥満王は死の床で、彼が家庭において得ていた誠実という評判の報奨を受けとった。フランスで最も裕福な領主であるポワティエ・アキテーヌ伯〔ギヨーム一〇世。一〇九九—一一三七〕は、やはり死を前にして、娘のエレオノール〔またはアリエノール。一一二二頃—一二〇四〕と広大な所領を、まもなく父親の王位を継ぐ（一一三七年）若きルイ七世にあたえる以上にうまく片付けることはできないと考えた。それにおそらく、娘を王妃にするのも悪くないと彼は思った。若き王はノートル＝ダムの僧院で敬虔に育てられた。まったく邪心のない、聖職者に従順な子供であった。真の王は彼の家庭教師であるサン＝ドニ大修道院長のシュジェ〔一〇八一頃—一一五一〕であった。しかし最初のうちは、結婚によってほとんど三倍になった国土の拡大は、彼の心を膨らませたようだった。彼はトゥールーズ伯領においても妻の権利を行使しようと試みた。しかし諸侯の中でも最良の友人たち、シャンパーニュ伯〔ティボー二世〕さえもが、この南仏征服に従うのを拒絶した。同じ頃、教皇インノケンティウス二世〔在位一一三〇—四三〕は、この若き敬虔な王のもとでは何をやっても平気だと考え、大胆にもアキテーヌ地方の大司教座であるブールジュ大司教に自分の甥を任命した。〔クレルヴォーの〕聖ベルナールと〔クリュニー修道院長の〕尊者ピエールはこの越権行為に異を唱えたが無駄であった。教皇の甥はシャンパーニュ伯の所領に逃れた。伯の妹がルイ七世の従弟〔ラウル・ド・ヴェルマンドワ〕によって離婚されたばかりであった。ルイと従弟は教皇の非難に愕然とし、腹いせにシャンパーニュ伯を攻撃し、その所領を荒らしてヴィトリーの町を焼いた。運悪く、住民の大部分が逃げ込んでいた主教会に炎が燃え移った。そこには一三〇〇人もの男、女、子供がいた。やがて彼らの叫び声が聞こえた。勝利者自身も彼らを救うことはできなかった。全員がそこで死んだ。

この恐ろしい出来事は王の心を打ち砕いた。彼は突然教皇に従順になり、何をおいても彼と和解した。しかし彼の良心はさまざまな不安に千々に乱れた。彼はインノケンティウスの甥がブールジュ大司教座につくことを決して許さないと誓っていた。教皇は彼がこの誓いを断念することを要求した。ルイは不敬虔な誓いを立てたことを、そしてまたそれを守れなかったことを後悔した。教皇の赦しも彼の気を静めるには十分ではなかった。彼は聖務停止制裁が続いた三年の間に侵されたあらゆる冒瀆行為の責任が自分にあると感じた。彼はこの小心な魂の動揺のさなかに、エデッサ〔十字軍の統治下にあったユーフラテス川上流の地域〕の全住民が一晩のうちに絞め殺されたという恐るべき知らせを受けた。海外のフランス人たちから毎日痛ましい訴えが届いてきた。彼らは、もし助けが来なければ死を待つばかりだと断言していた。ルイ七世は心を動かした。彼は自ら聖地救済に行かねばならないと感じた。ルイ肥満王よりも早く死んだ彼の兄がすでに十字軍を志し、彼に王位を遺す際にその誓願を達成する義務をも彼に伝えたように思われただけに、一層そう感じたのである（一一四七年）。

この十字軍が第一回十字軍とどれほど異なるか、同時代人がいかに自分自身にそのことを隠そうと努めても、それは明らかである。宗教や永遠の救済という考えは、もはやひとつの都市やひとつの場所に結びついていない。人々はすでにイェルサレムと聖墓を間近で見ていた。宗教と聖性が、レバノンと砂漠と死海に囲まれたこのちっぽけな区域に閉じ込められていないことに気づいていた。宗教を土地に位置づけようとする物質主義的視点はその影響力を失っていた。シュジェは王の気を十字軍からそらせようとしたが無駄であった。ヴェズレーやドイツで十字軍を説いた聖ベルナール自身も、それが救済に不可欠だとは確信していなかった。彼は、自らそこへおもむき軍隊を案内するよう頼まれたが断った。第一回十字軍のように、人々がつぎつぎと押し寄せるということは少しも起こらなかった。聖ベルナールは男ひとりに対し女七人が残されたというが、明らかに誇張している。実際には、皇帝コンラート〔神聖ローマ皇帝コンラート三世、在位一一三八—五二〕と国王ルイ七世に従ってドナウ川を下った二つの軍団には、二〇万人がいたと考えられる。今回はドイツ人が多かった。しかし帝国に属する多くの君主たち、トゥールとメッスの司教、サヴォワ伯とモンフェラート伯、アルル王国の全領主は、むしろフランス軍に合流した。フランス軍では王のもとで、トゥールーズ伯、フランドル伯、ブロワ伯、ヌヴェール伯、ドルー伯、ブルボン殿、クーシー殿、リュジニャン殿、クルトネー殿、それに他にも大勢が進軍した。そこには王妃エレオノールの姿も見られたが、おそらくポワトゥー人やガスコーニュ人を確実に服従させるためには彼女の存在が必要であった。ひとりの女性がこれほどの重要性をもったのは歴史上初めてのことである。

最も賢明な者ならば、シチリア王〔ルッジェーロ二世、在位一一三〇—五四〕が忠告したように海路をとったことであろう。しかし陸路は、第一回十字軍の思い出と多くの殉教者たちの足跡によって聖なるものになっていた。それは多くの貧しき者たちがとりうる唯一の道であり、彼らは軍隊の庇護のもとに聖なる場所を訪ねようと望んでいた。フランス王はこの道をとることにした。彼はシチリア王、ドイツ皇帝コンラート、ハンガリー王、コンスタンティノープルの皇帝マヌエル・コムネノス〔ビザンツ皇帝、在位一一四三—八〇〕を信頼した。

二人の皇帝、コンラートとマヌエルの親戚関係もいくらか十字軍の成功を約束するかに見えた。このように遠征は盲目的に企てられたわけではまったくなかった。ルイはフランス軍内にいくらかの規律を保とうと努力した。皇帝コンラートと彼の甥の指揮下にあるドイツ兵はすでに出発していた。彼らのはやる気持ちと乱暴なふるまいに並ぶものは何もなかった。数々の勝利によってギリシア帝国を立て直した皇帝マヌエル・コムネノスは、望み通りに彼らの世話をした。彼は急いでこの野蛮人たちをボスポラス海峡の彼方に送り出し、最短距離ではあるが山だらけのフリギアとイコニウムの道から彼らをアジアに放り込んだ。そこで彼らはわき立つ戦意をふんだんに使う機会を得た。これらの重装備の兵士たちはやがてこの山岳地帯の急斜面で疲弊した。トルコ騎兵はそこを軽々と駆け上がり、あるときは彼らの側面に、あるときは彼らの頭上に現れるのだった。彼らは全滅し、ギリシア兵とフランス兵の嘲弄の的となった。「行け行けドイツ兵」と彼らは叫んだ。あるギリシアの歴史家はこの言葉を翻訳せずにわれわれに伝えている。

フランス兵の運命も同じく悲惨であった。彼らはまず小アジアの海岸沿いの遠回りだが安全な道をとった。しかし曲がりくねった道をたどるうち、彼らははやる気持ちを抑えられなくなった。彼らもまた内陸部に足を踏みいれ、同様に惨憺たる目にあった。まず軍隊の先陣が先を争い全滅しそうになった。王は毎日告解と塗油を受け、トルコ騎兵のただなかに突撃した。しかし何の効果もなかった。ジルベールというひとりの騎士がいなければ、軍隊はこの山岳地帯で全滅するところであった。適任者として彼に指揮権が委ねられたのだが、残念ながら詳細は不明である。十字軍の兵士たちはすべての失敗をギリシア人の裏切りのせいにした。彼らは兵士たちを危険な場所に案内し、マヌエルがあたえると約束した物資をとんでもない値段で売りつけたのである。歴史家のニケタス自身も、皇帝が十字軍を裏切ったと認めている。彼らがアンティオケットに着いた時、そのことは明白になった。この町を支配していたギリシア人たちはトルコ軍の逃亡兵を受け入れていた。しかしながらルイはマヌエルに対し誠実にふるまった。彼はゴドフロワ・ド・ブイヨンの例に倣い、途上でコンスタンティノープルを襲撃しようと忠告する者たちに耳を貸すことを拒絶した。

ついに彼らはキプロス湾のサタリア〔アタリア。小アジア南部の港町〕に到着した。湾をひとまわりしてアンティオキアに陸路で歩いて行くにはさらに四〇日必要だった。しかし諸侯のはやる気持ちと戦意はもはや限界だった。王も彼らを引きとめることはできなかった。彼らは海路でアンティオキアに行くと宣言した。ギリシア人たちは金を払える者全員を船に乗せた。残りの者たちは、フランドル伯と、ブルボン殿と、王が彼らを守るために金で雇ったギリシア騎兵部隊の保護のもとに見捨てられた。それから王は、手元に残ったすべてのものをこの哀れな者たちにあたえ、エレオノールとともに乗船した。しかし、彼らを守るはずのギリシア人たちは、自らの手で彼らを敵に引き渡すか、あるいは奴隷にした。その運命を逃れたのは、トルコ人たちによって改宗させられ、彼らの宗教に入信した者たちだけであった。

この大がかりな遠征の恥ずべき結末はこのようなものであった。しかしながら乗船した者たちは軍隊の実質的な力を成していた。彼らは大いにアンティオキアと聖地のキリスト教徒の力になることができただろう。しかし恥辱と、キリキア地方に見捨ててきた者たちの思い出が彼らに重くのしかかった。ルイ七世は、妻のエレオノールの叔父であるアンティオキア君主レーモン・ド・ポワティエ〔一〇九九―一一四九。一一三六年にアンティオキア公女コンスタンスと結婚〕のために何も始めたくなかった。それは当時の一番の美男子で、姪は彼といるとあまりに楽しそうだった。ルイは彼が彼女を引きとめるのではないかと心配になり、突然アンティオキアを発って聖地に戻った。彼はそこで何も大したことはしなかった。コンラートが彼に会いに来た。彼らが企てたダマス包囲戦は、彼らの競争心のせいで失敗した。彼らは運良くヨーロッパに帰還した。ルイが一時ギリシア人の船団にとらえられたが、シチリアのノルマン人の船団に出会ってようやく解放されたという噂が流れた。

　このように帰還し大きな嘲弄を受けるのは悲しいことであった。見捨てられ、異教徒の手に委ねられた、あれら何千ものキリスト教徒はどうなったのだろうか！　なんという軽率さ、そして同時になんという冷酷さ！　すべての領主に責任があった、しかし恥辱は国王が受けた。彼は罪を自分ひとりで背負った。十字軍のあいだ、高慢で乱暴なエレオノールはこのような夫をどう扱うかを見せつけた。彼女はすでにアンティオキアで、親類関係にある男の妻ではいられないと、それに修道士を夫にはしたくないと宣言していた。人々が言うには、彼女はアンティオキアのレーモンを愛していた。別の者によれば、サラセン人の美貌の奴隷を愛していた。彼女は異教徒の指導者から贈り物を受け取ったと言われた。帰ると、彼女はボージャンシーの公会議で離婚を要求した。ルイは公会議の裁決に従い、エレオノールがもたらした広大な諸地方を一挙に失った。こうしてフランス南部は再び北部と切り離された。ひとりの女性が誰でも好きな者の手に西洋世界の覇権を渡そうとしていた。

貴婦人は前もって別の夫をつかまえていたようである。離婚は〔一一五一年〕三月十八日に宣言された。早くもペンテコステ〔聖霊降誕祭〕には、アンジュー公で、ウィリアム征服王の孫〔曾孫〕で、ノルマンディー公で、まもなくイングランド王〔ヘンリ二世〕となるアンリ・プランタジュネがエレオノールと結婚し、そして彼女と同時にナントからピレネーに至るフランス西部地方と結婚していた。イングランド王になる以前に、彼の治める国々はすでにフランス王国の二倍も大きかった。イングランドにおいては、彼はまもなく、息子がルイ七世の姉妹のひとりと結婚していたブロワ伯エティエンヌ〔イングランド王スティーヴン、在位一一三五―一一五四〕を支配するであろう。こうしてフランス王にとってはすべてが逆風で、そのライヴァルにとってはすべてが順風であった。

イングランド王ヘンリ二世

これからフランスとの対立関係を見てゆくことになる、このイングランド王国とはどのようなものであったか、少し知っておかなくてはならない。

全国民の略奪、これこそアングロ＝ノルマン勢力のいまわしい根底である。すべての領主が自分の館のまわりで小規模におこなっていた略奪と暴力の生活が、海峡の向こう側では大規模におこなわれた。そこでは、農奴とは国民全体であり、その隷従のおぞましさは古代の奴隷制や、われわれの植民地の奴隷制に迫るほどであった。被征服者と征服者を結ぶいかなる絆もなかった。言語も別、人種も別であった。あらゆる権限が習慣となり、いまわしい残虐行為がおこなわれ、いかなる人間の尊厳も、法的な歯止めもなかった。領主たちはいたるところで、征服の仲間として国王とならぶ権勢を誇った。モルトン伯ただひとりで六〇〇以上の封土をもっていた。これらの領主たちはすすんで王の家臣と名乗った。しかし実際には王は彼らのうちの第一人者にすぎなかった。いざという時には、彼らは王の判事となった。しかしながら、彼らが独立すれば大きな危険を冒すことになっただろう。自分たちが乱暴に踏みつけた巨大な国民のただなかで、ごくわずかな人数であった彼らには、反乱の際に助けとなる中心が、彼らを結びつけ、征服の中心にいたノルマン人党派を代表する指導者が必要であった。有力な封臣たちが封建秩序を軽蔑しても不思議はない国において、封建秩序がこれほど強力だったのはそのためである。

この征服王の立場は極めて危機的で過酷なものであった。殺人と略奪によって打ち立てられたこの新しい社会は、彼によって維持されていた。社会の統一は彼の内にあった。小声で口にされる無言の呪詛の大合唱は、彼のもとに上っていった。「新しい森」に追放され代官に追われるサクソン人は、彼のために最良の矢を取っておいた。ノルマン朝の王たちにとって森は何の価値もなかった。領主があれらの巨大な城館を建てさせたのは、サクソン人に備えてであると同様、王に備えてであった。これらの城館の威圧的な美しさは、人間の汗がどれほど容赦なく流されたかを証明している。これほど嫌われた王は暴君であるほかはなかった。彼はサクソン人に対し、限度も容赦もない恐ろしい法を投げつけた。ノルマン人に対しては、より注意が必要であった。彼はたえず大陸の兵士たちを、フランドル人やブルターニュ人を呼びよせた。彼らは王直属の家臣であり、言語的に、フランドル人はサクソン人と、ブルターニュ人はウェールズ人と近いだけに、ノルマン人貴族にとっては一層恐ろしい存在だった。王は時にはサクソン人自身を用いることもためらわなかった。しかし彼はまもなくそれを断念した。彼は征服の全事業を覆すことなしには、サクソン人の王になることはできなかった。

征服王の息子であるウィリアム赤顔王〔二世。在位一〇八七―一一〇〇〕がすでに陥った状況は、このようなものであった。激しい短気な暴君であった彼は、いたるところで障害にぶつかった。彼はサクソン人に容赦なく、領主たちに容赦なく、何度も海を渡り、猪のような勢いで国の端から端まで駆けめぐり、すさまじく貪欲で、年代記作家に「最高の兵士商人」と呼ばれ、あらゆる財産をたちまち破壊し、人間と法と自然を敵にして、気ままに自然を侮辱し、肉欲に溺れ、人を殺し、嘲笑し、手におえない存在だった。彼の赤ら顔に怒りが上ると、言葉は混濁し、死刑宣告を吐き散らした。彼に直面した者に災いあれ！

金貨の樽が一シリングのように流れていった。癒しがたい貧窮が彼を悩ませた。彼は自らの暴力ゆえに、情熱ゆえに貧しかった。快楽に金を払い、殺人に金を払わねばならなかった。黄金を嗅ぎつける創意工夫を備えた人物がおり、それははじめ密告者として知られたひとりの神父であった。この男〔レヌルフ・フランバール。一〇六〇―一一二八〕がウィリアムの右腕となり、調達屋となった。しかしこの底なしの浪費家の用を満たすのは過酷な務めであった。彼はそのために二つのことをおこなった。彼は「土地台帳」を再編し、征服記録を見直して訂正し、何ひとつ見逃していないか確かめた。彼は略奪を根本からやり直し、かじられた骨をまたかじり始め、さらに何がしかを引き出した。しかし彼の後には何も残らなかった。彼は「威張り屋《フランバール》」のあだ名を受けた。彼は被征服者から征服者に移り、まずは神父たちに向かった。

彼は教会財産に手をつけた。サン＝タルバン大修道院長の施しがなければ、カンタベリー大司教は飢え死にするところであった。威張り屋の良心がとがめることは決してなかった。大裁判官であり、大財務官であり、王室礼拝堂司祭（ウィリアムのための司祭）でもあった彼は、三つの口でイングランドの血を吸った。征服王が一族の破滅のために植えたかのようなあの美しい森において、ウィリアムが最期を遂げるまで、このような状況が続いた。赤顔王は一緒に狩りをする友人に言った、「悪魔の名において、射るがよい！」悪魔はこの言葉通りに、当然自分のものになるべきこの魂を奪い去った。

後継者は兄のロベールではなかった。庶子ウィリアム〔ウィリアム一世征服王〕の王権は、最も巧妙で最も大胆な者の手に渡らなければならなかった。この盗まれた王権は、それを盗む者のものになるだろう。死にゆく征服王が〔長男〕ロベールにノルマンディーを、〔次男〕ウィリアムにイングランドを遺した時、〔三男〕アンリ〔後のヘンリ一世、在位一一〇〇―三五〕は言った、「それでは最年少の私は、何ももらえないのですか」。死にゆく者は言った、「息子よ、待つのだ、遅かれ早かれすべておまえのものになる」。最年少の者は最も思慮深い者でもあった。抜け目ない者、尊大な者、代書人、真のノルマンディー人がそう呼ばれるように、彼はボクレールと呼ばれた。彼はまずサクソン人と聖職者たちにすべてを約束し、彼は相手の望みのままに書面で勅許状や自治権をあたえた。彼は傭兵によってロベールを討ち、彼を呼び寄せ、身柄を捕らえると、ある城塞に丁重に住まわせて養った。ロベールはそこで八四歳まで生きた。食事だけを愛したロベールは、弟が彼の目をつぶしさえしなければ、十分に慰められたことだろう。それに、兄弟殺しや親殺しはこの家系の代々の慣わしであった。すでに征服王の息子たちは父親と戦い、傷つけていた。善良で厳しい審判者を気取るボクレールは、封建的正義を口実にして、自らの孫娘である二人の子供をある領主に引渡し、この領主は彼女たちの両目と鼻をそいだ。彼女たちの母親であるボクレールの娘は、仇を討とうとして、自ら父親の胸に向け矢を放った。プランタジネットの一族は、この悪魔的な家系の物質的な面だけを受け継ぎ、その性質が変わることはなかった。

ボクレールの後（一一三五年）、彼の甥のブロワ伯エティエンヌと、皇帝ハインリヒ五世の寡婦にしてアンジュー伯の妻である娘のマティルダの間で争いが起こった。エティエンヌは、ブロワ伯とシャンパーニュ伯の高貴な家系に属していた。この家系は同じ時期に、商人たちのコミューンを支援し、トロワでセーヌ川から運河を引き、さらに聖ベルナールとアベラールを庇護した。自由思想家であり詩人であるこの一族から、トゥルヴェールのあの有名なティボー〔一二〇一―五三。シャンパーニュ伯、ナヴァール王。王妃ブランシュ・ド・カスティーユを詩にうたう〕が生まれることになる。彼は、ジェリコから移植されたバラに囲まれたプロヴァンの自分の宮殿に、ブランシュ王妃に捧げた詩を描かせた。エティエンヌがイングランドにおいて自分の地位を保ちえたのは、ひとえにフランドル人、ブラバン人、それにウェールズ人まで含めた外国人によってであった。彼の味方は聖職者とロンドンだけだった。聖職者にとって、エティエンヌはいつまでも味方ではなかった。彼は教会法を教えることを禁じ、司教たちを毒殺しさえした。するとマティルダが再び姿を現した。彼女はほとんどただひとりで出航した。征服王の真の娘である彼女は、大胆不敵で、誰にでも衝突し、誰にでも立ち向かった。彼女は三度、夜中に雪の上を徒歩で何ももたずに逃走した。エティエンヌは一度彼女を包囲したが、騎士として敵に道を開き、彼女を味方に合流させるべきであると考えた。彼が領主たちに見捨てられ、今度は彼女が彼を捕えた時、彼女は彼をやはり手ひどく扱った（一一五二年）。彼は自分の後継者に、アンジュー伯でマティルダの息子の、幸運なアンリ・プランタジュネ〔後のヘンリ二世〕を認めることを余儀なくされた。エレオノール・ド・ギュイエンヌ〔アリエノール・ダキテーヌ〕がこの人物に結婚の承諾と諸地方とをあたえるのを、われわれは先ほど見たばかりである。

フランス王が十字軍で屈辱を受け、エレオノールとあれほど多くの地方を失った時、若きヘンリ〔二世〕の権勢はこれほど大きなものになっていた。この運命の寵児は、数年の間に天の恵みを雨あられと浴びた。イングランド王であり、フランドルからピレネーに至るフランスの全沿岸地帯の支配者である彼は、ブルターニュに対して、ノルマンディー公が以前から要求して得られなかった宗主権を行使した。彼は弟からアンジュー、メーヌ、トゥーレーヌを奪い、その償いに彼をブルターニュ公とした（一一五六年）。彼はガスコーニュを平定し、伯の不在に乗じて後見人かつ保護者としてフランドルを統治した。彼はトゥールーズ伯からケルシーを奪い、フランス王が身を投じてトゥールーズの町を守らなければ、この町自体を奪うところであった（一一五九年）。それでもトゥールーズ伯は彼に臣従の誓いをたてることを余儀なくされた。アラゴン王、バルセロナ・プロヴァンス伯と同盟を結んだヘンリは、息子のひとりのためにサヴォワ公女を望み、アルプスに進出して南部からフランスを取り囲もうとした。中央部では、彼はベリー、リムーザン、オーヴェルニュを平定し、マルシュを買った。彼はひそかにシャンパーニュ伯たちを王との同盟から切り離した。結局彼は死に際してわれわれの四七の県に相当する地方を所有し、フランス王の方は二〇に満たなかった。

ヘンリ二世〔在位一一五四—八九〕は生まれつき、それに値することは何もしていないのに、奇妙な人気にとりまかれていた。彼の祖父のアンリ・ボクレール〔ヘンリ一世〕はノルマン人であり、祖母はサクソン人であり、父親はアンジュー人であった。彼は自らのうちに西欧のあらゆる人種を統合していた。彼は征服者と被征服者の、南部と北部の絆であった。とりわけ敗者たちは大きな希望を抱き、彼の内にメルランの予言の達成を、そしてアーサー王の復活を見たように思った。この予言をよりうまく支えるために、彼は有無を言わさず、スコットランド、アイルランド、ウェールズ、ブルターニュ、つまり全ケルト世界の王たちに臣従の誓いをたてさせた。彼はアーサー王の墓を探させて発見させたが、この不思議な墓の発見はケルト人の独立の終焉と世界の終わりをしるしづけるものにちがいなかった。

この新しい王は敗者たちの希望をかなえるであろうと、すべてが告げていた。彼は、ヨーロッパで法律学が最も早く講じられた町のひとつであるアンジェで育てられた。それはローマ法の復活の時代であり、それは多くの点で、王権と市民の平等の復活であるはずだった。ひとりの支配者のもとでの平等、それが古代世界がわれわれに残した遺言だった。一一一一年、ゴドフロワ・ド・ブイヨンの従姉〔正確には伯父の妻〕であり、グレゴリウス七世の友人である、あの高名なマティルデ女伯〔トスカナ女伯。一〇四六頃—一一一五〕が、ボローニャ人イルネリオによって創立されたボローニャ学派を認可した。皇帝ハインリヒ五世は、皇帝権力が古代の帝国の伝統から引き出しうるであろうあらゆる利益を感じとり、この認可を追認した。皇若きアンジュー公、アンリ・プランタジュネは、このハインリヒ五世の寡婦であるノルマン人マティルダ〔ヘンリ一世の娘〕の息子であるが、アンジェ、ルーアン、イングランドにボローニャ学派の伝統を見出した。すでに一二一四年には、アンジェ司教は法学者であった。ウィリアム征服王の腹心であり、征服の首座司教であった高名なイタリア人ランフランク〔カンタベリー大司教。在位一〇七〇―八九〕は、始めはボローニャで教え、法の再興に貢献した。シギベルト・ド・ジャンブルールの後継者たちが言うには、ボローニャでユスティニアヌス法を発見し、それらを解読し解説し始めたのは、パヴィアのランフランクと仲間のガルネリウスであった。ガルネリウスはそれを根気よく続けたが、ランフランクはガリアで多くの弟子たちに自由科目と神学を教えながら、ルベックに来て修道士になった。

この新しい学派の諸原理は、まさにヘンリ二世が即位した（一一五四年）時期に宣言された。フリードリヒ赤髭帝〔神聖ローマ皇帝。在位一一五二―九〇〕によってロンカリア会議（一一五八年）に呼ばれた法学者たちは、ミラノ大司教の口を借りて、皇帝に以下のような注目すべき発言をおこなった。「民衆のあらゆる法的権利があなたにあたえられたということをご理解ください。あなたの意志は法なのです。なぜなら、『君主の意にかなうことは法の力をもつ。民衆は自らのすべての支配と権力を君主に対し、そして君主の内に置いた』と言われるからです」。

皇帝自身、会議を開く際にこう言っていた、「王の名をもつ余は、すべてをお構いなしにおこなうよりも、むしろ各人の権利と自由を保持するために法的支配力を行使したい。自らにあらゆる自由をあたえること、支配者の任務を傲慢で乱暴な統治に変えることは、絶対権力であり、専制である」。この衒学的な共和主義は、一言一句ティトゥス＝リヴィウスからの引用であるが、新しい法律学の理念をうまく説明していない。結局のところ、それが要求するのは自由ではなく、君主のもとでの平等であり、ヨーロッパに重くのしかかる封建的階層秩序の廃止なのである。

トマス・ベケット

これらの法学者《レジスト》たちが君主にとってどれほど貴重であったか、彼らの学説からそれをうかがうことができる。そして歴史からそれを学ぶことができる。これ以降いたるところで、法学者たちが君主のそばで、耳元にかじりつくようにして、君主が口にすべきことを小声で口述するのが見られるようになる。すでに見たように、ウィリアム庶子王はランフランクをそばに置いた。王はしばしば不在の際に、彼にイングランドの政治を委ねた。王は一度ならず、自分の弟よりも彼の方が正しいと認めた。新たな征服者であるアンジュー家のヘンリ〔二世〕は、やはり法学をオセールで学んだボローニャ学派の門弟を自らのランフランクとした。彼の名はトマス・ベケット〔一一一八頃―七〇〕といい、当時カンタベリー大司教に仕えていた。彼は自らの影響力により、この高位聖職者をマティルダと息子の党派に引きとめておいた。彼はただ初歩の品級を受けただけで、司祭でも俗人でもなく、何にでも向いており、何にでもなることができた。しかし彼の出自は大きな障害であった。人が言うには、彼は、聖地から帰還するサクソン人について来たサラセン人女性の息子であった。彼の母親は教会の高位への、父親は国家の高位への道を閉ざすかに見えた。彼は王以外からは何も期待できなかった。王は、領主たちに逆らって自らの計画を実行するために、このような人物を必要とした。イングランドに到着すると、ヘンリは一年のうちに一四〇の城塞を取り払った。彼に抵抗するものは何もなかった。彼は高貴な家系の子弟を凡庸な家系の子弟と結婚させ、前者を押し下げ、後者を引き上げ、すべてを平等にした。ノルマン貴族はエティエンヌとの戦争で疲弊していた。新しい王はノルマン貴族に逆らって、アンジュー、ポワトゥー、アキテーヌの者たちを取り立てた。相続した領地と妻の領地によって富裕な彼は、さらにフランドルやブルターニュの兵士を買うこともできた。これはベケットが彼にあたえた助言であった。ベケットは仕事においても娯楽においても欠かせない人物になっていた。彼は柔軟にして大胆、学識と経験に豊み、さらに楽しい仲間であり、主人の好みを共有した、あるいはそれを真似た。ヘンリは躊躇なく彼に心を許した。彼だけでなく、彼の息子、後継者もそうであった。ベケットは息子の家庭教師であり、父親の大書記官であった。彼は大書記官として、領主たちやノルマン司教たちに逆らって王の権利を断固として支持した。彼はこの者たちの抗議と訴えを押し切って、「軍役免除税」を払うよう強制した。それから彼は、王がイングランドの支配者であるためには輝かしい戦果が必要だと考え、エレオノール・ド・ギュイエンヌが権利を主張していた、南仏のトゥールーズ征服に王を参加させた。ベケットは自らの名において、そして自らの出費で、一二〇〇人の騎士と四〇〇〇人以上の兵士を率いた。その他にも彼の家の家臣たちがおり、それだけで南仏の守備隊をいくつも作れるほどの人数だった。言うまでもなく、最も裕福な一個人の財産によるこれほど並外れた装備は、領主たちを当惑させないように、どうでもよい人物の名においてなされた。

万人の羨望の的であるトゥールーズ伯に対抗して、巨大な同盟が作られた。アラゴンの摂政である有力者のバルセロナ伯や、ナルボンヌ伯、モンペリエ伯、ベジエ伯、カルカッソンヌ伯は、イングランド王と合意していた。イングランド王は、ルイ八世と聖ルイがアルビジョワ十字軍の後で苦もなく手に入れたものを、今にも征服するかに見えた。相手に自分の状況を理解させる時間をあたえずに、ただちにトゥールーズに攻撃を仕掛ける必要があった。フランス王は自ら乗り出して、宗主としてヘンリに、自分が保護する町に指一本触れることを禁じた。ベケットはためらって止めはしなかった。彼は攻撃を急ぐよう提案した。しかしヘンリは封建法をあからさまに破ることによって、家臣たちから見放されることを恐れた。好戦的な大書記官は、敵の騎士を倒して武装を解くという手柄を挙げることで、せめてもの埋め合わせとした。

ベケットがヘンリに作るよう助言した、王が領主たちに対抗するためにぜひとも必要な傭兵部隊を維持するためには、ノルマン税制の財源だけでは不十分なほどの出費が必要であった。聖職者だけがその費用を出すことができた。聖職者は征服によって豊かな財力をあたえられていたのである。ヘンリは教会を手中に収めようとした。まずはその頭を、つまりカンタベリー大司教座を確保する必要があった。それはほとんど総主教位であり、イングランド教会の教皇位であり、聖職者の王位であり、世俗の王位を補完するために不可欠なものであった。ヘンリは、第二の自己である友人のベケットにそれをあたえることで、それをわがものにしようと決意した。こうして二つの権力をひとつにすることで、彼は王権を、それが十六世紀にヘンリ八世やメアリやエリザベスの手中において達するような高みにまで押し上げたことであろう。かつてベケットの名において軍隊を配したように、彼の名において首座司教位を配するのは、王にとって好都合なことだった。たしかに、彼はサクソン人である。

しかし、まさにヘンリ二世が即位した時期に、ブレクスピアなるサクソン人が教皇に選ばれたばかりであった〔ハドリアヌス四世〔在位一一五四―五九〕〕。ベケット自身は嫌がった。彼は言った、「気をつけなさい、私はあなたの最大の敵になるでしょう」。王は彼に耳を貸さず、彼を首座主教位につけ、ノルマン人聖職者の顰蹙《ひんしゅく》を買った。

イタリア人のランフランクとアンセルムス〔カンタベリー大司教。在位一〇九三―一一〇九〕以来、カンタベリー大司教座はノルマン人によって占められてきた。王たちや領主たちは、この重大で危険な要職をそれ以外の者に委ねようとはしなかった。歴代のカンタベリー大司教は単にイングランドの首座司教ではなかった。彼らはある種の政治的性格を帯びていた。われわれは国民的反乱の指導者として、ほとんど常に彼らの姿を見出す。アングロ＝サクソン王権を容赦なくおとしめたあの高名なダンスタン〔カンタベリー大司教。在位九六〇頃―九八八〕から、ジョン王にマグナ・カルタに署名させたエティエンヌ・ラングトン〔カンタベリー大司教。在位一二〇七―二八〕にいたるまで。これらの大司教はとりわけ、イングランドで最も自由な地方であるケントの自由の庇護者である。しばらくこの奇妙な地方に足を止めることにしよう。

ケント地方は、現在この名をもつ州よりもはるかに広く、イングランド南部の大部分を占めていた。それはグレート＝ブリテン島の突端にあり、フランスに面していた。それはその前衛をなしていた。そして実際、イングランド軍の前衛をなすことはケントの人々の特権であった。彼らの地方はいつの時代にも侵入者に対して最初の戦いをおこなった。それは最初に襲撃を受ける地なのである。カエサルが、次いでヘンギスト〔アングロ＝サクソン王国を建てた伝説の王〕が、そしてウィリアム征服王がそこに上陸した。キリスト教の侵入が始まったのもそこである。ケントは聖なる地である。イングランドの使徒、聖アウグスティヌスは、そこに最初の僧院を建てた。この僧院の大修道院長とカンタベリー大司教がこの地方の領主であり、その特権の庇護者であった。彼らはケントの人々を率いてウィリアム征服王に立ち向かった。征服王がヘースティングズで勝利し、ドーヴァーからロンドンへ進軍する時、伝説によれば、彼は森が動くのを見た。この森は、枝でできた盾を前にしたケントの人々であった。彼らはノルマン人に襲いかかり、自分たちの自由の保障をウィリアムから引き出した。この怪しげな勝利がいかなるものであれ、ともかく、あらゆる地方が隷従する中で彼らは自由を保ち、教会以外の支配を受けなかった。同様に、コルヌアーユにいるわれらがブルターニュ人は、カンペールの司教のもとで比較的自由を守り、毎年老王グラロン〔グラドロン大王。コルヌアーユの伝説の王〕の彫像のうちに封建制を罵倒した。

ケントの主要な慣習、今日なおこの州を他と区別するものは、子供のあいだの平等な分割による相続法である。サクソン人がgavel-kindと呼び、アイルランド人がgabbail-cine（家族の成立）と呼ぶこの法は、いくつかの変更はあるが、アイルランド、スコットランド、ウェールズ、さらにわれわれのブルターニュの一部に住む、ケルト住民全体に共通なものである。

最初にカンタベリーの大司教座を占めたイタリアの偉大な法学者たちは、ローマ法の原則といくつかの点で一致するがゆえに、ケントの慣習に一層好意的であった。ウィリアム征服王の弟であるケント伯ウード〔オドン・ド・バイユー。ウィリアムの異父弟。一〇三二頃―八七〕は、ケントの人々を他の地方の人々と同様に扱おうとした。「ランフランクは彼に正面から抵抗し、全員の前で、祖国の慣習に精通するイングランドの老人たちの証言によって自分の領地の自由を証明した。そして彼は、ウードが強制しようとした悪しき習慣から自分の領民たちを解放した」。また別の機会には、王はただちに州全体を召喚し、この州のフランス人あるいは特にイングランド人で、古い法や慣習の知識に精通したすべての者を集めるよう命令した。彼らはペネンディンに着くと全員が席に着き、州全体がそこに三日間引きとめられた。そして賢明で誠実なすべての者により、このように決定され、承認され、裁定された。すなわち、カンタベリー大司教は王と同様に、完全な権限をもって、まったく独立かつ安全に、その領地を所有するものとする。

ランフランクの後継者である聖アンセルムスは、さらに被征服者に好意的であった。ランフランクはある日、ノルマン人からこの地方の自由を守るために一身を捧げたサクソン人エルフェグ〔カンタベリー大司教。在位一〇〇六―一二〕について彼に話した。アンセルムスは言った、「私には、身内に害をなすより死ぬことを望む者は、真の殉教者だと思われます。ヨハネは真実のために死にました。同様にエルフェグは正義のために。二人とも同じく、正義と真実であるキリストのために死んだのです」。アンリ・ボクレールと、サクソン王国の最後の継承者であるエドガーの姪の結婚に一番尽力したのはアンセルムスである。人が何と言おうと、この二つの種族の統合が被征服者の復権を準備したのである。この同じカンタベリー大司教が、国民の代表としてボクレールの誓いを受けた。その時彼は、封建領主と聖職者の特権についての憲章を二度目に誓ったのである。

イングランド王にとって、自分の創造物であり愉快な仲間であったトマス・ベケットが、新しい要職を真面目に受け止めたというのは大きな驚きであった。大書記官で、世俗人で、宮廷人である彼は、突然、自分が民衆であることを思い出した。サクソン人の息子は再びサクソン人になり、そして自らの聖性で母がサラセン人であることを忘れさせた。彼は周囲にサクソン人や、貧者や、物乞いを置き、彼らの粗末な服を着て、彼らとともに、彼らのように食事をした。それ以降、彼は王から遠ざかり、大書記官職を辞した。するとまるで二人の王がいるかのようだった。カンタベリーの座にある貧者の王は、他方と同様に強大であった。

深く傷ついたヘンリは、聖アウグスティヌス大修道院長を大司教から独立したものとする教皇勅書を手に入れた。実際、サクソン王の時代にはそれは独立していた。トマスは仕返しに、何人かの領主に、彼らの祖先が王から封土として受けた土地をカンタベリー大司教座に返すよう命じた。そして、自分は不正のための法など知らぬ、資格なしで手に入れたものは返されるべしと宣言した。これ以降、征服の成果は帳消しにされるのか、サクソン人の大司教は征服者の子孫たちにヘースティングズの戦いの報復をおこなうのか、それを知ることが問題となった。ウィリアム庶子王が征服のために強大なものにした司教職は、今日では征服に逆らうものとなった。ヘンリには好都合なことに、司教たちは司教である以上に領主であった。これらのノルマン人にとっては、教会の利害よりも世俗の利害の方がはるかに切実だった。大部分は王の味方を宣言し、王の意のままに誓いを立てるつもりだった。こうして、ベケットがこのきわめて封建的な教会に対しておこなった警告のせいで、王は教会から、こうならなければ決して要求しなかったであろうほどの全能の力をあたえられることになった。

クラレンドンの慣例集（一一六四年）が規定する主要な点は以下の通りである。「空位の大司教座ならびに司教座の管理は王に委ねられ、その収入は王に支払われる。選挙は王の命令と同意により、教会の高位聖職者の手で、王が立ち合わせる高位聖職者たちの意見に従っておこなわれる。裁判において、一方あるいは両方の側が聖職者である場合、訴訟の裁定を世俗裁判所でおこなうか司教裁判所でおこなうかは、王が決定する。後者の場合、世俗官吏が報告をおこなう。被告人が有罪と認められた場合は、聖職禄を失う。いかなる王の土地保有者も、王の断りなしには、あるいはその不在の際は上級裁判官の断りなしには破門されない。いかなる高位聖職者も王の許可なしに海を渡ることはできない。聖職者である王の土地保有者は領主権により土地を保有し、俗人と同様の義務を負う」。

それはまさにヘンリのための教会財産の没収であった。王が空位の収益を受け取ることになるので、ウィリアム赤顔王のもとにおけるように、司教座が長いあいだ空位になるであろうことは確実であった。この王は一大司教座、四司教座、一一大修道院を賃貸ししたのである。司教座は、おそらくもはや領主たちではなく、こびへつらう徴税人や書記や判事たちへの褒賞となるだろう。教会は軍役に服すことで、きわめて封建的になるにちがいなかった。施しや学校や聖務のための諸制度がブラバン人や盗賊どもを養い、敬虔な基金が殺人者に金を払うにちがいなかった。イングランド教会は、破門とともに唯一残された武器を失い、ローマやキリスト教世界と関係なく島に閉じ込められ、普遍性の精神、「カトリック」の精神を失うことだろう。最も重大なのは、教会裁判所の消滅と「聖職禄」の廃止である。これらの権利はたしかに大きな濫用の原因であった。司祭によって多くの罪が犯され、罰せられずにいた。しかし十二世紀における恐るべき蛮習を、世俗裁判所のいまわしい税制を考えるならば、教会裁判所が最後の頼みの綱であったことを認めなければならない。教会は、軽視された民族が何らかの上昇を遂げるほとんど唯一の道であった。その例をブレクスピア（ハドリアヌス四世）とベケットという二人のサクソン人のうちに見ることができる。

したがってあらゆる被征服民族が勇敢かつ忠実にケント司教を支持した。自由のための彼の戦いは、アキテーヌではポワティエ司教によってずっと控えめで穏健なかたちで模倣され、後にはウェールズで高名なカンブリア人ジロー〔ジロー・ド・バリ。一一四五頃―一二二三頃〕によって模倣された。われわれはこのジローのおかげで、他の作品とならんで、アイルランドのきわめて興味深い描写をもっている。低ブリタニア人はベケットの味方であった。ひとりのウェールズ人が、有名なソールズベリのジョン〔シャルトル司教。ベケットの友人。一一一五―八〇〕と同様に、生命を賭して追放中の彼に従った。ウェールズの学生たちはベケットの伝言を運んだようである。なぜならヘンリ二世は彼らに対して学校を閉鎖し、自分の認可なしにイングランドに入ることを禁じたからである。

しかしながら、そこに人種間の対立以外のものを見ず、トマス・ベケットの中にひとりのサクソン人しか探さないならば、この重要な主題を矮小化することになるだろう。カンタベリー大司教は単にイングランドの聖人、被征服者であるサクソン人やウェールズ人の聖人ではなく、フランスやキリスト教世界の聖人でもある。彼の思い出は彼の祖国と同様に、われわれの国においても生き続けている。今でもオセールには彼を迎えた家が、ドーフィネ地方には彼が追放中に創立した教会が見られる。中世において、カンタベリーの聖トマスの墓ほど多くの参詣を受け、巡礼地として人気を得た墓はない。

一年間に一〇万人もの巡礼者が訪れたと言われる。ある言い伝えでは、聖トマス礼拝堂には一年間に九五〇ポンドもの寄進があったのに、聖母の祭壇は四ポンドしか受け取らなかった。神自身には一文の寄進もなかった。

トマスは中世の諸聖人のうちでもとりわけ民衆に親しまれた。なぜなら彼自身が、サラセン人の母とサクソン人の父をもつ、名もなき下層の生まれだからである。彼がはじめ送った世俗の生活や、犬や馬や鷹に対する愛情や、一生直らなかった若者時代の好みなど、すべてがなおさら民衆の気に入った。彼は司祭服の下に、忠実で勇敢な騎士の魂をもっており、それが表に出るのを何とか抑えていた。彼の人生で最も危険な状況のひとつにおいて、ヘンリの領主や司教たちが彼を八つ裂きにしようとした時、彼らのひとりが彼を裏切者と呼んだ。彼はさっと振り向いて答えた、「もし私の立場が禁じていなければ、臆病者は自らの不遜を後悔するであろう」。

この人間の運命において偉大で、壮麗で、恐ろしい点は、助けもない無力な個人でありながら、すべての教会の利益、人類の利益とも言えるものを引き受けたことである。教皇のものであり、グレゴリウス七世が支えたこの役割を、アレクサンデル三世〔ローマ教皇。在位一一五九―八一〕は取り戻そうとはしなかった。彼は反教皇や、イタリアの征服者であるフリードリヒ赤髭帝との戦いで手一杯だった。この教皇はロンバルディア同盟の盟主であり、政治家であり、イタリアの愛国者であった。彼は諸党派を動かし、変節をそそのかし、条約を結び、都市を創設した。彼はすでに皇帝と敵対していたので、キリスト教世界最大の王、すなわちヘンリ二世の気分を害さないように気をつけた。彼のヘンリに対するふるまいは、小心で恥ずべき手心に満ちている。彼はただ時間を稼ぐために情けない曖昧な言葉や、証書や反対証書を用い、その日その日を生き、イングランドとフランスに気を使い、外交官として、世俗君主としてふるまった。その間にフランス王は教会の保護を引き受け、ベケットは教会のために苦しみ死のうとしていた。この奇妙な政治家は、宗教の代表と聖性の理想をローマ以外のあらゆる場所に探し求めることを民衆に教えたのである。

この偉大で劇的な戦いにおいて、ベケットはあらゆる誘惑や、恐怖や、誘いや、自らの良心の呵責に耐えなければならなかった。そこから、最初のうちの恐れにも似たためらいが生じたのである。命が狙われていると思ったからか、王に対する義務感になおも引きとめられたからか、彼ははじめクラレンドン会議において屈服した。二つの義務の間で戦わざるをえない人間がもつこのような弱さは憐憫に値する。一方で、彼は多くをヘンリに負っていた。他方で、彼はケントの教会に、イングランドの教会に、彼がたったひとりで権利を擁護する世界の教会に、より多くを負っていた。国家と宗教の間で引き裂かれる、中世のこの癒しがたい二重性は、ゴドフロワ・ド・ブイヨン、聖王ルイ、ダンテのような最も偉大な魂の持ち主に苦悩と悲嘆をもたらした。

トマスはクラレンドンから戻るとこう言った、「情けない！　私はイングランド教会が私の罪により罰せられ、永遠に奴隷となったのを見た！　こうなるしかなかったのだ。私は宮廷の出身で、教会の出身ではない。私は人間たちの牧者になる前は、獣たちの狩人であった。無言劇や犬の愛好者が魂の導き手になったのだ……。私はこうして神に見捨てられた」。

またある時は、ヘンリは暴力の代わりに誘惑を試みた。ベケットはひとこと言えばよかった。国王はすべてを彼にあたえただろう、すべてを彼の足元に置いただろう。それはサタンがイエスを山上に運び、世界を示してこう言う場面であった、「おまえが跪き私を崇めるならば、おまえにこのすべてをあたえよう」。こうして同時代人の誰もが、トマスのヘンリに対する戦いのうちにキリストの誘惑の情景を、彼の死のうちに受難の反映を認めた。中世の人々はこうした類似をとらえるのが好きであった。このジャンルの最後にして最も大胆な書物は、『キリストと聖フランチェスコの一致』である。

問題の根本をなしていた王権の拡大自体は、ヘンリにとってすぐに二次的なものとなった。彼にとって重要なのは、トマスの破滅と死であった。王は彼の血を渇望した。あれほど多くの民族の上に広がるこの権力全体が、ひとりの人間の意志の前に崩れ去った。多くの安易な成功の後にひとつの障害が現れたことは、この甘やかされた幸運の寵児にとってあまりに耐えがたいことだった。彼は悲嘆に暮れ、涙を流した。

王と大司教の対立は深まり、ついにベケットはイングランドを離れてフランスに渡る。彼ははじめはルイ七世の庇護を受けてヘンリ二世に対する抵抗を続けるが、やがて教皇にもフランス王にも見捨てられ、孤立無援の状態となる。ベケットは死を覚悟して、カンタベリーの自らの教会へ戻ることにする。

ベケットの暗殺

フランス王に礼を述べた後、トマスと仲間の者たちはルーアンに向かった。彼らはそこで、ヘンリが約束したはずのものを何ひとつ、金も、供の者も見出さなかった。それどころか彼は、カンタベリーの財産管理者たちが、イングランドに渡れば殺してやると自分を脅していることを知った。大司教座の全財産を王のために占有するルヌフ・ド・ブロックはこう言った、「出航したとしても、彼はここでパンをひとつ食べる時間もあるまい」。不屈の大司教はヘンリに、危険は承知している、しかしキリスト教ブリタニアの母であるカンタベリー教会が、その司教に対する憎悪のために滅びるのをこれ以上見ていられないと書いた。「必要から、不幸な牧者である私は、私の不幸な教会に戻ります。私はあなたの許可を得てそこに戻ります。もしあなたが信仰心から早急に必要なことをしなければ、私は教会を救うためにそこで死ぬでしょう。しかし私が生きようと死のうと、私は主のうちにおいてあなたのものであり、永遠にあり続けます。私や私の仲間の者たちに何があろうと、あなたとあなたの子供たちに神の祝福がありますように！」

そうする間に彼はブーローニュ付近の海岸に到着した。十一月の海が荒れる季節だった。司教と供の者たちは、カレー付近のヴィッサンの港で数日間待たなければならなかった。彼らがある時海岸を散歩していると、ひとりの男が彼らの方に走ってくるのが見えた。彼らはその男を、出航の準備をするよう彼らに言いに来た彼らの船の船長だと思った。しかしその男は、自分はブーローニュ教会の聖職者で首席司祭であり、自分の主君である伯が、彼らに出航しないよう忠告するために自分を派遣したのだと答えた。なぜなら武装した者の集団が、大司教を捕らえるか殺すためにイングランドの沿岸で見張っているから。トマスは答えた、「息子よ、私が向こう岸で八つ裂きにされ切り刻まれると確信していたとしても、私は途中で止まりはしないでしょう。牧者にとっても羊の群れにとっても、七年の不在は十分すぎます」。彼はなおも言った、「私にはイングランドが見えます。神の助けにより私はそこへ行きます。しかし、私がそこで間違いなく受難を見出すことは分かっています」。クリスマスの祝祭が近づいていた、そして彼は何としても自分の教会で救世主の誕生を祝いたいと思っていた。

彼が海岸に近づき、常に大司教の前に捧げもたれるカンタベリーの十字架が船上に見えると、大勢の民衆が大急ぎで駆けつけ、先を争って大司教の祝福を求めた。ある者たちは地面にひれ伏して叫び声を上げた。またある者たちは自らの着物を彼の足元に投げてこう叫んだ、「主の御名において来る者に祝福あれ！」司祭たちは教区の人々の先頭に立って姿を現した。キリストがいま一度十字架にかけられるために来られたと、イェルサレムで全世界のために苦しんだようにケントのために苦しまれるのだと、誰もが口にした。この群集は、剣を抜いて脅迫しに来ていたノルマン人たちを怖気づかせた。彼の方は賛歌と鐘の音に包まれてカンタベリーに到着し、説教壇に登ると、このような題目で説教した。すなわち、自分はあなたがたのただなかで死ぬために来た。すでに彼は教皇に、自分のために死にゆく者への祈りを唱えてくれるよう手紙を書いていた。

王はその時ノルマンディーにいた。大司教が大胆にもイングランドに渡ったと聞いて、彼は非常に驚きおののいた。人々の話では、大司教は貧者や、農奴や、武人の集団に囲まれて歩いていた。この貧者たちの王はカンタベリーの自分の王座に再び身を落ち着け、ロンドンまで足を伸ばした。彼は、再び王国を聖務停止にするための教皇勅書をもってきた。アレクサンデル三世の二枚舌は実際このようなものだった。彼はヘンリには赦免を送り、大司教には破門の許可を送っていた。王はわれを忘れて叫んだ、「何だと、余のパンを食べた者、びっこの馬で余の宮廷にやって来た哀れな奴が、王国を足で踏みにじるだと！　奴は勝ち誇り、余の王座に座っている！　そして余が面倒を見る臆病者たちの中には、余のためにこの坊主を片付ける勇気のある者はひとりもいないのか！」彼の口からこの人殺しを唆す言葉が漏れたのは二度目であったが、今度は無駄に発せられたわけではなかった。ヘンリの家臣の四人の騎士が、主君になされた侮辱をそのままにしては名誉に関わると思った。封建的な絆の力とはこのようなものであり、主君と家臣が互いに立てる誓いの効力とはこのようなものであった。四人は、王がベケットの裁判をするために任命した判事たちの決定を待とうとはしなかった。彼らの手で大司教が死ななければ、彼らの名誉は危機に瀕するのだ。

彼らは異なる時刻に異なる港から出発し、全員が同時にソルトヴェルドに着いた。ルヌフ・ド・ブロックは彼らのもとに大勢の兵士を連れてきた。「こうしてクリスマスの五日後、大司教が一一時頃自分の部屋におり、何人かの神学生や修道士が彼とともに用事を済ませていると、四人の王の取り巻きが入ってきた。扉のそばに座る者たちから挨拶を受けると、彼らもまた低い声で彼らに挨拶を返し、そして大司教のところまで行った。彼らはその足元の地面に座ったが、自らの名においても王の名においても彼に挨拶しなかった。彼らは沈黙したままでいた。主のキリストもまた沈黙していた」。

ついにルノー・フィス・ドゥルスが口を開いた、「われわれは海の彼方からなんじに王の命令をもってきた。それらを人前で聞くのがよいか、ひとりで聞くのがよいか」。聖人は身内の者たちに外に出るよう言った。しかし扉の番をする者は、それを開いたままにして、外からすべてが見えるようにした。ルノーが彼に命令を伝え、ことが穏便には運ばないだろうと分かると、大司教は全員を戻らせ、彼らに言った、「殿様がた、この者たちの前でお話しになってもよろしゅうございます」。

するとノルマン人たちは、若き王に誓いを立てるべしとの命令をヘンリ王が彼に送ったと言い、彼が大逆罪を犯したと非難した。彼らはこの言葉によってただちに彼を捕えようとしたが、それを言いながら絶えずもたついた。彼らはなおも、大司教が自ら王になろうとしていると非難した。それから、大司教の言葉尻をでたらめにとらえて叫んだ、「何と、なんじは王を裏切者と非難するのか。なんじはわれわれを脅迫し、なおもわれわれ全員を破門しようとするのか」。そして彼らのひとりが付け加えた、「神よ！　そうはゆくものか。彼はすでにあまりに多くの者を破門制裁の縛めに投じておる」。そして彼らは怒り狂って立ち上がり、腕を振り回し、手袋をしわくちゃにした。それから居合わせた者たちに向かって言った、「王の名において、この者をしかるべき時と場所において差し出すことを、われわれに保証せよ」。大司教は言った、「何と！　私が逃げようとするとお思いか。私は王からも、他の生身のいかなる者からも、逃げようとはせぬ」。ノルマン人のひとりが言った、「その通りだ、神の御加護により、おまえは逃げられはせぬ」。大司教は、彼らのうちで最も高貴で最も分別がありそうなユーグ・ド・モルヴィルを何とか落ち着かせようとした。しかし彼らは彼に耳を貸さず、脅し文句を残して騒がしく立ち去った。

　扉が共謀者たちの背後ですぐに閉められた。ルノーは前庭の前で武装し、仕事をしていた大工の手から斧を取り上げると、それを扉に打ち下ろし、開くか壊すかしようとした。家の者たちは斧の音を聞くと、大司教に教会に逃れるよう懇願した。教会は回廊もしくは廊下によって彼の居室に通じていた。彼がそうしようとしないので、人々が彼を無理やり引きずって行こうとした時、居合わせた者のひとりが晩鐘の刻が鳴ったのを指摘した。大司教は言った、「お務めの時刻だから、私は教会に行こう」。そして十字架を自分の前にささげもたせ、回廊をゆっくりとした足取りで横切り、隙間のある格子で外陣と区切られた、大祭壇の方へ歩いていった。

　彼が教会に入ると、神学生たちがざわめきながら扉の錠前を閉めるのが見えた。彼は言った、「従順の誓願の名において、余はなんじらが扉を閉めることを禁じる。教会を城塞にするのは適当でない」。そして彼は、外にいた身内の者たちを中に入らせた。

　彼が祭壇の段に足をかけるやいなや、ルノー・フィス・ドゥルスが鎖帷子《くさりかたびら》を着て、手に幅の広い両刃の剣をもち、教会の反対の端に現れてこう叫んだ、「ここへ来るのだ、王の忠実な家臣たちよ！」他の共謀者たちはそのそばから、同じく全身武装し、剣を振り回しながらついて来た。すると大司教とともにいた者たちは、内陣の格子を閉めようとした。大司教自身は彼らにそれを禁じ、祭壇を離れて彼らを妨げた。彼らは大司教に、地下教会の安全な場所に身を置くか、階段を上り曲がりくねった道を通って建物の頂点に行くよう、切に懇願した。この二つの忠告は、それ以前の忠告と同様に断固として退けられた。そうする間に、武装した者たちは近づいてきた。声が叫んだ、「裏切り者はどこか」。ベケットは何も答えなかった。「大司教はどこか」。ベケットは答えた、「ここにおる。しかしここに裏切り者はおらぬ。神の家にそのような格好で何をしに来られた。何が望みだ」――「おまえの命だ」――「私は観念しておる。なんじらの剣から逃れようとは思わぬ。しかし全能の神の名において、私の仲間の誰にも、司祭も俗人も、老いも若きも、手を触れてはならぬ」。この瞬間、彼は背後から両肩の間に刀身の一撃を受けた。それをあたえた者は彼にこう言った。「逃げよ、さもないと命はないぞ」。彼は身じろぎもしなかった。騎士たちはその場で彼を殺すことをためらい、彼を教会の外に連れ出そうとした。彼は激しく抵抗し、自分は絶対に外に出ないと、そしてこの場で彼らの意図をあるいは彼らが受けた命令を実行させてみせると、毅然として言い放った。そして抜き身の剣を手に近づく別の者を見ると、その方へ振り向きこう言った、「何ごとだ、ルノーよ。私はおまえに多くの祝福をあたえたというのに、おまえは教会で武器を手に私に近づくのか」。殺人者は答えた、「おまえは死ぬのだ」。そして彼は剣を振り上げ、返す刀でエドワード・クリンというサクソン人修道士の手を切り落とし、ベケットの頭部を傷つけた。別のノルマン人がもたらした第二の剣により、彼はうつぶせになって倒れたが、あまりに激しく打たれたので、剣が敷石の上で砕けた。ギヨーム・モートレーという武人が、動かない死体を足で押しやり、こう言った、「王国を混乱に落しいれ、イングランド人に反乱を起こさせた裏切者はこうして死ぬがよい！」

彼は立ち去り際にこう言った、「やつは王に、そして王以上のものになろうとした。よろしい！

今こそ王になるがよい！」こうして虚勢を張りながらも、彼はほっとした気持ちにはなれなかった。彼らのひとりは教会に戻り、彼が本当に死んだか確かめた。彼は剣を再び頭部に突き刺し、脳髄を飛び散らせた。彼は望み通りに彼を殺すことはできなかった。

実際、人間というのは頑強なものである。それを破壊するのは難しい。彼を肉体から解放すること、地上の生から癒すこと、それは彼を浄化し、飾り、完成させることである。死よりもそれに似合う装飾はない。殺人者たちが手を下す一瞬前には、トマスの支持者は疲れて熱が冷め、民衆は疑い、ローマはためらっていた。彼が剣に倒れ、血の洗礼を受け、殉教の冠を得るや、彼は一気に偉大になり、カンタベリーから天に昇った。「彼は王であった」と、殺人者たちは思わず受難の言葉を繰り返した。民衆も、王たちも、教皇も、全員が彼について一致した。彼を見捨てたローマは、彼が聖人で殉教者であると宣言した。彼を殺したノルマン人たちは、偽善的な真面目さで熱い涙を流しながら、ウェストミンスターで列聖の勅書を受け取った。

殺人のその瞬間、暗殺者たちが司教館を荒らした時、大司教の衣類の中に彼が自らの肉体を荒々しく痛めつけた苦行衣を見つけた時、彼らは茫然自失した。彼らは福音書の百人隊長のように、小声で互いに言った、「まことにこの者は義人であった」。彼の死の物語のうちにおけるほど完全に救世主の受難を再現した殉教者は誰もなかったと、民衆全体が口をそろえて言った。違いがあったとしても、それはトマスにとって好ましいものであった。ある同時代人はこう言う、「キリストは町のはずれで、世俗の場所で、ユダヤ人にとって聖なる日ではない日に処刑された。トマスはまさに教会の中で、ク

この瞬間、彼は背後から両肩の間に刀身の一撃を受けた

リスマスの週、聖イノサンの日〔ヘロデによる幼児虐殺の日〕に死んだ」。

ヘンリ二世の苦境

ヘンリ王は大いなる危機に陥った。誰もが殺人を彼のせいに帰した。フランス王とシャンパーニュ伯は、教皇の前で厳粛に彼を非難した。ガリアの首座司教であるサンス大司教は、破門制裁を発した。彼に一番恩義のある者たちも、ぞっとして彼から遠ざかった。彼は世の喧騒を偽善によって静めた。ノルマン人司教たちは、彼が三日間飲まず食わずでいたとローマに書いた。彼らは言った、「大司教のために涙したわれわれには、王もまた涙に値すると思われた」。ローマの教皇庁ははじめ強い怒りを装ったが、やがて同情するようになった。王は自分はトマスの死にまったく関わりはないと誓った。彼は教皇使節に、自ら鞭を受けることを申し出た。彼は教皇の足元に、自分がおこなったばかりのアイルランド征服を差し出した。彼はこの島のすべての家にローマ教皇への献金を課し、〔教会裁判権を制限しようとした一一六四年の〕クラレンドン法を犠牲にして、十字軍に金を出すこと、もし教皇が要求すれば自ら十字軍に行くことを約束した。そしてイングランドは教皇庁の封土であると宣言した。

ローマを静めただけでは十分ではなかった。それではあまりに安上がりに済んだことだろう。しばらく後、彼の長男である若きヘンリ王〔一一五五―八三。一一七〇年に共同王として戴冠〕は王国の自分の取り分を要求し、自分を育ててくれた聖なる殉教者、カンタベリーのトマスの死の仇をとりたいと宣言した。若き王子が王権を要求するために数え上げた動機は、今日ではどれほど軽いものに見えようと、当時としては非常に重大に思われた。まず、王自身が息子の戴冠の日に食卓で彼に仕えながら、自分は退位すると口にした。中世はあらゆる言葉を真面目に取る。このことは、大半の家臣たちを二人の王の間でどっちつかずの状態にするに十分であった。野蛮な時代においては文字は全能である。これが当時の全法学の原理である。「句点ヲ忘レル者ハ訴訟ニ敗レル」。

他方で、ヘンリは聖トマスの死について不十分な満足しか得なかった。ある者たちは、彼が殉教者の血によってなおも汚れていると思った。他の者たちは、彼が鞭を受けると申し出たのを思い出し、毎年十字軍のために贖罪の貢ぎ金を支払うのを見て、彼がなおも贖罪の最中であると思った。こうした状態は王権と相容れない。〔カロリング朝の〕ルイ好人物帝は、そのことで永遠に失墜し堕落したように見えた。

ヘンリの息子たちはまた、もっともらしい口実をもっていた。彼らは、父親の宗主であるフランス王によって助成され支持されていた。当時、封建的な絆はいかなる自然の絆よりも強いものとされていた。われわれが見たように、ヘンリ一世〔在位一一〇〇—一一三五〕は自らの子供たちを家臣のために犠牲にすべきであると思った。ヘンリ二世の息子たちは主君のために父親さえも犠牲にすべきであると主張した。現実に、ヘンリ自身が明らかに封建的宣誓を最も強力な絆と見なしていた。というのも彼は、息子たちに臣従の誓いを立てるよう強制した後でしか、息子たちを信頼できるとは思わなかったからである。

南フランスに旅行に行った時、彼は身近な者たち、息子たちや妻のエレオノールが、ひとりひとり離れてゆき姿を消すのを見た。若きヘンリ〔長男〕は義理の父であるフランス王のもとに行き、ヘンリ二世の使者たちがイングランド王の名において彼の身柄を求めに来ると、使者たちは彼が壮麗な王の衣装に身を包みルイ七世のそばに座を占めているのを見た。ルイは言った、「なんじらは余にどのイングランド王のことを話しているのか。イングランド王はここにいる。なんじらが王と言うのがこれの父親である前のイングランド王のことなら、彼は息子が戴冠した日以降死んでいるものと理解せよ。万人の前で王国を息子の手に委ねたその後で、彼がなおも自分は王であると主張するなら、すぐにでも手を打つことにしよう」。

ヘンリの他の二人の息子、リチャード・ド・ポワティエ〔後のリチャード一世〕とブルターニュ伯ジェフリーは、兄に合流し、フランス王に臣従の誓いを立てた。危険は大きかった。ヘンリはたしかに見事な活躍によって、大陸の自分の諸国を守ることに備えていた。しかし彼は、長男がフランドル伯の船団と軍隊とともに海峡を渡ろうとしているという話を聞いた。彼はフランドル伯に対しケント伯領をあたえると約束していた。他方で、スコットランド王はイングランドに侵入するにちがいなかった。彼は急いでブラバンやウェールズの傭兵や野武士を雇った。彼は何とかしてローマの歓心を買った。彼はイングランドにおいてもアイルランドにおいても教皇庁の臣下であると宣言し、この注目すべき条項を付け加えた。「余と余の後継者は、宗主たる教皇がわれわれをカトリック王と見なさないかぎり、自らを真のイングランド王と思わない」。別の書簡において、彼はアレクサンデル三世に自らの王国をローマ教会の封土として庇護するよう頼んでいる。

彼はまだ十分だとは思わなかった。彼はカンタベリーにおもむいた。はるか遠くから教会が見えると、彼は馬から下り、毛の服で、泥と石だらけの道を裸足で歩いた。墓に着くと、身を投げてひざまずき、涙を流しすすり泣いた。「その光景に立ち会ったすべての者の目に涙が浮かんだ」。それから彼が服を脱ぐと、司教や大修道院長やただの修道士まで、全員が順番に王に懲罰の鞭をあたえるよう促された。年代記作家は言う、「それはまるでキリストの鞭打ちであった。しかしながら異なるのは、一方はわれわれの罪のために、他方は自らの罪のために鞭打たれたことである」。「まる一昼夜、食事もとらず、何用にも席を立たず、彼は聖なる殉教者のそばで祈り続けた。彼は来た時のままだった。自分の足元にじゅうたんを敷くことさえ許さなかった。朝課の後、彼は祭壇と聖体のまわりを一周した。そして上部の教会から再び地下礼拝堂に、聖トマスの墓所に下りた。昼になると、彼はミサを聴くことを求めた。彼は聖人の聖水を飲み、それで瓶を満たすと、喜んでカンタベリーを立ち去った」。

彼が喜んだのはもっともなように見える。さしあたり勝負は勝ちであった。その日のうちに、彼はスコットランド王が彼の捕囚となったという知らせを受けた。フランドル伯は侵入を試みようとはしなかった。イングランドの若き王の支持者たちは、城館に蟄居を命じられた。アキテーヌでは、戦争の運勢はより変化に富んでいた。そこでは若き王子たちは、フランス王によって、そしてとりわけ外国のくびきに対する憎悪によって支えられていた。十二世紀においては、九世紀と同様に、息子たちの父親に対する戦争は、自分たちの利益や精神に反する統一からの解放を求めるさまざまな民族の戦争を覆い隠すものでしかなかった。ギュイエンヌやポワトゥーはイングランド帝国から離脱しようとした、まるでルイ好人物帝やシャルル禿頭王〔二世。在位八四三―八四七〕のフランスがカロリング帝国の統一を破壊したように。

南仏人の移り気や、気まぐれな革命や、安易な失望、これらがヘンリ王に好機をあたえた。また彼らは、アキテーヌの大戦争において唯一中心となりうるトゥールーズに少しも支えられていなかった。彼らは慎重さから、彼らの破滅となる解放の試みを繰り返そうとはしなかった。それでも南フランスの貴族たちを武装させたのは、愛国心よりも精神の懸念であり、戦争で名を上げることの虚しい喜びだった。彼らの中で最も有名なトルバドゥールのベルトラン・ド・ボルンの残したものからそう判断できる。彼の唯一の楽しみは、主君であるヘンリ二世王に一杯食わせることと、息子たちの誰か、ヘンリかジェフリーかリチャードを彼に対して武装させること、そしてすべてが炎に包まれると、自分のオートフォールの城館でそれを見事なシルヴァント〔風刺詩〕にすることだった。まるで、炎上するローマのただなかで高い塔の上から火事を歌ったあのローマ人のように。わずかな休息の機会があれば、すぐにこの混乱の悪魔は王たちに風刺詩を投げつけ、彼らに休息を恥じ入らせ、再び戦争に身を投じさせるのだった。

この家系〔プランタジネット朝〕には、激しい戦いと偽りの契約以外の何物もなかった。ある時ヘンリ王が息子たちと会議に来ると、息子たちの兵士は父に向かい剣を抜いた。これはアンジュー家とノルマンディー家の二つの家系の伝統である。ウィリアム征服王とヘンリ六世〔二世の誤りか〕の子供たちは一度ならず父親の胸に剣を向けた。フルク〔アンジュー伯フルク四世。ヘンリ二世の曽祖父〕は敗れた息子の首の上に足を置いた。嫉妬深いエレオノールは、南フランスの女らしく情熱的で恨み深く、息子たちの反抗心といらだちをあおり、

墓に着くと、身を投げてひざまずき、すすり泣いた。全員が順番に王に懲罰の鞭をあたえるように促された。「それはまるでキリストの鞭打ちであった（…）」

親殺しに育て上げた。ノルマンディー、アキテーヌ、サクソンというあまりに多様な血筋をもつこれらの子供たちは、自らのうちに、アンジュー伯フルクやイングランド王ウィリアムのような連中の自尊心と乱暴さの上に、自分たちを生んだこれらの血筋のあらゆる対立、あらゆる憎悪と不和をもっているようだった。彼らには、自分が南フランスの者か北フランスの者か決して分からなかった。分かっているのは、自分たちが互いに憎みあい、父親はなおさら憎いということだった。彼らの家系をさかのぼって、何らかの誘拐か、近親相姦か、親殺しに出会わないことはまれであった。彼らの祖父のポワトゥー伯は、ある夫から妻を奪い、エレオノールをもうけた。ある聖人は彼らにこう言った、「なんじらからは何もよいものは生まれまい」。エレオノール自身はヘンリ二世の父親を愛人とし、彼女がヘンリとの間にもうけた子供たちは、父親の兄弟であるおそれが十分にあった。ヘンリについては聖ベルナールの言葉が引用された、「この者は悪魔より来り、悪魔のもとに帰る」。彼らのひとりであるリチャードも、父親について聖ベルナールと同じことを言った。この悪魔の出自は彼らにとって家の称号であり、彼らは自らの行いでそれを正当化した。ひとりの神学生が十字架を手にやって来て、別の息子のジェフリー〔三男〕に向かい、父親と和解しアブサロムの轍を踏まないよう懇願した時〔『サムエル記下』。ダビデ王の三男アブサロムは兄を殺し、王位を望み、父に反抗したが敗死した〕、若者はこう答えた、「何だと、おまえは私が生まれながらの権利を手放すことを望むのか」。神父は答えた、「とんでもない、殿様、あなたに不利なことを望むものですか」。するとブルターニュ伯〔ジェフリー〕は言った、「おまえは私の言葉を理解しておらぬ。われわれが互いに愛し合わぬのは、われらの家系の運命なのだ。それがわれらの遺産であり、われわれのうちの誰もそれを手放さないだろう」。

「プランタジネット家の先祖である昔のアンジュー伯妃について、ある民間伝承があった。人々が言うには、彼女の夫は、彼女がほとんどミサに行かず、いつもこっそり外出することに気づいた。彼はその時、四人の侍臣によって彼女を引きとめようと思った。しかし彼女は彼らの手に、外套と、右手に抱いていた二人の子供を残していった。そして外套のひだの下に、左手に抱いていた他の二人の子供を連れ去った。窓から飛び立つと二度と現れなかった。それはポワトゥーとドーフィネにおけるメリュジーヌの物語とほぼ同じである。金曜日ごとに半身女で半身蛇に戻らなければならないメリュジーヌは、その日は身を隠すよう心を砕いた。夫がその現場を押さえると、彼女は姿を消した。この夫は、ジョフロワ・ア・ラ・グランダンで、今でもリュジニャンの有名な城館の扉の上にその像を見ることができる。家族の誰かが死ぬたびに、メリュジーヌは夜に塔の上に現れ、叫び声を上げたものだった。

矛盾した性質を合わせもつ、悪魔的創造の母であり娘である、本当のメリュジーヌとは、エレオノール・ド・ギュイエンヌである。彼女の夫は、あれほど多くの地方を自分にあたえた彼女を、息子たちの反乱を理由に罰し、堅固な要塞に幽閉した。ヘンリ二世のこの残酷さは、南フランスの人々が彼に対して憎悪を抱いた原因のひとつである。彼らのひとり〔リシャール・ド・ポワティエ〕は、ある野蛮で詩的な年代記の中で、エレオノールが息子たちによってまもなく解放されるだろうという希望を表明している。彼は当時の慣習どおり、メルランの予言をこの家族全体に適用する。

「これらのあらゆる不幸は、北風の王が尊敬すべきカンタベリーのトマスを討った時からやって来た。メルランが『破られた契約の鷲……』と呼ぶのは王妃アリエノールのことである。喜ぶがよい、アキテーヌよ。喜ぶがよい、ポワトゥーの地よ。北風の王の笏は遠ざかるだろう。彼に不幸あれ！彼は自らの主君である南の王に対して槍を振り上げたのだ。

私に教えておくれ、双頭の鷲よ〔アリエノールのこと〕。あなたの雛鳥たちが父たる巣を離れ、北風の王に対して爪を向けようとした時、あなたはどこにいたのか。だからあなたは国からさらわれ、異国の地に連れ去られた。歌は涙に変わり、キタラ〔古代ギリシアの弦楽器〕は喪に代わった。穏やかな娘時代には王たる自由のうちに育てられ、仲間たちは歌い、あなたは彼らのギターに合わせて踊った……。今日は、お願いだ、双頭の王妃よ、せめて少しだけ涙を抑えておくれ。できることなら、あなたの町に帰っておくれ。哀れな囚われ人よ。

あなたの宮廷はどこにあるのか。若き仲間たちはどこにいるのか。助言者たちはどこにいるのか。ある者は祖国から遠く連れ去られ、不名誉な死を遂げた。別の者は視力を奪われた。またある者は追放され、さまざまな土地をさまよった。あなたが叫んでも、誰も聞きはしない。なぜなら北の王は、町を包囲するようにあなたを閉じ込めているから。だから叫ぶのだ。あきらめずに叫び続けるのだ。息子たちに聞こえるように、ラッパのように声を上げるのだ。なぜなら、息子たちがあなたを解放する日、あなたが故郷の国を再び見る日は、近づいているからだ。」

ヘンリ二世の最期

晩年におけるヘンリ王の運命は、妻に対する迫害者となり、息子たちの憎悪の的となることであった。彼は絶望的な快楽に耽った。年老いて白髪になり、巨大な腹を抱えながら、彼は毎日不倫と強姦を重ねた。彼がいつもその庶子たちを身近に置いていた、美しきロザモンドだけでは彼には十分でなかった。彼は、ブルターニュの相続者であり、彼に人質として預けられていた従妹のアリスを強姦した。また彼は、息子のためにフランス王の娘を迎え入れた時、まだ年頃でないこの子供をも陵辱した。*訳註

*訳註　「フランス王の娘」は、ルイ七世の娘で次男リチャードの婚約者であったアデル（またはアリス）を指す。ブルターニュの相続者である「従妹のアリス」は、三男ジェフリーの妻となるコンスタンス・ド・ブルターニュの誤りか。

しかしながら、運命は彼を打つことをやめなかった。彼は快楽や、官能や、自然のうちに自らの心を休めていた。彼は愛人として、そして父親として打たれた。ある伝説は、老王がロザモンドを隠したと思っていた迷宮にエレオノールが侵入し、自らの手で彼女を殺したと伝えている。ブルターニュとフランスの王女たちに対する彼の恥ずべきふるまいは、決して消えることのない憎しみをかき立てた。彼は息子たちのうち、とりわけヘンリとジェフリーの二人を愛していた。彼らは死んだ。長男〔ヘンリ〕はせめて父親に会って赦しを乞いたいと思った。しかしこれらの王子たちにおいては裏切りは日常茶飯事であるので、老王は来るのをためらい、そしてまもなくもう遅すぎることを知った。

彼には二人の息子が残された。残忍なリチャード〔次男〕と、卑劣で不実なジョン〔四男〕である。

リチャードは父親が長生きしすぎると思った。彼は自分で統治したかった。老ヘンリが領土を手放すことを拒絶すると、リチャードは父の目の前で自らの臣従の誓いを取り消し、新しいフランス王フィリップ・オーギュスト〔二世〕の臣下であると宣言した。フィリップはイングランド王への憎悪から、反抗する息子に対して兄弟のような親しみを抱いた。彼らは同じ皿から食べ、同じベッドに寝た。十字軍の予言も、父親と息子の間の憎悪をほとんど止めることはなかった。老王は同時にいたるところから攻撃を受けた。アンジューの北部ではフランス王によって、西部ではブルターニュ人によって、南部ではポワトゥー人によって。教会のとりなしにもかかわらず、彼はフィリップとリチャードが押しつける和平を受け入れなければならなかった。自分がフランス王の臣下であるとはっきりと認め、その慈悲にすがらなければならなかった。ジョンをすべての大陸所領の相続者に宣言するということならば、彼は同意したことだろう。それは一番年下の息子で、見たところ最も忠実な者だった。フランス王の使節が会見しに来た時、病気で床についていた王は、リチャードの一味の名を尋ねた。彼らの特赦が和平の条件であった。最初に名前が挙がったのは息子のジョンであった。「この名を聞いた時、王はほとんど痙攣的な動きにとらえられ、身を起こし、突き刺すような血走った視線を周囲にさまよわせた。彼は言った、『本当に、私の大切な最愛の息子、他の息子たち以上に可愛がり、その愛のためにすべての不幸を引き受けた、そのジョンが、私を見離したのか』。周囲は、まさにその通りであり、それ以上真実なことはないと答えた。王は再び床に横たわり、顔を壁に向けて言った、『よろしい、後はすべてなるようになるがよい。私にはもはや自分のことも世の中のこともどうでもよい』〔ティエリ『ノルマン人によるイングランド征服史』からの引用」。

ヘンリ二世の失墜は、イングランドの権力にとって大きな打撃だった。それはリチャードのもとで不完全にしか立ち直らず、ジョンのもとで再び駄目になった。ローマ教皇庁は彼らの失敗につけこみ、教皇庁のイングランドに対する優位を二度にわたり認めさせた。ヘンリ二世とジョンは、自分が教皇の家臣であり属臣であるとはっきりと認めた。

教皇座の世俗的権力はいや増した。しかしその精神的権威については同じことが言えるだろうか。それは諸国民の尊敬において何物かを失ったのではないだろうか。この忍耐強く巧妙な外交は、はぐらかし、時間をかせぎ、機会をつかみ、しかるべき時に現れて王国を掠めとることに長けていた。この外交は確かに、教皇たちの手腕に関する考えを改めさせたが、しかし同時に、彼らの聖性に対していくらかの疑念を吹き込んだ。アレクサンデル三世はイタリアをドイツから守った。彼は自分自身を皇帝と反教皇から見事に守りぬいた。しかしその間、誰が教会の自由のために戦ったのか。誰がキリスト教の大義のために話し、苦しんだのか。それは、ある時は教皇により見捨てられ、またある時は裏切られた、ひとりの司祭である。教皇はひとりの殉教者の血と引き換えにひとりの王の臣従の誓いを受け入れた。そして今やこの殉教者は西洋の偉大な聖人となった。ローマは彼に称賛を捧げ、そして自ら彼を聖人と宣言することを余儀なくされる。

グレゴリウス七世の時代には聖性は教皇のうちにあり、宗教的感覚は教会の位階制と一致していた。それから人間性が、教皇たちが指揮しなかった十字軍によって、教皇たちがアルナルド・ド・ブリクシアのうちに叩いた最初のコミューン運動によって物質的に解放され、さらにアベラールの声によってその最奥のところで揺り動かされた。その宗教的解放を続けるために、カンタベリーのトマスがやって来て、聖職者の英雄的精神と教会の自由への熱情をローマ以外の場所に探すことを教えた。

　聖トマスの死とヘンリの失墜から本当に利益を得たのは、教皇ではまったくなかった。それはむしろフランス王だった。迫害された聖人に避難所をあたえたのは王だった。王は彼を一瞬しか見捨てなかった。トマスは殉教の地に旅立つ時、身内の者によって王に別れの挨拶を届けさせ、彼を唯一の庇護者と呼んだ。フランス王は最初に大司教の殺害犯をローマに告発した。彼はただちに戦争を始め、そしてたとえ彼がそのことで自分の利益に従ったとしても、諸国民は彼にそのことを感謝した。教皇自身、皇帝によってイタリアを追われた時に、フランスに避難所を求めに来た。だから、フランスがイングランドを脅かした時、教皇が一度ならずイングランドを庇護したとしても、彼が最も親密で最も恒常的な関係を結んでいるのはフランスなのである。教会が頼りにできる唯一の君主、それはイングランド王の敵、ドイツ皇帝の敵であるフランス王である。インノケンティウス三世はフィリップ・オーギュストにこう書いた、「おんみの王国は教会と深く結びついているので、片方が苦しめば他方も同じように苦しまずにはいない」。教会がフランス王を罰した時代でさえ、教会は母親としての愛情を保っていた。フィリップ一世の時代、王と王国がベルトラド誘拐の件で聖務停止制裁を受けた間も、北仏のすべての司教は王の党派にとどまり、教皇パスカリス二世自身も王を訪問することをためらわなかった。

司教たちは、重大であろうとなかろうと、あらゆる機会に王に軍隊を提供した。ルイ七世はブルゴーニュ公の領地においてさえ、フリードリヒ赤髭帝と敵対した際、九司教区の軍隊に支えられた。人々はフリードリヒの侵入を恐れていたのである。同様に、ルイ六世は皇帝ハインリヒ五世の接近の際に、フィリップ・オーギュストはブーヴィーヌの戦い〔一二一四年、フランス軍が英王ジョン、皇帝オットー四世、フランドル伯の連合軍を破る〕の際に支持を受けた。どうして聖職者がこれらの国王を守らないことがあろうか、自らの手で育て、自ら宗教的教育を授けた国王を。フィリップ一世は七歳で戴冠したが、宣誓すべき誓いを自分で読んだ。ルイ六世はサン＝ドニ大修道院で、ルイ七世はノートル＝ダム修道院で育てられた。彼の兄弟のうち三人が修道士だった。彼以上に教会の特権を尊敬と畏怖をもって扱った者は誰もなかった。彼は司祭たちを敬い、一介の神学生に対しても道を開けた。彼は修道士と同じだけの、あるいはそれ以上の苦行をおこなおうと、四旬節の断食を三度もおこなった。カンタベリーのトマスの庇護者であった彼は、この聖人の墓に詣でるために、イングランドへ危険な旅を敢行した。それどころか、フランス王は彼自身聖人ではないだろうか。フィリップ一世、ルイ肥満王、ルイ七世は瘰癧《るいれき》に触れた*訳註が、それでも素朴な民衆の熱意は満足しなかった。イングランド王なら、ここまでして奇跡の才を主張しようとは思わなかったであろう。

*訳註　フランス王は戴冠式の際、手で触れて病いを癒したキリストにならって、瘰癧（頸部リンパ筋結核）患者に触れるロイヤル・タッチの儀式をおこなった。

こうしてこの善良なフランス王は、神によっても世界によっても大きなものになった。彼はサン＝

ドニの臣下として、ヴェクサンを得て以降、大修道院の旗である王旗を前衛に置いた〔ヴェクサン伯は代々サン＝ドニ大修道院長代理を務め、ヴェクサンは一〇七七年に王領となる〕。彼は自らの軍隊に神秘の白百合を置き、中世はそこに彼の信仰の純粋さを見たように思った。彼は教会の庇護者として、司教空位中の国王特権を受け、十字軍を口実に聖職者にいくらかの額を課そうと試みた。

フィリップ・オーギュストにおいてもその性質は変わらない。離婚とイングランド侵入の二度の時期を除いて、これほど司祭たちの心に適う王はなかった。その治世中に王国がどれほど多くの領地を獲得したにせよ、それは好戦的というよりはむしろ平和的な、狡猾な君主であった。

王室礼拝堂司祭の手になる『アエネーイス』の模倣の古典である、ギヨーム・ル・ブルトンの『ラ・フィリッピード』は、フィリップ二世の真の性格をわれわれにゆがめて伝えている。中世の物語は、彼を騎士道物語の主人公に完全に変えてしまった。実際のところ、彼の統治の成功も、ブーヴィーヌの勝利それ自体も、彼の政策と教会の庇護の成果なのである。

八月生まれなのでオーギュスト〔尊厳王〕と呼ばれた彼は、まず一四歳の時に、夜中に森で迷ったために恐怖のために病気になるのが見られる。彼の治世の最初の行動は、非常に人気を博し、教会の気に入るものだった。当時パリの周辺で非常に評判だったひとりの隠者の忠告に従い、彼はユダヤ人の財産を奪い追放した。それは当時の世論によれば信仰の告白であり、キリスト教徒にとっての扶助であった。ユダヤ人が破滅させ、監獄に幽閉していた者たちは、ひとり残らず喝采した。

教会の冒瀆者や異端者は、非情にも教会の手に引き渡され、宗教裁判で火あぶりにされた。イングランド王が南仏に配置し、王に代わって略奪をはたらく傭兵たちを、フィリップは撃退した。フィリップは彼らに対抗すべく「キャピュション」の民衆組織を支援した〔団員は修道士のような頭巾をかぶった〕。教会に課税する領主たちは王を敵に回した。

彼は従弟のブルゴーニュ公を攻撃し、この地方の高位聖職者を優遇するよう強制した。彼は同じような圧迫からランス教会を保護した。彼はトゥールーズ伯に手紙を書き、神の聖なる教会を敬うようながした。最後に、彼のブーヴィーヌの勝利はフランスの聖職者の救済と見なされた。オットー四世〔神聖ローマ皇帝。在位一二〇九―一五〕の同盟者であるイングランドのジョン王やラングドックの異教徒たちがおこなったように、オットー四世の領主たちは聖職者の財産を山分けし教会を略奪しようとしていると布告されたのである。

（真野倫平訳）

9　聖王ルイ

（第四篇第八章）

ルイ七世の後を継いだフィリップ二世（在位一一八〇―一二二三）は、イングランドのジョン王（在位一一九九―一二一六）の失政を利用して大陸にあるイングランド領のほとんどを奪い取る。さらに一二一四年のブーヴィーヌの戦いで皇帝・イングランド王・フランドル伯の連合軍を破り、強大なフランス王国を築き上げる。同じ頃、教皇インノケンティウス三世（在位一一九八―一二一六）は、十字軍の失敗により動揺した教皇庁の権威を回復しようと試みる。彼は神聖ローマ皇帝の帝位争いに介入し、フィリップ二世の離婚問題に干渉し、ジョン王を破門して屈服させるなど、各国の君主に対して絶大な権力を振るう。また南仏のカタリ派に対してアルビジョワ十字軍を派遣するなど、激しい異端弾圧をおこなう。（以上第四篇第六・七章）

しかし教皇庁のこのような物質的成功は、かえってその精神的権威を失わせることになる。教皇に代わって精神的権威を担ったのは、在俗の聖人たるフランス王ルイ九世（在位一二二六―七〇）である。信仰心篤い王は、すでに時代遅れとなっていた十字軍〔第六回〕を組織し、遠征先のエジプトで捕囚の屈辱をなめる。晩年に彼はふたたび十字軍〔第七回〕を企てるが、王弟のアンジュー伯シャルル（一二二七―八五）は個人的打算から行先をチュニスに変えさせる。ルイはこの最後の十字軍の途上で疫病にかかり、崇高な最期を遂げる。

聖王ルイが中世精神の完成者であるのに対し、弟のアンジュー伯シャルルは近代精神の先駆者である。神聖ローマ皇帝位は代々ホーエンシュタウフェン家によって継承されてきたが、十三世紀半ばのコンラート四世の急死により帝位はこの家系を離れる。教皇はこの機会をとらえ、シャルルに一族の撲滅を命じる。シャルルのシチリア王マンフレディに対する勝利は、近代精神の騎士道精神に対する勝利を意味する。

ルイ九世の敬虔さ

聖王ルイが成年になる頃（一二三六年）、王国はこのように有利な状況にあった。王国はフィリップ・オーギュスト〔二世〕以来なにひとつ失っていなかった。われわれはひと時ここで足を止め、聖王ルイの祖父〔フィリップ・オーギュスト〕が即位して以降の国王の権威と中央権力の発展を再検討しよう。

フィリップ・オーギュストは、ノルマンディーをピカルディーに統合することで真にこの王国の基礎を築いた。彼はパリに大聖堂、中央市場、舗道、病院、水道橋、新たな城壁、新たな紋章をあたえることによって、特にその大学を認可し支持することによって、いわばパリの基礎を築いた。彼は、ジョン王への有罪判決とアーサー殺害への懲罰〔ジョンはイングランド王位をめぐって兄ジェフリーの遺児アーサーを殺害したとして非難された〕という、民衆的で人間的な判決によって「同輩衆法廷」〔一二名の貴族によって構成され、後に高等法院へと発展した〕を創始することによって、王国の司法制度の基礎を築いた。封建的大勢力は弱体化した。フランドル、シャンパーニュ、ラングドック地方は王権の影響下に置かれた。言わば、王は貴族たちの間で大党派を形成した。私が言うのは次男以下の貴族たちのことである。王は、彼らが兄たちに従属しないことを原則として認めさせたのである。

この大きな遺産は王子の手の中に転がり込んだ。ルイ九世は一二三六年に二一歳であった。彼は成年を宣言された。しかし実際には彼はなお長いあいだ、一〇年前から統治していた母親である誇り高きスペイン女性〔ルイ八世の妃ブランシュ・ド・カスティーユ。一一八八—一二五二〕の支配下にあった。ルイの長所は早くから輝く種類のものではなかった。その重要な長所とは、義務に対する洗練された感覚と根強い愛着であったが、長いあいだ彼にとって義務とは母親の意志のことであった。ブランシュの側ではスペイン系であり、祖先のイザベル〔フィリップ二世の妃イザベル・ド・エノー。一一七〇—九〇〕の側ではフランドル系であるこの若い王子は、熱烈な信仰心を乳とともに吸った。このような信仰心は、彼以前の王たちの大部分にはおそらく無縁なものであり、そして彼の後継者たちもこれほどの信仰はめったにもたなかった。

この人物は、これほどの信仰への欲求を世界にもたらしたのだが、まさにあらゆる信仰が動揺する重大な危機のさなかにいたのである。中世が夢見たあの美しい秩序のイメージ、神聖なる教皇庁と神聖なる帝国は、どうなってしまったのか。帝国と聖職者の戦争は、暴力の最終段階に達し、両方の側がほとんど同じだけのおぞましさを感じさせた。一方には皇帝〔フリードリヒ二世。在位一二一五—五〇〕がおり、それはボローニャの法学者たちとアラブ人の博士たちの一団に囲まれた、大胆な思想家、魅力的な詩人、そして邪悪な信仰家であった。彼はサラセン人の衛兵と、サラセン風の大学と、アラブ人の妾たちをもっていた。エジプトのスルタンは彼の親友であった。人々が言うには、あれほど噂になったおぞましい本を書いたのは彼であった。この『三人の詐欺師』、すなわちモーセ、マホメット、イエスについての本は実際には書かれていないのであるが。多くの者が、フリードリヒは反キリストにちがいないと思っていた。

教皇も皇帝と同様に信頼されていなかった。一方には信仰が、他方には慈愛が欠けていた。人々が使徒たちの後継者を崇めたいとどれほど望み求めても、アルビジョワ十字軍以来の鋼鉄のよろいをまとった教皇の姿を見せられてはそれも難しかった。まるで、殺人への渇望が司祭の精神そのものになったかのようであった。この平和の使者たちは死と廃墟だけを求め、その口からはぞっとするような言葉が飛び出した。彼らはあらゆる国民とあらゆる王侯に向かい、代わる代わる脅迫か哀願の口調をとった。彼らは要求し、不平を言い、懇願し、涙を流した。彼らはこれほど熱心に何を求めていたのか。イェルサレムの解放か？　とんでもない。キリスト教徒の改善か、異教徒の改宗か？　まったくそうではない。それでは何か？　血である。一度アルビ派の血を味わって以来、恐ろしい血の渇きが彼らの血を燃え立たせているようだった。

若く罪のないルイ九世の運命は、アルビ派や他の多くの教会の敵たちの相続者であることであった。ジョン王が意見も聞かれず有罪とされてノルマンディーを失い、息子のアンリ〔後のヘンリ三世〕がポワトゥーを失ったのは、彼のためであった。モンフォール〔シモン・ド・モンフォール。一一五〇頃—一二一八。アルビジョワ十字軍の指揮官〕がベジエで二万人の、フォルケ〔フォルケ・ド・マルセイユ。一一六〇頃—一二三一。アルビジョワ十字軍に参加〕がトゥールーズで一万人の喉を切り裂いたのは、彼のためであった。死んだ者たちはたしかに異端者であり、異教徒であり、神の敵であった。しかしそのすべてにおいて、あまりに多くの死者があった。そしてこの豪華な戦利品は悲しい血の匂いがした。おそらく、聖王ルイの不安と躊躇はここから来るのである。彼は、このような贈り物を受け入れた父親と祖先たちを自分自身に対して正当化するために、信仰をもち教会と結びつく必要が大いにあった。小心な魂にとっては危機的な状況である。彼は、父親の名誉を汚しフランスを憤慨させることなしに、それを返すことはできなかった。他方で彼は、おこなわれたすべてのことを正当化し教会のあらゆる残虐や暴力を受け入れることなしに、それを守ることはできなかった。

このような魂がまだ向かうことができる唯一の対象は、十字軍であり、イェルサレムの解放であった。よかれ悪しかれ彼の手中に落ちた強大な権力は、おそらくそこにおいて行使され償われるべきなのだ。ここには少なくとも聖なる死の可能性があった。

かつて十字軍がこれほど必要で正当だったことはなかった。それまで攻撃的であった十字軍は、防御的になろうとしていた。オリエント全体において大規模な恐ろしい出来事が予期されていた。それはまるで大洪水の前の大水の音のようなものであり、堤防のきしむ音、天の水門の最初のつぶやきのようなものであった。モンゴル人は北部で動きはじめ、アジア全体を通って少しずつ南下してきた。これらの牧羊民は諸部族を率いて、前方にいる人間を家畜の群れで追い払い、地上からあらゆる町や建築物や耕作の跡を消し去り、今後は障害物なしに移動できるように地球を荒地や何もない草原に作り直そうと決意したかのようだった。彼らは、中国北部全体をこのように扱ってはどうか、百の都市を焼き払い何百万人の喉を裂くことでこの帝国を生まれたままの世界の原初の美に返してはどうかと熟考した。都市を破壊するのに大いに苦労したところでは、彼らは住民を虐殺することでせめてもの慰めとした。彼らがバグダードの平原に建てた死者の生首のピラミッドがその証拠である。

アジアに散らばるあらゆる宗派、あらゆる宗教は、等しくこの蛮族を恐れ、彼らを止める可能性はなかった。スンニ派もシーア派も、バグダードのカリフもカイロのカリフも、暗殺教団も、聖地のキリスト教徒も、最後の審判を待っていた。すべての争いは終わり、すべての憎悪は解消した。モンゴル人がそれを引き受けていた。そこから、おそらく彼らはヨーロッパに移動し、教皇と皇帝を、イングランド王とフランス王を和解させるだろう。そうなれば、もはや彼らはローマのサン＝ピエトロ寺院の祭壇で馬に燕麦を食わせるばかりであり、反キリストの支配が始まるだろう。

彼らは神の復讐のごとくゆっくりと着実に前進した。彼らは恐怖を吹き込むことで、すでにいたるところに存在した。一二三八年、フリースラントとデンマークの人々は、怯える妻たちを置いて例年のようにイングランド沿岸にニシン漁に行くことができなかった。シリアでは、今にも巨大な黄色い頭といきり立った小さな馬が現れるのが見られると予期していた。オリエント全体が和解した。イスラーム教の君主たち、中でも「山の老人」〔暗殺教団の長〕が、フランス王に使者団を派遣し懇願した。使者たちのひとりはイングランドに渡った。

一方、コンスタンティノープルのラテン皇帝〔ボードワン二世。在位一二二八―六一〕は、聖王ルイに自らの危険と困窮と悲惨を示したばかりであった。この哀れな皇帝は、コモ〔イタリア北部の都市〕の市民と手を結び、死んだ犬に手を乗せて彼らに友情を誓わなければならなかった。もはや暖をとるのに宮殿の梁を燃やすしかないほどであった。後に皇妃〔マリー・ド・ブリエンヌ。一二二五―七五〕が再び聖王ルイの憐憫を乞いに来た時、ジョワンヴィル〔ジャン・ド・ジョワンヴィル。一二二四頃―一三一七。聖王ルイの伝記『聖王ルイ』を著す〕は彼女を王に会わせるためにドレスをあたえなければならなかった。皇帝は聖王ルイに対して、はかり知れない宝、救世主の額に載せられた本物の茨の冠を、安く譲ると申し出た。唯一フランス王を当惑させたことは、聖遺物の売買が聖職売買の一種であるように見えることだった。しかし、フランスにこのような寄与をしてくれた相手に贈り物をすることは禁じられていない。贈り物は一六万リーヴルであり、さらに聖王ルイは、自分で使うことがためらわれた、ユダヤ人から徴集した収益をあたえた。彼は裸足でヴァンセンヌまで聖遺物を受け取りに行き、後にそれのためにパリのサント＝シャペルを創設した。

一二三五年の十字軍はオリエント問題を立て直す結果にはならなかった。シャンパーニュ人のナヴァール王〔テオバルド（ティボー）一世。在位一二三四―五三〕、ブルゴーニュ公〔ユーグ四世。在位一二一八―七二〕、モンフォール伯〔アモリー四世。在位一二一八―四一〕が打ち負かされた。イングランド王の弟〔コーンウォール伯リチャード。一二〇九―七二〕は、捕虜を買い戻したこと以外には手柄を挙げなかった。モクレール〔ピエール・ド・ブルターニュ。一一九一―一二五〇〕だけが何がしかの勝利を得た。その間、若きフランス王は王国を離れてこれらの不運を償うことができなかった。彼に対抗する広大な同盟が形成されていた。トゥールーズ伯〔レーモン七世。在位一二二二―四九〕の娘〔ジャンヌ。一二二〇―七一〕は王弟アルフォンス・ド・ポワティエ〔一二二〇―七一〕と結婚していた。伯は自分の子供たちは守れなかったが、自分の諸国を守るためになおも努力を試みようとした。彼はイングランド王、ナヴァール王、カスティーリャ王、アラゴン王と結んだ。彼はヘンリ三世の異父妹のマルグリット・ド・ラ・マルシュ〔一二二八―八八。後のトゥールーズ伯レーモン七世の妃〕か、ベアトリス・ド・プロヴァンス〔一二三四―六七。後のアンジュー伯シャルルの妃〕と結婚しようとした。彼が後者と結婚すれば、プロヴァンスとラングドックを結びつけ、ベアトリスとの間に生まれる子どもたちのために娘を廃嫡し、南仏全体を統一することになっただろう。彼があまりに急いだためにこの壮大な計画は流産した。すでに一二四二年に、アヴィニョンでは異端審問官たちが虐殺された。ニーム、ベジエ、カルカッソンヌの正統な相続者である若きトランカヴェル〔レーモン二世。一二〇四頃―六七頃〕が、大胆にも再び姿を現した。同盟者たちは次々と行動を起こした。レーモンが征圧された時、イングランド軍が武器を取った。彼らのフランス遠征は哀れなものだった。ヘンリ三世は義父のラ・マルシュ伯〔ユーグ一〇世。一一八五―一二四九〕と、彼を呼んだ諸侯たちを頼りにしていた。彼らが互いに会って頼り合うようになると、非難と口論が始まった。フランス軍はそれでもなお前進した。彼らは、ヘンリが弟のリチャードの仲介で休戦をかち取らなければ、方向を変えてシャラント川のタイユブール橋でイングランド軍をとらえるところであった。ルイはリチャードを、前回の十字軍において多くのキリスト教徒を買い戻しヨーロッパに連れ戻した英雄として尊敬していたのである。ヘンリはこの猶予を利用して陣地を撤退しサントの方へ退却した。ルイは彼に肉薄した。ブドウ畑で激戦が起こり、イングランド王はついに都市に逃れ、そこからさらにボルドー方面に逃れた（一二四二年）。

疫病が王と軍隊を等しく苦しめ、戦果を挙げ続けることを妨げた。しかしそれでもタイユブールの戦いは敵にとって、そして封建制一般にとってとどめの一撃だった。トゥールーズ伯は、聖王ルイの母の従弟としてかろうじて赦しを得た。彼の家臣であるフォワ伯〔ロジェ四世。在位一二四一―六五〕は、直接王に仕えたいと宣言した。ラ・マルシュ伯とその妻、すなわちジョン王の未亡人でヘンリ三世の母である誇り高きイザベル・ド・リュジニャン〔一一八六頃―一二四六〕は、譲歩を余儀なくされた。老いた伯が新しいポワティエ伯である王弟アルフォンスに臣従の誓いを立てた時、ひとりの騎士が現れて、彼から死ぬほどの侮辱を受けたと主張し、主君の目の前で彼と決闘することを要求した。アルフォンスは、老人が若者に筋を通すよう冷たく主張した。ことは明白であった、そしてすでにイザベルは夫に続いて身を滅ぼすことを恐れ、フォントヴローの修道院に避難していた。聖王ルイが仲裁に入り、この対等でない決闘を許可しなかった。しかし、ラ・マルシュ伯への侮辱がこれほどのものであったので、彼の敵は、侮辱の復讐を遂げるまでは髪を切らないと誓っていたのだが、すべての領主の前で物々しく髪を切り、もう十分だと宣言した。

他の機会と同様にこの機会においても、ルイは聖人として、政治家としての節度を示した。ある領主が、主君であるイングランド王の許可を得てからでなければ降伏しようとしなかった時、ルイはそのことをこころよく思い、ただ誓いだけを担保にして彼に城を返した。しかし、彼とヘンリから封土を受けた者たちを偽証の誘惑から救うために、ルイは彼らに、福音書の言葉を用いて、二人の主人に仕えることはできないと宣言し、自由に選ぶことを許した。彼は、戦争のあらゆる原因を取り除くためならば、ヘンリから特別にノルマンディーを譲り受け、その代わりにポワトゥーを返すことさえ望んだであろう。

王の慎重さと節度はこのようなものであった。彼はレーモンに対して、自分が一四年前に署名したパリ条約〔レーモンがローヌ川以西の領地を国王に譲渡した〕の条件以外のいかなる条件も課さなかった。

エジプトへの十字軍

その間にあれほど恐れられた破滅が東方で起こっていた。モンゴル人の物凄い軍隊の一翼がバグダードに向けて進んできた（一二五八年）。別の一翼はロシア、ハンガリー、ポーランドに入った。モンゴル軍の先陣であるカリスミ人〔中央アジアの遊牧民。ホラズム人ともいう〕は、聖地に侵入した。彼らはガザにおいて、キリスト教徒とイスラーム教徒が連合したにもかかわらず、血みどろの勝利を得た。五〇〇人のテンプル騎士団がそこに残っていた。それが騎士団が聖地にもっていた騎士の全部だった。それからモンゴル軍は住民が見捨てたイェルサレムを占領した。これらの蛮族は腹黒いたくらみから壁の上のいたるところに十字架をつけた。信じやすい住民たちは戻ってきて虐殺された。

聖王ルイは病気で床につき瀕死の状態であったが、その時これらの悲しい知らせがヨーロッパに届いた。病状は重く絶望的と思われ、すでに看護の女たちのひとりは彼が死んだものと思い、彼の顔の上に布をかけようとした。少し回復すると、周囲の者たちが驚いたことには、彼は床と衣服の上に赤い十字架を付けさせた。彼の母〔ブランシュ・ド・カスティーユ〕は彼が死んだ方がましであると思った。彼は瀕死の状態にありながら、殺人的な気候の下をはるか海外まで行き、一世紀以上前から続いているこの無用な戦いのために自分と家臣の血を捧げることを約束した。彼の母も、司祭たち自身も、彼を押しとどめようとした。彼はかたくなだった。彼にとって致命的と思われたこの考えが、どうやら彼を救ったように見える。彼は希望をもち、生きたいと望み、そして実際に生きた。回復期に入ると、彼は母親とパリ司教を呼びこう言った、「私が誓いを立てた時、完全に正気ではなかったとお思いでしょうから、私はこうして肩から十字架を外して、あなたがたにお返しします……」。彼は続けた、「でも今では、私がすべての力を回復したことを否定なさらないでしょう。だから私に十字架を返してください。というのもすべてを知る神は、私が再び神のしるしを付けるまではいかなる食物も口に入れないであろうことも、よくご存知だからです」。そこにいたすべての者が叫んだ、「これは神の御手です。もはや神の意志に逆らうのはやめましょう」。この日以降、誰も彼の計画に反対しなかった。

　あと克服すべき唯一の障害は、悲しく理不尽なことであるが、教皇であった。インノケンティウス四世〔在位一二四三―五四〕は、フリードリヒ二世に対する憎悪をヨーロッパ中に吹き込んだ。イタリアを追われた彼は、皇帝に対抗すべくリヨンで大規模な公会議を召集した。この皇帝都市はフランスに隣接し、ローヌ川を越えてフランス領内に城外居住区《フォブール》をもっていた。聖王ルイは、虚しく仲介者に担がれ、いやいやながら教皇を受け入れることに同意せざるをえなかった。シトー会の全修道士が王の足許に身を投げ出しに来なければならなかった。王は、教皇の決意のほどを知るために、彼を二週間待たせた。インノケンティウスは持ち前の乱暴さから、全力で東方への十字軍に反対した。彼はフランス王の軍隊を、できれば皇帝かイングランド王の方に向かわせたいと思った。後者は一時的に聖座への服従から逃れていたのだ。すでに一二三九年に彼は帝冠を聖王ルイに、弟のアルトワ伯ロベール〔一二一六―五〇〕のために提供していた。一二四五年にはイングランド王冠をあたえていた。奇妙な光景である。教皇が何としてもイェルサレム解放を邪魔しようとし、ひとりの十字軍戦士に誓いを破らせるために何もかもあたえるとは！

　ルイは獲得しようとはほとんど思わなかった。彼はむしろ先祖たちの獲得を正当化したいと思っていた。彼は、互いに返還することでイングランドと和解しようと虚しく望んだ。彼は自分がノルマンディー地方を所有する権利を確認するために、この地方の司祭たちに問い合わせさえした。彼はニームとベジエの相続者であるトランカヴェル副伯に、大金を払って賠償をした。王は彼を、アルビジョワ十字軍の追放者や領地没収者たち、モンフォールの戦士たちが定着したことで土地を奪われたすべての者たちとともに十字軍に伴った。こうして彼は聖戦をひとつの贖罪に、万人が和解する機会にしようとした。

聖王ルイが計画したのは、単なる戦争や遠征ではなく、エジプトにおける巨大植民地の創設であった。当時の人々は、ありそうなことであるが、聖地を征服し所有するためには、拠点としてエジプトが必要であると考えていた。だから彼は大量の農具やあらゆる道具をもっていった。定期的な通信を容易にするために、地中海にひとつ自分の港をもちたいと思った。プロヴァンスの港は弟のアンジュー伯シャルル〔一二二七―八五。後に両シチリア王〕のものだった。彼はエーグ＝モルトの港を掘らせた。

彼はまずキプロスに帆を向けた。そこでは莫大な補給が彼を待っていた。彼はそこで、予備隊を引き連れた弟の〔ポワティエ伯〕アルフォンスを待つためか、あるいはもしかしたらこの新世界で自分の位置を確かめるためか、長いこと停止した。彼はそこで、フランクの大王を観察しに来たアジアの君主たちの使節によって気を紛らわせた。キリスト教徒はまずコンスタンティノープル、アルメニア、シリアからやって来た。次いでイスラーム教徒が、とりわけあれほど噂話になった「山の老人」の使節がやってきた。モンゴル人さえも現れた。聖王ルイは、彼らが他のマホメット教徒への憎しみからキリスト教に好意的であると思い、彼らと同盟を結んでイスラーム教の二人の教皇、バグダードとカイロのカリフたちに対抗した。

その間にアジア人たちは最初の恐怖からわれに返り、フランク人の大侵入という考えに慣れてきた。

フランク人たちは満ち足りて、退廃的な風土の誘惑のもとに無気力になってきた。売春婦たちは、王と彼について来た妻の貞節な王妃マルグリット〔マルグリット・ド・プロヴァンス。一二二一—九五〕のテントのまわりに、自分たちのテントをもってきた。

　彼はついにエジプトに向けて出発することを決意した。ダミエッタとアレクサンドリアのどちらかを選ばねばならなかった。一陣の風が彼をダミエッタへと押しやった。彼は急いで攻撃した。自ら剣を手にして水に飛び込んだ。海岸で戦闘態勢だったサラセン人の軽装部隊が一度か二度攻撃を仕掛けたが、フランク軍がびくともしないのを見ると、全速力で逃げ出した。ダミエッタの強力な都は、抵抗することもできたであろうが、最初の恐慌から降伏した。このような場所の支配者となった今、急いでアレクサンドリアかカイロを攻略すべきであった。しかし十字軍へと駆り立てた信仰心は、確実に成功を招いたであろう人間の手段をないがしろにするようなものであった。それに、封建時代の王というものは、おそらくは家来たちに裕福な都市の略奪をやめさせるほどの支配者ではなかった。例えばキプロスにおいても、彼らは自らの残虐行為に飽きるまで出発を受け入れなかった。それに口実があった。アルフォンスとその予備隊を待たねばならなかった。ブルターニュ伯モクレールはすでに東方戦争の手だれであったが、まずアレクサンドリアを確保することを望んだ。王はあくまでカイロに行くと主張した。したがって、運河で分断されたこの国に入り込み、ジャン・ド・ブリエンヌ〔イェルサレム王、在位一二一〇—一二五。ラテン皇帝、在位一二三一—三七〕をあれほど苦しめた道のりをたどらなければならなかった。進軍は奇妙なほど遅かった。キリスト教徒は各運河に橋をかける代わりに、堤防を作った。彼らはこうしてダミエッタからマンスーラにいたる一〇里を越えるのに一ヶ月かかった。マンスーラに到達するために、ナイル川を支え、自分たちの通り道を開く堤防を企てた。その間に彼らは、サラセン人たちが投げつける「ギリシア火」〔一種の焼夷弾〕をさんざんに耐えなければならなかった。その火は鎧に身を閉ざした彼らをとことんまで焼き尽くした。彼らはこうして五〇日とどまったあげく、これほどの苦労と労働をしなくてもよかったことに気がついた。ひとりのベドウィン人が彼らに浅瀬を指し示した（二月八日）。〔王弟〕アルトワ伯ロベールの率いる前衛部隊は、やや苦労して渡った。彼と一緒にいたテンプル騎士団は、彼に兄君が合流するのを待つようながした。激情的な若者は彼らを臆病者呼ばわりし、頭を低くして門の開いた都に突進した。彼は自分の馬をひとりの勇敢な騎士に御させていた。この騎士は耳が悪く、声をかぎりに叫んでいた、「敵にかかれ！　かかれ！」テンプル騎士団も背後にとどまってはいられなかった。全員が突入し、全員が死んだ。マムルーク兵たちは驚きからわれに返ると、通りを木材でふさぎ、窓から襲撃者を撃退した。

まだ何も事情を知らない王は、川を渡るとサラセン軍に出くわした。彼は勇敢に戦った。ジョワンヴィルは言う、「そこで私が配下の騎士たちとともに、傷ついて地上にいると、ラッパや小太鼓の大音響とともに、王が軍隊を率いてやって来て、土手道のところで立ち止まった。かつてこれほど見事な武人を見たことはなかった、というのも王は臣下の者たちより肩が抜きん出るほど背が高く、頭には黄金のかぶとをかぶり、手にはドイツの剣をもっていたからである」〔ジョワンヴィル『聖王ルイ』第四七節〕。その晩、アルトワ伯の死を告げられると、王は答えた、「『神がその恵みゆえに讃えられんことを』。そして彼の目から大粒の涙が落ちた」。誰かが弟君のことを尋ねた時、彼はこう言った、「分かっているのは、あれが天国にいるということだけだ」〔ジョワンヴィル、第五〇節〕。

　マムルーク軍があらゆる方向から反撃してきたので、フランス軍は日没まで陣地を守り続けた。アンジュー伯〔シャルル〕は、カイロへの街道の先頭に立ち、騎士たちの間で地上に立っていた。彼はサラセン人の二つの軍隊、歩兵隊と騎兵隊によって、同時に攻撃された。彼はギリシア火に苦戦し、もはや敗北したかと思われた。王はみずからイスラーム兵の中に飛び込んで彼を救った。彼の馬のたてがみはすっかりギリシア火に包まれていた。ポワティエ伯は一時サラセン軍の捕虜となった。しかし幸運にも、軍隊付の肉屋や商人や女たちによって救い出された。ブリアンソン殿は、川向こうから撃ってくるブルゴーニュ公の機械の助けを借りて、ようやく陣地を守った。ギー・ド・モーヴォワザンはギリシア火に覆われたが、命からがら炎から逃れた。フランドル伯や、ギー・ディブランの指揮する海外領主たちや、ゴーティエ・ド・シャティヨンの部隊は、敵に対してほぼ常に優位を保った。ついに敵たちは退却の合図を鳴らし、ルイは軍隊のただなかで神に助けを受けたことを感謝した。実際、ほぼ全員が手負いの歩兵たちによって、恐るべき騎兵隊の攻撃から陣地を守れたことは、奇跡といってよかった。

　王は成功が不可能であることを見てとり、急いでダミエッタに戻るべきであった。しかし彼は決断することができなかった。間違いなく、陣営にいる負傷兵が多すぎて、ことは困難であった。しかし病人は日増しに増えていた。この軍隊はエジプトの泥地に横たわり、多くの死体を食らったナイル川のドジョウを主食とし、奇妙で恐ろしい病気に感染した。彼らの歯茎のあたりの肉は腫れて腐り、食物を飲み込むためには、その肉を切り取らねばならなかった。陣営中が、難産に苦しむ女たちのような苦痛の叫びで満たされていた。死者の数は日増しに増えていった。ある日、疫病のさなか、病気のジョワンヴィルは、病床でミサを聴きながら、気絶しかけた従軍司祭を立ち上がって支えなければならなかった。「こうして支えられて、彼は秘蹟を終え、ミサを全部歌ったが、その後は二度と歌わなかった」〔ジョワンヴィル、第六〇節〕。

これらの死者たちはあまりに恐ろしく、誰も彼らに触れて墓をあたえようとはしなかった。王がこれらの殉教者たちへの敬意から、みずから範を示し、手ずから埋葬を手伝っても無駄であった。こうして放置された死体の山は、日増しに病気を蔓延させた。せめて生き残った者を救うために、退却を考える必要があった。弱り衰えた失意の軍隊の、心ならずの陰鬱な退却である。王もしまいには他の者と同様に病気となり、安全な場所に移ることもできたが、しかし決して家臣たちを見捨てようとはしなかった。彼は瀕死の状態であったが、病人たちをナイル川の船に乗せ、みずからは陸路で撤退しようと試みた。王はあまりに衰弱していたので、人々は彼を小さな小屋に入れ、そこにいた「パリのおかみさん」の膝の上に寝かさなければならなかった。

そうする間にも、やがてキリスト教軍は、陸路で彼らを追ってきた、あるいは川上で彼らを待っていたサラセン軍によって阻止された。大虐殺が始まった。降伏すると叫んでも無駄であった。サラセン軍はただ、捕虜が大人数になることだけを恐れていた。彼らは捕虜を柵の中に入れ、キリストを否認するかどうか尋ねた。多くの者は従った。その中にはジョワンヴィルの水夫たちもいた。

その間、王は身分の高い捕虜たちとともにとどめおかれた。スルタン〔アイユーブ朝最後のスルタン、トゥラン・シャー〕は、彼らがイェルサレムを返さないかぎり彼らを解放しようとはしなかった。彼らは、この都市はドイツ皇帝のものであると反論し、四〇万のビザンチン金貨とともにダミエッタを返そうと申し出た。スルタンが同意した時、彼に勝利をもたらしたマムルーク兵たちが反乱を起こし、フランス軍が勾留されているガレー船のすぐそばで、彼の喉をかき切った。フランス軍にとっても危険な状態であった。実際、殺人者たちは王のすぐそばまで入ってきた。スルタンの心臓をえぐり出した本人が、血まみれの手で王のところに来てこう言った。「おまえはおれに何をくれる？ おまえの敵を殺してやったのだ。やつが生きていたらおまえを死なせていただろう」。王は彼に何も答えようとはしなかった。抜き身の剣とデンマークの斧を手にして、三〇人ほどがガレー船の中にやって来た。ジョワンヴィルは続ける、「私は、サラセン語をよく知るボードワン・ディブラン殿に、この者たちが何を言っているのか尋ねた。彼らはわれわれの首を切りにきたと言っている、彼はそう私に答えた。ギヨーム・ド・フランドルの配下にある三位一体修道会の司祭に向かい、多くの者が告解をした。しかし私はと言えば、いかなる罪を犯した覚えもなかった。だから、自分を守ったり逃げようとしたりすれば、それだけ自分をおとしめるだけだと考えた。それで私は十字を切り、大工の斧を手にした彼らのうちのひとりの前にひざまずき、こう言った、『聖アグネスもこう死んだのだ』。キプロスの元帥であるギー・ディブラン殿が私の横にひざまずいたので、私は彼にこう言った、『神が私にくだされた権限でもってあなたを赦します』。

王がこれらの殉教者たちへの敬意から、みずから範を示し、手ずから埋葬を手伝っても無駄であった

しかし立ち上がった時、私は彼が私に言ったこともまったく覚えていなかった」〔ジョワンヴィル、第七〇節〕。

〔王妃〕マルグリットが夫の捕囚を知ってわずか三日の後、彼女はジャン〔一二五〇―一七〇〕という名の息子を産み、トリスタンというあだ名をつけた。彼女は安心のために、ベッドの足元に八〇歳の騎士を寝かせていた。出産の直前に、彼女は彼の前にひざまずき、ある奉仕を求めた。騎士が誓いをたててそれをあたえると、彼女は彼にこう言った、「あなたが私にあたえた誓いによって、あなたに要求します。サラセン人がこの町を取ったなら、彼らが私を捕まえる前に私の首を切りなさい」。騎士は答えた、「確かにそのようにいたします。私も、彼らがあなたを捕まえる前にあなたの命をいただこうと考えておりましたから」。

聖王ルイにとってこれ以上の不幸と屈辱は考えられないほどであった。アラブ人たちは彼の敗戦を歌にし、ひとつならずのキリスト教国が祝宴の花火を上げた。それでも彼は一年間聖地にとどまり、マムルーク軍がエジプト以外のところに勝利を求めにきた場合に、その防御を援助しようとした。彼は諸都市の城壁を高くし、カエサリア、ヤッファ、シドン、サン＝ジャン＝ダクルに防御をほどこし、もうこれ以上滞在するにはおよばないと聖地の領主たち自身が断言するまで、この陰鬱な土地から離れようとしなかった。彼はまた、ある知らせを受け取ったばかりで、フランスにできるかぎり早く帰らねばならなかった。母が死んだのである。この息子にとってははかり知れない不幸であった。彼は長いこと母の考えだけに従い、母の意に逆らってこの悲惨な遠征のために母のもとを去り、この異教の地に兄弟のひとりと、多くの忠実な従者と、多くの殉教者の遺骨を置き去りにしなければならなかったのだ。フランスを見ても慰めにはならなかった。彼はある司教に言った、「私ひとりが恥辱と不幸を耐え忍ぶのなら、私の罪が世界の教会の迷惑にならないのなら、私もあきらめがつきます。しかし、悲しいかな、キリスト教世界全体が私によって恥辱と混乱に陥ったのです」。

　彼が再び見たヨーロッパの状態も、彼の慰めにはならなかった。彼の嘆く敗退など、教会の不幸のほんの一端にすぎなかった。あらゆる精神に見出されるあのとてつもない不安もまた、ひとつの大きな不幸であった。十字軍の精神によって民衆の間に広まった神秘主義は、すでに政治的宗教的自由への荒々しい熱狂という果実をもたらしていた。この神秘主義の革命的性格は、続く諸世紀のジャクリー〔農民反乱〕の中、特に一五二五年のシュヴァーベン地方の農民反乱〔ドイツ農民戦争〕や一五三八年の再洗礼派の反乱のうちにはっきりと現れる。しかしそれはすでに、聖王ルイが不在の間に勃発したパストゥローの乱〔一二五一年に発生した一種の民衆十字軍〕のうちに姿を見せている。農村の最も貧しい住民たち、特に羊飼いたちが、王が捕虜になったと聞きつけ、武装して群れをなし大軍をつくると、王を解放しに行くのだと宣言した。おそらくそれは単なる口実であり、貧しい民衆がルイについて作り上げていた意見が、慰安と解放についての巨大で漠然とした希望を、民衆にあたえたのだ。確かなのは、これらの羊飼いたちがいたるところで司祭たちの敵となり、彼らを虐殺したことである。彼らはみずからの手で秘蹟をあたえた。彼らはある無名の男を首長に選び、ハンガリーの大将と呼んだ。彼らは大手を振ってパリやオルレアン、フランスの大部分を横切った。しかしついにこれらの盗賊たちは一掃され撃退された。

帰還した聖王ルイは、異国についてのあらゆる思想や野望を長いあいだ退けたかに見えた。彼は細心な気遣いをもってキリスト教徒の義務に閉じこもり、信仰の実践に王権のあらゆる美徳をこめ、社会のあらゆる混乱をみずからの罪とした。この不安におののく良心を満たすためならば、彼にとって犠牲など物の数ではなかった。弟たち、子供たち、領主たち、家臣たちの反対にもかかわらず、彼はイングランド王にペリゴール、リムーザン、アジェノワの諸地方、それにケルシーとサントンジュの領地を返還した。それはヘンリ〔三世〕がノルマンディー、トゥーレーヌ、アンジュー、メーヌ、ポワトゥーの諸地方に対する権利を断念するという条件であった（一二五八年）。譲渡された地方は決して彼を赦そうとはしなかった。そして彼が列聖された時も、祝祭をおこなうことを拒絶した。

良心に関するこのような過剰な配慮は、フランスからあらゆる外的活動を奪うところであった。しかしフランスはいまだ王の手中に収まってはいなかった。王は身を縮め、みずからの内に引きこもった。フランスはその外にあふれ出た。

イングランドの内乱

一方で、ポワトゥー人や南仏のフランス人によって統治されたイングランドは、北部フランス人のレスター伯シモン・ド・モンフォール〔一二〇八頃―六五〕によって、彼らから解放された。彼は、アルビジョワ十字軍の指揮官であったあの有名なモンフォールの次男である。他方で、プロヴァンス人は、聖王ルイの弟であるアンジュー伯シャルルのもとで、両シチリア王国を征服し、イタリアにおいてシュヴァーベン家〔神聖ローマ帝国のホーエンシュタウフェン朝〕の没落を遂行した。

イングランド王ヘンリ三世〔在位一二一六―七二〕は、ジョン王の失政の罰を背負っていた。父親は息子に屈辱と破滅を遺した。彼は、教会の手に無条件に身を委ねることによってしか、立ち直ることはできなかった。さもなければ、フランス人はかつてノルマンディーを奪ったように、彼からイングランドを奪ったことだろう。教皇はみずからの優位を利用し、濫用した。彼はイングランドのすべての知行地をイタリア人にあたえた。ノルマン人領主が自分の家系の聖職者のために開拓したものも含めて。領主たちはこのような教会の横暴を黙って我慢してはいなかった。彼らは王を非難し、その弱腰を責めた。両方の板ばさみとなり、あらゆる攻撃をわが身に受けて、王は誰を頼りにできただろうか。南仏のフランス人、とりわけ母親〔イザベル・ダングレーム。一一八六―一二四六〕の同郷人であるポワトゥー人以外には誰もなかった。

これらの南仏人は、ローマ法のきまりのうちに育てられ、王権に好意的で、当然領主たちの敵であった。それは、是非はともあれ、聖王ルイがローマ法の伝統を継承し、封建法の中にユスティニアヌスの精神を導入した時期である。ドイツでは、フリードリヒ二世が同じ主張を広めようと努力していた。これらの試みは異なる結果をもたらした。それはフランスでは王権の興隆に貢献し、イングランドとドイツでは王権を破滅させた。

イングランドに南仏の精神を認めさせるためには、常備軍、傭兵部隊、それに大金が必要であった。ヘンリ三世はそれをどこで工面したらよいか分からなかった。少しでも手に入れれば、陰謀家たちが彼を取り囲みそれに手をかけるのだった。それに忘れてはならない重要なことがあった。それは当時、必要と資金のあいだに否応なく存在した不均衡である。必要はすでに大きかった。行政組織は形成され始めていた。常備軍が作られようとしていた。資金はわずか、あるいは無であった。近代において国庫の莫大な消費を養っている工業生産は、ほとんど始まっていなかった。それはいまだ特権の時代であった。領主も、聖職者も、誰もがこれこれの権利を盾にとり支払いを拒否した。とりわけマグナ・カルタ（大憲章）以来、〔王権に〕利益をもたらす多くの悪習が廃止され、イングランド政府はもはや、国王を飢え死にさせるための手段にすぎないかに見えた。

　マグナ・カルタは蜂起を原則とし、無政府状態を常態化したので、規則的秩序を打ち立て、王と教皇と領主のあいだにそれらを少しずつ合致させる新たな要素、すなわち民衆を置くためには、いまや第二の危機が必要であった。革命にはひとりの人間が必要である。それがシモン・ド・モンフォールであった。このラングドックの征服者の息子は、ヘンリ三世のポワトゥーの大臣たちを相手に、南仏人を敵にした家族の相続に関する戦争を続行するよう運命づけられていた。聖王ルイの妻であるマルグリット・ド・プロヴァンスは、故郷にあれほど害をなしたモンフォール一族を憎んでいた。シモンは、フランスの宮廷に残っても何も得るものはないと考え、イングランドに渡った。モンフォール一族はレスター伯となり、二つの国に属した。ヘンリ王はシモンを十分に満足させた。王は彼に妹〔エリノア〕をあたえ、ギュイエンヌの騒擾を鎮めるために彼を派遣した。シモンがそこであまりに苛酷にふるまったので、彼を呼び戻さなければならなかった。すると彼は王に敵対するようになった。王はかつてなく強大に見えたが、実際はかつてなく弱体だった。王はシュヴァーベン家の遺産を少しずつ買い戻してゆけるだろうと当てにしていた。王弟のコーンウォールのリチャードは、現金で皇帝の位を手に入れた〔推挙されたが戴冠しなかった〕ばかりで、さらに教皇は彼の息子〔ランカスター伯エドマンド。一二四五―九六〕にナポリ王の位をあたえていた。その間、イングランドでは問題が多発していた。それまで、教皇庁の圧政に対しては、教皇の使者である伝令を暗殺する以外に対処方法はなかった。この目的のためにある組織が作られた。一二五八年、「議会《パーラメント》」がオックスフォードに召集された。議会がこの名称をとったのはこれが最初である。王はそこで再びマグナ・カルタに宣誓し、二四人の領主の後見に身を委ねた。六年間の戦争の後、両派は聖王ルイの裁定を求めた。敬虔な王は、聖書とローマ法に等しく準拠して、「支配者に従うべきこと」を決定し、教皇がすでに破棄していた〔一二五八年の〕オックスフォード条例を無効とした。ヘンリ王は再び全権力を所有する、ただしオックスフォード条例に先立つイングランド王国の憲章と称賛すべき慣習法を除いて（一二六四年）。

　領主連合はこの判決を宣戦布告としか受け取めなかった。シモン・ド・モンフォールは非常手段に訴えた。彼は諸都市を戦争に関与させ、その代表を議会に加わらせた。この一族のなんと奇妙な運命！　十二世紀にモンフォールの祖先のひとりは、ブレヌヴィルの戦いの後、ルイ肥満王〔六世〕にコミューンの市民軍を武装させるよう忠告した。アルビジョワの虐殺者である彼の父は、南フランスの自治都市を破壊した。彼自身は、イングランドのコミューンに政治的権利への参加を呼びかけ、それでもなお宗教を自分の計画に結びつけ、この戦争をひとつの十字軍にしようとした。

　聖王ルイの決断がどれほど良心的で公平なものであろうと、それは無謀なものであったように見える。未来がこの判決を裁くことになる。彼がそれまでみずからに課していた慎重な態度から踏み出したのは、これが最初であった。おそらくこの頃、一方では聖職者の影響、他方では法曹家の影響から、彼は王権の絶対的権利という考えに没頭したのである。フランスのこの強大で急激な力は、イングランドと帝国の混乱と衰退のさなかにおいて、ひとつの誘惑であった。それはルイを、かつて教皇と皇帝のあいだで演じることで満足した、平和な調停者の役割から少しずつ遠ざけた。高名で不幸なシュヴァーベンの家系は滅びた。教皇はその遺産を競売にかけた。教皇はそれを、イングランド王であれフランス王であれ、望む者にあたえた。ルイは最初自分自身のためにそれを拒絶したが、弟のシャル ル〔アンジュー伯〕がそれを受け取ることは認めた。それは彼の家系にもうひとつの王国をあたえることであったが、またみずからの良心に王国の重荷を負わせることでもあった。たしかに、教会はいかなる責任も引き受けた。偉大なフリードリヒ二世の息子のコンラート〔四世。神聖ローマ皇帝。在位一二五〇―五四〕と庶子のマンフレディ〔シチリア王。在位一二五八―六六〕は、不信心者であり、教皇の敵であり、キリスト教徒である以上にイスラーム教徒の王族であるという話だった。しかしだからといって、彼らから相続財産を奪うことができるだろうか。たとえマンフレディが有罪だとしても、コンラートの息子であり、皇帝一族の最後の末裔である哀れなコラディーノ〔コンラディン。シチリア王。一二五二―六八〕が何をしたというのか。彼はまだ三歳なのだ。

聖王ルイの弟のこのアンジュー伯シャルルについては、賛美者であるヴィラーニ〔ジョヴァンニ・ヴィラーニ。一二七五頃―一三四八。イタリアの年代記作者〕が恐ろしい肖像を残している。この「ほとんど眠らない黒い男」は、聖王ルイにとっての誘惑の悪魔であった。彼はプロヴァンス伯の四姉妹の末娘であるベアトリスと結婚していた。三人の姉は王妃となり、ベアトリスを足元の腰掛けに座らせた。*訳註 彼女はさらに夫の粗暴で強欲な魂にいらだった。彼女にも、いかなる代償を払っても王座が必要であった。プロヴァンスも、プロヴァンスの相続者たる女性も、フランス人への従属をもたらすこの忌まわしい結婚に、ある慰めを望まずにはいられなかった。すなわち、〔フランス王に〕従属したマルセイユの船舶がフランスの旗をかざすならば、せめてこの旗は海上で勝ち誇り、イタリアの船舶をはずかしめるものでなければならない。

＊訳註 プロヴァンス伯レーモン＝ベランジェ五世の四姉妹のうち、マルグリットはフランス王ルイ九世の妃に、エレオノールはイングランド王ヘンリ三世の妃に、サンシー（もしくはサンシュ）はコーンウォール伯（神聖ローマ皇帝）リチャードの妃となっていた。

ホーエンシュタウフェン家の滅亡

私は、その運命に立ち返ることなしに、あの偉大で不幸なシュヴァーベン家〔ホーエンシュタウフェン家〕の没落を物語ることはできない。その運命とはすなわち、教権と帝国の戦いにほかならない。この脱線を許していただきたい。この家系は滅びた。これについて話すのはこれが最後である。

フランケンとシュヴァーベンの家系は、ハインリヒ四世からフリードリヒ赤髭帝、さらにフリードリヒ二世や、そこにおいて家系が断絶することになるコラディーノにいたるまで、多くの暴力的で専制的な行動のうちに、その運命に決して無関係でありえないような、ある性格を示している。その性格とは、個人的な愛情に関するヒロイズムである。人間の人間に対する献身、これが皇帝派《ギベリン》全体の共通点である。決して、いかなる不幸においても、彼らは自分たちのために喜んで戦って死ぬ友人にこと欠いたことがなかった。そして彼らは寛大さのゆえにそれに値した。一族の代々の敵の息子であるゴドフロワ・ド・ブイヨンに、ハインリヒ四世は帝国の旗を託した〔上巻7「十字軍」を参照〕。ゴドフロワがこの賛嘆すべき信頼にいかに感謝したかはよく知られている。幼いコラディーノはオーストリアのフリードリヒ〔バーデン辺境伯フリードリヒ一世。一二四九―六八〕のうちにみずからのピュラデス〔ギリシア神話におけるオレステスの親友〕を見出した。この英雄的な子供たちを、勝利者は死においても引き離すことはなかった。イタリアの皇帝派が幾度も混乱させた祖国もまた、彼らがそれを犠牲にした時でさえ、彼らにとって大切なものであった。ダンテはフィレンツェの皇帝派の長、ファリナータ・デリ・ウベルティを地獄に置いている。しかし、ダンテが彼について話す口ぶりを聞けば、高貴な心の持ち主なら誰でも、業火の上でこのような人物の傍らにいたいと思うことだろう。「英雄の亡霊は言った、『ああ、われらがフィレンツェを征服した戦いで、私はひとりではなかった。しかし勝利者たちが会議で都市を破壊しようと提案した時、私はただひとり弁じ都市を救った』」〔『神曲』地獄篇第一〇曲〕。

教皇派《ゲルフ》においてはまったく異なる精神が支配していた。彼らは真のイタリア人で、教会が自由の友であるかぎり教会の友であり、陰鬱な平等主義者で、厳格な論理に専心し、ひとつの理念のために人類を犠牲にすることもいとわない。この党派を判断するには、永遠の嵐のようなジェノヴァの生活において、あるいはフィレンツェが落ち込んだ粛清の連続において、それを観察しなければならない。フィレンツェはそこで、ダンテのもうひとつの地獄の輪のように、皇帝派から教皇派へ、教皇派白党から教皇派黒党へ、さらにそこから「教皇クラブ」の恐怖政治へと転落していったのだ〔当時教皇派白党に属していたダンテはこの政争でフィレンツェを追放された〕。そこでフィレンツェは治療薬として、彼らが皇帝派のうちに嫌悪していた悪徳、すなわち専制を求めた。暴力的専制を、そして感情が麻痺した時には甘美な専制を。

この教皇派の峻厳な精神は、ダンテさえ容赦せず、教会との、そしてフランスとの提携によってわが道を行き、貴族の追放においてその目的を達したと思った。都市の外では貴族たちの城館が破壊された。都市の中では彼らの堅固な屋敷が奪われた。フィレンツェのウベルティ家やジェノヴァのドリア家は、あまりに低い地位に置かれた。そのためジェノヴァでは、地位を落とすために貴族に叙し、ある貴族に褒賞をあたえるために彼を平民の地位まで押し上げる始末だった。そこで商人たちは満足し、自分たちが強大になったと思った。今度は彼らが、かつて古代都市の市民たちがしたように、農村を支配した。しかし彼らは、貴族や、自分たちが破壊した軍事制度の代わりに何を置いたのか?彼らをだまし、金品を巻き上げ、彼らの主人となった雇兵たちを置いただけだ。それは両者がともに外国人の侵入によって打ち負かされるまで続いた。

以上が真のイタリアの党派、教皇派の簡単な歴史である。皇帝派あるいはドイツの党派については、それがもはやドイツ的でも封建的でもなくなった時点で、滅亡したか形を変えたといえる。それはすさまじい変形を被ったので、純粋な専制となり、エッツェリーノ〔エッツェリーノ・ダ・ロマーノ。一一九四—一二五九。フリードリヒ二世の女婿〕やガレアッツォ・ヴィスコンティ〔一二七七—一三二八。ミラノ領主〕によって、古代がファラリス〔前五七〇—前五五四頃。シチリアのアグリジェントの暴君〕やアガトクレス〔前三六一—前二八九。シチリアのシラクサの暴君〕について物語ったか、でっち上げたことを繰り返した。

ナポリ王国の獲得〔一一九四年の皇帝ハインリヒ六世によるシチリア征服〕は、一見シュヴァーベン家を高めるかに見えて、実はこの家系を破滅に導いた。この家系は対立する要素のこの上なく奇妙な混合を作り出し、ドイツ人、イタリア人、サラセン人をひとつに混ぜ合わせようとしたのである。彼らはサラセン人を教会の入り口に導いた。そしてルチェーラとノチェーラ〔ともにナポリ王国の都市〕のイスラーム植民団によって、教皇庁を戒厳令状態に置いた。そこで死に至る決闘が始まった。他方でドイツもまた、シチリア的な君主〔皇帝フリードリヒ二世〕に満足することができなかった。彼はドイツでローマ法を、すなわち古代帝国の平等化を推進しようとしたのだ。兄弟間で平等に分割するという唯一の相続法は、すべての強大な家系を分割し衰退させてしまうだろう。シュヴァーベンの家系は、ドイツではイタリア的として憎まれ、イタリアではドイツ的あるいはアラブ的として憎まれた。すべてがこの家系から離れていった。フリードリヒ二世は、義理の父親のジャン・ド・ブリエンヌが、彼が聖地にいる時をとらえ、ナポリを奪い取るのを見た。彼が後継者に指名していた実の息子のハインリヒは、ハインリヒ五世が父親〔皇帝ハインリヒ四世〕に対しておこなった反逆を繰り返した。その間に別の息子である美貌のエンツォ〔サルデーニャ王。一二二四―七二〕は、ボローニャの牢獄に永遠に幽閉された。ついには彼の大書記官であり最愛の友であるピエロ・デレ・ヴィーニェ〔一一九〇頃―一二四六〕が彼を毒殺しようとした。この最後の一撃の後にはもはや、三月十五日〔カエサル暗殺の日〕のカエサルのように頭をヴェールで覆うしかなかった。フリードリヒはあらゆる野心を捨て、すべてをあきらめて聖地に引退することを求めた。彼はせめて平穏に死にたいと望んだのだ。教皇はそれを許さなかった。

そこで老いたる獅子は残虐行為に身を沈めた。パルマの攻囲において、彼は毎日四人ずつ捕虜の首をはねた。彼は恐るべきエッツェリーノを擁護し、彼を帝国の代官とした。すると全イタリアで、手足を失った男たちや女たちがパンを乞うのが見られた。彼らは口々に帝国の代官の復讐だと語った。

フリードリヒは苦悩のあまり死に、教皇は喜びの声をあげた。息子のコンラート〔四世〕はイタリアに姿を見せたが、それはただ死ぬためであった。こうして帝国はこの家系を離れた。イングランド王の弟〔リチャード〕とカスティーリャ王〔アルフォンソ十世。在位一二五二―八二〕はどちらも自分が皇帝になったものと思った。コンラートの息子の幼いコラディーノ〔コンラディン〕は、誰かと何かを争える年齢ではなかった。しかしナポリ王国は庶子のマンフレディのもとに残された。彼こそはフリードリヒ二世の真の息子であり、輝かしく才気に満ちた放蕩児で、父と同じく不信心で、特別な人間であり、誰も彼のことを中途半端に愛したり憎んだりはできなかった。彼は、自分が多くの異教の英雄や神々と同様に庶子であることを誇りとした。彼が頼りとするのはサラセン人たちであり、彼らは彼のために父親の陣地や財宝を守った。彼は彼らのことしか信頼しなかった。彼はシチリアからさらに九千人のサラセン人を呼びよせ、最後の戦い〔ベネヴェントの戦い〕においては、彼らの先頭にたって敵を攻撃した。

アンジュー伯シャルルの勝利は、兵士たちにあたえた「馬を打て」という卑怯な命令によるものと言われている。これは騎士道に反することであった。ただし、この手段はほとんど必要でなかった。フランス騎兵隊は、主に軽装部隊から構成される敵軍に対し、圧倒的な優位を誇っていた。マンフレディは兵士たちが潰走するのを見て、死を望み、兜を付けた。しかし兜は二度落ちた。「コレハ神ノシルシカ」と彼は言った。彼はフランス軍のただなかに身を投じ、そこで死を遂げた。アンジュー伯シャルルはこの不埒な破門者に墓をあたえまいとした。しかしフランス兵たちは各々ひとつずつ石を運び、彼のために墓を築いた。

　このような安易な勝利も、ナポリの残忍な征服者を和らげはしなかった。彼は国中に貪欲な家臣の群れを放ち、彼らはイナゴのように襲いかかり、果実を喰らい、木は地面すれすれとなった。ことがあまりに極端に進んだので、この災厄を招いた教皇自身も後悔し、アンジュー伯シャルルに戒告をあたえた。哀訴の声がイタリア中に、そしてアルプスを越えて響き渡った。ナポリとトスカナ、とりわけピサの教皇派は、幼いコラディーノの助けを求めた。母親〔バイエルンのエリザベート。一二二七―七三〕はこの英雄的な子供を長いこと引き止め、家族全員の墓があるあの不吉なイタリアにこのような幼子を行かせることを心配した。しかし彼が一五歳になると、彼を引き止めるすべはなかった。幼なじみのオーストリアのフリードリヒは、彼と同様に相続財産を奪われ、彼と運命をともにした。彼らは多くの騎士とともにアルプスを越えた。しかしロンバルディアに着くやいなや、バイエルン公は不安になり、皇帝一族の若き息子にわずか三、四千人の兵士をつけただけで危険な旅を続けさせた。彼らがローマを通過した時、知らせを受けた教皇はただこう言った、「犠牲者たちを行かせよう」。

　そのあいだに小さな一行はふくらんでいった。イタリアの皇帝派のほかに、ローマに逃れていたスペイン貴族たちが彼の味方についた。ちょうど決闘において、弱い方について剣を抜いたであろうように。軍隊の士気は高かった。彼らがタリアコッツォ〔イタリア中部の都市〕の背後でアンジュー伯シャルルの軍隊と出会った時、彼らは大胆に川を渡り、前方にあるすべてを蹴散らした。彼らが勝利したものと思った時、アンジュー伯シャルルは老獪な騎士の忠告に従い、最良の部隊とともに丘の背後から飛び出し、疲労して分散した勝利者たちに襲いかかった。スペイン兵だけが再び集結したが、粉砕された。

この恐るべき家系の正統な後継者であり最後の子孫であるコラディーノは捕らえられた。獰猛な勝利者にとっては大きな誘惑であった。彼はおそらくローマ法を強引に解釈し、敗北した敵は大逆罪として扱いうると確信した。それに教会の敵はあらゆる法の外にあるのではないか？　教皇もまたこの見解を追認し、彼に「コラディーノノ生ハシャルルノ死ナリ」と書き送ったと言われる。シャルルはこの囚人の裁判のため、手下の中から判事を選出した。しかし事件はあまりに前代未聞なので、判事たちの中からもコラディーノの擁護者が現れる始末だった。他の者は沈黙した。ただひとりが死刑判決を下し、処刑台上で判決を言い渡すことを引き受けた。アンジュー伯シャルルの女婿であるフランドルのロベール〔後のフランドル伯ロベール三世。一二四九—一三二二〕は、処刑台上に飛び乗ると、こう言って判事を剣で殺した。「下劣な奴め、貴様にかくも高貴で立派な君主を死刑にはさせぬ！」

それでも不幸な子供は、無二の親友であるオーストリアのフリードリヒとともに斬首された。彼はいかなる嘆きも洩らさなかった。「母上、あなたは私について何というつらい知らせを受け取ることでしょう！」そして手袋を群衆の中に投げた。話によれば、この手袋は忠実に拾われ、コラディーノの姉〔正確にはマンフレディの娘でペドロ三世の妃のコンスタンツァ〕のもと、義兄のアラゴン王〔ペドロ三世。在位一二七六—八五〕のもとに届けられたという。シチリアの晩鐘〔一二八二年にシチリアで起きたアンジュー家に対する反乱〕のことは知られている。

シュヴァーベン家について最後にもうひとこと。ひとりの娘が残された〔マルグリット。一二三七―八〇〕。彼女は全ヨーロッパがフリードリヒ二世の支配下にあった時、ザクセン公〔アルブレヒト一世。在位一二二二―六〇〕と結婚していた。この家系が没落し、教皇が世界中でこの「マムシの末裔」の生き残りを追及していた時、ザクセン公は皇帝の娘を妻に迎えたことを後悔した。彼は妻を乱暴に打った。彼はさらにひどいことをして、彼女の心を傷つけた。自身の城館の食卓において、彼女の傍らにおぞましい妾を置き、敬意を表することを強制したのだ。不幸な女性は、やがて夫が彼女の血を望んでいることを察し、逃げることにした。彼女の家の忠実な従者がエルベ川の、城館を支える岩の足元に船を用意した。彼女は縄をつたって命がけで降りなければならなかった。彼女を引き止めたのは危険ではなかった。それは幼子を残してゆくことだった。出発する段になって、彼女はなおも揺籃で眠る子供を見てキスしようとした。胸が引き裂かれる思いだった！　母としての苦しみのあまり、彼女はキスするのではなく噛みついた。この子供は生き延びた。彼は歴史において「噛み傷の」フリードリヒとして知られる。それは父親の不倶戴天の敵であった。

聖王ルイがアンジュー伯シャルルのこの野蛮な征服にどこまで関与していたのか、それを判断するのは難しい。教皇が「みずからの擁護者として、右腕として」、シュヴァーベン家への復讐を訴えたのは彼に対してである。彼が少なくとも弟の企てを許可したことは疑いない。中世の最後のそして最も誠実な体現者は、その宗教的暴力とも盲目的に結びつかざるをえなかった。このシチリア戦争もまたひとつの十字軍であった。アラブ人の同盟者であるホーエンシュタウフェン家と戦争をすること、これもまた異教徒と戦うことであった。シュヴァーベン家がシチリアのアラブ人の手に委ねているイタリア南部を奪いとること、ヨーロッパをアフリカに対して、キリスト教世界をイスラーム教世界に対して閉ざすことは、敬神の行いであった。それに加えて、中世の原理は、すでにいたるところで攻撃を受けていたので、それをまだ信じている魂の中では一層荒々しく激しいものになっていた。誰も死にたくはない、システムでも個人でも同様である。この年老いた世界は、生命がやがて逃げてゆこうとするのを感じ、身を引きつらせて獰猛になった。自分自身を疑い始めたので、疑う者たちに対してさらに残忍になった。最も優しい魂の持ち主でさえ、理由は分からないままに、不寛容によって自分の信仰を確かめる必要を感じていた。

最後の十字軍

信仰し攻撃し、議論や推論を避け、目を閉じて光を消し、手探りで戦うこと、これが中世の幼稚な思想である。これが宗教的迫害や十字軍の共通原理である。この理念は十三世紀に魂の中で奇妙に衰退した。サラセン人に対する恐怖は減少した。落胆がやって来た、そして倦怠が。ヨーロッパは、自分がこの巨大なアジアにほとんど影響力がないことを感じて困惑した。この恐るべき戦いが何であったのか、二世紀にわたって徹底的に学ぶだけの時間があった。十字軍は、騎士道の詩を信じて、トレビゾンド〔黒海東南部の都市〕の帝国や、イェリコやイェルサレムのエメラルドとサファイアの天国を探したが、見つけたものといえば、荒れた谷や、ハゲワシのような騎兵隊や、ダマスカス刀の鋭利な刃や、乾ききった荒野や、ヤシのわずかな木陰での渇きだけだった。十字軍は、死海のほとりのあの不実な果実のように、見た目はオレンジだが食べてみると灰にすぎないのだ。ヨーロッパはしだいにオリエントに目を向けなくなった。やるだけのことはやったと思い、聖地をないがしろにし、それが奪われた時も、それを失わせた神を非難した。あるトルバドゥールは言う、「それでは神が、キリスト教徒をひとりも生かすまいと、イェルサレムに聖母マリアのモスクを作ろうと誓ったのだろうか。そして、息子も反対するどころかそれで結構と思っているのだから、それに反対するのは馬鹿げたことだろう。神が眠っている間に、マホメットは力を発揮した。願わくば、もはやサラセン人に対する十字軍などということにならないように。なにしろ神がキリスト教徒に敵対して彼らを守っているのだから」。

その間に、シリアは血の海に溺れていた。モンゴル軍の後に、彼らを攻撃しようとエジプトのマムルーク軍がやって来た。この獰猛な軍隊は奴隷から兵を集め、殺人をなりわいとし、キリスト教徒が当時シリアにもっていた最後の陣地を奪いとった。カエサレア、アルズフ、サフェ、ヤッファ、ベルフォール、そしてついにアンティオキアがつぎつぎと落ちた。信仰を否定しようとしなかったためにどれだけの人間が喉を切り裂かれたか分からない。幾人かは生きたまま皮を剥がれた。アンティオキアだけで、一万七千人が刃にかかり、一〇万人が奴隷として売られた。

この恐ろしい知らせに、ヨーロッパは悲嘆と苦悩に沈んだが、しかしいかなる声も上がらなかった。聖王ルイだけが傷を心に受けた。彼は何も言わなかったが、十字軍に行くつもりであると教皇に書き送った。クレメンス四世〔在位一二六五—六八〕は、司祭というより法曹家というべき知恵者で、王の気をそらせようとした。彼はわれわれのような近代的視点から十字軍を判断しており、この最後の企てが何も生まないであろうことを理解していたようである。しかし、中世の人間、その真の息子、その末っ子である人物が、神への奉仕を放棄し、十字軍の英雄である祖先たちを否定し、殉教者たちの遺骨を風に任せ、埋葬せずに放っておけるはずがなかった。マムルーク兵がキリスト教徒の喉を切り裂いているのに、あるいは信仰を奪ってその魂を殺しているのに、彼がヴァンセンヌの宮殿に座っていられるはずがなかった。聖王ルイはサント＝シャペルから、パレスティナの瀕死者たちのうめき声や、キリスト教徒の処女たちの叫び声を聞いた。異教徒の勝利のために、神がアジアで否認され、ヨーロッパで呪われたこと、そうしたすべてが敬虔な王の魂に重くのしかかった。そもそも彼は聖地から心ならずも帰ったのである。彼はそこから悲痛な思い出をもち帰った。エジプトの荒廃、砂漠の驚くべき寂しさ、殉教の機会を失ったこと、すべてがキリスト教徒の魂にとっては悔恨であった。

一二六七年五月二五日、彼はルーヴルの大広間に領主たちを召集すると、聖なる茨の冠を両手にもって彼らの中央に入った。すっかり衰弱し、禁欲のせいで病み衰えていたが、彼が十字架をとり、三人の息子にもとらせると、誰ひとり逆らうことはできなかった。弟のポワティエ伯アルフォンスとアンジュー伯シャルルもやがて彼に倣い、さらにナヴァール王、シャンパーニュ伯が、そしてアルトワ伯、フランドル伯、ブルターニュ伯の息子、多くの領主たちが同じようにした。それからカスティーリャ王、アラゴン王、ポルトガル王、イングランド王の二人の息子もまた。聖王ルイはすべての隣人を十字軍に連れてゆこうと努力し、彼らの紛争の仲裁者としてふるまい、彼らが装備を整えるのを手伝った。彼はイングランド王の息子たちに、トゥール貨幣で七万リーヴルをあたえた。同時に、南フランスと関係を強めるために、カルカッソンヌとボーケールの代官区《セネショセ》の議会にブルジョワの代表を初めて召集した。これがラングドックの三部会の始まりである。

十字軍はあまりに不人気だったので、シャンパーニュの国王代官《セネシャル》であるジョワンヴィルは、聖王に対する愛着にもかかわらず、彼に従うことを免れた。この点に関して、彼の言葉は当時の考えをよく表すものと言える。

「神の思し召すままに、私は朝課の頃に眠りこんでしまったが、眠っている間に、王が祭壇の前にひざまずいておられるのが見えた。さらに、幾人かの正装した高位聖職者たちが、王にランス産の綾織の真紅の上祭服をお着せするのが見えた」。ジョワンヴィルの司祭は彼に、この夢は王が十字軍に行くであろうことを表し、ランスの綾織は十字軍が「ささやかな武勲」を挙げることを意味すると説明した。「私には、王に遠征を勧めた人はすべて死に値する罪を犯しているように思われた」。「王がチュニスにおこなわれた遠征については、有難いことに私自身参加しなかったので、何も言うつもりも語るつもりもない」〔ジョワンヴィル、第一四四―一四五節〕。

この大軍はぐずぐずと集められ、最初からやる気がなく、心ならずも出発したのだが、エーグ＝モルト周辺の不健康な海域を二ヶ月航行した。それがどの方向へ進むことになるのか、誰にも分からなかった。エジプトは大きな恐怖に襲われた。ナイル川のペルシウム湾への出口は閉ざされ、それ以降埋められたままだった。ギリシア皇帝〔ビザンツ皇帝ミカエル八世パライオロゴス。在位一二六一―八二〕はアンジュー伯シャルルの野望を恐れるあまり、使者を送り両教会の和解を提案した。

そのあいだに軍隊はジェノヴァの艦隊に乗船した。ピサ兵は皇帝派でジェノヴァの敵であったので、サルデーニャのことを案じ、自分たちの港を閉ざした。聖王ルイは苦労して、すでに大勢出ていた病人が地上に受け入れられるようにした。もう二〇日以上も海上にいたのである。この遅さでは、エジプトにも聖地にも着けそうになかった。人々は、チュニスに帆を向けるよう王を説得した。それはシチリアの君主であるアンジュー伯シャルルの思惑であった。彼は、エジプトはチュニスの援助を受けていると兄に信じさせた。おそらく王は無知ゆえに、一方から他方へ簡単に行けるものと想像したのかもしれない。彼はまず、キリスト教軍が到来すれば、チュニスのスルタンは改宗するだろうと思った。この国はカスティーリャやフランスと友好関係にあった。かつて聖王ルイは、サン＝ドニで改宗したユダヤ人に洗礼を受けさせた時、チュニスの使節団が儀式に立ち会うことを望み、彼らにこう言ったことがあった。「あなたがたの君主に、私が彼の魂の救済を強く望んでいると伝えてください。私は死ぬまでサラセン人の牢獄に囚われて、二度と太陽の光を見ることがなくてもよい。それと引き換えに、あなたがたの王と国民をこの者と同じようにキリスト教徒にしてさし上げられるなら」。

平和な遠征のみが、チュニス王を恐れさせ改宗させることができたであろう。しかし王が乗り込んだ船のジェノヴァ兵たちは、そんなものを求めてはいなかった。ほとんどの十字軍は暴力を望んでいた。チュニスは豊かな都で、そこを略奪すればこの危険な遠征も十分に割に合う、そんな風に話していた。ジェノヴァ兵は、聖王ルイの意見などお構いなしに、カルタゴに着く前に出会った艦船を略奪して戦闘行為を始めた。下船は何の障害もなくおこなわれた。ムーア人は姿を現したが、ただ、挑発し、追いかけられ、キリスト教軍を疲れさせただけであった。灼熱の砂浜で数日間我慢した後、キリスト教軍はカルタゴの城塞目指して前進した。かつてのローマの偉大なライヴァルの名残りとしては、いまでは二〇〇名の兵士に守られたひとつの要塞しか残っていなかった。ジェノヴァ軍はそれを奪った。サラセン軍はドームや地下室の中に逃れたが、喉を切り裂かれて、あるいは炎と煙に窒息して死んだ。王は死体でいっぱいの廃墟を見出した。彼はそれらの死体をどかすと、そこに家臣とともに宿をとった。彼はチュニスに進軍する前に、カルタゴで弟のアンジュー伯シャルルを待たなければならなかった。軍隊の大部分は、アフリカの太陽の下、風に巻き上げられる濃い砂ぼこりの中で、死体と死臭に囲まれていた。周囲にはムーア兵がうろつき、常に誰かをさらっていった。木も、食べられる植物もまったくなかった。水は、悪臭を放つ沼と、気味の悪い虫のわいた貯水池しかなかった。一週間でペストが発生した。ヴァンドーム伯、ラ・マルシュ伯、ヴィアーヌ伯、フランス司令官〔元帥の補佐〕ゴーティエ・ド・ヌムール、モンモランシー殿、ピエンヌ殿、ブリサック殿、サン＝ブリソン殿、ダブルモン殿がすでに死んでいた。教皇使節もやがてその後を追った。もはや埋葬する力もないので、人々は彼らを運河に投げ込んだ。運河の水は死体で覆われた。その間に王と息子たち自身も病気になった。その中で一番年下の子〔ジャン・トリスタン〕が船上で死んだ。一週間後にようやく、聖王ルイの聴罪司祭がそれを彼に伝えることを引き受けた。それは彼が一番可愛がっていた子供であった。その死は、それを告げられた瀕死の父親にとって、地上の執着からの解放であり、神の呼び声であり、死の誘惑であった。それゆえ動揺も悔恨もなく、彼はキリスト教徒の最後の務めをなし遂げた。連禱と詩篇に答唱し、心を打つ立派な教えを息子に言い残し、ギリシアの使節たちを迎えいれた。彼らは王弟アンジュー伯シャルルの野心に脅えるあまり、国王のとりなしを求めに来たのである。彼は善意をもって彼らに話し、もし命が続くならば彼らの平安を守るために懸命に努めようと約束した。しかし翌日には、彼自身神の平安のうちに入った。

最後の夜、彼は床から出て灰の中に横たわることを望んだ。両腕を十字に組んだまま、彼はそこで死んだ。「かくして月曜には、聖なる王は両腕を合わせ天に伸ばして言われた。『神よ、ここにいる民にお慈悲をたまわりたまえ。彼らを平和のうちに導きたまえ。彼らが敵の手に陥ることなく、御身の名を否定させせられることのないようはからいたまえ』。

「亡くなられる前の夜、休まれている間に、ため息をつき小声で言われた、『おお、イェルサレムよ、イェルサレムよ！』」

ルイ九世の聖性

聖王ルイの十字軍は最後の十字軍となった。中世はその理想を、その花と果実をあたえた。中世は死なねばならなかった。聖王ルイの孫のフィリップ端麗王〔四世〕において近代が始まる。中世はボニファティウス〔八世〕のうちに平手打ちを食らい、十字軍はテンプル騎士団員の姿のうちに火あぶりとなった。

十字軍はまだ長いこと話題となり、この言葉はしばしば繰り返される。それは響きのよい言葉で、十分の一税や租税を上げるのに役立つ。しかし大諸侯や教皇たちは仲間うちでは、それについてどう考えるべきかよく知っている。しばらく後（一三二七年）、ヴェネツィア人サヌートが教皇に商業十字軍を提案した。彼は言った、「エジプトに侵入するだけでは十分ではありません。それを滅ぼさなくてはなりません」。彼が提案した手段とは、インドとの通商にペルシア経路を再開し、商品がもはやアレクサンドリアやダミエッタを経由しないようにすることであった。こうして近代精神が予告される。宗教ではなく商業が遠征の動機となるのだ。

世界がキリスト教であった時代が、フランス王のうちにその最後の表現を得たことは、王政と王朝にとって重大なことであった。そのことが聖王ルイの後継者たちを、聖職者に対してあれほど大胆にしたのである。諸国民の目から見て、王権は宗教的権威と聖性の観念を手に入れた。公正で敬虔で、民衆の公平な判事である真の王が見出された。この純粋で汚れなき魂の良心的な決断に対する、レジスト〔法曹官僚〕たちの影響、後にあまりに有名になる穏健かつ巧妙な顧問官たちの影響はいかなるものであったのか。誰もまだそれを推し測ることはできない。

当時、王権の利益は秩序の利益の中にしかなかったので、敬虔な王はたえずそのために封建的権利を犠牲にするように導かれた。彼は良心と無私の心から、封建的権利を重んじたいと思ってはいたのであるが。彼の巧妙な顧問官たちが王権の拡大のために口述するすべてのことを、彼は正義のために口にした。レジストの巧緻な思想は受け入れられ、聖人の単純さでもって公布された。彼らの口述は、これほど清らかな口を通ることによって神の判決の権威を獲得した。

「王は夏によくミサの後にヴァンセンヌの森に赴いて腰をおろし、自らは楢《なら》の木にもたれ、われわれをまわりに座らせた。そして、用のある者は誰でも、取り次ぎ人も何人もわずらわせることなく、王のもとに話しに来た。すると王は彼らに御自身の口から尋ねられた、『ここに誰か問題のある者はいるかな』。そうした者たちが立ちあがると、王は言われた、『みな静かに。ひとりずつ片付けよう』。そして王はピエール・ド・フォンテーヌ殿とジョフロワ・ド・ヴィエット殿を呼び、二人のどちらかに言われた、『この件を片付けてほしい』。そして王は、誰かのために証言をする者の言葉に問いただすべき点があると思われると、御自身の口からそれを問いただされた。私も夏のある時、王が臣下の問題を解決するためにパリの王宮庭園に来られたのを見た。王は毛織物の上着と、羊毛の袖なし外衣と、そして肩にはよく手入れした黒い絹の頭巾なし外套をはおり、頭には白孔雀の羽のついた帽子をかぶっておられた。そして敷物を敷かせて、自分の周囲にわれわれを座らせた。また王に用事のある者は全員、王のまわりに立っていた。こうして先にヴァンセンヌの森について述べたように、王は彼らの問題を解決された」〔ジョワンヴィル、第一二節〕。

一二五六年か一二五七年のこと、王はヴェノン殿に対し、ひとりの商人がその領内の道で白昼に盗難に遭い損害を受けたことについて、有罪判決を下した。領主たちはこれ以降、日の出から日没まで領内の道を警備しなければならなくなった。

アンゲラン・ド・クーシー〔ピカルディー地方の大領主。一二二八―一三一一〕が自分の森で狩をした三人の若者を絞首刑にすると、王は彼をとらえ裁判にかけた。大貴族は全員、彼が決闘をおこなうことを要求し、それを支持した。王は言った、「貧者や教会に関する件や、哀れむべき者たちに対しては、決闘を証拠としてことを進めてはならない。なにしろ、このようなやり方で王国の領主たちと戦おうとする者など、たやすくは見つからないのだから」。

「(彼はジャン・ド・ブルターニュ〔一世。在位一二三七―八六〕に語った) ――領主たちが誰かを裸同然の無力な状態で押さえつけながら、その者自身についての訴えをわれわれにもたらす時、そして時によってはその者に対する決闘によって自分の意図を証明しようとする時――そしてわれわれの前でこう答えた――こうした重大事には、決闘によってではなく、調査によってことを進めなければならない。そして『決闘は法の手段ではない』と言わなければならない」。ジャン・トゥーロはアンゲラン・ド・クーシーを熱心に擁護し、皮肉をこめてこう言った。「もし私が王であれば、私は領主どもを全員絞首刑にしたことでしょう。一歩踏み出せば、二歩目からはもはや何でもありません」。王はこの言葉を聞くと彼にこう答えた。「何を申す、ジャンよ、私が私の領主全員を絞首刑にすると言うのか。間違いなく、私は彼らを絞首刑にはしない、しかし彼らが悪をおこなえば彼らを罰するであろう」。

従兄弟に「悪人でありながら罰を受けようとしない者」をもつ幾人かの貴族が、自分たちの主君であり、領地では名判事であるシモン・ド・ニエルに、その者を殺す許可を求めた。シモンは拒絶したが、王にこの件を委ねた。王は許可しようとはしなかった。「なぜなら彼は、悪人に対するいかなる裁きも王国によって民衆の前で公然となされることを、そしていかなる裁きも秘密裡におこなわれな

「王は夏になるとよくミサの後にヴァンセンヌの森に赴いて腰をおろし、自らは楢の木にもたれ、われわれをまわりに座らせた」（ジョワンヴィル）

いことを望んだからである」。

ある者が聖王ルイに弟のアンジュー伯シャルルのことで不平を述べに来た。シャルルは彼が伯領にもっていた領地を無理やり売らせようとしていたのである。王は顧問会議にシャルルを呼び出し、「聖なる王は、領地をその者に返すよう、そしてこの者が売ることも交換することも望まぬ以上、今後はこの者に領地のことでいかなる迷惑も掛けぬよう命じた」。

さらに二つの注目すべき事実を付け加えよう。それらはいずれも、この称賛すべき魂の持ち主が、司祭や法曹家の意見に進んで従いながらも、高度な公正の感覚を保持していたことを示すものである。彼はその感覚ゆえに、曖昧な状況においては精神のために字句を犠牲にした。

かつて、ルノー・ド・トリが聖王ルイに手紙を持参したことがあった。王はその手紙でブーローニュ伯妃の相続人にダンマルタンの領地をあたえていた。封印は破られており、王の絵図はその両足しか残っていなかった。聖王ルイの顧問官たちは全員、約束を実行する必要はないと王に言った。しかし王は答えた、「みなの者、この印璽は、私が海外に遠征する以前に用いていたものである。そしてこの印璽を見れば、明らかに破られた印璽の跡はもとの印璽とそっくりである。したがって私は安穏とこの伯領を手元にとどめておくわけにはいかない」〔ジョワンヴィル、第一四節〕。

ある聖金曜日のこと、聖王ルイが詩篇集を読んでいると、シャトレ〔元は要塞であったが、この時代にはパリ代官の役所となり監獄もあった〕の監獄に勾留されたある貴族の両親が、その日が贖罪の祭日であることを示し、息子の恩赦を願い出に来た。

王は読んでいた詩句を指さした、「裁判ヲ守リ、イカナル時モ正義ヲオコナウ者ニ幸イアレ」。そして彼はパリ代官《プレヴォ》を来させるよう命じ、読書を続けた。代官は王に、四人が犯した罪は膨大なものであると知らせた。すると聖王ルイは、罪人をただちに処刑台に送るよう命じた。

聖王ルイはフランチェスコ会士やドミニコ会士に囲まれていた。困難な問題については、聖トマス〔トマス・アクィナス。一二二五—七四〕に相談した。彼はシャルルマーニュの「神ノ使節」に倣い、地方を監視するために托鉢修道士を派遣した。この神秘主義教会は、司教や教皇の教会に対する彼の立場を強いものにした。それは彼が、教皇に抵抗して司教たちに味方する、あるいは司教たち自身に抵抗するための勇気をあたえた。

ある時、王国の高位聖職者たちが集合し、オセールの司教が全員の名において聖王ルイにこう言った。「陛下、ここにおります大司教、司教の面々は、陛下によって守られるべきキリスト教会が、陛下の両手の中で滅びようとしていると陛下にお伝えするよう申しております」。王は十字を切るとこう言われた。「どうしてそのようなことになったのか述べられよ」。彼は言った、「陛下。今日、人々は破門を何とも思わず、破門され免罪されなくても平気で死んでゆき、教会の要求に応えようとしません。それゆえ陛下、神のため、また御自身の義務のためにお願い申し上げます。代官〔プレヴォやバイイ〕に命じて、一年と一日破門状態にある者全員については、財産差しおさえにより強制的に免罪を受けさせるようにしていただきたい」。「これに対して王は答えられた、過ちを犯しているとはっきり分かった者については、喜んでそのように命じたいところであるが……。そして王は言われた、他にどうしようもなかろう、なぜなら聖職者たちの方が彼らに誤ったことをしているのに、彼らに強制的に免罪を受けさせたりしたら、神にも道理にも背くことになるのだから」〔ジョワンヴィル、第一三節〕。

フランスは長いこと教権のために献身してきたが、十三世紀になってより自由な精神を獲得した。この王国は、教皇や教皇派と結んで皇帝たちに逆らってきたが、皇帝派の精神をもつようになった。それでもなお大きな違いがあった。この反対は法律的なかたちで育ってきた、そしてそれは一層恐るべきものだった。十三世紀の初頭以来、諸侯たちは教皇や司教たちに逆らってフィリップ・オーギュストを強く支持してきた。一二二五年に彼らは、王が教権による侵害を改善しないなら、土地を打ち棄てるか、武器を取るだろうと宣言した。教会は獲得するだけで何ひとつ手放さないので、しまいにはすべてを呑み込んでしまったことだろう。一二四六年、有名なピエール・モクレールがブルゴーニュ公、アングレーム伯、サン＝ポル伯とともに、貴族の大部分が加盟する同盟を結成した。その証書の言葉には異常な情熱がこもっている。法曹家《レジスト》の手が加わっているのが読みとれる。すでにギヨーム・ド・ノガレ〔一二六〇―一三一三。フィリップ四世の顧問官〕の言葉を読む思いがする。

聖王ルイは、単純な心のままに、法曹家《レジスト》と領主の司祭に対する戦いに加わったが、この戦いは彼の利益に転じることとなった。彼は同じく善良な信念から、法学者《ジュリスト》の領主に対する戦いに加わった。彼は領主に、教会にあたえた土地を取り上げる権利を認めた。

王はこのころ神秘主義に耽溺していたので、教会の権威に堂々と異を唱えるのは、おそらくそれほどつらいことではなかった。十字軍の敗退、この世紀には山ほどある醜聞、あらゆるところでふくらむ不信仰、こうしたことによって彼は一層内面生活に沈み込んだ。この優しく敬虔な魂は、外ではあらゆる愛情に傷ついたので、内に引っ込み内面を模索した。読書と省察が彼の生活のすべてになった。彼は聖書と教父の著作、特に聖アウグスティヌスを読み始めた。彼は写本を写させると、図書館を作った。このささやかな始まりから王立図書館が生まれるのである。彼は食事の時に信仰の書を読ませ、晩に眠る時にもそうさせた。彼の心は説教と祈りをいくら聞いても飽きることはなかった。歴史家が言うには、彼はよく長いことひざまずいていたので、立ち上がると目眩《めまい》に襲われ、侍従に小声でこう言った。「ここはどこか？」彼は騎士たちに聞かれるのを恐れたのである。

しかし祈りだけでは彼の心の欲求を満たすことはできなかった。

「聖なる王は、めでたくも涙の恩寵を望まれた。そして告解師に向かい涙が足りないことを嘆かれ、善良に、謙虚に、内輪に述べられた。ある者が連禱において『神よ、われらに涙の泉をあたえたまえ』という言葉を述べると、聖なる王は敬虔にこう言われた、『神よ、私は涙の泉を乞いはいたしません。私の心の渇きをうるおすには幾粒かの涙で十分なのです……』。そして彼は内輪に告解師にお会いになると、かならず祈禱のあいだ神に涙を流されるのだった。涙が自分の顔をやさしく流れ、口に入るのを感じた時、それは心だけにではなく口にとっても甘く美味しいものであった」。

この敬虔な涙、神秘的な恍惚、神の愛の秘蹟、これらすべてが聖王ルイの見事な小さな教会、サント＝シャペルに存在する。この教会は神秘主義的で、建築はアラブ的であり、彼は十字軍から帰還した後に、遠征に連れ立ったウード・ド・モントルイユによってこれを建てさせた〔正確には一二四六―一二四八年にピエール・ド・モントルイユによって建てられた〕」。宗教と詩によるひとつの世界、キリスト教的なひとつのオリエントの全体が、このガラス窓の中、このもろく高価な絵画の中に存在する。しかしサント＝シャペルはまだ十分に人里離れていなかった。そして当時あれほど深い森に囲まれていたヴァンセンヌも同様である。彼にはフォンテーヌブローの隠遁地が、砂岩と燧石の荒野が、あの苛酷な贖罪の自然が、出現や伝説に満ちた響きのよい岩々が、必要であった。彼はそこに修道院を建てさせた。その壁はあの奇妙な迷路の、あの快楽と犯罪と気まぐれの陰鬱な宮殿の基礎となり、そこではいまもヴァロワ家のイタリア的空想が勝ち誇っている。

聖王ルイはコンスタンティノープルから来た茨の冠を受け入れるためにサント＝シャペルを建てた。聖なる日には、彼はそれをみずから聖遺物匣《こう》から取り出して民衆に見せた。彼は知らぬ間に、王が司祭なしで済ませることに民衆を慣れさせてしまったのである。ダヴィデ王自身もこのようにテーブルでみずから供物のパンを取ったのだ。今でも小さな教会の南側に、聖王ルイの小礼拝室だと思われる狭い小部屋が見られる。

すでに聖王ルイの生前から、同時代人は単純な心のままに、「彼はすでに聖人であり」、司祭たち以上に聖なる存在ではないかと思っていた。「彼が生きているうちから、彼についてこのように言われた。それは聖ヒラリウス〔四世紀のポワティエのヒラリウスのことか〕について書かれた言葉である。『あまりに完全な人間だったので、司祭たち自身もその生活に倣おうとした！』なにしろ、多くの司祭や高位聖職者が、美徳においても素行においても聖なる王と同様でありたいと望んだからである。そして、王が生きているうちから聖人であるとさえ思われていたからである」。

聖王ルイが死者たちを葬る時、「全員が衣服を改め、シュル大司教とダミエッタ司教、そして聖職者たちは死者のための勤めを唱えた。しかし彼らは悪臭のために鼻をつまんでいた。しかし善良なルイ王は決して鼻をつまもうとはせず、毅然かつ敬虔につとめをおこなった」。

ジョワンヴィルは、イェルサレムに巡礼に向かう多くのアルメニア人が、「聖なる王」に会わせてほしいと彼に頼みに来たと語っている。「王のもとへ行くと、王は天幕の中で天幕の柱にもたれ、敷物も何も敷かずに砂の上に座っておられた。私は王に申し上げた、『陛下、外にイェルサレムに向かう大アルメニアの人々が大勢来ており、《聖なる王》に会わせてほしいと私に乞うております。しかし私はまだ陛下の聖遺骨に口づけしたくはありませんな』。すると王は大声で笑われ、彼らを呼んでくるよう言われた。彼らは王を見て、王のために神のご加護を祈り、王も彼らのためにそうなさった」〔ジョワンヴィル、第一一〇節〕。

この聖性は彼が娘のために書いた、胸を打つような最後の言葉の中に読みとれる。「愛しい娘よ、われわれがどれほど神を愛すべきかといえば、限りなく愛すべきである」。

そして息子のフィリップ〔後のフィリップ三世。在位一二七〇―八五〕への教えの中には――

「そなたの前で富者と貧者のあいだに争いが起こったなら、真実が分かるまでは、顧問会議の前でそなた以外の者の立場を支持せよ。そなたの立場を好むところを見せてはならない。なぜなら顧問会議は、そなたの意見に逆らい、そなたの望まぬことを言うことを恐れるからである。そなたの時代であれ、先祖の時代であれ、何かを間違って所有していると分かったならば、すぐにそれを返しなさい。それが土地であれ金銭であれ、どれほど重要なものであるにせよ」。彼の民衆に対する愛は、彼がフォンテーヌブローで病気になった時に長男に言った言葉の中に表れている。彼は言った、「息子よ、そなたの王国の民衆に愛されるようにせよ。そなたが王国の民衆を誤ったやり方で治めるくらいなら、スコットランドからスコットランド人がやって来て正しく誠実に治めた方が、私にとってはずっとましだからである」〔ジョワンヴィル、第三節〕。

美しく胸を打つ言葉である！　これを読んで感動せずにはいられない。

（真野倫平訳）

10 芸術の原理としての受難

この章はもともと『フランス史』第二巻（一八三三）の最終章（第四篇第九章）として書かれたものだが、フラマリオン社から刊行されている最新のミシュレ全集では、第四篇第八章に続く「注解」となっている。しかも二つのテキストを比較してみると、かなりの削除・変更がなされている。改訂はミシュレ自身の手になるものだが、彼は何故、初版のテキストに手を加え、それを本篇から「注解」へと格下げしてしまったのだろうか。

一八六九年の「序文」でも語られているが、中世に対するミシュレの態度は、第三巻（一八三七）あたりから変化しはじめている。そして第六巻（一八四四）では王政を批判して、『フランス革命史』の執筆に邁進していくのだが、『フランス史』（中世）の再刊にあたって、ミシュレはテキストを読みかえし、かなりの訂正をおこなった。その多くは第二巻の最終章に向けられていたのである（一八五二年版と一八六一年版）。

「芸術の原理としての受難」は、青年ミシュレの中世に対する――とりわけキリスト教の精神とその芸術に対する――憧憬が最も強く現れた章であり、それ故にまた後になってミシュレが最も後悔したと言われる部分であった。編者（訳者）がミシュレ自身による改訂版（フラマリオン版全集もこれに従っている）ではなく、あえて初版をテキストに選んだ理由もこのような事情に基いている。若い歴史家の瑞々しい感性は、たとえそれが後になって未熟なものに見えたとしても、埋もれさせるべきではないだろう。『魔女』（一八六二）のミシュレとは別に、もう一人の禁欲的で、夢想するミシュレがそこにはいる。

神秘主義に対する大学の闘争――トマス・アクィナス

恩寵と法との永遠の戦いは、聖王ルイの時代〔一二二六―七〇年〕にも、大学と托鉢修道会とのあいだで続けられていた。大学の歴史をここで見ておこう。十二世紀に、大学はノートル＝ダム大聖堂前の広場の学校〔司教座付属学校〕から独立するとパリ司教と対立し、十三世紀には教皇の代理人である托鉢修道会と争い、十四世紀には教皇とすら争った。世界中から集まった一万五千人から二万人の若者たちが弁証法を学ぶこの団体は、粗野ではあるが力強い演説で民衆を煽動したので、都市の中の都市となり、その暴力によって都市を混乱させ、その習俗によって都市の顰蹙《ひんしゅく》を買っていた。とは言いながら、それは少し前から知的世界における偉大な道場であった。十三世紀だけでも、七人の教皇、多数の枢機卿と司教がそこから出ている。最も名高い外国人としては、スペイン人のラモン・ルル〔カタロニア生まれのスコラ学者。一二三五―一三一五。錬金術に関する著書でも知られる〕とイタリア人のダンテが三〇歳と四〇歳のときに来て、ドゥンス・スコトゥス〔スコットランドのスコラ学者。一二六六頃―一三〇八〕の講義に出席している。彼らはパリで議論したことを名誉に思っていた。ペトラルカは、われらの大学が彼にあたえた冠を〔ローマの〕カピトリウムの冠と同じくらいに誇りにしていた。十六世紀においては、サン＝バルテルミの事件が起こる前、ラムス〔ピエール・ド・ラ・ラメ。一五一五―七二。数学者。サン＝バルテルミの事件で殺害される〕が大学にいたときにも、フアール通りの学校にはトルクアート・タッソ〔イタリアの叙事詩人。一五四四―九五。『イェルサレムの解放』など〕が来ていた。しかしながら、全くの空理空論家で、繊細ではあったが不毛な詭弁家であった、これらの「芸術家」たち（大学の弁証法論者たちは自らをそう称していた）は、まもなくライヴァルに追い抜かれることになる。十三世紀における真の芸術家、民衆を熱狂させた弁論家、喜劇役者、パントマイム役者、説教師〔フラマリオン版では「軽業師」〕、それは托鉢修道士であった。彼らは愛の名の下に愛について語った。彼らは「人を愛し、自ら欲することをおこないなさい」というアウグスティヌスの言葉をくりかえしていた。アベラール〔一〇七九—一一四二。フランスの神学者。女弟子エロイーズとの往復書簡で知られる〕の時代に大きな影響力をもっていた、無味乾燥な論理学はもはや十分ではなかった。世界は険しい道の中で疲れており、むしろ聖フランチェスコ〔アッシジのフランチェスコ。一一八一頃—一二二六。フランチェスコ修道会の創立者〕や聖ボナヴェントゥラ〔一二二一—七四。イタリアのスコラ学者。フランチェスコ修道会総長〕と共に、〔聖書の〕雅歌の神秘的な陰影の中で休息するか、あるいはもうひとりの聖者ジョヴァンニと共に新しい信仰と新しい福音書を夢見るかしたいと思っていた。『永遠の福音書への序』という大胆な題は、〔一二四七年から一二五七年まで〕フランチェスコ会の総長であったジョヴァンニ・ダ・パルマの著書の冒頭にたしかに付けられていた。神秘主義の指導者であったフロリスのヨアキム〔一一四五—一二〇二。イタリアの神学者〕は、世の終わりが来ていることをすでに予告していた。ジョヴァンニの説く所によれば、旧約聖書が新約聖書に地位をゆずったように、新約聖書もまたその役目を終えた、福音書は完成されたものではない、それはまだ六年間は生きのびるであろうが、そのあとにはより永続的な福音書が、すなわち知と聖霊の福音書が始まることだろう、それまで教会は文字しかもたない、と。

　これらの神秘主義的な教理は、フランチェスコ会士の多くに共通するものだが、聖ドミニコ修道会の何人かの修道士にも受け入れられていた。そこで大学は反発した。大学の博士たちの中で最も抜きん出ていたのはひとりのフランシュ＝コンテ人、ジュラ出身のギヨーム・ド・サン＝タムール〔一二〇二―七二〕だった。大学を代表する、この勇敢なる論客の肖像はながいあいだソルボンヌのガラス窓にかかげられていた。彼は托鉢修道士を批判する一連の雄弁で才気あるパンフレットを出版し、彼らをベガルド会士〔フランドルの神秘主義者〕や他の異端と同列に扱い、その説教師たちを放浪者や乞食とみなした。パンフレットの標題は以下のようなものである。――「収税吏とパリサイ人〔偽善者〕について」「施しの方法と五体満足な乞食についての疑問」「終末に関して教会内で説かれている脅威について」等々。彼の力は、彼が精通し巧みにあやつることのできた聖書の中にある。それに加えて、簡潔に表現された諷刺にはぴりっとした味があった。だが残念なことに著者の動機が教会の利益とは別の所にあったことも明白である。大学と托鉢修道会とのあいだには、文学的な競争心、職業的な嫉妬が存在した。一二三〇年のことだが、摂政〔幼くして即位したルイ九世の母ブランシュ・ド・カスティーユ〕の高圧的な態度に不満な大学がオルレアンとアンジェに引きこもったとき、托鉢修道会はパリにひとつのポストを手に入れた。彼らはこのポストを手放さずにいたのだが、大学は二つの修道会〔フランチェスコ会とドミニコ会〕を前にして影が薄かった。何故なら、向こう側には博学のアルベルトゥス・マグヌスと論理学の聖トマス・アクィナスがいたからである。*訳註

*訳註　アルベルトゥス・マグヌス（一一九三頃―一二八〇）はドイツのシュヴァーベンに生まれ、パドヴァのドミニコ修道会に入り、パリ大学で教鞭をとり（一二四五―四八）、その後ケルンで学生の指導にあたった。イタリアに生まれたトマス・アクィナス（一二二五―七四）はパリとケルンに赴き、主としてパリに滞在して（一二四五―五九）、アルベルトゥスに師事した。一時イタリアに戻ったが、パリのドミニコ会神学校の学長となった（一二六九―七二）。

この大論争はアナーニにおいて教皇を前にした審判にもちこまれた。ギヨーム・ド・サン＝タムールの論敵はマインツ大司教でドミニコ会士のアルベルトゥス・マグヌスとフランチェスコ会総長の聖ボナヴェントゥラであった。聖トマスはそこでの議論をすべて記憶からまとめて一冊の本にした。教皇はギヨーム・ド・サン＝タムールを断罪したが、同時にジョヴァンニ・ダ・パルマの著書を禁書とした。理屈屋〔推論家〕と神秘主義者、文字の党派と聖霊の党派の両方を否定したのだった。

教会が試みたのは右にも左にも片寄らずに中庸を保つことであったが、この至難の技は聖トマスによって試みられた。そこに彼の偉大なる栄光がある。アリストテレスがギリシア世界の終りに登場したように、中世の終りに登場したトマスはキリスト教世界のアリストテレスであり、彼は論理学と信仰を調和させ、あらゆる異端を追放しようと試みることによって、キリスト教の法学を作り上げたのである。彼が打ち立てた巨大な記念碑〔『神学大全』一二六六―六七〕は人々の心を捉え称賛の的となった。聖トマスはこの世の終りまで通用する規則を打ち立てた、とアルベルトゥス・マグヌスは言った。この並々ならぬ人物はこうした恐るべき仕事に没頭していたので、それ以外のことは彼の人生には入ってこなかった。彼の人生は全く抽象的であり、唯一の出来事とは思想だった。五才のときから聖書を手にし、以来、瞑想することを止めなかった。彼の出身地〔ナポリ王国〕は、ピタゴラス学派とエレア学派が花開いた観念論の国、ブルーノ〔一五四八―一六〇〇。コペルニクス説を支持し、異端の罪で火刑に処せられた〕とヴィーコ〔一六六八―一七四四。『新しい学』の人間観と歴史観は若いミシュレに決定的な影響をあたえた〕の国であった。学友たちは彼のことをシチリアの物言わぬ大きな牛と呼んでいた。彼が沈黙を破るのは口述するときだけであり、眠りが身体の眼を閉ざしたときでも魂の眼は開いていて、彼は口述し続けていた。ある日のこと、彼は海の上にいたが、猛烈な嵐に襲われてもそれに気づかなかった。またある日のこと、あまりにも思索に没頭していたので、にぎっているローソクが彼の指を焼いているにもかかわらず、それを手放さずにいた。教会をとりまく危険のことで頭がいっぱいだったので、彼はいつも夢想にふけっており、聖王ルイと食事を共にしたときでさえそうだった。ある日のこと、彼は突然テーブルをたたき、叫び声をあげた。「これこそマニ教徒を打ち負かす絶好の論法だ」。国王はその論法をすぐに書き記すようにと命じた。マニ教との戦いにおいて、聖トマスは聖アウグスティヌスを論拠にしていた。けれども恩寵の問題においては、彼は明らかにこの神学者とはちがう立場をとることになった。彼は自由〔フラマリオン版では自由意志〕の側に立ったのだ。〔たしかに〕教会の神学者としては、位階制度と教会の統治を支持せざるを得なかった。だが、自由が認められていないのであれば、人間は服従することもできず、統治することもありえない。とはいえ、聖アウグスティヌスから離れることは、教会を批判する者たちに門戸を開くことであった。ルターが入ってきたのも、〔自由という〕この門からである。

これが十三世紀における〔知的〕世界の様相である。その頂点には、問題を反芻し続ける「シチリアの物言わぬ大きな牛」がいる。一方には人間と自由が、他方には神、恩寵、神の予知、宿命がある。右には、人間の自由を主張する観察〔の精神〕があり、左には不可避的な宿命論へと到る論理学がある。観察は区別し、論理学は同一化する。もし論理学を放任するなら、それは人間を神に、神を自然に変えてしまうだろう。それは宇宙を分割不可能な統一体にとじこめて動けなくしてしまうから、自由も精神も、生の営みすら滅んでしまうことだろう。かくして、この教会の立法者〔トマス〕は坂の上で立ち止まり、今にも勝利を収めようとしていた彼自身の論理学を良識によって抑えつける。この揺るぎなき天才は、剣が峰に立たされながらも、左右に口を開けている奈落の深さを計っていた。教会の栄光を一身に背負った彼は、バランスをとり、平衡を捜し求めながら、苦悩の中で死んだ。彼が高尚な領域において区別し、推論し、計算するのを下から見ていた人々が、この抽象的な人間の頭の中を去来していた戦いのすべてを見ることはなかった。

聖王ルイの疑い

この至高の世界の下の方では嵐が吹き荒れていた。天使の下には人間が、形而上学の下には倫理学が、聖トマスの下には聖王ルイがいた。まさしくこの人物の中で、十三世紀の受難劇は生まれた。それは、以前の世紀が想像することすらできなかった、洗練され、内面的で、奥深い性質の受難劇である。私は、生まれたばかりの懐疑が人の心にもたらす最初の苦悩について語っているのだが、中世の調和が破れ、せっかく作り上げた大伽藍が崩れ始め、聖人が聖人を非難し、法が法を否定するとき、どんなに従順な心の持ち主であっても自らを疑い、検証しようという気持ちになるものだ。服従し信仰することしか望まなかった敬虔なるフランス国王は、若くして戦い、疑い、選ぶことを余儀なくされていた。彼は慎み深く謙虚であったのだが、まずはじめに〔摂政である〕母に逆らわなければならなかった。次いで教皇と皇帝との仲介役となり、キリスト教世界の精神的裁判官である教皇を裁き、聖性の模範とも信じていた者に抑制を説くことを余儀なくされた。それから彼は托鉢修道会の神秘主義に惹きつけられた。彼はフランチェスコ会の第三会〔修道会の指導下にある俗人の信仰団体〕に入り、大学と敵対した。とはいえジョヴァンニ・ダ・パルマの著書は、多くのフランチェスコ会士に受け容れられていたとしても、奇妙な不信感を彼にあたえずにはおかなかった。彼を動揺させていた不安のすべては、ジョワンヴィル〔シャンパーニュのセネシャル（代官）、『われら聖王ルイの聖なる言葉と良き事蹟』の著者〕に差し向けられた素朴な質問の中にあらわれている。聖人王が信頼を置いたこの人物は十三世紀における紳士《オネットム》〔十七世紀の社交界の用語で心の高潔さと挙措の礼儀正しさを兼ね備えた紳士〕の典型とみなすことができる。それは、忠実で誠実な俗人と敬虔で純真な魂とのあいだに交わされた興味深い対話である。だがこの魂は懐疑の中に一歩を踏み入れながら、あとずさりし、信仰に固執するのである。

国王はロベール・ド・ソルボン〔一二〇一―七四。聖王ルイの礼拝堂付司祭。一二五七年にソルボンヌ学寮を創設〕とジョワンヴィルを食事に招いていた。「国王は機嫌がよいときには、私に言ったものだ。『セネシャルよ、貴紳《プリュドム》が篤信家《ベガン》に勝る理由を述べられよ』。そこで私とロベール殿とのあいだで議論が始まった。われわれが大いに討論を交わしてしまうと、彼は最後に判定を下して次のように言ったものだ。『ロベール師よ、もしも私がそうであるなら、貴紳の名で呼ばれたいと思っている。そのためには他のものはすべてそなたに差し上げてもよいほどだ。なぜなら、貴紳はいとも偉大で良き事柄なので、その言葉を口にするだけで、口がいっぱいになってしまうからだ』」。

「彼はあるとき私を呼んで、次のように言った。『そなたのように鋭い判断力をもつ者には、神に関わることをあえて話そうとは思わない。それでここにいる修道士たちを呼んだのだが、私はそなたに聞きたいことがあったのだ』。その問いとは以下のようなものであった。『セネシャルよ、神とはいかなるものか』……」。

聖王ルイがジョワンヴィルに語るところによれば、修道士とユダヤ人との討論に立ち会った一人の騎士がユダヤ人の学者の一人に質問をした。その答えを聞くと、騎士はその杖でユダヤ人の頭を打ち、彼を転倒させた。王は次のように言った。「また、私はあなた方に言っておく。本当に優れた学僧でなければ、彼らとは議論すべきではない。また俗人なら、キリスト教の教えが悪し様に言われるのを聞いたなら、キリスト教の教えを剣以外のもので守ってはいけない。腹の中に出来るだけ深く剣を突き通さねばならない」。

聖王ルイはジョワンヴィルに言っていた。死のまぎわには悪魔が苦しんでいる者の信仰を揺さぶろうとする、と。「それ故に、私たちはこのような罠に気をつけて自分を守らねばならず、悪魔がこのような誘惑を仕掛けてきたときには、次のように言うのである。『立ち去れ、私がすべての信仰箇条を固く信ずるのを妨げるほどに私を試みるのをやめよ』と……」。

「彼は言っていた。『信仰も信頼もひとつであり、聞いただけのことで確信できないものかもしれないが、確固として信じなければならない』と」。

彼がジョワンヴィルに語ったところは、一人の神学者がある日のことパリの司教ギヨームを訪ねてきて、「祭壇での秘蹟を信ずるよう自分の心に言いきかせられない」と涙ながらに訴えた。司教は彼に、もし悪魔が誘惑を仕掛けているとしたら、それをうれしいと思うかと尋ねた。神学者は答え、誘惑が彼を悲しませており、聖体の秘蹟を放棄するくらいなら、斧で打たれる方がましだ、と言った。そこで司教は、疑いをもたない者よりも彼の方がまだ救いがあると言って、彼をなぐさめた。

こうした兆候はささいなものと思われるかもしれないが、それは重大なもので、注目に値する。聖王ルイが困惑していたとき、どれだけ多くの人々が秘かに疑い、苦しんでいたことか。信仰における、この最初の衰退において残酷で痛ましいことは、それを告白することを人々が躊躇していたことである。今日われわれは、懐疑の苦しみに慣れ、鈍感になっているので、心はそれほど痛まない。けれども、信仰と愛がまだその温かみをもっていた人の心の中に、冷たい鋼がすべりこんできたときのあの最初の瞬間を想い起こす必要がある。人は動揺した、とりわけ恐怖し、驚愕した。あなた方は、中世の初心で信心深い人々が、それをどのように感じたかを知りたいと思うだろうか。ならば、あなた方が愛を信じられなくなった時のことを、今まで愛してきたものに対して最初の疑いが萌してきたときのことを想い出してみるとよい。

ひとつの思想に人生をゆだね、無限の愛にそれを托しながら、それが手からすべり落ちていくのを見るとは！　愛し、疑い、疑うがゆえに憎まれていると感じ、大地が消失して不信仰の淵へと、神の愛が輝くことの決してない氷の地獄へと転落していくのを感じる……。しかしそれでもなお、深淵にただよう小枝にしがみつき、まだ信じているのだと信じようとし、恐れていることを恐れ、疑うことを疑う……。けれども、この疑いが不確かなものであり、このような考えが確信のないものだとしても、それは疑いの彼方にある新しい領域を、地獄の下にあるもうひとつの地獄を指し示すものではなかろうか……。それこそ誘惑の中の誘惑だ。それに較べるなら他の誘惑など何ほどのものでもない。十五世紀、そして十六世紀になるまで、この誘惑はか弱く、それ自身を恥じていた。ルターこそは時代に先駆けた偉大なる師である。このような魂の拷問を徹底して味わった者は彼を措いて他にはいない。「ああ、聖パウロがもし今も生きているなら、どんな種類の誘惑を体験したのか、彼自身の口から聞いてみたいものだ。それは、教皇主義者たちが夢想したような、肉の誘惑、善良なるテクラ〔パウロの女弟子と呼ばれるイコニオムの初殉教者〕ではなかった。ヒエロニムス〔キリスト教の教父、聖人。四二〇年頃没〕や他の教父たちが体験した誘惑はさほど大きなものではなかった。彼らは肉体の危険を感じただけである。もっともそれはそれなりに彼らを困らせたのではあるが。アウグスティヌスやアンブロシウス〔聖人。教会聖歌を革新し、「アンブロシウス聖歌」の名を残した。三九七年没〕にも誘惑はあった。『彼らは剣を前にして戦慄した』。……パウロのそれは、罪から生ずる絶望よりもはるかに大きなものである。それは〔旧約聖書の詩篇に〕書かれているような、『わが神、わが神、なんぞ我を見捨て給いし』という誘惑であり、あるいは『汝は理由もなく私の敵』という誘惑であり、あるいはヨブの言葉──『私は正しく無実だ』という誘惑である」〔『ルター回想録』〕。

受難

ヨブはキリストの似姿であったのだが、キリスト自身がこの懐疑という苦しみを知っていた。空に星ひとつ現われぬ、この魂の闇夜を。それこそキリストの受難の終局、十字架の頂きだ。けれども、この苦悩のきわみに先立つもののすべて、この受難《パッション》という言葉がもっている民衆的で神秘的な多様な意味のすべてを、ここで述べておく必要があるだろう。この深淵の中に中世の思想がひそんでいる。この時代のすべてはキリスト教の中に、そしてキリスト教はキリストの受難の中にこめられている。三世紀から十五世紀まで、文学、芸術をはじめとして人間の精神の様々な発展はすべてこの神秘に依拠している。

カルヴァリオの丘〔イェルサレム郊外にあるキリスト磔刑の地〕にその理想を見出した、この永遠の神秘は今もなお続いている。そうだ、キリストは今もなお十字架上にあり、そこから降りることは決してないだろう。受難は現在も未来も続いている。世界はそれ自身の受難をもっている。人類はその長い歴史の中に、個人はその心臓の鼓動の一瞬一瞬の中に。人は皆、その十字架とスティグマ〔キリストの傷跡〕をもっている。私のそれは、魂がこのあわれな肉体に宿ったときに始まるのだが、私は歴史を書くことによってこの肉体を擦り減らしている。私の受難は私の受肉とともに始まった。あわれな魂よ、お前はこの肉体をひきずるために何かをしたのだろうか。けがれを知らぬ魂よ、お前は誘惑の園のイヴのように、無知で情熱的、好奇心が強くて臆病だったので、誘惑と転落の淵に投げ出されてしまったのだ。生きるとは、すでに受難の始まりなのだ。

かくしてこの魂は物質との結婚を運命づけられており、自ら進んで物質化した。彼女〔魂〕は刑罰を受け容れ、それを抱擁し、その前に横たわった。それは世界中を巡り歩き、相手かまわず飲み、食らい、楽しみながら汚辱にまみれていった。あたかも、肉体をもったインドの神々が、人類により似ようとして人間の欲望にまみれているように。あるいはイスラエルの預言者たちが、神聖なる夫を裏切ったイェルサレムの不貞を象徴的な恥辱によって表現することを宣告されていたように。

これはオリエントの受難であり、魂は自然に身を捧げ、自由は自らを殺す。だが〔西洋では〕自由は活発であり、死を望まない。自由は自然に反抗し、まずその脅しを押しのける。自由は〔ギリシア神話のヘラクレスのように〕自らの腕をつかってネメアのライオンやレルナのヒュドラと戦うのだ。〔自然という〕継母が押しつける仕業のすべてを、自由は完成させる。自由は自然を飼いならし、穏やかにさせる。これは英雄的な受難であり、力であり、徳の始まりである。

この外面的な戦いで、すべては終わってしまうだろうか。だが敵がわれわれの中にあるとしたら、魂が愛に負けてしまうとしたら、強者が自らの中に敗北を見出すとしたら、ヘラクレスが〔妻から送られてきた〕身を焼く肌着を進んで身につけるとしたら、*訳註〔魔法使い〕メルランが〔妖精〕ヴィヴィアーヌに服従して自らその墓に横たわるとしたら、この戦いはどうなるのだろうか。こうした錯乱を人はやはり受難と呼んでいる。これは古代的な受難だと私は思う。ああ、それがいつになったら終わるのか、教えてもらいたいものだ。

＊訳註　ヘラクレスの妻デーイアネイラは夫の愛を失うことを恐れて、ケンタウロスのネッソスの血を夫の下着に塗って送った。彼がこれを着たところ、毒血が皮膚を腐蝕し始め、苦痛のあまり彼は自らの体を焼いて死んだ。

この〔内なる〕新しい敵から身を守るものとして、ヘラクレスには〔自らの体を焼かせる〕火葬壇しかなかった。内面生活の英雄たち、道徳の闘士たち、キリスト教の隠者たち、インドの仙人たちは長い年月にわたって、孤独な禁欲という純化する火を、この最後の試練を通過してきた。苦業に打ちこむことによって、魂は眉をしかめるだけで七つの世界をくだけ散らせるほどの力を獲得する、と彼ら〔インドの仙人〕は言っている。けれども、七つの天体を破壊することよりも偉大なことがまだある。それは、不純な世界の中にあって清らかに生きること、世界を愛し、世界のために死ぬことである。

この〔精神の〕甘美で穏やかな力、この清らかさの勝利を前にして、自然はいきり立つ。この精神的な無限を前にして、物質的な無限は自らを比較し、困惑し、いらだつ。暴力的な力や量的な大きさによって何ができるというのか。彼〔物質〕はただ打つことしかできない。だから一方の側には、武装したすべての国王と民族を置くとよい。もしそれでも十分でないというならば、すべての天体が落ちてくれればよい。反対の側には、考える葦がある。それは奇妙な戦いだ。神自身は戦わないとしても、神のみがそれに立ち会うにふさわしい。

武装した集団は葦を打ち、引き裂き、踏みにじる……。けれどもそれが踏みにじったのは外皮だけだ。精神は、残虐な解放者を祝福しながら、破壊された外皮を捨てて飛び立っていく。精神はその敵を輝かせ、清める。これが受難の理想、すなわち神の受難である。素晴らしいことに、この受難は全く受身なわけではない。受難《パッション》とは、自由な同意、耐え忍ぶ者の意志による行為《アクション》なのだ。それは何にもまして行為であり、ギリシア語を用いるならドラマなのだ。人が何と言おうとも、受難とは、あらゆる主題の中でも最もドラマティックな主題なのである。

受難が行動的で意志的であるとしても、この意志なるものは身体の中にあり、魂はその外皮の中にあり、神は人間の中にあるのだから、この一事によって恐怖と懐疑の瞬間が生じる。そこにドラマの恐るべき要素たる悲劇が存在する。それは神殿の天幕を切り裂き、大地を闇でおおい、福音書を読む私を動揺させ、今日でもなお私の涙をさそう。神が神を疑うとは！　聖なる生贄《いけにえ》は次のように言っているではないか。「わが父、わが父、我を見棄て給いしや」。

人類のために何か偉大なことをしようと思った英雄的な魂はすべてこの試練を味わっている。それらのすべてが多少なりともこの理想に近づいている。ブルートゥス〔カエサルの暗殺者〕が叫んだのもそのような瞬間であった。「徳よ、お前はただの名前でしかない」。グレゴリウス七世〔叙任権闘争をおこなったローマ教皇。在位一〇七三—八五〕は言っていた。「私は正義に従い、不正を逃れた。私が異国で死ぬのはそのためなのだ」。

けれども、神に見離されながらも、ただ自分一人の力と義務観によって世界と戦うというのは、とてつもなく偉大なことだ。それは人間という言葉の真の意味を学ぶことであり、世のはじめにおいて次のように語られていた知恵の果実のこの上ない苦さを味わうことでもある。「あなた方が神であることを知るなら、あなた方は神になるだろう」。

そこに中世の神秘のすべて、そのつきることのない涙の秘密、そしてその奥深い天才がある。清らかな涙は澄みきった伝説や感動的な詩の中に流れこみ、つもりつもって空を目指し、主のもとに達しようとして巨大な聖堂に結晶化する。

中世における文学と詩の源泉は二つあり、ひとつは騎士的、貴族的なものであり、もうひとつは宗教的、民衆的なものである（後者については「礼拝と祭り」で語られる）。前者の騎士的文学（武勲詩）

もその起源においては民衆的なもので、ローマ人やゲルマン人の侵入と戦ったケルト人から生まれたものだが、やがて外来の諸要素と混交して国民的な文学となった。民族の意識はシャルルマーニュとロランに体現されている。だが、アーサー王伝説に由来する騎士道恋愛文学に対してはミシュレは共感を示さない。なぜなら、そこでの理想はヒロイズムではなく、女性への愛であったからだ。女性とは「イヴ、異教的官能、自然の欺瞞的な象徴」であった。騎士的文学は無力であり、死ぬ運命にあった。

礼拝と祭り

騎士は人間になり、民衆になり、教会に身を捧げる。人間の知性、その真の生活、その休息は、この時代にあっては教会にのみあったということだ。騎士物語の狂った処女がランスロットやトリスタンの馬のうしろに乗り、山谷を駆け巡っていた頃〔ランスロットはアーサー王の妃ジネヴラと、トリスタンは伯父コーンウォル王マルクの妃イゾルデと恋に落ちる〕、教会の賢い処女〔マリア〕はランプに火をともし、大いなる覚醒に備えていた。彼女はクリスマスの夜、神秘的な秣《まぐさ》おけのそばに坐り、牛とロバのあいだで育っていく子供＝民衆を見守っている。まもなく三人の王がこの子供をあがめにやってくることだろう。教会は民衆そのものである。この二人は共に、神殿において世界の大いなるドラマを、すなわち、霊魂と物質、人間と自然の闘争を、犠牲、受肉、受難を演ずる。貴族的な騎士物語は愛の、人間的受難〔情熱〕の、この世の幸せな婚約者たちの詩であった。教会のドラマ、すなわち礼拝は民衆の詩であり、苦しみながらそれに耐えている人々の詩であり、神の受難であった。

その頃、教会は民衆にとっての真の住み処であった。人間の家、すなわち彼が夕べに戻っていくあのみすぼらしいあばら屋は、仮の宿にすぎなかった。家と言えるようなものとしては唯ひとつ、神の家があるだけだった。教会がアジール〔避難所〕の権利をもっていたのは理由がないわけではない。そこは当時にあっては普遍的なアジールであり、社会生活がまるごとそこに避難していたのである。人間はそこで祈り、コミューンはそこで議論し、教会の鐘は都市の声だった。鐘は田畑の耕作、市の行事、ときとしては自由のための戦いの合図ともなった。イタリアにおいて、主権者たる民衆が集まったのは教会である。ヨーロッパ各国からの使者が第四回十字軍〔一二〇二―〇四〕のために一艦隊の派遣を求めにやって来たのは〔ヴェネツィアの〕サン＝マルコ教会である〔この十字軍は聖地には向かわず、コンスタンティノープルを陥れてラテン帝国を建てたが、経済はヴェネツィア人に握られた〕。商業は教会のまわりで営まれていた。聖地巡礼は定期市だった。商品は〔司祭によって〕祝福された。家畜は、ナポリでは今でもそうだが、教会まで連れてこられて、祝福された。教会は決してそれを拒まなかった。教会は「これらの小さき者たちがそばに寄る」のを許していた。かつてはパリでも、復活祭のハムはノートル＝ダム教会前の広場で売られていたのだが、運んできた者たちは皆、彼らのハムに祝福を受けさせていた。かつては、それ以上のことがなされていた。人々は教会の中で食事し、そのあとはダンスに興じていた。これらの子供じみた遊びに教会は手を貸していたのである。

従って教会は民衆から発しており、民衆と教会は子供と母親のように一体であった。二人共、まだ疑いの気持ちをもってはいなかった。母親は自分ひとりで子供の必要を満たしてやりたいと望んでいた。彼女は子供を無条件で受け容れていた。「ワタシハ着物ノスソデアナタヲオオイ、アナタノ裸ヲカクシ、ソシテアナタニ誓イ、アナタト契約ヲ結ンダ」〔『エゼキエル書』一六章八節〕。

礼拝は、神と教会と民衆とのあいだの心のこもった対話であり、同じ思想を表明していた。教会は壮重な調子と情熱的な調子をかわるがわる用い、聖なる古語と民衆の言語を混ぜ合わせていた。今に伝わっている狂った処女と賢い処女の対話のように、祈りの壮厳さは、悲愴な歌声によって中断され、ドラマティックなものに変わる。また時としては、教会は——あの偉大で、博学で、永遠なる教会が——子供のように小さくなり、子供相手に子供のような物の言い方をしていた。教会は表現不可能なものを子供じみた伝説に翻訳し、子供たちに聞かせていたのだが、それは子供にとっても必要なものだった。教会は子供に語りかけ、子供の言うことを聞いていた。

民衆も声をあげていた。それは聖歌隊席で語っている作り物の民衆ではなく、外からやってきた本物の民衆だ。無数の騒がしい群衆が大聖堂のあらゆる出入口から入ってくる。彼らは大声で何やら叫びながら、大きな子供、伝説の聖クリストフのように粗野で無知で情熱的なのだが、従順で、教えを乞い求めており、その巨大な肩にキリストをのせたがっている。彼らは罪の象徴である怪奇なドラゴンを教会の前まで引っ張ってくる。腹いっぱいに食べさせられたこの怪獣は救世主の足許まで来ると、祈りの言葉によって退治されてしまう。ときとして民衆は、野獣性が自身の中にあることを認めつつ、突飛な象徴主義によって彼らの不幸や病いを表現する。それが「阿呆の祭り」〔クリスマスから公現祭のあいだにおこなわれ、ロバの祭り、幼な子たち（イノサン）の祭りともいう〕と呼ばれるものだ。古代の異教の酒神祭〔ディオニュソスやバッコスの祭り〕のこうした模倣は、人間が肉欲に別れを告げるための儀式としてキリスト教からも容認されており、幼な子イエスにまつわる祭り、すなわちキリスト割礼の祭り〔一月一日〕、公現祭〔一月六日〕、幼な子たちの祭り《イノサン》〔ベツレヘムでヘロデ王が幼いキリストを亡きものにするため多数の幼児を殺した（『マタイ福音書』二章一六節）ことに由来する。十二月二八日〕、さらにまた人類が悪魔から解放されて悦びに酔い痴れている日々、すなわちクリスマスや復活祭にも継承されていた。

聖職者自身もこうした祭りに加わっていた。こちらでは聖堂参事会員たちが教会でおこなわれた舞踏会で踊っているかと思えば、あちらでは恥知らずにも四旬節の鰊を引きずって歩いていた。獣も人間と同様に復権された。救世主の誕生に立ち会い、秣おけの中の幼な子をその息で温め、彼をその母と共にエジプトへと運び、イェルサレムへの凱旋行進において彼を乗せた、あの忠実な動物〔ロバ〕が陽気な気分を盛り上げていた。節制、忍耐、諦観といったキリスト教的な徳性を、中世はわれわれよりも正しくロバの中に認めていた。何故ひとはロバを見て恥じらうのか。イエスは恥じらったりはしなかった。後になると素朴さが逸脱に変わったので、教会は民衆に沈黙を強制し、彼らを遠ざけ、距離を置くようになった。けれども中世の初期においては、そうした素朴な祭りが悪いことだとはみなされていなかった。子供にはすべてが許されるではないか。教会はこうした民衆劇を少しも恐れてはいなかったので、その最も大胆な仕草を教会の石壁の上に再現させていた。ルーアンでは豚が、シャルトルではロバがヴァイオリンを演奏した。エソンヌでは司教が道化杖《マロット》〔宮廷道化師がもっていた棒で先端に頭巾をかぶった人面が付いている〕を手にしていた。別な所では、これらは敬虔な懐疑主義が自由の中で作り上げた悪徳と罪のイメージでもあった。芸術家たちはロト〔旧約聖書、アブラハムの甥〕の近親相姦やソドムの破廉恥な行いを前にしてしりごみしたりはしなかった。

その頃の教会には素晴らしい演劇的才能があり、大胆さと純朴さが満ちあふれ、往々にして感動的なまでの子供らしさが保たれていた。ドイツにおいては、新任の司祭がはじめてのミサをとりおこなうとき、彼はその母親の手をとり、彼女と踊ったものだが、誰ひとりとして笑う者はなかった。母親がこの世を去っていたとしても、何の問題もなかった。「彼の母親の魂」が呼び戻され、「燭台の下に」置かれたのである。母と息子、マリアとイエスの愛は教会にとっては悲愴感あふれる豊かな源泉だった。今日でもなおメッシナ〔シチリア島の都市〕では、聖母被昇天の祝日〔八月十五日〕にマリア像がかつがれ、息子を捜し求めて町中を練り歩いている。それは古代ローマの〔豊穣の女神〕ケレースが〔その娘で冥界の女王となっている〕プロセルピナを捜し求めるのと同じである。行進の最後に、マリア像が町の大きな広場に入ろうとすると、彼女の前に突然、救世主キリストの像が現われる。彼女は身震いし、驚きのあまりあとずさりする。そのとき彼女の胸から一二羽の鳥が飛び出し、母の悦ぶ気持ちを神に伝える。

ペンテコステ〔聖霊降臨の大祝日、復活祭後七週目の日曜日〕のときは、舌の形をした炎が燃え上がる教会の内部で白い鳩がはなたれ、花の雨が降りそそぎ、回廊が明りに照らされていた。他の祭りでは、イルミネーションは教会の外でおこなわれていた。壮厳な伽藍を照らし出す光の効果を想像していただきたい。空中の欄干を回遊する聖職者はその幻想的な行進によって暗闇の中にいる大衆を感動させていた。彼は豪華な祭服をまとい、ローソクと聖歌隊を伴って、鋸歯状の橋の下を手すりにそって行ったり来たりしていた。〔上では〕光と声がぐるぐると回転し、下では暗闇の中から民衆の海が答えていた。それこそ真のドラマ、真の受難劇であり、三つの世界〔地獄、煉獄、天国〕における人間の旅を表現するものであった。ダンテの天才的な直観はこの移ろいゆく現実を固定し、それを『神曲』によって永遠のものとしたのである。

神聖なるドラマのこの巨大な劇場は、中世の長い祭りのあとで、沈黙と闇の中に帰っていった。その巨大な円天井は、民衆の声のとどろきを迎えいれ、包みこむために作られていたのだから、聖職者のかぼそい声では不十分である。教会は空虚な寡婦となった。かつてはあれほど大きな声で語りかけていた教会の重厚なサンボリスムは、いまや唖のように寡黙になってしまった。それはいまや学問的好奇心、哲学的な解説、好事家的な解釈の対象となっている。教会は物知り顔の学者たちが訪れるゴシック時代の博物館である。彼らはその周りをまわり、不作法に眺め、祈るかわりに称賛する。それでも、彼らは自分が何を称賛しているかよく分かっているのだ！　教会において彼らを惹きつけているのは、教会そのものではない。それは装飾の精巧な細工、外面的な飾り、トレーサリ模様〔教会堂の窓の上部などに見られる狭間の透かし飾り〕、要するにゴシック衰退期の精緻をきわめた作品のことなのだ。

ゴシック教会

これらの石をただの石だと思い、そこに通っている精気と生命を感じとれない鈍感な人々よ、キリスト教徒であろうとなかろうと、これらの石がもっている記号をあがめ、接吻せよ。それは受難の記号、精神的自由の勝利の記号なのだ。個々の宗教の歴史がどうであれ、そこには何かしら偉大なもの、永遠なものがある。それはキリスト教の未来とは関係がない。それは宗教であるかもしれないし、哲学になるかもしれないし、神秘的な意味から合理的な意味に移行するかもしれないが、これらの記念碑にこめられた人間精神の勝利はいつまでも崇められなければならないだろう。「これらの石はパンになる」とキリストが言ったのは意味のないことではないのだ。キリストの犠牲がそれに栄誉をあたえ、正当化し、変形し、その実体を全面的に変化させた日に、石はパンになり、パンは神になり、物質は精神になった。受肉と受難、この二つの言葉は同義であり、第三の言葉――化体〔実体の全面的変化、つまり聖餐のパンとブドウ酒がキリストの血と肉の全き実体に変化すること〕――によって説明される。異なる三つの段階において、二つの実体〔精神と物質〕の闘争、結婚、同一化がある。それは精神が下降し、物質が苦しみをなめる、劇的で苦悩に満ちた結婚なのだ。その媒体は犠牲、死、意図的な死である。この結婚には血が流れる。この恐るべき日、この記憶すべき日は、昨日であり、今日であり、明日であり、永遠のドラマは教会において毎日演じられる。教会はこのドラマそのものである。それは石と化したキリストの受難劇《ミステール》、石の受難劇であり、あるいは受難者そのものと言った方がよいかもしれない。その幾何学的な建築の厳格さの中では、建物全体がひとつの生きた身体、一人の人間なのだ。二本の腕を広げる身廊《ネフ》〔信者席が設けられる、主門から祭壇までの空間〕は十字架上の人間である。地下聖堂《クリプト》は地下の教会、墓に横たわる人間である。鐘楼と尖塔、これもまた人間であるが、立ち上がり、天に向かって昇ろうとしている。内陣は身廊に向かって傾き、あたかも苦痛の中で頭をもたげているかのようだ。燃えるような深紅のステンドグラスの中にその血を見ることができる。

　これらの石にそっと触れ、敷石の上を静かに歩いてみよう。それらはすべて今も血を流し、苦しんでいる。大いなる神秘がここにはひそんでいる。私はいたるところで死に出会い、思わず涙を流しそうになる。とはいえ、芸術によって花開く植物の姿に彫られたこの不滅の死、この魂の花、この神聖なる世界の果実は、自然の葉や花におおわれており、死の形をとりながらも、生と愛なのではなかろうか。〔旧約聖書の〕雅歌の中の恋する女は言っている。「私は黒い、けれども美しい」。この円天井の暗がりは男女をひそかに結びつける。ロミオとジュリエットは墓の中で結ばれたではないか。抱擁はせつなく、接吻は苦く、恋する女は涙の中でほほえむ。神秘をおおいかくすこの巨大な円天井は彼女の死装束なのだろうか、それとも婚礼衣装なのだろうか……。たしかに、それは自然の衣装であり、万物が刺繍されたイシス神〔エジプトの最高神で、豊穣の女神〕の古いヴェールなのだ。芸術が大地の獣や空の鳥を織り込んだこの生ける葉模様は、女神のマントであり、かぐわしい肌着である。それは恋する女を身にまとっているのだ。

荘厳で神聖な演劇は、太陽と星が演ずる自然のドラマの中に、神聖なドラマのサイクルをあてはめている。自然が冬から春へと向かうあいだに、聖なる劇は生から死へ、受肉から受難と復活へ進む。農夫が大地に種を蒔き、雪と霜がそれをおおうとき、神は人間の生、死すべき肉体の中に宿り、この肉体を墳墓の中に埋める。だが恐れることはない。種子は大地から芽を出し、生命は墓から、神は自然から甦る。春風が吹くと、聖霊も息を吹く。最後の雲が消え去ってしまう頃には、すっかり変わった空の中に主の昇天の祝日〔復活祭後四〇日〕の到来を感じることができる。そして最後に収穫の時が来ると、大地を照らす神の光によって成熟した万物は、マリアとともに主のもとに昇っていく〔八月十五日の聖母被昇天の祝日〕。

人類はいかにしてこの驚くべきサンボリスムを獲得したのだろうか。芸術は長い道のりを歩んだあと、いかにしてこれほどの高みに到達したのだろうか。私はこれを説明しなければならないと思うし、フランス史というテーマがそれを要求している。そうしたからといって、主題から離れるわけではなく、むしろ反対に一層それに近づき、その内部に入りこむことになる。中世、あるいは中世のフランスは建築の中にその最も内なる考えを表明している。パリ、サン＝ドニ、ランスの大聖堂、この三つの名前は長い歴史の物語以上に多くのことを語っている。これらの記念碑は偉大なる歴史的事実である。私はいかにすべきだろうか。それを叙述するのか。それらを他国の同様な記念碑と比較するのか。そのような叙述、そのような比較は、外面的で表面的でまとまりのない知識しかあたえないだろう。もっと遠くに進み、もっと深く掘り下げ、それらを形成した原理を、つまり個別的な自然の生育を司っている生理学的な法則を発見する必要がある。かくしてトゥルヌフォール〔フランスの植物学者、一六五六―一七〇八〕の人為的で外面的な分類を乗り越え、リンネ〔スウェーデンの博物学者、一七〇七―七八〕とジュシュー〔フランスの植物学者、パリ植物園教授、一七四八―一八三六〕の体系的な学問が打ち立てられた。ゴシック建築の有機的法則について言うなら、私はそれを一方においてはキリスト教の精神の中に、すなわちその主要な神秘であるキリストの受難の中に捜し求め、他方においては芸術の歴史の中に、すなわちその豊穣なる輪廻の中に捜し求めることにした。

ラテン語における「アルス」〔芸術〕とは「イン＝アルス」〔不活発〕の反対である。それは無為の反対であるから、行為である。ギリシア語において行為は「ドラマ」と呼ばれている。ドラマは行為であり、すぐれて芸術であり、芸術の原理であり目的である。

芸術、行為、ドラマは物質とは無縁である。生気のない物質が精神、行為、芸術になるためには、それが人間となって肉体をもつためには、飼いならされ、苦しまねばならない。物質は分割され、引き裂かれ、打たれ、彫られ、刻まれなければならない。金槌、ハサミ、金床に責められ、泣き、叫び、うめかねばならない。そこに受難がある。イギリスのバラード『大麦の粒の殉教』を見よ。大麦は殻《から》竿《ざお》に打たれ、グリルで焼かれ、升《ます》に押しこめられるのだ。圧搾器で押しつぶされるブドウも同じだ。ブドウ圧搾器はしばしばキリストの十字架の表象でもある。人間も、ブドウも、大麦の粒も、すべて拷問を受けることによって完成された形をとる。かつては粗野で物質的であったものが、いまや精神となる。石もまた、鉄の下、芸術家の熱くて厳しい手の下で生命を獲得し、精神化する。芸術家は石から生命を引き出す。彼は中世において「生きた石の匠」と呼ばれていた。

人間と自然のあいだのこの劇的な闘いは、受難であると同時に受肉であり、破壊であると同時に生成でもある。父と母が混ざり合うように、人間と自然は混ざり合って共通の果実を生み出す。自然は人間化し、物質は精神化し、芸術が生まれる。だが生み出された果実は多かれ少なかれ父か母に似ており、どちらかの性をとる。芸術作品においても、人間か自然か、どちらかが支配的になる。あるものは男性的で、他のものは女性的になる。植物学や動物学と同様に、建築学においても性的な特徴を区別する必要がある。

このような性的特徴はインドにおいて顕著である。インドの寺院は男性的なものと女性的なものとが交錯している。巨大な洞窟、山々にいだかれた自然の奥深い外陰部はその暗闇の中で芸術を醸成した。それ〔洞窟〕は人間を吸いこみ、その胸の中で窒息させようとする。他の〔男性的な〕寺院は自然に向かっての人間の飛翔、愛の力強い呼吸を表現している。それは天空を豊穣なものにしようとする豪華なピラミッドの形をとる。息を吸い〔憧憬〕、息を吐く〔休息〕、死すべき生命と豊穣な死、光と闇、男性と女性、人間と自然、能動性と受動性。その全体が世界のドラマであり、芸術はその真面目なパロディである。

　幻想と幻滅の仕掛けによってわれわれをもてあそぶ、この〔インドの〕全能なる自然を前にして、われわれ〔西洋人〕は自らの手によって作り直した自然を対置する。人間を楽しませながら人間をもてあそび、からかっている、この荘厳な皮肉、永遠の喜劇に対して、われわれはメルポメネ〔悲劇を司る女神〕を対置する。われわれにほほえみながらわれわれを踏みにじる、この自然という魅力的な殺人者をわれわれは少しも恨んではいないので、われわれは喜んでそのあとに従い、それを模倣する。ドラマの観客であり犠牲者でもあるわれわれは、喜んでそのドラマに加わり、破滅を理解し、受け容れ、理想化することによって破壊を崇高なものにするのだ。

　この二重のドラマの豊穣性をインド人はよく理解していたようだ。インドのイチジク〔ユダヤ＝キリスト教においては知恵の象徴〕である菩提樹、すなわち一本の枝から一本の木を生えさせる森林＝樹、このアーケードのアーケード、このピラミッドのピラミッドは、神〔仏陀〕が冥想の完全な状態、仏教徒が言う所の知恵《ボーディ》の状態、すなわち絶対の境地に到達するための避難所である。この神において、この木あり。二つの名は同一のものとなり、自然の豊穣性と知の豊穣性とは同一のものとなる。木の中に多くの木があり、思想の中に多くの思想があって、それらは全体となってそびえたち、〔究極の〕存在を目指す。それは豊穣性の理想、創造の理想である。憧憬と統合、それは男の原理と女の原理、父の原理と母の原理であり、世界の二つの原理、芸術の小さな世界の原理なのだ。あるいは唯一の原理と言った方がよいかもしれない。ピラミッドの稜線がその頂点に向かって伸びていくように、すべてを一なるものの中に、すべてを一なるものに向けて統合するために吸いこむのだ。

ピラミッド的形体、三本の線に還元される究極のピラミッドは三角形である。先の尖った三角形であるオジーヴ〔ゴシック穹窿の筋違骨〕において、二本の線はカーブしている。つまり無数の直線によって構成されている。無数の線の全体がかもしだすこの憧憬〔呼吸〕がオジーヴの神秘なのだが、それはまずインドとペルシアに現われ、中世になって西洋を支配した。世界の両端において、無限を目ざす無限の努力、あるいは普遍的、「カトリック」な傾向が見られる。それは同一なるものにおける同一なるものの無限の反復であり、同一の上昇における規則的な反復である。だから、インドの寺院のように、ピラミッドの上にピラミッドを、リンガ〔ヒンズー教のシヴァ神の象徴たる男根〕の上にリンガをのせよ。われわれの大聖堂のように、オジーヴとばら窓《ローズ》、尖塔と聖櫃、教会の上に教会を積み上げよ。人類は、その腕がちぎれおちるまで、彼らが崇めるバベルの塔を築き上げるのを止めないだろう。

とはいえ、インドからドイツまで、ペルシアからフランスまでは遠い。原理においては同一であっても、芸術は土地によって異なり、多様性によって豊かになり、豊かな貢ぎ物をわれわれにもたらす。インドと同様、ギリシアやローマも貢献したが、その要素は、おそらく同じではない。

アジアを出て最初に出会うのはギリシアの神殿だが、これはペジメント〔古典建築の切妻壁〕の平たい三角形の下に円柱が単純に並んでいるだけで、インド、ペルシア、エジプトの寺院を特徴づけている空への憧憬〔呼吸〕の記憶を表わすものではほとんどない。憧憬は消えている。ギリシアにおける美は統合の中、秩序の中にある。けれどもその統合力すら弱い。この円柱の歩兵部隊、この建築の共和国はいまだ統一されておらず、円天井によって閉じられてはいない。ギリシアの芸術は、ギリシアの社会と同様に、結合が不完全なのだ。ギリシア世界が、隣保同盟にもかかわらず、どれほど不統一であったかは人の知る所である。共和国と共和国、都市国家《シテ》と都市国家《シテ》のあいだではほとんどまとまりがなかった。植民地すら、本国とは宗教と血統の記憶によってつながっていたにすぎない。

これとは異なり、エトルリアとローマは緊密である。イタリアの芸術もそうだ。ここではアーチが再び現われ、交差し、円天井によって閉ざされる。言い方を変えれば、統合力が強まり、天上への憧憬〔呼吸〕が再び現われようとしている。この芸術にして、この社会あり。ここには社会的な階層秩序がある。社会的結合の力は強い。本国はその植民地を監視下に置いている。どんなに遠く離れていようとも、植民地は「都市国家の中に」とどまっている。このような社会を表現するためには、円柱はおろかアーチでさえ十分ではない。二層、三層のアーチと柱廊を備えたトリアーとニームの遺跡を見よ。これすら、その後にやってくるもの〔ゴシック教会〕を表現するには十分ではないだろう。オリエントは自然を、ギリシアは都市国家を、ローマは法治国家をもたらした。西方世界と北方世界がそれを神の国に作り変えにやってくることだろう。

キリスト教の教会がもともとはローマのバジリカ〔集会、商取引をおこなった長方形の公共建築、後に裁判所〕であったことは知られている。教会は、かつてローマがキリスト教の禁止を宣告した執政官の官邸を占拠したのだ。神の国が法の国を侵略する。弁護士は司祭となり、執政官は神となる。裁判所は拡大し、丸みを帯び、内陣を形成する。この教会は、ローマの都市と同様に、入るのに制限があり、排他的である。それは万人に開かれてはいない。それは神秘を主張し、入信の儀式を要求する。それはいまだに、それが生まれた地下墓所《カタコンベ》の暗闇を愛していて、その揺り籠を思い起こさせる広大な地下聖堂《クリプト》を掘る。洗礼志願者は教会の内部に入ることは許されず、戸口で待たねばならない。洗礼盤は外にあるが、外には墓地もある。教会の声である鐘楼すら、わきに立っている。ローマの重厚なアーチが、秘密の中に埋めこまれた地下の教会をその重みで封印している。キリスト教会が戦いの最中にあり、蛮族の侵入が続き、世界がその存続を信じていないあいだは、教会とはこのようなものだった。けれども運命の紀元一〇〇〇年が過ぎ、教会の位階制度が世界を征服し、教皇において完成され、栄誉をあたえられ、閉ざされたとき、そして十字軍の軍隊に登録されたキリスト教世界がその一体性を確認したとき、まさにその時、教会はその窮屈な服を脱ぎ、世界を抱擁するために大きくなり、暗い地下聖堂から出る。教会は背を伸ばし、その円天井を持ち上げ、大胆に突出させる。かくしてローマのアーチの中にオリエント的なオジーヴ〔尖頭アーチ〕が再び現われる。

古代ローマの位階制度はアーチの上にアーチを積み上げたが、キリスト教会の位階制度はオジーヴの上にオジーヴを、ピラミッドの上にピラミッドを、神殿の上に神殿を、都市国家の上に都市国家を積み上げた。神殿、そして都市すら、ここではもはやひとつの要素にすぎない。キリスト教世界は、それに先立つすべての世界を包含しようとする。キリスト教の寺院はすべての寺院を包含する。ギリシアの円柱がそこにある。けれどもそれは削りとられて小円柱の巨大な束になっている。ローマ式のアーチはより堅固でより大胆なものになっている。尖塔の中にはエジプトのオベリスクがあるが、それは神殿の上にそびえるオベリスクである。扶壁に立つ天使や預言者の像は、ミナレットの上のイマーム〔イスラーム教の導師〕のように、四方に向かってお祈りを叫んでいるようだ。身廊の屋根の上に張られている飛び梁〔壁などを外側から支えるアーチ状の控え、フライングバットレス〕は、その軽やかな手すり、光輝く車輪、鋸歯状の橋などから、ヤコブの夢にあらわれたはしご＊訳註、あるいはペルシアの鋭くとがった橋のようだ。魂はこの橋を通り、罪の重さのために平衡を失う危険を犯してでも、深淵を渡らねばならないのだ。

＊訳註　旅の途中、荒野に伏していたヤコブは、夢に天使の上り下りする天からのはしごを見た。その時、神が彼の枕辺に立ち契約の祝福を彼にあたえた（『創世記』二八章一二―一三節）。

この驚くべき石の山は、まさしくエンケラドス〔アテナがその上にシチリア島を投げつけた巨人族の一人〕の作品である。これらの岩を四〇〇あるいは五〇〇フィートの高さまで持ち上げるためには、巨人族であっても汗をかいたにちがいない……。ペリオンの上にオッサをのせ、オッサの上にオリュンピアをのせる〔いずれもギリシアのテッサリア地方の山〕……。だが、それは巨人族の作品ではない、巨大な石の無秩序な堆積、無機質な統合ではない。そこにはティタン族〔巨人族〕の腕よりもさらに強い何かがある……。それは何かと言えば、精神の息吹きである。〔ユダヤの預言者〕ダニエルの顔をよぎり、王国を滅ぼし、帝国を分裂させたこの軽やかな息吹きは、〔ゴシック教会の〕円天井をふくらませ、塔を天に向かって吹き上げる。それはこの巨大な身体のあらゆる部分に力強く調和のとれた生命を吹きこみ、黒芥子の種からこの驚くべき樹の成長を促進した。精神はその住み処の製作者である。見るがよい、彼は自分が宿るべき人体を作り、それに人相をあたえ、あれこれと作り直す。瞑想、経験、苦悩によって眼をうがち、皺と思索で額を耕す。身体の力強い枠組である骨格も、内面の動きに合わせて折りたたみ、カーブさせる。同様に、精神は、石の外套の職人であり、それを目的に合わせて裁断し、外側には印を付け、内側には多様な思想を刻みこむ。精神はそこに向かって歴史を語り、それが生きてきた長い生涯のどんなものも欠けていないように注意しながら、そこに自身の思い出、希望、後悔、愛のすべてを刻みこむ。この冷たい石の上にその夢、そのひそかな想いをそそぎこむ。異教の世界〔ローマ〕によってとじこめられていたあの地下墓所《カタコンベ》、あの神秘的な地下聖堂《クリプト》から一度解放されるやいなや、精神はこの地下聖堂を天に向けて投げつける。それまで地下深くもぐっていただけに、それは一層高く上昇する。千年のあいだ息を止めていた胸が大きなため息をつくように、尖塔はめらめらと燃え上がる。ため息はあまりに大きく、人類の胸の鼓動はあまりに強かったので、魂を包みこむ肉体〔石〕のあらゆる部分が目覚めた。それは神の視線を受けようとして愛に輝いた。ゴシック教会の開き窓、あの「オジーヴの眼」の険しく落ちくぼんだ眼窩を見よ。十一世紀〔フラマリオン版では十二世紀〕には、それは眼を開こうと努力している。このゴシック的開き窓の眼こそ新しい建築様式を特徴づける記号なのである。物質〔石〕を愛した古代芸術は、神殿の物質的な支えである円柱——トスカナ式、ドーリア式、イオニア式の円柱——によって特徴づけられる。魂と精神の息子である近代芸術において、その原理は形体ではなく、表情、眼である。円柱ではなく、開き窓である。充満ではなく、空虚である。十二世紀と十三世紀の開き窓は花崗岩の洞窟にとじこもったテーバイ〔エジプト南部の地方〕の隠者のように、厚い壁の奥に押しこめられ、自らを閉ざしていた。それは瞑想し、夢想する。だが少しずつ、それは内から外へと出てきて、壁の表面に現われる。それは天の栄光を告げる美しい神秘のばら窓になって輝く。けれども十四世紀も終わる頃には、このバラは変貌する。それはフランボワイヤン様式〔窓枠の区切りを火炎形にしたフランス十五世紀のゴシック建築の様式〕に変化する。それは炎、心臓、あるいは涙なのか。おそらくはそれらのすべてだ。教会のその後の拡大においても同様の発展が見られる。精神は、何をするにせよ、その住居を常に窮屈に感じていた。彼〔精神〕はそれを拡大し、それに変化をつけ、飾ろうとした。今の住居に我慢できず、息もつまりそうだった。「御立派な大聖堂よ、いかに貴女が美しいといっても、あれだけの尖塔、聖人、石の花、大理石の森、金色の光輪に包まれたキリストと一緒では、貴女が私を住まわせることは無理です。教会のまわりに小さな教会を建て、教会が小礼拝堂によって広がる必要があります。祭壇の向こう側にもうひとつの祭壇を、聖所〔中央祭壇の周囲、内陣一帯〕のうしろにもうひとつの聖所を設けましょう。内陣のうしろには聖母マリアの小礼拝堂を隠しておきましょう。そこの方がもっとくつろげるように思います。そこには、男が疲れたときに頭を休ませることのできる女の膝があり、十字架の背後には官能的な休息が、死の向こう側には愛があることでしょう……」。だが教会の壁が障害であるように、この小礼拝堂もやはり狭い……。だとすれば、聖所は聖所から離れ、聖櫃は天幕の下から大空のパビリヨンの下へと移動するほかはないのだろうか。

精神のこの情熱的な成長は、その豊かな情念のきまぐれな噴出に任せる偶然的なものであったかに見えるけれども、それが厳格な法則にのっとって展開したことは奇蹟である。そのありあまる豊穣性は数に、つまり神の幾何学のリズムに従っていた。幾何学と芸術、真実と美とが出会った。堅固な円天井を作るために最適のカーブは、まさしくミケランジェロがサン＝ピエトロ大聖堂のドームを作るにあたって最も美しいものとして採用していたカーブであったが、そのことは早い時期に分かっていた。

この美の幾何学はゴシック建築の典型であるケルンの大聖堂にはっきり示されている。この教会は、水晶のような規則性をもち、独自の比率によって増幅していく規則的な身体である。通常の教会における十字形は、ユークリッドが定めた正三角形から厳密に演繹されている。通常のオジーヴにとっての原理である、この三角形は円天井のアーチにも採用されることがある。三角形はオジーヴを、北方の小さな窓の貧相さからも、またビザンツ式アーチの鈍重さからも等しく免れさせている。一〇と一二はその約数と倍数を含めて建物の全体を支配している。一〇は人間の数、つまり指の数である。一二は神の数、すなわち天文学の数である。七惑星の名誉のために、七も加えておこう。鐘楼や建物全体において、下層部は四角形で始まり、八角形に分割される。上層部は三角形によって支配され、六角形や十二角形に細分される。円柱は直径と高さの関係においてはドーリア様式の比率〔一対六と一対七〕を採用している。アーチの高さはヴィトルヴィウス〔前一世紀のローマの建築理論家。『建築書』は古代における唯一の建築理論書として知られる〕とプリニウス〔二三頃―七九。ローマの著述家、『博物誌』を著す〕の原理に従って、その幅に等しくなっている。このように、このタイプ〔地方〕

のゴシック建築においては、古代の伝統が残存している。柱から柱へかかるアーチの幅は五〇ピエ〔古い計量単位で、約三二・四センチ〕である。この〔五〇という〕数は建物すべてにおいて反復される。それは円柱の高さの基準である。側廊はアーチの幅〔五〇〕の半分〔二五〕で、建物の正面はその三倍〔50×3＝150〕である。建物全体の長さは、その幅の三倍〔150×3＝450〕で、アーチの幅の九倍〔50×9＝450〕である。全体の幅〔一五〇〕は内陣と身廊の長さに等しく、円天井中央の高さに等しい。長さと高さの割合は二対五である〔建物全体の比率ではなく、円天井の幅と高さの比率のことか〕。最後に、アーチと側廊の関係は、外側において建物を支える扶壁と飛び梁においても繰りかえされる。七という数は聖霊の七つの賜物、すなわち七秘蹟〔洗礼、堅信、聖体、悔悛、終油、品級、結婚〕の数であり、内陣の小礼拝堂の数であり、内陣を支える円柱の数は七の倍である。

　神秘的な数に対する偏愛はすべての教会に見られる。ランスの教会には七つの入口がある。ランスとシャルトルの教会には内陣のまわりに七つの小礼拝堂がある。パリのノートル＝ダム教会の内陣には七つのアーチがある。翼廊交差部の長さは一四四ピエ（16×9）、幅は四二ピエ（6×7）。これは〔正面の〕鐘楼の幅であり、大きなばら窓の直径でもある。ノートル＝ダム教会の鐘楼の高さは二一六ピエ（18×12）ある。そこには二九七の円柱（297÷3＝99, 99÷3＝33, 33÷3＝11）と四五の小礼拝堂（5×9）がある。翼廊の上に突き出ている鐘楼の高さは主たる円天井と同じく一〇四ピエある。ランスのノートル＝ダム教会の高さは内法《うちのり》で四〇八ピエ（34×12）、シャルトルは三九六ピエ（66×6）。ルーアンのサン＝トゥーアン教会、ストラスブールとシャルトルの大聖堂の身廊は三つとも同じ長さである（二四四ピエ）。パリのサント＝シャペルは高さが一一〇ピエ、長さが一一〇ピエ、幅が二七ピエ（三の三乗）である。

このような数の科学、この神の数学は誰に由来するのか。死すべき人間ではなく、神の教会にである。教会の暗がりの中、司教座聖堂や修道院において、その秘密〔の知識〕はキリスト教の神秘の教育とともに伝承されていた。教会だけがこの建築上の奇蹟をおこなうことができた。ひとつの記念碑を完成するために、教会はしばしば全住民を動員した。ストラスブールの教会には一度に一〇万人が働いていたが、熱気があったので、夜になっても工事が停止することはなかった。彼らは松明のあかりで工事を続けた。さらにまた、教会は時を惜しむことなく、何世紀かかろうとも完全なものができ上がるまでゆっくりと工事を進めた。ケルンの大聖堂にはルノー・ド・モントーバン〔カール大帝時代の聖人をモデルにしたとされる、十二世紀末の叙事詩の主人公〕がすでに石を持ち来たっていたが、工事は今もまだ続いている。こうした忍耐力に抵抗できるものは何もなかった。

ゴシック芸術と同類のものがビザンツ、ペルシアあるいはスペインにあることは疑いない。だが、結局の所、それはどうでもよいことだ。ゴシック芸術はそれが最も深く根を下した場所、それがその理想に最も近づいた場所に属している。フランスではとりわけノルマンディー地方の大聖堂が数も多く、美しく、変化に富んでいる。その娘たちであるイギリスの大聖堂は驚くほど豊かで、繊細にして巧みな細工をほどこされている。けれども、神秘的な精神が際立って見えるのはドイツの教会であるように思われる。そこはキリストの花を捧げもつのにとっておきの土地であった。人間と自然、兄と妹とが父なる神の前でこれ以上純粋で子供らしい愛に興じていた所は他にはなかった。ドイツの魂は神の作り給うた花や木、美しい山々を無邪気に愛し、それらでもって奇蹟的な芸術を作り上げた。みどり子イエスの誕生を祝うときには、子供たちを喜ばせるために美しいクリスマスツリーを花や葉の飾り、リボンなどで飾りたてた。まさしくドイツにおいて、中世は人知れずに人生を送る黄金の魂を生み出した。この幼稚であるとともに奥深い無邪気な魂は、時間にわずらわされることなく、永遠の世界から出ることもなかったので、この世の荒波の上に空の青さ以外のものを見ることなしに世を送っていた。これらのドイツの職人たちの名前を知っている者がいるだろうか……。分かっているのは、彼らが、各地に広まっていたが、あまりよく知られてはいない大きな結社〔フリーメーソン〕に属していたことくらいである。ケルンやストラスブールにはその支部があった。ゲルマニア〔ローマ帝国時代の属州名〕と同じくらい古いその目印はトール〔ゲルマンの雷と戦争の神〕の斧だった。キリスト教徒の手によって清められた異教の斧を使って、彼らはソロモンの神殿を引き継ぐ新しい神殿の大いなる仕事を世界の各地で継続していた。彼らは結社の中に埋没していてあまりよくは知られていないけれども、彼らがいかに熱心に働き、いかに自己を放棄していたかを知るためには、大聖堂の最も隅にあって最も人の立ち寄らない所に足を踏みいれる必要がある。あの空中の砂漠、屋根ふき職人でさえ足が震えてしまう、あの尖塔の先端まで登ってみることだ。神の眼以外に見る者もなく、風が止むこともないこの場所に行けば、信仰あつき職人が生命をささげた繊細な作品、芸術と彫刻の作品の幾つかにしばしば出会うことだろう。名前もなければ、印も文字もない。そんなことをすれば神から栄光を奪うことになると、この職人は思っていたのだろう。彼はひたすら神のため、「その魂の救済のために」働いた。しかしながら、彼らが好んで残した名前は、ストラスブールのノートル＝ダム教会のために働いたひとりの乙女の名前である。驚異的な尖塔の一部は彼女のかよわき手によって持ち上げられた。また、ある伝説によれば、どんなに努力しても動かすことのできなかった岩が、一人の子供の足に押されてころがったという〔モン＝サン＝ミシェルの伝説〕。

ケルンの大聖堂の設計図の上には、幾何学的な車輪や神秘的なばら窓のかたわらに石工《マソン》の守護聖人である聖カトリーヌの姿を見ることができる。彼女もまた乙女だった。もうひとりの乙女、聖バルブは、三幅対の窓の向こう側、鐘楼の上に立っている。これらの慎ましい石工《マソン》たちは聖母マリアのために働いていた。彼らの大聖堂は一世代の間に身のたけくらいしか上昇しなかったけれども、その神秘的な鐘楼を彼女の前に見せていた。そこに人生の知られざる願い、愛と祈りのため息のすべてがあることを聖母マリアだけが知っていた。「アア、神ノ母ヨ」。

ゴシックという言葉はその中味を理解することなしに使われているのだが、本来それは神秘主義の自由な昂揚から生まれた自由な様式である。自由ではあるが、勝手気ままということではない。もしそれがあのケルンの模範にしがみつき、幾何学的調和の奴隷になっていたとしたら、それは活力を失って滅んでいたことだろう。計算と宗教的理想主義に支配されることのより少なかったドイツの他の地域、フランス、イギリスにおいて、ゴシックは歴史の多様な影響をより強く受けている。フランスに伝えられたドイツの慣習法が、もともとの象徴主義的な性格を失い、より現実的、より歴史的、より変化しやすく、段階的な抽象化をより多く受け容れるようになったように、ゴシック芸術はフランスにおいては宗教性の一部を失い、宗教的思想とともに、人間と時間からなる現実的な状況の多様性をありのままに表現するようになった。ドイツの芸術はむしろ没個性的であり、芸術家の名を挙げることは滅多になかった。フランスの芸術家たちは強烈な個性をその教会に刻みこんでいる。パリのノートル＝ダム教会の壁、ルーアンの墓地、ランスの教会の墓石と曲折模様には彼らの名前を読むことができる。名声と栄光を求めて互いに競いあっていたこれらの芸術家たちは生命がけの行為に走ったりもした。カーンとルーアンでは、妬みから甥を殺したデダールの事件に出会う。ルーアンのある教会には、ベルヌヴァル〔セーヌ・マリティーム県の都市〕のアレクサンドルと彼によって刺し殺された弟子との憎悪に満ちた険しい表情を同じ石の上に見ることができる。足下に控えている彼らの二匹の犬は今も睨みあっている。道なかばにして死ななければならなかった不運な若者はその胸に比類なく美しいバラをいだいている。それは彼がその師匠を追い越してしまった不幸の印である。

十三世紀のフランスの美しい教会をどうやって数えあげたらよいだろうか。少なくともパリのノートル＝ダムについてだけは語っておきたいと私は思っていた。けれども或る人〔ヴィクトル・ユゴー〕がこのモニュメントにライオンの爪で印を刻んでしまったので、これからは誰もそれに触れようとする者はないだろう。それは彼の所有、彼の領地であり、要するにカジモド〔『パリのノートル＝ダム』の主人公であるせむしの堂守り〕の譲渡不可能な世襲地である。この人は古い大聖堂のかたわらにその塔と肩を並べる、もうひとつの詩の大聖堂を打ち建てたのだ。私がこの教会を考察するとすれば、それは歴史の書物、王政の運命の記録簿としてであろう。かつてはフランスのすべての国王の像で飾られていた正面の大門はフィリップ・オーギュスト〔在位一一八〇―一二二三〕の時代の作である。*訳註 南東の門は聖王ルイ〔在位一二二六―七〇〕の、北側の門はフィリップ端麗王〔在位一二八五―一三一四〕の時代のものである。後者はテンプル騎士団の財産没収によって建てられたのだが、おそらくは〔騎士団の総長〕ジャック・モレの呪いをよけるためであったろう〔下巻2「テンプル騎士団の裁判」を参照〕。この陰気な大門の赤い扉には、オルレアン公の暗殺者、ジャン無畏公の記念碑が付いている〔下巻5「オルレアン公の暗殺」を参照〕。百合の花〔フランス王家の紋章〕に飾られた、この大きくて重たげな教会は、宗教よりもむしろ歴史に属している。ストラスブールやケルンの教会においてあれほど顕著であった上昇運動、飛翔はここにはほとんどない。縦縞《じま》の帯状装飾がパリのノートル＝ダム教会を切断し、その飛翔を押しとどめている。この模様はむしろ書物の線であり、祈るかわりに〔歴史を〕物語るのだ。

＊訳註　門の上に並ぶ二八体の像は本来はユダとイスラエルの王を表わすものだったが、フランス国王の像と誤解されてフランス革命の最中に破壊された。それがヴィオレ＝ル＝デュックによって修復されたのは、『フランス史』第二巻（一八三三年）よりあとの一八四一―六四年のことである。

パリのノートル＝ダムが王政の教会であるのに対して、ランスのノートル＝ダムは聖別式の教会である〔四九六年にフランク王クローヴィスがランスで受洗したことからフランス王の即位の地となった〕。一般の大聖堂とは異なり、この大聖堂は〔十三世紀中に〕完成された。この豪華、透明、優美な教会は、大いにおしゃれをして祭りを待っているように見える。だが、それはもうやっては来ないのだから、彼女〔教会〕はかえって悲しくなるばかりだ。過剰なまでに彫刻され、他のどの教会よりも教会権力の象徴でおおわれたこの教会は国王と教会の同盟を象徴している。翼廊交差部の外側の斜面では悪魔が浮かれ騒いでいる。彼らは飛び梁の急傾斜をすべりおりながら、都市に向かって顔をしかめている。一方、天使の鐘楼の足下では民衆が処刑されている。

サン＝ドニ修道院〔パリ北郊のベネディクト派修道院。メロヴィング朝のダゴベルト一世の時代からフランス王の墓所となる〕は墓の教会である。だが、異教の陰気で悲しげな死者の都《ネクロポリス》〔古代の大墓地〕ではなく、これを建てた聖王ルイの魂のように、栄光と勝利に満ち、信仰と希望に輝き、大らかで翳《かげ》がない。建物の外観は質素、内側は美しいが、死者を圧迫しないためであるかのように、すらりとしていて軽やかである。身廊から内陣へは階段で昇るようになっているが、それは国王の遺体をかついで上がり下りする新しい世代の行列を待っているかのようだ。

中世のデカダンス

われわれが到達したこの時代、ゴシック建築はその絶頂にあって、処女の犯しがたい美しさをもっていた。それは俗世にあっては儚く消えるほかはない、つかのまの栄光である。純粋な美しさのあとには別の美しさが続くが、われわれはこれについてもよく知っている。御存知のとおり、あの第二の青春というものだ。すでに人生の重みを解し、善悪の知識が苦笑いとなり、半ば閉ざした瞼からは鋭い視線が走る。そんなときには、心の動揺をはぐらかすためにはどんな祭りも十分ではない。それは装いと高価な飾りの時代である。第二世代のゴシック教会も同様であった。それは限りなく装いに気をつかった。重そうな三角形をかぶせられた豪華な開き窓。扉や鐘楼につるされた、ダイアモンドの台座のように魅惑的な聖櫃。妖精の糸車の錘《つむ》によって紡がれた薄くて透明な石のレース。教会は、その内部で病いが進行すればするほど、装しをこらして見栄をはったのだ。美しき病人よ、無理をしてはいけない。貴女のやせた手首では腕輪がまわっているではないか。貴女はあまりに知りすぎ、思想で身を焼き、不毛な愛でやつれている。

芸術は日々やせ細っていった。芸術家は涸れていく生命をとりもどそうとして石に食ってかかり、責めつける。彼は石を穿ち、削り、薄くし、細工した。いまや建築はスコラ学の妹になった。それは分割し、再分割した。その手法はアリストテレスであり、方法は聖トマスであった。それは結論のない石の三段論法のようなものだった。こうしたゴシックの洗練、スコラ学の精緻、トルバドゥールとペトラルカの愛のスコラ学の中にはいささか冷たいものが感じられる。それは受難が何であるか、その激しい追求において受難がどれほど巧妙、執拗、猛烈、細心、鋭利であるかを知らないからだ。スコラ学は無限なるものの逃げ去る光をかいま見たことにより変質し、感覚に異常なまでの活力をあたえ、どんな細部も大きくして識別する拡大鏡となる。それは、空からの光が漂う極小の空気の泡の中に無限を追求し、美しい金髪の茂みの中、ぴくぴく動く心臓の最後の神経の中に無限を捜し求める。何度でも切り分けるがよい、鋭利なメスであるお前〔スコラ学〕は、突き差し、切り裂くことができる。お前は髪の毛を縦に割き、原子を切り取ることができる。でもそこにお前の神を見つけることはないだろう。

このように激しい追求を毎日推し進めた結果として、人間が出会ったもの、それは人間自身であった。キリスト教の人間的で自然な部分はますます拡大し、教会を侵略した。空しく上昇することに疲れたゴシックの植物模様は地面に広がり、花を咲かせた。それはどんな花か？——人間のイメージ、絵画と彫刻によるキリスト教の表象、つまり聖人、使徒である。限りあるものを再生産する物質主義的な芸術である絵画と彫刻が少しずつ建築を圧倒していった。無限で物言わぬ、抽象的な芸術である建築は、より活発で、よりおしゃべりなこの妹たち〔絵画と彫刻〕をはねつけることができなかった。それまではむき出しであった神聖なる教会の壁に、人間の姿が装飾となって住みつき、繁殖した。人間がそのイメージを持ちこむときはいつでも信仰が口実となった。それは〔はじめは〕キリストとして、使徒あるいは預言者として入りこんだ。後になると、それは自分自身の名において〔死者として〕慎ましく墓の上に横たわった。これらの憐れな死者たちに教会のアジール〔庇護〕を拒んだりする者があったろうか。彼らははじめのうちは、表面に似姿が彫られただけの簡素な平墓石で満足していた。その後、平墓石は立ち上がり、墓は膨らみ、似姿は立像となった。さらに墓は霊廟、あるいは石の霊柩台となって教会をいっぱいにした。何と言ったらよいか。それは礼拝堂であり、教会そのものであった。神は狭苦しくなったわが家の中で、自分自身の礼拝堂を確保したので満足していた。このように人間がキリスト教の教会に侵入してきたのであるから、教会の方でも再び異教化し、ギリシアの神殿のような外観を呈する以外に、残された道はなかったのである。

建築は二つの観念に依拠している。ひとつは自然な観念、すなわち秩序の観念であり、もうひとつは超自然的な観念、すなわち無限の観念である。ギリシアの芸術においては、秩序が自然で合理的な観念を支配している。等間隔に並べられたギリシアの力強い円柱は軽やかなペジメントを楽々と支えている。弱い者が強い者によりかかっている。これは論理的で人間的なことだ。ゴシックの芸術は超自然的、超人間的だ。それは奇蹟的なもの、詩的なもの、不条理なものへの信仰から生まれた。私は愚弄しているのではなく、聖アウグスティヌスの「不条理ナルガ故ニ、我信ズ」という言葉を借りているのだ。神の家は、それが神のものであるがゆえに、大きな円柱を必要としない。それが物質的な支えを受け容れるとしても、優越感のこもった寛大さからなのだ。それにとっては神の息吹だけで十分だった。もし可能であるなら、こうした支えは無しにすませたかったことであろう。繊細な小円柱の上に巨大な建物をのせたかったことであろう。奇蹟は明瞭なのだ。そこにゴシック建築の生命がある。それは奇蹟の建築なのだ。けれども、それは死の原理でもある。人間的な奇蹟は不完全にしか奇蹟の条件を満たさない。奇蹟の観念とは瞬間的な行為のことであり、人類の必要に応じてたちどころになされる救済、「ナサレヨ」のことである。だからこそ奇蹟は至高なのだ。太陽の運行のように規則的な奇蹟は平凡すぎて効果をもたない。緊急の必要性のない、不動で石化した奇蹟は不条理の効果を生み出す。愛は不条理なるものを信じたがる。それはまた献身であり、供犠である。けれども愛がなくなるとき、奇妙で奇怪な形態がおもむろに姿を現わし、美の感覚も、論理学も、共にショックを受けることだろう。

利害を離れ、自分自身を目的とすることが芸術の本質であるとするなら、ゴシックの芸術はギリシアの芸術に劣ることになる。後者は美以外の何ものも求めてはいない。それは若い芸術であり、形体のみを追求している。ゴシックの芸術は善と聖を追求する。芸術はそこでは宗教の手段、精神的な原動力のようなものである。肉体を否定する死の宗教に奉仕する芸術は、醜いものに出会い、それをいとおしまねばならない。意図的な醜さは犠牲であり、自然な醜さは謙譲の機会である。悔悛は醜く、罪はさらに醜い。罪の神であるおぞましいドラゴン、悪魔は教会の中で打ち負かされ、辱しめられるが、結局の所そこに残っている。ギリシア人はしばしば動物を神の列に加えている。ローマのライオン、パルテノンの軍馬は神々のあいだにとどまっている。ゴシックは、人間をあがめる前に、それを動物化し、自らを恥いらせている。ここにキリスト教の醜さがある。ではキリスト教的な美はどこにあるのか。それは苦業と苦悩の悲劇的なイメージの中に、あの悲愴なまなざし、世界を抱擁しようと広げられたあの両腕の中にある。それは恐怖をかきたてる美、驚嘆すべき醜さではあるが、われわれの古い芸術家たちはそれを清められた魂に捧げることを恐れなかった。人間がこれとは別のものを求め、死の崇高さよりも生の優美さを選び、自分のために死んだ神に対してその形体のことで文句を言う、そんな時代が来るのだろうか。

彫刻であれ、建築であれ、ゴシック的なものすべての中には、何かしら複雑で、古くさくて、息苦しいものがあることは、認めざるをえない。キリストが十字架の上にあるように、教会の大伽藍は幾重にも差しこまれたおびただしい数の扶壁によって支えられている。今にも壊れそうな古い家か未完成の建物であるかの印象をあたえる、無数の突っ張りに取りまかれた教会を見るのは疲れるものだ。

たしかに、この家は壊れそうだったし、完成されることもなかった。その芸術は形体の面でも弱点があったが、社会的原理の面でも欠陥をもっていた。それを作り出した社会があまりにも不平等、あまりにも不公正であったからだ。カースト制度は、キリスト教によって大いに緩和されたとはいえ、まだ存続していた。民衆から出た教会は、すぐに民衆を恐れるようになった。教会は民衆から遠ざかり、旧敵であった封建制と同盟し、その後は封建制に勝利した王権と同盟した。教会は、自らがその誕生を手助けしたコミューン〔自治都市〕に対する王権の悲しい勝利に協力した。ランスの大聖堂の鐘楼の足許には、新税の制定に抵抗したために罰せられた十五世紀の市民たちの像が残されている。これらの晒刑にされた民衆の像は教会自身にとって恥ずべき烙印である。刑罰を受けた者の声は賛美歌と共に天に昇っていた。かかる賛辞を神は喜んで受け取るのだろうか。私には分らないが、賦役によって建てられ、飢えたる民衆の十分の一税によって高さを増し、司教や領主の高慢によって飾りたてられ、彼らの尊大な墓でいっぱいになった教会は、日増しに神の寵愛を失いつつあったように思われる。これらの石の下には、あまりに多くの涙が流されていたのだ。*訳註

*訳註　処刑された民衆を目撃したことにより、ミシュレは教会と王権に違和感をいだくようになり、『中世史』から『革命史』へと関心を移すようになる。これについては、本書1「一八六九年の序文」五九―六〇頁を参照。

中世は人類の願いに十分応えることができなかった。中世は、それが世界の最後の言葉、「成就」であるという自らの尊大な主張を支えられなかった。神殿は拡大しなければならなかった。キリストの広げられた両手が人類に約束していた神の抱擁は実現されるはずであった。この抱擁においては、愛する者と愛される者とが一体になるという、愛の奇蹟が生ずるはずであった。人類は自らの中にキリストを認識し、受肉と受難の永続を自らの中に知覚するはずであった。キリストはこの永続の印を

ヨブとヨゼフにもあたえた。彼はそれを殉教者たちにも見出した。永遠なるキリストのこの神秘的な直観は人類の歴史の中で絶えず更新され、中世においてはいたる所に存在しており、たしかに混沌として漠然としてはいたが、それでも日増しに輝きの度合いを高めていた。それは自発的で民衆的であり、教会の影響とは無縁であり、しばしばそれには反するものだった。民衆は聖職者に従いながら、聖職者と聖人、神とキリストを区別していた。歴史的現実におけるこの理想を、民衆は長い年月をかけて耕し、育て、純化するのだ。このやさしく忍耐強いキリストは、司教たちにやじられたお人好しのルイ〔カール大帝の息子のルイ一世好人物帝。在位八一四―八四〇〕の中に、あるいは教皇に破門された善良なるロベール〔ロベール二世敬虔王。在位九九六―一〇三一〕の中に、あるいはギベリン党〔皇帝派〕の戦士でありながら〔第一回十字軍に加わり〕イェルサレムにおいて聖墓の単なる「保護者」として汚れを知らずに死んだゴドフロワ・ド・ブイヨン〔一〇六〇頃―一一〇〇〕の中に現われている。この理想は、教会に見離されながらもそのために死んでいったカンタベリ大司教聖トマス・ベケットにおいてはさらに偉大なものとなっている。それは聖職者的な王であり、人間的な王である聖王ルイの中で純粋さの新たな段階に達する。まもなくこの理想は民衆へと拡大するだろう。それは十五世紀において、民衆の男の中だけではなく、女の中、純潔な女の中、聖なる処女の中で実現するだろう〔ジャンヌ・ダルクを指す〕。われわれはそれを民衆的な呼び名である乙女《ピュセル》と呼ぶことにしよう。彼女の中で、民衆は民衆のために死ぬのであるが、彼女こそ中世におけるキリストの最後の表象となることだろう。

神の似姿《イメージ》を自らの中に認めた人類のこの変容は、個別的であったものを普遍化し、一時的で過ぎ去ってしまったと思われたものを永遠の現在の中に固定し、地上に天を置いた。それは近代世界の贖罪ではあるが、キリスト教とキリスト教芸術に対する死の宣告とも言える。いまだ完成されざる教会の上からはサタンの不遜なる哄笑が聞こえてくる。この笑いは十五世紀と十六世紀におけるグロテスクの表現形態である。サタンは勝負に勝ったと思った。この愚か者は、彼の勝利がただの手段でしかなかったことを最後まで理解できなかった。神が人間になったからといって神はやはり神であること、神殿が世界のように大きくなったからといって神殿が破壊されたわけではないことに彼は気づかなかった。芸術が動かなくなったからといってそれが死んだわけではなく、ただ休息しているだけであること、人類は神に向かって上昇する前に、一度自分の中に下降し、より公正、より平等、より崇高な社会を創ることにおいて自らを試し、自らを検証し、自らを完成させなければならない、そのことをサタンは見ていなかった。

それまでは、古い社会は去らねばならない。中世の痕跡はすっかりぬぐい去られねばならない。われわれが愛していた存在、子供であったわれわれを育んでくれた存在、父や母のような存在、揺籠の中でやさしく子守り歌を歌ってくれた存在、そうしたものの死にわれわれは立ち会わねばならない。古いゴシック教会が相変わらず天に向かって塔の上から哀願しようとも、そのステンドグラスが涙を流そうとも、その聖人たちが石の壁龕の中で苦業しようとも、無駄なことである。「大河が氾濫しようとも、主の許までは届かない」。この断罪された世界は、ローマ、ギリシア、オリエントの世界と共に消え去ることだろう。それは、他の世界の遺物のかたわらに、自身の遺物を残すことだろう。神のあたえる猶予は、せいぜいのところ、〔ユダの王〕ヒゼキアにしたように、時の歩みをいくらか遅らせるくらいのことだろう〔『列王紀下』第二〇章〕。

たしかにそうなった〔中世は滅びた〕。だが神の慈悲はないのだろうか。塔は天に向かって上昇することを止め、尖塔は倒れ、ドームは祭壇の上に崩れ落ち、この石の空はそれを崇めていた人々の頭上に落下するほかはないのだろうか……。ものの形がなくなれば、すべてがなくなってしまうのか。死のあとは宗教のためには何もなくなってしまうのか。私たちの震える手からもぎとられた、あの愛すべき貴重な亡骸が柩の中に収められるとき、あとには何も残らないのか……。ああ、私はキリスト教とキリスト教芸術のために、教会が死者にささげたあの言葉を想い起こす。「私を信ずる者は決して死なない」。主よ、キリスト教は信じ、愛し、理解した。キリスト教において神と人間は出会ったのだ。それが衣を変えることはあるかもしれないが、滅びることは決してない。それは形を変えてなお生き続けることだろう。それは墓を守り続ける人々の眼に、ある朝、突然あらわれ、三日後に復活することだろう。

（立川孝一訳）

〈編者解説〉ミシュレと十九世紀フランス歴史学

真野倫平

フランスにおける近代歴史学の誕生――哲学派と物語派

十九世紀は「歴史の世紀」と呼ばれるように、ヨーロッパ諸国においてランケ、ミシュレ、カーライル、トクヴィル、ブルクハルトなどの歴史家が登場し、近代歴史学が誕生した時代である。それはフランスにおいては、フランス革命によってアンシャン・レジームが崩壊し、ブルジョワ社会が成立した時期にあたる。フランスはこの世紀にナポレオン帝政という戦乱の時代を経験し、さらに王政復古、七月王政、第二共和政、第二帝政、第三共和政と、めまぐるしい政治変動を経験する。このような激動の時代の中で、さまざまな政治的党派が、自らの政治的正統性を過去の歴史の中に探し求めた。歴史学は政治的・社会的な論争のレベルでしだいに重大な意味を担うようになった。

フランスでは王政復古期（一八一四―三〇）に、フランソワ・ギゾー、オーギュスタン・ティエリ、プロスペル・ド・バラントらの歴史家が本格的な歴史研究を開始した。ここでまず、ミシュレの先行世代にあたるこれらの歴史家たちの仕事を概観しよう。この時代の歴史学の特徴はまず、それが主にブルジョワ階級によって作り出された点にある。フランス革命によって覇権を握ったブルジョワジーは、自らの権力を正当化するような新しい歴史記述を求めた。それは王侯貴族が作り上げた「王国の歴史」ではなく、第三身分(平民)が自らの起源を語る「国民の歴史」でなければならなかった。歴史家たちは、とりわけ中世のコミューン(自治都市)の歴史の中に市民社会の起源を探し求めた。

もうひとつの特徴は、歴史学がいまだ大学におけるアカデミックな制度として確立されていなかった点にある。当時、歴史は文学と学問の曖昧な境界線上に位置していた。一方でオーギュスタン・ティエリはウォルター・スコットの歴史小説に大きな影響を受けたと告白し、他方でバルザックは『人間喜劇』序文において歴史家に対抗して「風俗の歴史」を書くことを宣言する。歴史と小説という二つのジャンルは互いに近接し交錯していた。歴史家たちは理想的な歴史記述を求めて、さまざまなスタイルの可能性を模索した。とりわけ「哲学派」と「物語派」のあいだで、歴史記述の方法論をめぐる論争が戦わされた。

フランソワ・ギゾー(一七八七―一八七四)は王政復古期にドクトリネール(純理派)と呼ばれる立憲王政派に属して政治活動を行った。一八二〇年のベリー公暗殺事件に続く反動の時代には政治活動を離れ教職に復帰するが、一八二二年に当局により講義停止処分を受ける。一八二八年にソルボンヌに復帰すると、哲学者のクーザンらとともに改革派の理論的指導者となる。七月王政において再び政界入りするが、今度は保守派の論客となり、一八四〇年頃から事実上の内閣首班を務めた。

しかしその反動的政策は国民の反発を呼び、一八四八年の革命を引き起こすことになる。

「哲学派」の代表的歴史家であるギゾーの関心は、人物や事件といった個々の「個別的事実」ではなく、それらの事実を支配する法則である「一般的事実」に向けられる。そしてとりわけ人類の精神活動の最高の成果である「文明」に向けられる。「次のように問うこともできるでしょう。それは普遍的事実であるのかと。人類の普遍的文明、人類の運命というものが存在するのかと。諸国民は世紀から世紀へと何かを伝え、それは失われることなく、むしろ増大し、受託物として伝えられ、時代の終わりまで到達するのかと。私としては、実際に人類の一般的運命というものがあり、委託物として伝えられる文明があり、結果として、書かれるべき文明の普遍史があると確信しています」（『ヨーロッパ文明史』）。ギゾーの言う「文明」とは、人類によって受け継がれる普遍的な共有財産である。とはいえ全民族が平等にそれを所有しているわけではない。それは時代とともに進歩を遂げ、現代ヨーロッパにおいて最高度の完成度に達する。このようにギゾーの歴史観の根底には、人類の漸進的進歩とヨーロッパ文明の普遍性に対する揺るぎない確信がある。

オーギュスタン・ティエリ（一七九五―一八五六）は、王政復古期にジャーナリストとして立憲王政派の立場から自由主義的な政治的主張を行った。一八二〇年以降の反動期にはジャーナリズムを離れて歴史学に専念し、『フランス史に関する書簡』（一八二七）において民衆を主人公とする「国民の歴史」を作ることを訴えた。また、『ノルマン人によるイングランド征服史』（一八二五）においては、イングランドにおける貴族と平民の階級的対立の起源を、征服民族であるノルマン人と被征服民族のサクソン人の人種的対立に求める、独自の征服理論を展開した。

ティエリは、過去の個別的な諸事件をその多様な色彩のまま忠実に再現することを目指した。そのために、彼はギゾーとは対照的な「物語的」歴史記述を選択した。そこでは語り手としての歴史家の存在は消え去り、ただ事実だけが一貫した叙述の中に示されることになる。「歴史の領域においては、展示という方法が常に最も確実である。そこに巧みな論証を持ち込むことは、真実にとって危険なしではすまない。私がフランスのいくつかの都市の政治史の細部にあれほどこだわったのは、この原則に従うためである。私はコミューンの設立の民主的性格を明らかにしようと思った。そして私は、論述を捨てて物語を取ることによって、私自身を消し去って事実に語らせることによって、より成功するだろうと考えた」(『フランス史に関する書簡』緒言)。

『世界史序説』——自然と人間の戦い

ジュール・ミシュレ(一七九八—一八七四)はこれらの歴史家たちより少し遅れて歴史家としての活動を開始した。ミシュレは王政復古期(一八一四—三〇)において、一八一九年に文学博士号を取得し、歴史教師としての活動を開始し、一八二七年にエコール・ノルマル(高等師範学校)の教師に就任する。七月王政期(一八三〇—四八)においては、一八三〇年に古文書館の歴史部長、一八三八年にコレージュ・ド・フランスの教授に就任し、歴史家として輝かしい経歴を築く。そんな中で彼が目撃した一八三〇年の七月革命(この革命によって王政復古が終了し、ルイ＝フィリップによる七月王政が始まる）は、フランス革命が理想に掲げた自由と平等の実現として、ミシュレに強い啓示をあたえた。

ミシュレは翌三一年、『世界史序説』と題された小著を刊行する。これはミシュレ自身がその歴史観を確立した作品として重要である。ミシュレによれば、歴史とは人間と自然の終わりなき戦いの物語にほかならない。「世界とともにひとつの戦いが始まった。それは世界とともに終わるべき戦い、それ以前には終わらない戦いである。人間の自然に対する、精神の物質に対する、自由の宿命に対する戦いである。歴史とはこの終わりなき戦いの物語にほかならない」。すなわち、歴史のはじめにおいて人間は自然の猛威に振り回される無力な存在でしかないが、しかしやがて人間は文明の力によって自然を克服してゆく。このような人類の進歩は、人類が東洋から西洋に移住するにつれて漸進的に進んでゆく。

この進歩の到達点はヨーロッパに、とりわけフランスにある。「世界のうちで最も単純でなく、最も自然でなく、最も人工的なもの、すなわち最も人間的で最も自由なもの、それがヨーロッパである。最もヨーロッパ的なもの、それが私の祖国フランスである」。その意味でこの序説は、ミシュレ自身も認めるように、『フランス史』の序説としての性格を帯びている。ミシュレは目撃したばかりの七月革命の中に、人類の進歩のひとつの到達点を見出す。「七月革命が示した独自の点、それは英雄なき革命、固有名詞なき革命の最初のモデルを提示したことである。いかなる個人のうちにもその栄光は特定されない。社会がすべてをなしたのだ」。

このような初期のミシュレの歴史観におけるヴィクトール・クーザン（一七九二―一八六七）の影響を看過することはできない。ソルボンヌの哲学教授であったクーザンは、ヘーゲルなどのドイツ哲学をフランスに紹介し、「折衷主義哲学」を創始した。彼はまたドイツ哲学の影響のもとに独自の歴史哲学を作り上げ、当時の歴史学に理論的な基礎を提供する役割を果たした。彼は歴史上の諸事実を「神の判決」と見なし、人類の進歩はすべて超越的な力によって定められていると主張した。「歴史は、人類についての神の見解の表れです。歴史の判決は神自身の判決です。（中略）歴史が神の統治の表れであるなら、歴史においてすべては然るべき場所にあります。すべてが然るべき場所にあるなら、すべては善です。なぜならすべては善意の力の示す目的に向かうからです」（『哲学講義』）。クーザンは自らの立場を「歴史的楽天主義」と呼ぶが、そこには、人類の歴史は神の善なる意志によって導かれているという予定調和的な歴史観が認められる。

当時、クーザンは若い世代の研究者に大きな影響力をもっており、ミシュレが一八二七年にジャンバティスタ・ヴィーコの『新しい学』を『歴史哲学の諸原理』という題で翻訳したのも、またエドガール・キネが一八二五年にヘルダーの『人類の歴史哲学についての考察』を翻訳したのも、クーザンの勧めによるものだと言われる。ヴィーコの『新しい学』の「人類は自分自身の作品である」という言葉は、人類の進歩を人類自身の意志に基礎づけ、歴史の根底に自由の原理を据えたという点で、ミシュレに強い啓示をあたえた。ミシュレはやがてクーザン的な歴史哲学を「宿命論」として退け、ヴィーコを自らの唯一の師として掲げるようになる。

『フランス史』という作品――ミシュレの象徴主義

ミシュレは一八三三年に生涯の作品となる『フランス史』の刊行を開始する。ここでその執筆の過程を確認しておこう。彼はまず一八三三―四四年に『フランス史』の表題の下に、古代から中世に至るフランス史を六巻にわたり刊行する。彼はここで執筆を一旦中断し、一八四七―五三年に『フランス革命史』全七巻を刊行する。その後、再び『フランス史』に戻ると、一八五五―六七年にルネサンスから大革命に至る近代の部分を一一巻にわたり刊行する。一八六九年には『フランス史』全体への序文を執筆する。その後、大革命後の時代を扱う『十九世紀史』に取り掛かるが、これは第三巻まで書いた時点で作者の死によって中断される。

一八三三―四四年……『フランス史』六巻（中世）
一八四七―五三年……『フランス革命史』七巻
一八五五―六七年……『フランス史』一一巻（近代）
一八六九年……『フランス史』序文
一八七二―七五年……『十九世紀史』三巻

注意しなければならないのは、『フランス史』という表題の示す範囲が必ずしも明白ではないことである。『フランス史』という題名がつけられているのは、厳密には中世の六巻と近代の一一巻のみである。しかし一般には、それに続く時代を扱った『フランス革命史』七巻を、あるいはさらに『十九世紀史』三巻を『フランス史』に含めて考える場合が多い。ともあれ、ここで訳出した部分は、一八三三―四四年に刊行された『フランス史』の最初の六巻にあたる。しばしば「中世」とか「中世史」と呼ばれるが、扱う時代は先史時代から十五世紀までである。各巻の内容は以下の通りである（要約は筆者による）。

第一巻……九八七年まで。起源からカペー朝到来まで
第二巻……一〇〇〇年頃から一二七〇年まで。ロベール二世の治世からルイ九世の死まで
第三巻……一二七〇年から一三八〇年まで。フィリップ三世の即位からシャルル五世の死まで
第四巻……一三八〇年から一四二二年まで。シャルル六世の治世
第五巻……一四二二年から一四六一年まで。シャルル七世の治世
第六巻……一四六一年から一四八三年まで。ルイ十一世の治世

全六巻は年代順に従い通時的に構成され、巻の区切りは君主の治世の区切りに対応している。この目次を見るかぎり、ミシュレの歴史は国王の治世によって区分された伝統的な「王国の歴史」の枠組を越えていないという印象を受ける。「国民の歴史」を目指したと自任するミシュレの独自性は

果たしてどこにあるのか。

　ミシュレは先行する物語派と哲学派の仕事をある時は継承しつつ、またある時は批判しながら自らの方法を作り上げた。彼は自らの歴史学を説明する際に、しばしば二つの流派を引き合いに出している。「ティエリはそこに《物語》を、ギゾー氏は《分析》を見出した。私はそれを《復活》と名付けた。この名はそこに残り続けるだろう」（『民衆』）。ミシュレは二つの流派の優れた点を受け入れながら、それらを総合しようとした。カミーユ・ジュリアン（一八五九―一九三三）は史学史研究の古典である『十九世紀フランス歴史学注解』（一八九七）においてこう説明する。「この理想に到達するために、ミシュレは先行する二つの流派の方法を結びつける。物語派からは、活気と精彩があり時代色に彩られた美しい《物語》の趣向を受け継ぐ。哲学派の《システム》からは、政府や社会状態や宗教問題についての研究を借り受ける」。

　しかしそれは単に二つのスタイルを場合に応じて使い分けることではない。ミシュレの真の独創性は、ふたつの流派の特徴をひとつの叙述の中に融合した点にある。ジュリアンはそれをミシュレの「象徴主義」と呼ぶ。「そしてミシュレの最後の手法は、同時代のロマン主義の帰結ではなく、ドイツ流の象徴主義の帰結である。生命をもたない物体が人間になるなら、人間は象徴になる。ペラギウス〔五世紀の修道士〕はギリシア＝ケルト精神の象徴である。ジャンヌ・ダルクのうちに聖処女とフランスが現れる。ミシュレは呼吸しないものに生命をあたえ、呼吸するものを観念化する」。ミシュレは社会を擬人化すると同時に、人間を観念化する。こうして個人と社会は重なりあい、ひとつの叙述のうちに個別的事実と一般的法則とが同時に示される。以下、いくつかの例に即して、このミシュレの象徴的手法を確認してゆくことにしよう。

フランス王ルイ一世――聖人の肖像

ミシュレは歴史を精神と物質の戦いと定義した。中世においては、フランス国王がしばしば精神的原理を体現する。カロリング朝のルイ一世（好人物帝。在位八一四―八四〇）はそのような「聖人王」の典型である（メロヴィング朝・カロリング朝のゲルマン系諸王を「フランス王」と呼ぶことには問題もあるが、ここではミシュレの呼称に従う）。彼の父親のシャルルマーニュ（カール大帝。在位七六八―八一四）は、フランス・ドイツ・イタリアにまたがる大帝国を築き、ローマ教皇からローマ皇帝の帝冠を受けた。ヘーゲルが「世界史的個人」と見なしたナポレオンの衝撃の余韻もまだ冷めやらぬ時代において、歴史を左右する「偉人」の存在は一種の特権的主題とされた。多くの歴史家にとって、シャルルマーニュはまさに「偉人」の典型であった。

それに対して、ミシュレのシャルルマーニュに対する視線はかなり冷徹なものである。彼はシャルルマーニュの治世におけるさまざまな成果を、彼の個人的功績に帰するのではなく、全体的な歴史の流れの中で捉えなおそうとする。「このうつろいやすい世界を安定させるのに好都合だったのは、ピピンとシャルルマーニュの治世の長さである。（中略）彼らはすべてを受け継ぎ、先立つすべてを忘れさせた。シャルルマーニュにはルイ十四世と同じことが起こった。すなわち、すべては《偉大なる世紀》に帰せられたのである」。ミシュレはこうして巨人からその仮面を引き剥がし、偉人伝説を解体しようとする。

興味深いことに、ミシュレの関心は、この偉大な大帝の築いた巨大帝国を維持することができなかった、無能な後継者であるルイ一世に向けられる。ルイは個人的には無実でありながら、社会全体の穢れを清めるために罰せられる、ミシュレ的聖人のひとりである。「それは歴史の法則である。終わろうとするひとつの世界は、ひとりの聖人によって閉じられ償われる。家系のうち最も純粋な者がその過ちを担い、無実の者が罰せられる」。ルイの一生は、帝国を解体してわがものとしようとする息子たちとの終わりなき戦いであった。この悲しい戦いに疲れ果てたルイの死とともに、シャルルマーニュの帝国は崩壊する。ルイは自分が相続した不正な帝国の殉教者として死ぬ。ミシュレはこの聖人王の崇高な最期を描くことで、同時代の偉人崇拝に対して批判を投げかけたのである。

イングランド王ヘンリ二世――英雄の肖像

この「聖人」に対立し、物質的原理を体現するのが「英雄」である。英雄的類型は、例えば神聖ローマ皇帝のうちに、あるいはイングランド王のうちに現れる。ミシュレは中世におけるフランス王とイングランド王の対照を指摘する。フランス王はきわだった個性をもたない凡庸な存在である。それに対してイングランド王は非凡な才能をもち英雄的活躍で頭角を現す。しかし、最後に勝利するのはフランス王の方である。フランス王はその一般的性格ゆえに、民衆の意思を代弁し、その支持を集めることによって、最終的に勝利を収めるのだ。それは『世界史序説』に描かれた人間の自然に対する勝利であり、普遍性の個別性に対する勝利なのである。

それに対してイングランド王は、個人的な才能に溺れて民衆の意思を踏みにじるがゆえに、みずからの破滅を招くことになる。ヘンリ二世（在位一一五四—八九）とカンタベリー大司教トマス・ベケット（一一一八—七〇）の対立もまた、人間と自然の、精神と物質の戦いにほかならない。全能の王であるヘンリはトマスを暗殺させ、物質は精神を打ち砕いた。しかし精神は地上の戦いに敗れることで、天上の戦いに勝利する。トマスの死はキリストの受難として語り継がれ、彼は聖人の後光を獲得する。一方、ヘンリは暗殺者として万人に糾弾され、妻や息子たちに裏切られ、孤独な死を遂げる。

オーギュスタン・ティエリは『ノルマン人によるイングランド征服史』（一八二五）において、ヘンリとトマスの対立の原因を、征服民族であるノルマン人と被征服民族であるサクソン人の対立に求めた（ただし今日ではベケットがノルマン人であったことが判明している）。しかしミシュレはこのような人種的決定論を批判する。ティエリが人種的対立と見なしたものを、ミシュレは精神と物質の対立としてとらえ直す。それは、歴史の根底に人間の自由意志を置き、物質主義的な宿命論を否定しようとする、ミシュレの歴史家としての姿勢の表れである。

聖王ルイと中世の終焉

ミシュレの歴史には、このように精神的原理を体現する幾人かの特権的な人物が存在する。カロリング朝のルイ一世、カペー朝のロベール二世、第一回十字軍に参加したゴドフロワ・ド・ブイヨン、トマス・ベケット、最後の十字軍を率いたルイ九世、ジャンヌ・ダルク。彼らはいずれも社会の運命を一身に反映する特権的な個人であり、ミシュレの歴史における「聖人」の系譜をかたちづくる。彼らは天上の精神的原理に従うかぎりにおいて、地上の物質的原理と衝突せざるをえない。彼らはそれゆえにしばしば苦難の生涯を送り、不幸な最期を遂げる。しかし彼らはその崇高な受難のうちに、社会全体の罪を洗い清める。いわば彼らは、社会全体の罪をになうキリストとも言うべき存在なのである。ミシュレの歴史の根底にあるのはこのような死と贖罪の弁証法なのだ。

ルイ九世（聖王ルイ。在位一二二六―七〇）はこのような「聖人王」の典型である。ルイ一世の死とともにシャルルマーニュの帝国が解体したように、聖ルイの死とともに十字軍の時代が終わる。最後の十字軍の途上で、灰の上に横たわり静かに死の訪れを待つその姿は、まさに聖人の最期にふさわしい。「聖ルイの十字軍は最後の十字軍となった。中世はその理想を、その花と果実をあたえた。中世は死なねばならなかった。聖ルイの孫のフィリップ端麗王において近代が始まる。中世はボニファティウスのうちに平手打ちを食らい、十字軍はテンプル騎士団員の姿のうちに火あぶりとなった」。

それに対して来るべき近代を象徴するのが、ルイ九世の孫のフィリップ四世である。この合理的精神の持ち主は、宗教的権威にいかなる配慮も払わなかった。彼は宗教政策で衝突したローマ教皇ボニファティウス八世を憤死させ、南仏のアヴィニョンに教皇庁を移転させ、テンプル騎士団を廃絶させてその財産を奪う。それは、宗教的原理や封建的原理ではなく、経済的原理によって支配される合理的な近代の到来である。それは、「われわれがたどり着いた時代は、黄金が即位した時代と考えられるべきである。それが、われわれが入ってゆく新世界の神なのだ」。ミシュレは近代の到来を歴史の必然として受け入れながらも、新しい時代の醜さに嘆きを漏らし、去りゆく中世に愛惜の視線を投げかける。「芸術の原理としての受難」の章には、そのようなミシュレの複雑な心境が読み取れる。

ジャンヌ・ダルクと国民の創生

しかし、フランスが真に近代を迎えるには、百年戦争、それにアルマニャック派とブルゴーニュ派の内戦という未曽有の混乱の時代を経過しなければならない。ヴァロワ朝に入ると、フランスは「百年戦争」と呼ばれるイングランドとの対立の時代を迎える。それは戦乱、飢餓、疫病など、民衆にとってはまさに苦難の時代であった。ミシュレは黒死病の大流行と、そこから生まれた舞踏病の蔓延、さらに美術における「死の舞踏」の主題の誕生について物語る。文化や風俗に対するミシュレのこのような関心は、二十世紀歴史学の社会史的な問題意識を先取りするものである。

やがてシャルル六世（在位一三八〇―一四二二）が狂気に陥ると、空白となった王権をめぐって権力争いが激化し、アルマニャック派とブルゴーニュ派の内乱が勃発する。その混乱のさなかにジャンヌ・ダルク（一四一二―三一）が登場する。ジャンヌは今日では救国のヒロインとして国民的偶像になっているが、実はこのような評価はそれほど古いものではない。歴史家たちがジャンヌに対する本格的な研究を開始し、彼女を忘却の淵から拾い上げたのは、十九世紀以後のことにすぎない。「国民の歴史」の創成期において、平民出身のジャンヌは国民神話のシンボルとして格好の存在だった。共和派からカトリックにいたるさまざまな党派が彼女を自らのシンボルとして奪い合った。ジャンヌ・ダルクはこうして歴史上に華々しい復活をとげたのである。

ミシュレの『フランス史』は、そのようなジャンヌ復活において中心的な役割を果たした。ミシュレはシャルル六世の治世を「フランスの死」、シャルル七世（在位一四二二―六一）の治世を「フランスの復活」と呼び、ジャンヌ・ダルクの受難をその死と復活の接点に位置づける。ジャンヌはミシュレ的聖人の系譜に属しており、その死は救世主の受難と同様に社会全体の贖罪をもたらすのである。「キリストのまねび、乙女のうちに再現されたその受難、これがフランスの贖罪であった」。フランス国民が誕生するためには、民衆がこの戦争と内乱の試練を通過する必要があった。一個人の死を通じて社会全体の復活がなされるという、死と復活の弁証法がここにも認められる。

フランスの「国民」はすでにそれ以前から誕生の兆しを見せていた。十四世紀半ばのふたつの民衆反乱、エティエンヌ・マルセルの乱とジャクリーの乱はその前兆である。前者は都市市民の、後者は地方農民の、自立への希求を意味する。しかし、それらはいずれも部分的な覚醒でしかない。フランス全体の国民意識が覚醒するには、ジャンヌ・ダルクの登場を待たねばならない。フランスのために生命を捧げた平民の少女の崇高な受難の姿こそが、国民全体の内に国民意識の覚醒をもたらしたのである。「フランス人よ、いつまでも忘れないようにしよう、われわれの祖国はひとりの女性の心から、彼女の情愛と涙から、彼女がわれわれのために流した血から生まれたということを」。『フランス史』全体が国民創生の物語であるとすれば、ジャンヌの受難はそのクライマックスに位置するといえる。

ジャンヌの死後、シャルル七世は百年戦争を終結させ、強大な王国を回復する。しかし百年戦争の終了後も、フランス王国とブルゴーニュ公国のあいだには緊張関係が続いた。中世史の最後の巻はルイ十一世（在位一四六一—八三）とブルゴーニュ公シャルル（一四三三—七七）の対立に当てられる。シャルルとルイの対立は誇り高い獅子と老獪な狐の対立であり、中世的精神と近代的精神の対立にほかならない。ナンシーの戦いにおけるシャルルの死によって最後の封建勢力であるブルゴーニュ公国は終わりを告げ、フランスは近代的な中央集権的な王国として統一される。地上の勝利者となったルイ十一世の孤独な最期によって中世史は閉じられる。

まとめ

近代歴史学の創生期を生きたミシュレは、同時代の他の歴史家たちと同様に、「国民の歴史」を創造することを自らの義務とした。ミシュレは生涯の作品である『フランス史』によってそれをなしとげようとした。しかしミシュレはゼロからそれを作り出したわけではない。彼は先行世代の歴史家たちから多くのものを受け継ぎ、それに批判を加えながら、独自の歴史記述を練り上げていった。彼は哲学派からはその分析的な省察を、物語派からは色彩的な叙述を受け継いだ。クーザンの歴史哲学から世界史の枠組みを借りながら、ヴィーコの自由の原理を歴史の基礎に据えようとした。まるでミシュレにとっては、これらのさまざまな方法論が、互いに対立し矛盾するものではなく、互いに補いあい助けあうものであるかのように。

ミシュレによれば、歴史家には、過去の対象に同一化しながら同時に批判的な距離を置くという二重の距離感が不可欠である。ミシュレは一八六九年の序文において、そのような歴史家の二重性を、命なき玩具と知りつつ人形を慈しむ幼子の姿に喩えている。「無邪気ながらも未来の母性に心動かされる幼い女の子の感動的な真剣さを、時にご覧になったことはないだろうか？　彼女は自らの手で作品を揺すり、接吻で励まし、心から言う。『私の赤ちゃん！』もし無骨に手を触れようものなら、彼女は混乱し泣き出すだろう。しかしだからといって、自分が励まし、話させ、諭し、自らの魂で生命を通わせているこの物体が何であるのか、彼女が知らないわけではないのである」。

ミシュレは『フランス史』において、まさにこのような多元的な立場を実践したと言えるだろう。今日のわれわれから見て、ミシュレの歴史学には確固たる方法論が欠けているように見えるかもしれない。すでに十九世紀後半の実証主義の歴史家たちは、その非科学性を激しく非難していた。しかし、二十世紀になると、リュシアン・フェーヴルをはじめとする多くの歴史家が、ミシュレの再評価を訴えるようになる。その貪欲な好奇心と奇抜な着想、矛盾を恐れない大胆な総合力が、『アナール』学派をはじめとする現代の歴史家たちに多くのヒントをあたえたのである。ミシュレの『フランス史』は、今日でもなおそのような起爆剤としての力を十分に備えているように見える。われわれの今回の翻訳が、歴史学の方法論をめぐる議論に何かしら寄与することになれば幸いである。

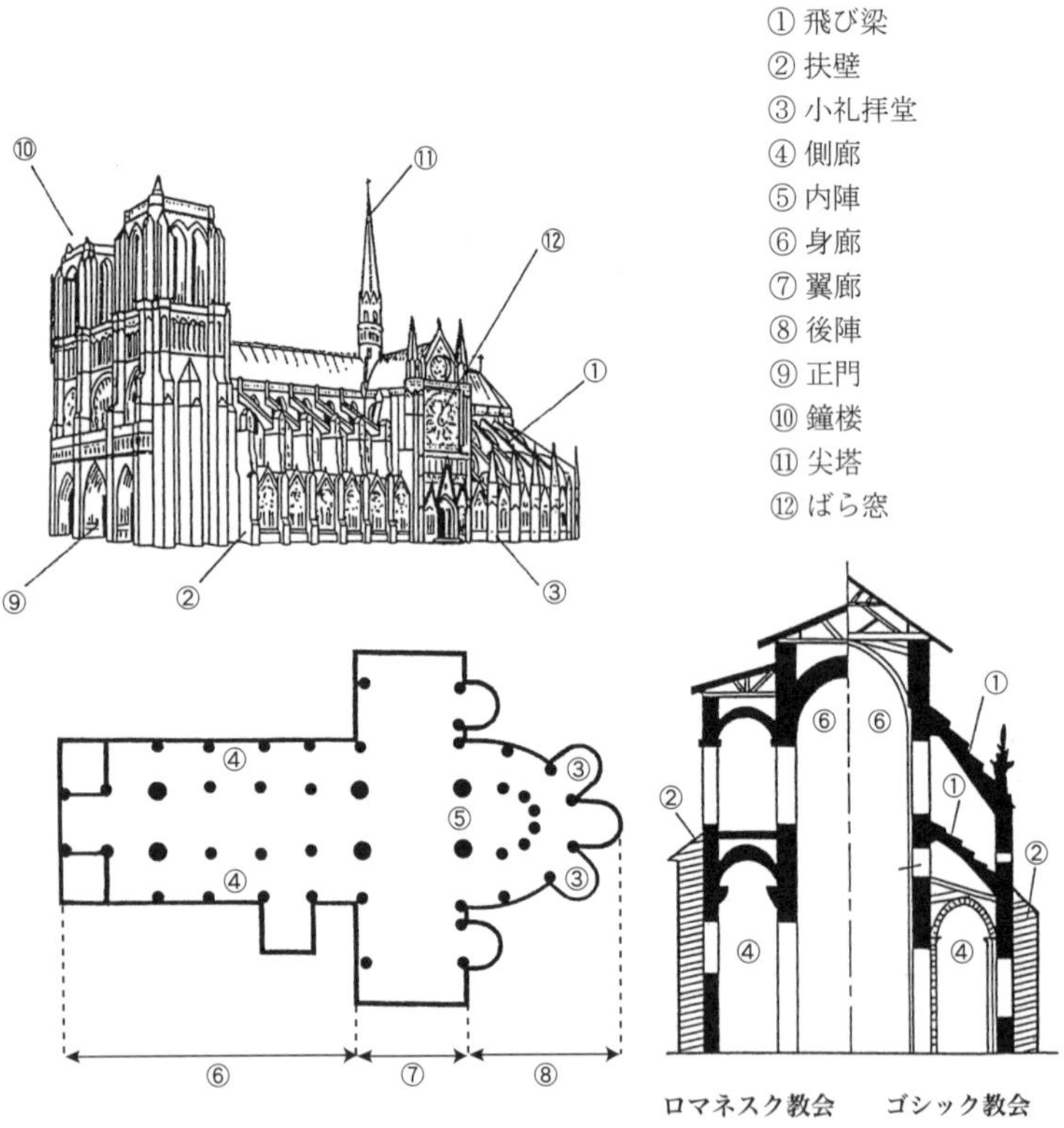

図版１　教会建築（第10章）

参考 :『新スタンダード仏和事典』大修館

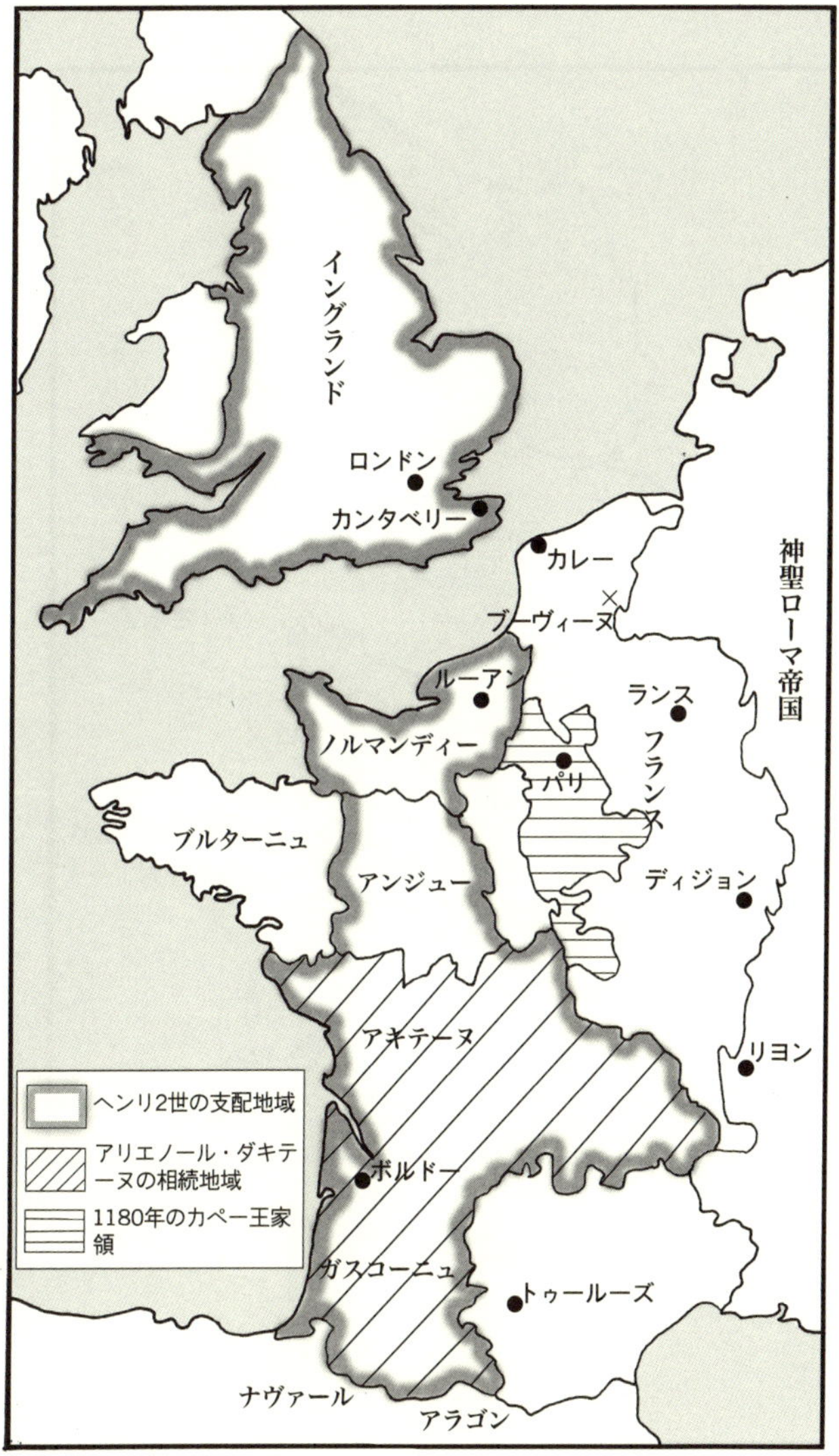

地図３　12 世紀のフランスとイングランド（第８章）

コンスタンティノープル
アンティオキア
リマソル
キプロス
アッコン
（サン=ジャン=ダクル）
イェルサレム
アレクサンドリア
ダミエッタ
マンスーラ
カイロ

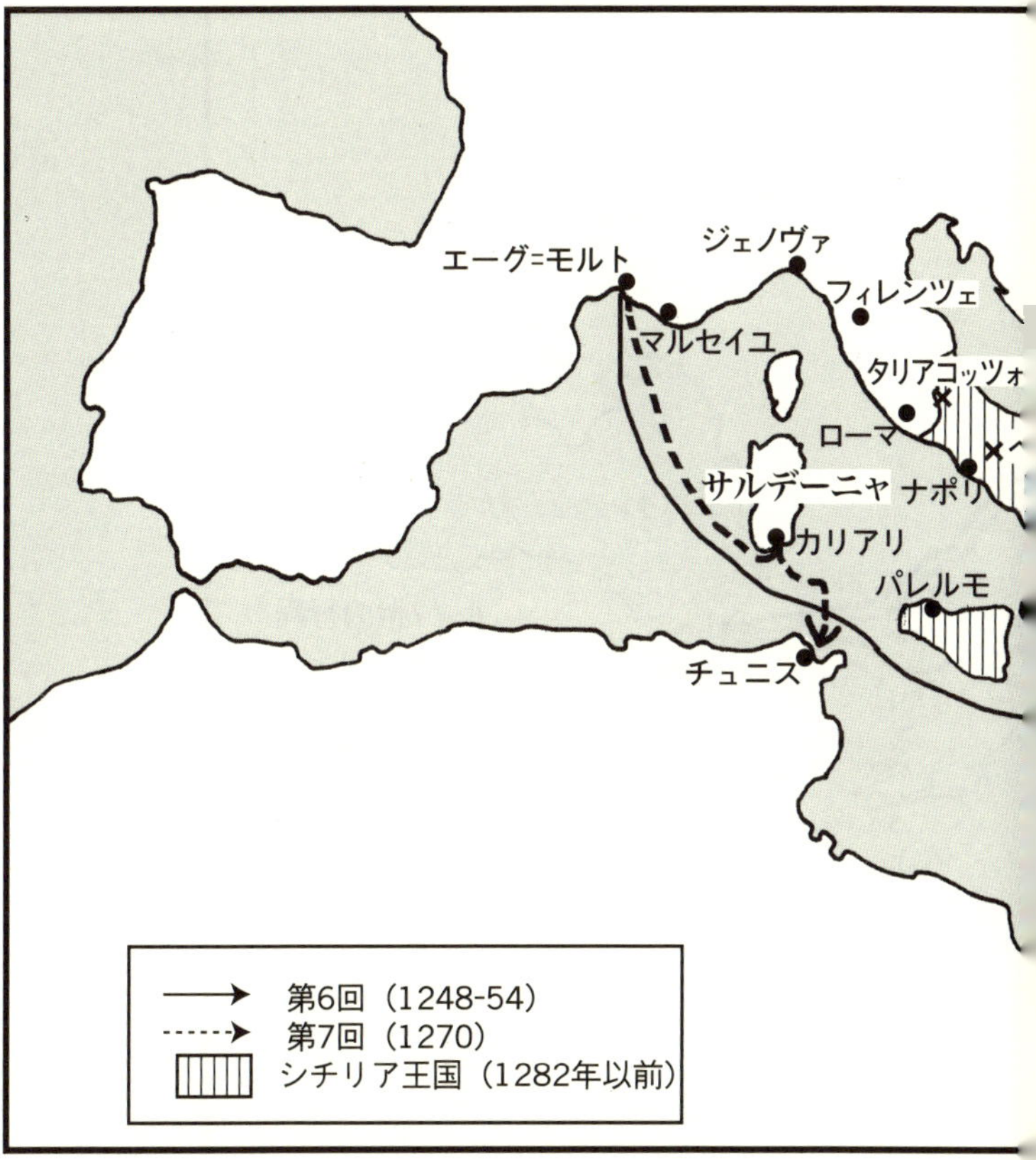

地図4　第６回・第７回十字軍（ルイ９世の時代、第９章）

ゴドフロワ・ド・ブイヨンの行程
コンスタンティノープル
アドリアノープル
ドゥラッツォ
ルイ7世の行程
タルスス
ニカイア
エデッサ
スミルナ
アタリア
アンティオキア
の行程
イェルサレム
アレクサンドリア

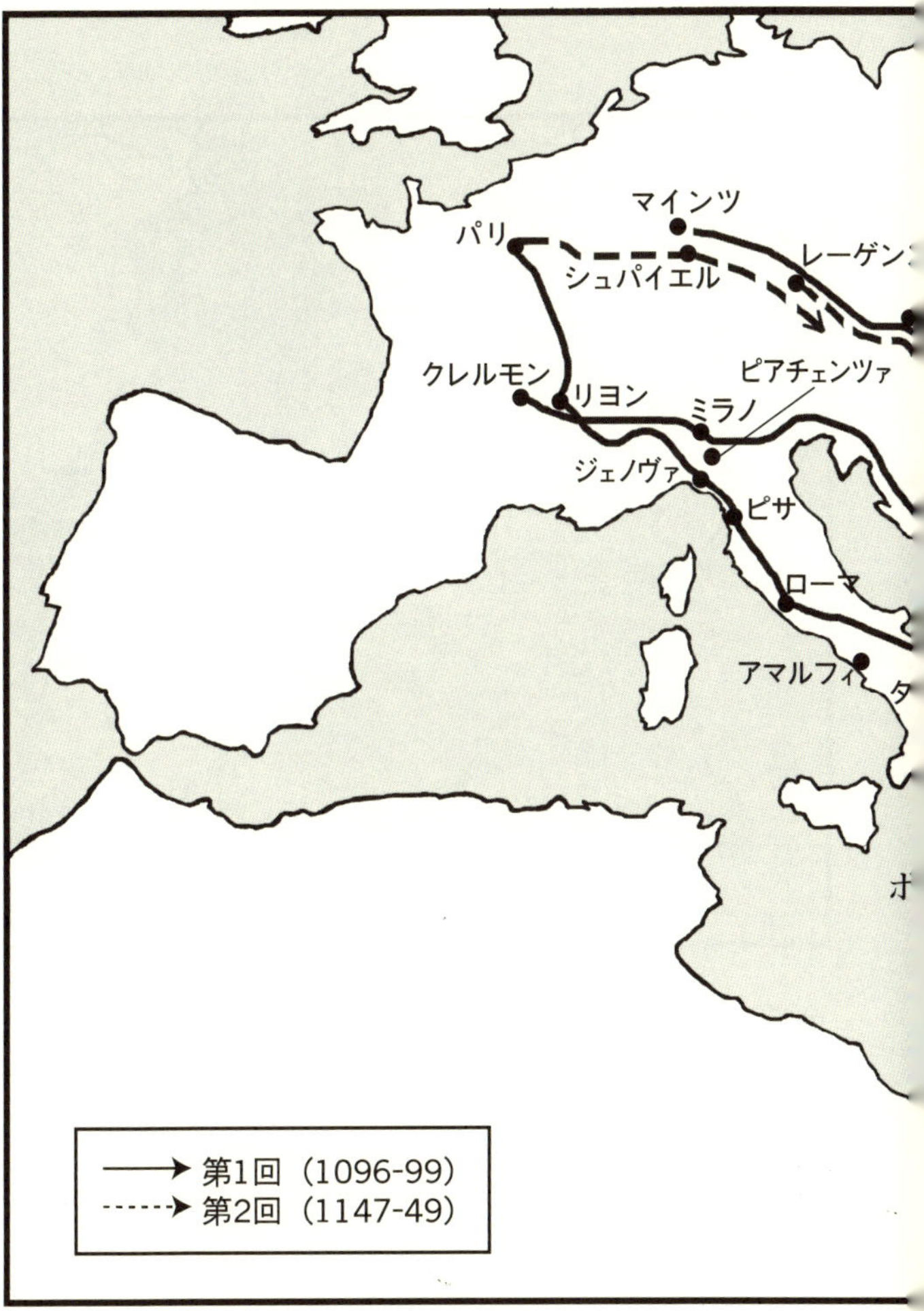

地図２　第１回・第２回十字軍（第７章・第８章）

〈付録 4〉関連地図・図版

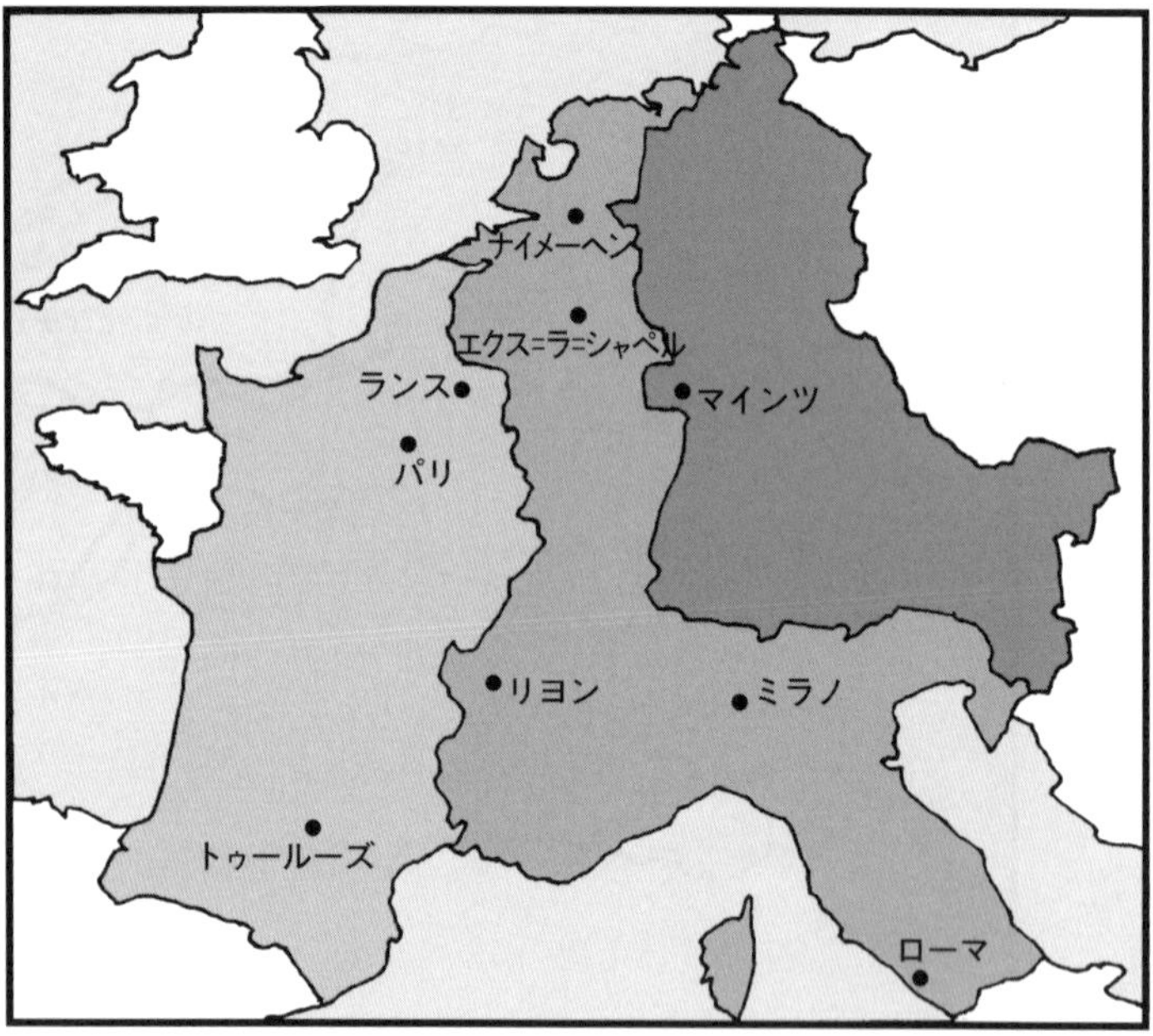

地図 1　ヴェルダン条約（843）による帝国の分割（第 5 章）

シャルルの王国（西フランク王国）
ロタールの王国（中部フランク王国）
ルートヴィヒの王国（東フランク王国）

イングランド王家（ノルマン朝・プランタジネット朝）

〔ノルマン朝〕

ウィリアム１世〔在位 1066-87〕

ロベール　**ウィリアム２世**〔在位 1087-1100〕　アデラ　**ヘンリ１世**〔在位 1100-35〕

スティーヴン〔在位 1135-54〕　マティルダ

〔プランタジネット朝〕

アリエノール・ダキテーヌ＝**ヘンリ２世**〔在位 1154-89〕

リチャード１世〔在位 1189-99〕　**ジョン王**〔在位 1199-1216〕

ヘンリ３世〔在位 1216-72〕

（フランス王）フィリップ４世　**エドワード１世**〔在位 1272-1307〕

イザベル＝**エドワード２世**〔在位 1307-27〕

エドワード３世〔在位 1327-77〕

エドワード（黒太子）

リチャード２世〔在位 1377-99〕

神聖ローマ帝国（ホーエンシュタウフェン朝）

〔ホーエンシュタウフェン朝〕

フリードリヒ独眼公　**コンラート３世**〔在位 1138-52〕

フリードリヒ１世〔在位 1152-90〕

ハインリヒ６世〔在位 1190-97〕　**フィリップ**〔在位 1198-1208〕

〔ヴェルフェン朝〕

フリードリヒ２世〔在位 1215-50〕　ベアトリクス＝**オットー４世**〔在位 1209-15〕

コンラート４世〔在位 1250-54〕

コンラディン

＊皇帝ではなくドイツ王である場合も、帝国の実質的な統治者である期間は在位年代に含めた

〈付録３〉関連王朝系図

カロリング朝

- カール・マルテル
  - **ピピン**〔フランク王，在位 751-768〕
    - **カール大帝（シャルルマーニュ）**〔在位 768-814〕
      - **ルートヴィヒ（ルイ）１世**〔在位 814-840〕
        - **ロタール**（イタリア王）
        - **ピピン**
        - **ルートヴィヒ２世（ルイ）**（東フランク王）
        - **シャルル２世**〔在位 843-877〕（西フランク王）
          - **ルイ２世**〔在位 877-879〕
            - **ルイ３世**〔在位 879-882〕
            - **カルロマン**〔在位 879-884〕
            - **シャルル３世**〔在位 893/8-922〕
              - **ルイ４世**〔在位 936-954〕
                - **ロテール**〔在位 954-986〕
                  - **ルイ５世**〔在位 986-987〕
    - **カールマン**〔在位 768-771〕

フランス王家（カペー朝）

- **ユーグ・カペー**〔在位 987-996〕
  - **ロベール２世**〔在位 996-1031〕
    - **アンリ１世**〔在位 1031-60〕
      - **フィリップ１世**〔在位 1060-1108〕
        - **ルイ６世**〔在位 1108-37〕
          - **ルイ７世**〔在位 1137-80〕＝アリエノール・ダキテーヌ＝ヘンリ２世（イングランド王）
            - **フィリップ２世**〔在位 1180-1223〕
              - **ルイ８世**〔在位 1223-26〕＝ブランシュ・ド・カスティーユ
                - **ルイ９世**〔在位 1226-70〕
                  - **フィリップ３世**〔在位 1270-85〕
                    - **フィリップ４世**〔在位 1285-1314〕
                      - **ルイ10世**〔在位 1314-16〕
                      - **フィリップ５世**〔在位 1316-22〕
                      - **シャルル４世**〔在位 1322-28〕
                      - イザベル＝エドワード２世（イングランド王）
                - ロベール（アルトワ伯）
                - アルフォンス（ポワティエ伯）
                - シャルル（アンジュー伯）

1152	ルイ7世、アリエノールと離婚。アリエノール、アンリ・プランタジュネと再婚
1154	アンリ、ヘンリ2世としてイングランド王に即位、プランタジネット朝を創始
1170	カンタベリー大司教トマス・ベケット、暗殺される
1180	フィリップ2世（オーギュスト）即位（在位 -1223）
1189	第3回十字軍出発：フィリップ2世・英王リチャード1世・皇帝フリードリヒ1世が参加
1202	第4回十字軍出発
1204	フィリップ2世、英領ノルマンディーを征服。十字軍、コンスタンティノープルを占領
1208	アルビジョワ十字軍始まる（-1229）：教皇インノケンティウス3世、南仏のカタリ派を弾圧
1214	ブーヴィーヌの戦い：フィリップ2世、英王・皇帝・フランドル伯の連合軍を破る。シノンの和約によりロワール河以北の英領を獲得
1215	イングランド王ジョン、大憲章（マグナ・カルタ）に署名
1223	ルイ8世即位（在位 -1226）
1226	ルイ9世即位（在位 -1270）。母后ブランシュ・ド・カスティーユ摂政に就任（-1234）
1228	第5回十字軍出発（-29）：皇帝フリードリヒ2世、イェルサレムを奪回
1229	アルビジョワ十字軍終了：トゥールーズ伯、パリ条約によりローヌ河以西の領地を仏王に譲渡
1248	第6回十字軍出発
1250	ルイ9世、マンスーラの戦いに敗れ捕虜となる
1254	皇帝コンラート4世没：大空位時代始まる（-1273）
1266	王弟アンジュー伯シャルル、シチリア王に即位
1270	第7回十字軍出発：ルイ9世、チュニスで病死。フィリップ3世即位（在位 -1285）
1282	シチリアの晩鐘：パレルモの民衆、フランス人を虐殺
1285	フィリップ4世即位（在位 -1314）
1297	ルイ9世、列聖される

623 ダゴベルト即位（在位 -639）

732 トゥール・ポワティエ間の戦い：カール・マルテル、アラブ軍を撃破

751 小ピピン、フランク王に即位（在位 -768）、カロリング朝を創始

756 ピピンの寄進：ランゴバルト族を討伐、奪回した教会領を教皇に寄進

768 カール（シャルルマーニュ）、フランク王に即位（在位 -814）

800 カール、教皇レオ3世により西ローマ皇帝に戴冠

814 ルートヴィヒ（ルイ）1世即位（在位 -840）

842 ストラスブールの宣誓：ルートヴィヒ1世没後の相続争いで、ルートヴィヒとシャルルが同盟しロタールに対抗

843 ヴェルダン条約：フランク王国は三分され、ルートヴィヒが東フランク、シャルルが西フランク、ロタールが王国中心部を獲得

870 メルセン条約：ロレーヌ王国を東・西フランクで分割

911 ノルマン人首長ロロ、ノルマンディー公国を建国

962 東フランクのザクセン朝オットー1世、神聖ローマ皇帝戴冠

987 カロリング朝断絶。パリ伯ユーグ・カペー即位（在位 -996）、カペー朝を創始

996 ロベール2世即位（在位 -1031）

1066 ノルマンディー公ギヨーム、イングランドを征服。ウィリアム1世としてイングランド王に即位、ノルマン朝を創始

1077 カノッサの屈辱：皇帝ハインリヒ4世、教皇グレゴリウス7世に屈服

1095 クレルモン公会議：教皇ウルバヌス2世、十字軍を宣言

1096 第1回十字軍出発

1099 十字軍、イェルサレム王国を建設

1137 王太子ルイ、アキテーヌ公女アリエノールと結婚。ルイ7世として即位（在位 -1180）

1147 第2回十字軍出発：ルイ7世が参加

〈付録2〉フランス史年表（〜1297年）

前1200頃	ケルト人、ガリアに移住
前121	ローマ、ガリア南部を獲得
前102	マリウス、ガリア南部でテウトニ族を殲滅
前58	カエサル、ガリア遠征を開始
前52	ウェルキンゲトリクスによる全ガリアの反乱起こる。カエサル、アレシア包囲戦に勝利し反乱を鎮圧。カエサル『ガリア戦記』
前49	カエサル、ルビコン河を渡る。ローマ内乱の開始
前44	カエサル、暗殺される
96-180	ローマ、五賢帝時代
98	タキトゥス『ゲルマニア』
212	カラカラ帝、帝国の全自由人にローマ市民権を付与
260	ポストゥムス、皇帝を僭称しガリア帝国を建国
274	ガリア帝国滅亡
293	ディオクレティアヌス帝、帝国四分統治を行う
313	コンスタンティヌス帝、ミラノ勅令によりキリスト教を公認
325	ニカイア公会議。アタナシウス派が正統、アリウス派が異端とされる
330	コンスタンティヌス帝、コンスタンティノープルに遷都
375	ゲルマン民族の大移動始まる
380	テオドシウス帝、キリスト教を国教化
395	テオドシウス帝没、ローマ帝国東西に分割
451	カタラウヌムの戦い。西ローマ帝国とゲルマン諸部族の同盟軍、フン族を破る
476	ゲルマン人傭兵隊長オドアケル、西ローマ皇帝を廃位。西ローマ帝国滅亡
482	クローヴィス、フランク王に即位（在位-511）、メロヴィング朝を創始
496	クローヴィス、ランス司教レミギウス（聖レミ）によりカトリックに改宗
511	クローヴィス没。王国、4人の息子により分割

〈付録 1〉原著『フランス史』総目次（第 1 ～ 2 巻）

本書	原著
上 1　1869 年の序文	**1869 年の序文**
	第 1 巻（1833）
	第 1 篇　ケルト人――イベリア人――ローマ人
	第 1 章　ケルト人とイベリア人
上 3　カエサルのガリア征服	第 2 章　**征服前の世紀におけるガリアの状態――ドルイド教――カエサルの征服（前 58- 前 51 年）**
	第 3 章　ローマ帝国支配下のガリア――帝国の衰退――キリスト教化されたガリア
上 3　カエサルのガリア征服	第 4 章　**要約――さまざまなシステム――土着種族と外来種族の影響**――フランス語のケルト語起源とラテン語起源――ケルト種族の運命
	第 2 篇　ドイツ人
上 4　ゲルマン民族の侵入	第 1 章　**ゲルマン世界**――侵入――メロヴィング朝
	第 2 章　カロリング朝――7・8・9・10 世紀
上 5　ルイ好人物帝	第 3 章　**第 2 章の続き**〔ルイ好人物帝〕――カロリング帝国の崩壊
	第 2 巻（1833）
上 2　タブロー・ド・ラ・フランス	第 3 篇　**タブロー・ド・ラ・フランス**
	第 4 篇
	第 1 章　紀元 1000 年――フランス王とフランス人教皇。ロベール〔2 世〕とジェルベール――封建時代のフランス
上 6　叙任権闘争	第 2 章　**11 世紀――グレゴリウス 7 世**――ノルマン人と教会の提携――両シチリアとイングランドの征服
上 7　十字軍	第 3 章　**十字軍。1095-1099 年**
	第 4 章　十字軍の続き――コミューン――アベラール。12 世紀前半
上 8　フランス王とイングランド王	第 5 章　**フランス王とイングランド王、ルイ青年王**〔7 世〕、**ヘンリ 2 世（プランタジネット朝）――第 2 回十字軍、ルイの屈辱――トマス・ベケット、ヘンリの屈辱（12 世紀後半）**
	第 6 章　1200 年。インノケンティウス 3 世――教皇は北仏軍によってイングランド王とドイツ皇帝、ギリシア帝国とアルビ派を支配する――フランス王の偉大さ
	第 7 章　ジョン王の破滅――皇帝の敗北――アルビ派との戦争――フランス王の偉大さ。1204-1222 年
上 9　聖王ルイ	第 8 章　13 世紀前半――神秘主義――**ルイ 9 世――フランス王の聖性**
上 10　芸術の原理としての受難	〔第 9 章　**芸術の原理としての受難**〕

＊太字は本書所収
＊原著の tome，livre，chapître をそれぞれ巻、篇、章と訳した

マ　行

ヤ　行

ラ　行

ナ　行

ハ　行

タ　行

カ　行

サ　行

人名索引

ア 行

ジュール・ミシュレ (Jules Michelet,1798-1874)

ミシュレはフランス革命の末期，パリの貧しい印刷業者の一人息子として生まれた。「私は陽の当たらないパリの舗道に生えた雑草だ」「書物を書くようになる前に，私は書物を物質的に作っていた」(『民衆』1846)。19世紀のフランスを代表する大歴史家の少年時代は物質的にはきわめて貧しかったが，両親の愛に恵まれた少年は孤独な中にも豊かな想像力を養い，やがて民衆への深い慈愛を備えた歴史家へと成長していく。独学で教授資格（文学）を取得して教師となり，1827年にはエコール・ノルマルの教師（哲学と歴史）となる。ヴィーコ『新しい学』に触れて歴史家になることを決意し，その自由訳『歴史哲学の原理』を出版。さらに『世界史序説』『ローマ史』に続き，『フランス史』の執筆に着手する（中世6巻，1833-44。近代11巻，1855-67)。1838年，コレージュ・ド・フランスの教授。しかし，カトリック教会を批判して『イエズス会』『司祭，女性，家族』を発表。さらに『フランス革命史』(1847-53)を執筆するかたわら，二月革命（1848）では共和政を支持するが，ルイ・ナポレオンによって地位を剥奪される。各地を転々としながら『フランス史』（近代）の執筆を再開。同時に自然史（『鳥』『虫』『海』『山』）や『愛』『女』『人類の聖書』にも取り組む。普仏戦争（1870）に抗議して『ヨーロッパを前にしたフランス』を発表し，パリ・コミューンの蜂起（1871）に触発されて『十九世紀史』に取りかかるも心臓発作に倒れる。ミシュレの歴史は十九世紀のロマン主義史学に分類されるが，現代のアナール学派（社会史，心性史）に大きな影響を与えるとともに，歴史学の枠を越えた大作家として，バルザックやユゴーとも並び称せられている。

監修者紹介

大野一道（おおの・かずみち）
1941年生。東京大学文学部大学院修士課程修了。現在，中央大学教授。著書に『ミシュレ伝』（藤原書店）など，訳書にミシュレ『女』『山』『世界史入門』『学生よ』『人類の聖書』（藤原書店）など。

立川孝一（たちかわ・こういち）
1948年生。プロヴァンス大学博士課程修了（文学博士）。現在，筑波大学教授。著書に『フランス革命』（中公新書）『フランス革命と祭り』（筑摩書房），訳書にル・ゴフ『歴史と記憶』（法政大学出版局）など。

本巻責任編集者紹介

立川孝一 →監修者紹介参照

真野倫平（まの・りんぺい）
1965年生。パリ第8大学博士課程修了（文学博士）。現在，南山大学外国語学部教授。著書に『死の歴史学――ミシュレ「フランス史」を読む』（藤原書店）など。

訳者紹介

大野一道 →監修者紹介参照　第1章

立川孝一 →監修者紹介参照　第1,10章

手塚章（てづか・あきら）　第2章
1951年生。筑波大学教授。著書に『地理学の古典』など。

片山幹生（かたやま・みきお）　第3,4,5,6,7章
1967年生。早稲田大学非常勤講師。

真野倫平 →本巻責任編集者紹介参照　第8,9章

フランス史《し》――Ⅰ 中《ちゅう》世《せい》㊤　（全6巻）

2010年4月30日　初版第1刷発行 ©

責任編集　立川孝一
　　　　　真野倫平
発行者　藤原良雄
発行所　株式会社 藤原書店

〒162-0041　東京都新宿区早稲田鶴巻町523
電話　03（5272）0301
FAX　03（5272）0450
振替　00160-4-17013
info@fujiwara-shoten.co.jp

印刷・製本　図書印刷

Printed in Japan
ISBN978-4-89434-738-0

全女性必読の書

女

J・ミシュレ

大野一道訳

アナール派に最も大きな影響を与えた十九世紀の大歴史家が、歴史と自然の仲介者としての女を物語った問題作。「女は太陽、男性は月」と『青鞜』より半世紀前に明言した、全女性必読の書。マルクスもプルードンも持ちえなかった視点で歴史を問う。

A5上製　三九二頁　**四七〇〇円**

（一九九一年一月刊）

◇978-4-938661-18-2

LA FEMME　Jules MICHELET

ミシュレの歴史観の全貌

世界史入門

（ヴィーコから「アナール」へ）

J・ミシュレ

大野一道編訳

「異端」の思想家ヴィーコを発見し、初めて世に知らしめた、「アナール」の母J・ミシュレ。本書は初期の『世界史入門』から『フランス史』『十九世紀史』までの著作群より、ミシュレの歴史認識を伝える名作を本邦初訳で編集。**L・フェーヴルのミシュレ論**も初訳出、併録。

四六上製　二六四頁　**二七一八円**

（一九九二年五月刊）

◇978-4-938661-72-4

陸中心の歴史観を覆す

海

J・ミシュレ

加賀野井秀一訳

ブローデルをはじめアナール派やフーコー、バルトらに多大な影響を与えてきた大歴史家ミシュレが、万物の創造者たる海の視点から、海と生物（および人間）との関係を壮大なスケールで描く。陸中心史観を根底から覆す大博物誌、本邦初訳。

A5上製　三六〇頁　**四七〇〇円**

（一九九四年一一月刊）

◇978-4-89434-001-5

LA MER　Jules MICHELET

「自然の歴史」の集大成

山

J・ミシュレ

大野一道訳

高くそびえていたものを全て平らにし、平原が主人となった十九、二十世紀。この衰弱の二世紀を大歴史家が再生させる自然の歴史（ナチュラル・ヒストリー）。山を愛する全ての人のための「山岳文学」の古典的名著、ミシュレ博物誌シリーズの掉尾、本邦初訳。

A5上製　二七二頁　**三八〇〇円**

（一九九七年二月刊）

◇978-4-89434-060-2

LA MONTAGNE　Jules MICHELET

全人類の心性史の壮大な試み

人類の聖書

〈多神教的世界観の探求〉

J・ミシュレ　大野一道訳

大歴史家が呈示する、闘争的一神教をこえる視点。古代インドからペルシア、エジプト、ギリシア、ローマにおける民衆の心性・神話を壮大なスケールで総合。キリスト教の『聖書』を越えて「人類の聖書」へ。本邦初訳。

Ａ５上製　四三二頁　**四八〇〇円**
（二〇〇一年一一月刊）
◇978-4-89434-260-6

LA BIBLE DE L'HUMANITÉ　Jules MICHELET

思想家としての歴史家

ミシュレ伝　1798–1874

〈自然と歴史への愛〉

大野一道

『魔女』『民衆』『女』『海』……数々の名著を遺し、ロラン・バルトやブローデルら後世の第一級の知識人に多大な影響を与えつづけるミシュレの生涯を、膨大な未邦訳の『日記』を軸に鮮烈に描き出した本邦初の評伝。思想家としての歴史家の生涯を浮き彫りにする。

四六上製　五二〇頁　**五八〇〇円**
（一九九八年一〇月刊）
◇978-4-89434-110-7

「ルネサンス」の発明者ミシュレ

ミシュレとルネサンス

〈「歴史」の創始者についての講義録〉

L・フェーヴル
P・ブローデル編　石川美子訳

「アナール」の開祖、ブローデルの師フェーヴルが、一九四二―三年パリ占領下、フランスの最高学府コレージュ・ド・フランスで、「近代世界の形成――ミシュレとルネサンス」と題し行なった講義録。フェーヴルの死後、ブローデル夫人の手によって編集された。

Ａ５上製　五七六頁　**六七〇〇円**
（一九九六年四月刊）
◇978-4-89434-036-7

MICHELET ET LA RENAISSANCE　Lucien FEBVRE

「歴史は復活である」（ミシュレ）

死の歴史学

〈ミシュレ『フランス史』を読む〉

真野倫平

フランス近代歴史学の礎を築いたジュール・ミシュレ。死を歴史における最重要概念としたミシュレの『フランス史』を、人物の誕生と死を単位に時代を描くその物語手法に着想を得て、いくつもの〝死の物語〟が織りなすテクストとして読み解く、気鋭による斬新な試み。

四六上製　五三六頁　**四八〇〇円**
（二〇〇八年二月刊）
◇978-4-89434-613-0

「社会史」への挑戦状

記録を残さなかった男の歴史
〈ある木靴職人の世界1798–1876〉

A・コルバン　渡辺響子訳

一切の痕跡を残さず死んでいった普通の人に個人性は与えられるか。古い戸籍の中から無作為に選ばれた、記録を残さなかった男の人生と、彼を取り巻く十九世紀フランス農村の日常生活世界を現代に甦らせた、歴史叙述の革命。

四六上製　四三二頁　三六〇〇円
（一九九九年九月刊）
◇978-4-89434-148-7

LE MONDE RETROUVÉ DE LOUIS-FRANÇOIS PINAGOT　Alain CORBIN

コルバンが全てを語りおろす

感性の歴史家アラン・コルバン

A・コルバン　小倉和子訳

飛翔する想像力と徹底した史料批判の心をあわせもつコルバンが、「感性の歴史」を切り拓いてきたその足跡を、『娼婦』『においの歴史』から『記録を残さなかった男の歴史』までの成立秘話を交え、初めて語りおろす。

四六上製　三〇四頁　二八〇〇円
（二〇〇一年一一月刊）
◇978-4-89434-259-0

HISTORIEN DU SENSIBLE　Alain CORBIN

「感性の歴史家」の新領野

風景と人間

A・コルバン　小倉孝誠訳

歴史の中で変容する「風景」を発見する初の風景の歴史学。詩や絵画などの美的判断、気象・風土・地理・季節の解釈、自然保護という価値観、移動速度や旅行の流行様式の影響などの視点から「風景のなかの人間」を検証。

四六変上製　二〇〇頁　二二〇〇円
（二〇〇二年六月刊）
◇978-4-89434-289-7

L'HOMME DANS LE PAYSAGE　Alain CORBIN

五感を対象とする稀有な歴史家の最新作

空と海

A・コルバン　小倉孝誠訳

「歴史の対象を発見することは、詩的な手法に属する」。十八世紀末から西欧で、人々の天候の感じ取り方に変化が生じ、浜辺への欲望が高まりを見せたのは偶然ではない。現代に続くこれら風景の変化は、視覚だけでなく聴覚、嗅覚、触覚など、人々の身体と欲望そのものの変化と密接に連動していた。

四六変上製　二〇八頁　二二〇〇円
（二〇〇七年二月刊）
◇978-4-89434-560-7

LE CIEL ET LA MER　Alain CORBIN

❺ ジャンヌ――無垢の魂をもつ野の少女

Jeanne, 1844

持田明子 訳＝解説

現世の愛を受け入れられず悲劇的な死をとげる、読み書きのできぬ無垢で素朴な羊飼いの少女ジャンヌの物語。「私には書けない驚嘆に値する傑作」（バルザック）、「単に清らかであるのみならず無垢のゆえに力強い理想」（ドストエフスキー）。

440頁　**3600円**　◇978-4-89434-522-5（第6回配本／2006年6月刊）

❻ 魔の沼　ほか

La Mare au Diable, 1846

持田明子 訳＝解説

貧しい隣家の娘マリの同道を頼まれた農夫ジェルマン。途中道に迷い、〈魔の沼〉のほとりで一夜を明かす。娘の優しさや謙虚さに、いつしか彼の心に愛が芽生える……自然に抱かれ額に汗して働く農夫への賛歌。ベリー地方の婚礼習俗の報告を付す。

〈附〉「マルシュ地方とベリー地方の片隅――ブサック城のタピスリー」（1847）
「ベリー地方の風俗と風習」（1851）

232頁　**2200円**　◇978-4-89434-431-0（第2回配本／2005年1月刊）

❼ 黒い町

La Ville Noire, 1861

石井啓子 訳＝解説

ゾラ「ジェルミナル」に先んじること20数年、フランス有数の刃物生産地ティエールをモデルに、労働者の世界を真正面から描く産業小説の先駆。裏切った恋人への想いを断ち切るため長い遍歴の旅に出た天才刃物職人を待ち受けていたのは……。

296頁　**2400円**　◇978-4-89434-495-2（第5回配本／2006年2月刊）

❽ ちいさな愛の物語

Contes d' une Grand-mère, 1873,1876

小椋順子 訳＝解説

「ピクトルデュの城」「女王コアックス」「バラ色の雲」「勇気の翼」「巨岩イエウス」「ものを言う樫の木」「犬と神聖な花」「花のささやき」「埃の妖精」「牡蠣の精」。自然と人間の交流、澄んだ心だけに見える不思議な世界を描く。（画・**よしだみどり**）

520頁　**3600円**　◇978-4-89434-448-8（第3回配本／2005年4月刊）

9 書簡集　1820〜76年

大野一道・持田明子 編　次回配本

収録数およそ2万通の記念碑的な書簡集（全26巻）から、バルザック、ハイネ、フローベール、ツルゲーネフ、ユゴー、ドラクロワ、リスト、ショパン、ミシュレ、マルクス、ラムネ、バルベス、バクーニン、ジラルダンらへの書簡を精選。

別巻 ジョルジュ・サンド　ハンドブック

大野一道・持田明子 編

これ一巻でサンドのすべてが分かるはず！　①ジョルジュ・サンドの珠玉のことばから、②主要作品あらすじ、③サンドとその時代、④サンド研究の歴史と現状、⑤詳細なサンド年譜、ほか。

自由を生きた女性

〈ジョルジュサンド〉セレクションプレ企画

ジョルジュ・サンド 1804-76

〈自由、愛、そして自然〉

持田明子

真の自由を生きた女性、ジョルジュ・サンドの目から見た十九世紀。全女性必読の書。　**写真・図版多数**

〈附〉作品年譜／同時代人評（バルザック、ハイネ、フロベール、バクーニン、ドストエフスキーほか）

A5変並製　二八〇頁　二二〇〇円
（二〇〇四年六月刊）
◇978-4-89434-393-1